集人文社科之思　刊专业学术之声

集 刊 名：清史论丛
主办单位：中国社会科学院古代史研究所清史研究室

二〇二三年第一辑　总第四十五期

集刊序列号：PIJ-2015-131
集刊主页：www.jikan.com.cn/清史论丛
集刊投约稿平台：www.iedol.cn

中文社会科学引文索引（CSSCI）来源集刊
AMI（集刊）核心集刊
中国学术期刊网络出版总库（CNKI）收录
集刊全文数据库（www.jikan.com.cn）收录

清史論叢

中国社会科学院古代史研究所清史研究室 编

二〇二三年 第一辑

总第四十五辑

社会科学文献出版社
SOCIAL SCIENCES ACADEMIC PRESS (CHINA)

卷首语

《清史论丛》是由中国社会科学院古代史研究所清史研究室主办的专业集刊，创刊于1979年，是国内清史学界历史最为悠久的学术刊物。在历任主编杨向奎、王戎笙、张捷夫等先生的主持下，我们走过了艰辛的历程，即使在学术著作出版困难的岁月里也从未放弃。其间，海内外学术界给了我们大力支持和爱护，使本刊得以基本保持每年出版一辑。本刊主要探讨清代政治、经济、社会、文化、思想、学术、中外关系等问题，每期篇幅约30万字，努力展示历代学人潜心治学的成果，因而在海内外清史学界具有良好影响，也为中国港台和欧、美、日、韩及东南亚许多大学的图书馆和研究所收藏。不看作者出身，只重论文质量，同时注重培养青年人，一直是本刊坚守的两大原则。不少清史学者的代表作和成名作曾在这里首次刊发，他们用辛勤的汗水浇灌了这个园地。为了适应学术发展需要，本刊从2015年起改由社会科学文献出版社出版，一年两辑，面向海内外清史研究及爱好者，栏目有专题研究、学术争鸣、读史札记、书评综述等。文章千古事，得失寸心知。让我们一起走过岁月，沉潜沉醉，沙里拾金。

目录
CONTENTS

本刊特稿

专题研究

文献研究

读史札记

史家与史评

CONTENTS

Special Contribution

Research Articles

Sources and Archives

Reading Notes

Historians and Historical Criticism

清史学界的一面旗帜

——沉痛悼念王戎笙先生

赫治清

2022年12月12日，中国社会科学院古代史研究所发布讣告，王戎笙先生在北京去世。噩耗传来，不甚悲痛之至！先生虽然久病卧床，但思路清晰。逢年过节，我都打电话或发微信问候，祝他健康长寿，并告知一些清史研究信息。近一年，先生病情加重，说话困难，我们仍然保持着微信联系，衷心希望他跨过百岁门槛。不料先生溘然驾鹤西去，令人痛心不已！

戎笙先生是位才华横溢的学术名家。我在大学学习时，就久仰大名，老师特别推崇他。1963年来历史研究所工作后，开始有所接触，知道他是郭老的学术秘书，和林甘泉、田昌五并称所内的“三大笔杆”，在农民战争史、太平天国史研究领域成就卓著。1972年从河南“五七”干校回来后，我和戎笙先生曾有留住历史研究所的经历，在朝夕相处的日子里，我常常向他请教如何做学问。他强调两点。一是要有正确的历史观，加强理论修养，只有学好理论，才能驾驭史料，善于宏观把握。先生向来对无理论分析、简单连缀史料的文章不屑一顾。二是注意文字修养，善于表达，行文干巴巴的，很难让人读下去。先生以文笔见长，写得一手漂亮文章，学界对此有公论。当年，我还向他请教过诸如明末农民战争、明清鼎革、太平天国史的一些具体问题。1978年，我选择到新建的清史研究室工作，这也和先生有关系。

粉碎“四人帮”、结束“十年动乱”后，特别是党的十一届三中全会以来，他以饱满热情投入史学界的拨乱反正、解放思想的斗争，先后发表了《实事求是评价历史人物》《只有农民战争才是封建社会发展的真正动力吗?》等重要文章，运用马克思主义理论，结合清代多个名人，阐述如何历史地辩证地评价历史人物，宣传唯物史观、实践是检验真理的唯一标准，坚决拥护以邓小平同志为核心的党中央第二代领导集体。

1978年，中国社会科学院历史研究所新建清史研究室，戎笙先生出任副主任，协助主任杨向奎先生工作，数年后接班任主任，在把清史研究室建设成拥有20多名研究人员、清史名家齐集和优秀成果荟萃，连续出版《清史论丛》、《清史资料》和《清史研究通讯》，为当时全国首屈一指的清史研究重镇方面，发挥了重要作用。

戎笙先生有深厚的史学理论素养，在学术界颇负盛名，清史学界人脉广，学术协调能力强，擅长宏观把握，算是个“通才”。从1983年起，他担任“清代通史”项目主持人，以我院为主，组织全国数十位清史学者通力合作，实行分卷主编责任制，用8年时间，在马克思主义思想指导下，在充分吸收前人研究的基础上，完成了一部具有重要价值的清代断代史10卷本《清代全史》。接着，在此书基础上加以改写、浓缩，主编出版了《清代简史》。在《清代全史》编撰过程中，所经济史组一度想正式成立经济史研究室，刘永存、孙毓棠先生希望我加入，并征得所长林甘泉的同意。我向戎笙先生汇报，他极力挽留我，留室参加编撰《清代全史》和《清代人物传稿》（上编），他让全室人员倾力完成这项国家重点项目。在酝酿雍乾时期社会经济史第5卷主编人选时，他征求过我的意见，我建议把广东省社会科学院叶显恩研究员找来，和中国人民大学韦庆远教授共任主编，我说叶显恩能把中山大学、厦门大学一帮能人拉进来组成最强的队伍，他说是个好主意。10卷本《清代全史》以清朝兴亡为主线贯穿全书，重视当时中国被卷入世界潮流，以世界眼光分阶段书写清朝兴亡，且不以鸦片战争为界，人为地将清代历史分割成两块；同时又突出其中的政治史、社会经济史，使之纵横交错，从多角度审视了清代历史各个层面，充分肯定清朝历史地位，如康乾盛世，并对嘉道中衰、晚清政局演变、近代经济变迁、中外经济文化交流等问题都做了深入的探索，总结了国家治理的经验教训，热情歌颂了中国人民在反抗西方列强和帝国主义侵略时的英勇抗争、民族觉醒，是一部真正带有通史性质的清代全史。它以其规模宏大、研究深入、多所创新，反映了当时清史研究的最高水平，在20世纪清史研究中树立了一座丰碑，迄今仍然没有被超越。戎笙先生在这里凝聚了太多心血，这部书充分体现他继承我国经世致用的史学传统和爱国情怀。离休后，他对清史诸多问题进行反思，尤其是在88岁高龄时出版的《中国何以落后挨打——问责康雍乾》专著，以其宏大的视野，重新反思康雍乾盛世，探讨近代中国落后挨打的根源，令人感慨万千。

1979年6月，美国明清史代表团来华进行学术访问，他受历史研究所领导的委托负责接待，主持学术座谈，全程陪同代表团到全国各地访问。这次是中美第一次清史学术交流，为后来中美清史学术研究发展奠定了基础。他大力强化同港澳台学界的联系，尤其是在促进海峡两岸学术交流方面给我留下了深刻印象。我在具体负责筹备和主持《清史研究通讯》期间，戎笙先生让我注意介绍港澳台清史研究动态，并亲自撰写《台湾故宫博物院出版宫中档述评》等文章。1985年《清史研究通讯》杂志第1~4期上，连续发表他写的《台湾清史研究一瞥》。后来，他又进一步编辑出版了《台港清史研究文摘》一书。

1984年12月31日，在国际学术界享有盛誉的台湾清史学家李光涛不幸遭遇车祸身亡。我获悉这一不幸消息后，决定在《清史研究通讯》杂志上组织悼念文章，戎笙先生满口答应写了一篇《李光涛生平简介》，该文章详细介绍了李光涛生平事迹，以及在历史语言研究所数十年整理明清档案及其研究成就，戎笙先生深情地写道："李光涛先生与世长辞了。他以他的丰硕成果奉献给了中华民族，他的盛名将永远留在人间。"《清史研究通讯》1985 年第 2 期，以"沉痛悼念台湾著名清史学家李光涛"为通栏标题，刊载了我恩师徐中舒先生的挽联、戎笙先生的《李光涛生平简介》以及韦庆远教授写的悼念文章。中国新闻社编发相关消息，并在广播电台予以播送。当时，台湾当局尚未对大陆开放，不允许台湾同胞回家探亲。后来，中国新闻社的有关负责人来所告诉我，一位中央领导听了广播后说，这个刊物有政治头脑。我马上向院科研局高德和戎笙等先生做了汇报，大家兴奋不已。戎笙先生向我进一步交代，今后要在推动海峡两岸清史学术交流方面多做点事。戎笙先生同不少认同一个中国的台湾清史研究名家有过交往，在促进海峡两岸学术交流上发挥过积极作用。

戎笙先生在"文革"中受到严重冲击，受尽侮辱，落下残疾。他非但无怨言，而且还主动和他们搞好团结。他谦虚谨慎，平易近人，为人真诚，不阿谀奉承，从不计较个人生活待遇和名誉地位，长期住在干面胡同一间没有窗户的小平房里，后来搬到紫竹院附近中国社会科学院宿舍，有效面积不到 31 平方米，直至去世！戎笙先生从不隐瞒自己的学术观点，对清史纂修工程有所担心，就把自己的意见贡献出来，而且尽其所能给予帮助，从不拆台。他多次在电话中对我说："戴公也够苦的。"

戎笙先生一直关心年轻人，注意培养年轻人，积极奖掖后进。我和其他晚辈都曾受他提携。

戎笙先生运用唯物史观和方法论，在清史领域纵横驰骋数十年，是清史学界一面不倒的旗帜，他的逝世是清史学界的一大损失。

著名清史学家戎笙先生永垂不朽！

2023 年 3 月 6 日于北京朝阳区都会华庭香港阁寓所

（作者单位：中国社会科学院古代史研究所）

深切怀念王戎笙先生

鱼宏亮

2022 年 12 月 12 日 14 时，王戎笙先生离开了这个世界，享年 93 岁。

王戎笙，1929 年生，湖北汉川人。1949 年加入中国人民解放军，隶属第二十九军第八十七师。1952 年至 1955 年在中国人民大学研究生班学习，毕业后留校任教。1956 年调任中国科学院历史研究所第一所秦汉史组，任研究实习员。1960 年历史研究所第一、二所合并为历史研究所后，转到明清史研究组，任助理研究员。1966 年，历史研究所成立明清史研究室，任研究室副主任。1958 年至 1967 年，担任中国科学院院长郭沫若同志秘书（如图 1）。1977 年中国社会科学院成立后，历任中国社会科学院历史研究所副研究员、研究员，清史研究室副主任、主任，《清史论丛》编委会委员、主编等。1982 年至 1983 年赴美国密歇根大学做访问学者。

王戎笙先生早年参加革命工作，新中国成立后致力于历史研究，一生经历重要的时代变迁，任职多个重要工作岗位，秉承严谨科学的工作与研究作风，在行政工作与科研学术上都做出了重要贡献，是新中国马克思主义清史学重要的开拓者之一。

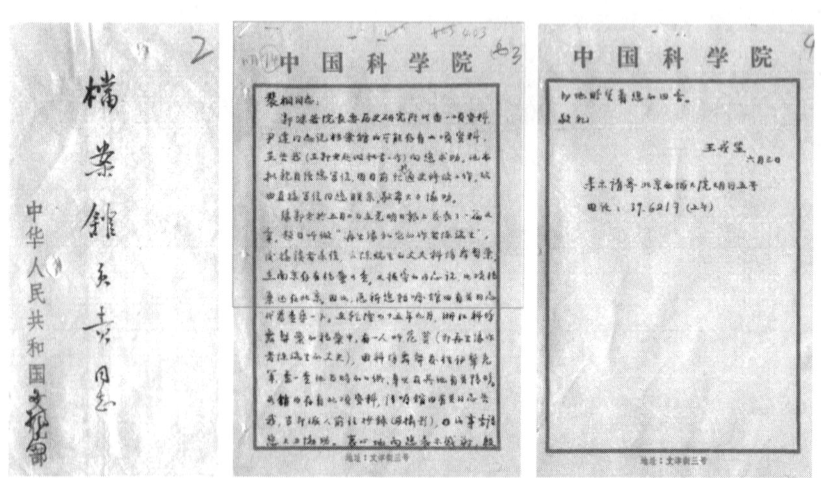

中华人民共和国

中国科学院

中国科学院

图 1　王戎笙担任郭沫若秘书期间致中国第一历史档案馆的请查找资料函

规模宏大　清史巨擘

王戎笙先生起先从事秦汉史研究，后来则专注于清代历史领域的研究。1979 年，中国科学院历史研究所组建学术委员会，经院党组批复，王戎笙先生与尹达、邓广铭、顾颉刚、张政烺、侯外庐、白寿彝等 21 人成为学术委员（如图 2），而且历任 4 届，直到 1998 年。

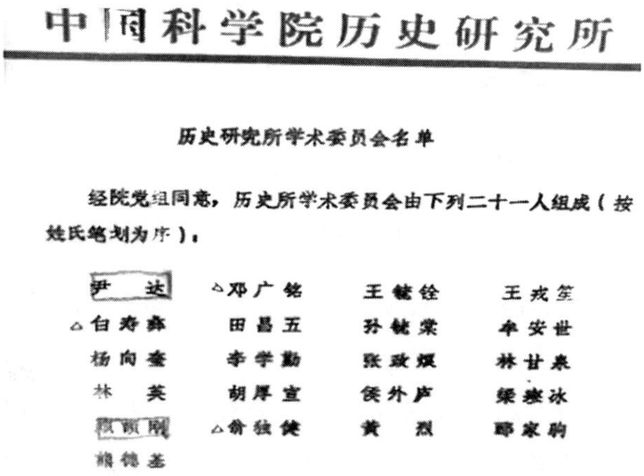

中国科学院历史研究所

历史研究所学术委员会名单

经院党组同意，历史所学术委员会由下列二十一人组成（按姓氏笔划为序）。

尹　达	△邓广铭	王毓铨	王戎笙
△白寿彝	田昌五	孙毓棠	牟安世
杨向奎	李学勤	张政烺	林甘泉
林　英	胡厚宣	侯外庐	梁寒冰
顾颉刚	△翁独健	黄　烈	郦家驹
熊德基			

图 2　1979 年历史研究所学术委员会名单

当时已在“文革”之后，正值学术界百废待兴之际。历史研究所讨论学术课题时，清史研究室同人提出创办一份刊物，以反映和发布学界的研究成果。后来决定创办《清史论丛》集刊，每年一期，由研究人员兼职编辑。《清史论丛》坚持“百花齐放、百家争鸣”的方针，持学术开放态度，容纳各种观点，文章长短不限，刊物形成了一种“专注研究、学风严谨、把握学术前沿”的特色，许多清史学者的重要文章和新发现，都发表于该刊，被国内外著名高校、学术机构和清史学家视作必备的参考书。对此，王戎笙等先生的办刊思想起到了重要作用。

20 世纪 70 年代末 80 年代初，历史研究所清史研究室同人团结在杨向奎和王戎笙先生周围，齐心合力，还创办了《清史资料》《清史研究通讯》等刊物，使清史研究室一时成为清史学界最重要的阵地。20 世纪 80 年代后期，《清史论丛》等刊物，因面临经费困难，出现难以为继的危机。在此困难时刻，著名清史学家、台湾大学陈捷先教授通过杜维运教授联系到王戎笙先生，捐资支持《清史论丛》的出版。这样，《清史论丛》得以渡过难关。而其他刊物，则遭遇了中途夭折的命运。其中，《清史研究通讯》期刊，转给中国人民大学清史研究所，成为现在的《清史研究》杂志。2009 年，王戎笙先生年届八秩，《清史论丛》出版了“纪念《清史论丛》创办三十周年，祝贺王戎笙先生八十华诞”专号（如图 3），以示对这位我国改革开放后清史领域的开拓者的崇敬之情。

图 3 《清史论丛》2009 年纪念王戎笙八十华诞的专辑封面

早在 20 世纪 60 年代，国家即酝酿组织全国力量，编写一部大型清史。“文革”结束不久，这项工作又提上了议事日程。

1979 年 3 月，中国社会科学院在成都召开全国史学规划会议。由历史研究所清史研究室与中国人民大学清史研究所共同负责编制《清史编纂规划（草案）》，王戎笙先生为重要起草人之一。此规划草案完成后，曾经反复讨论认为，鉴于大量的清史资料特别是清代档案资料整理还处于起步状态，专题研究还不够深入，修纂如此大型清史书籍的条件尚不具备。1983 年长沙史学规划会议，又重新讨论了清史编纂规划，形成新的方案。这个规划的要点是自 1983 年起到 1990 年，即第 7 个“五年计划”的最后一年，以 8 年的时间，完成一部 10 卷本的《清代全史》（当时暂定名为《清代通史》）和大约 20 卷的《清代人物传稿》。这个项目由国家社会科学基金立项资助，王戎笙先生担任该项目主持人。《清代全史》10 卷各自设立主编，王戎笙担任第 2 卷、第 4 卷的主编，其他各卷主编皆为一时之选，如李洵、郭松义、韦庆远等先生，皆为当时有代表性的专家学者。1990 年，全书如期完成。1993 年，《清代全史》出版，其规模宏大，研究深入，得到学界的高度评价。《清代全史》1994 年获“中国国家图书奖”，1998 年获“郭沫若中国历史学奖”，成为代表当时清史研究最高水平的鸿篇巨制，迄今未被超越。

王戎笙先生主持的《清代全史》，探索不设总主编方式，充分发扬学术民主，尊重分卷主编的不同意见，但是全书围绕重大问题，比如，清代前期的历史地位、清朝面临的国际形势及其应对能力、民族政策及多民族国家的形成、边疆地区的开发等，做了深入的讨论和探究，这在全书中有全面的反映。这种尊重学术规律、发扬学术民主、解决重大问题的精神，成为王戎笙先生终身秉承的学术精神。

王先生具有一种非凡的学术组织能力。1992 年教育部考试中心组织编写中国考试史文献集成项目成果，请王先生担任主编。王先生组织北京大学、中国人民大学、中国第一历史档案馆等全国众多机构，完成“中国考试史文献集成”项目，并担任第6卷的主编。其后又主编《中国考试通史》，出色地完成了这一填补空白的国家重大项目。

1982年，应密歇根大学之邀，王戎笙前往美国进行学术访问，并在哈佛大学、耶鲁大学、哥伦比亚大学进行短期讲学访问。他用一年的时间，搜集了200多部港台重要学者的清史研究著作，1000多篇重要学术论文。在当时的图书资料尚不丰富、学术信息交流尚不畅通的条件下，这无疑是一座巨大的学术宝藏。但王先生胸怀学界，花费巨大精力，将这些论著所载信息整理成《台港清史研究文摘》一书，全书设计30个专题，涉及方法论、通论等各专题，收录港台100位重要学者的代表性论著信息，在20世纪80年代对开拓清史学界的视野、增进陆港台三地学术的交流起到了重要作用。

台湾大学历史系原主任、著名历史学家徐泓教授曾深情回忆：“中华点校本《明史纪事本末》原为内部发行，……看不到，仅普林斯顿大学葛思德图书馆藏一份影印本。八十年代我开始查对《明史纪事本末》史源。1985年在香港大学召开明清史学术会议，有缘结识王戎笙先生，谈及此事，后来他就设法将他自藏的一部送我，至为珍贵。我曾复印十多部赠送明史研究同仁。”

学风严谨　锲而不舍

王戎笙先生治学，有一个非常重要的特点，即态度非常客观，特别尊重历史事实。20个世纪90年代，湖南等地“发现”所谓有关李自成的文物，明末农民领袖与李自成下落等历史问题在社会上引起热议和反响。由于涉及国务院核定公布的国家重点文物保护单位“李自成墓”在湖北通山县九宫山是否正确，全国中小学历史教科书中的有关表述是否需要修订等重大问题，中国社会科学院历史研究所遵照上级指示，于1996年7月设立李自成结局研究课题，由王戎笙先生主持。该课题设立后，王戎笙先生就立即领导课题组对此展开深入研究和实地调查，对学界现存的各种观点和说法进行全面的梳理和考证，对社会上流传的所谓“文物”“证据”进行科学的调查和鉴定，并对课题制定了指导思想：“李自成是这个历史上有影响的农民起义领袖，对他的结局要进行实事求是的研究，不能因为争夺旅游资源就长期在不良风气影响下处于混乱状态。我们要提倡严谨的学风，讲求职业道德，不吃请，不惟上，不信小道消息，不以权威的大小判断是非。一切以事实为根据，讲真理，不讲情面。对全部材料进行去粗取精、去伪存真的工作，对双方的出土文物请专家进行科学的鉴定。用经过整理的可靠材料告诉人们，哪些说法是不可信的，筛选出一个比较接近历史真实的说法，把讨论引向正规。”

这一科学客观的指导思想，保证了这一课题的顺利进行。课题组对实录、档案、方志、谱牒、文集、笔记、野史等材料进行了全面梳理，尤其是对文物材料进行拉网式的搜集考察。在各地政府的支持下，课题组还奔赴湖北通山及湖南石门、慈利等地进行了全面的实地调查，与地方耆宿、专家学者举行座谈，请教考古界苏秉琦、王仲殊等先生，充分听取各方观点和意见。在充分掌握现有材料和动态的基础上，对李自成结局等重大问题做出不含糊、不回避的客观结论。最后由王戎笙先生执笔写成《李自成结局问题的由来和发展》（课题组研究报告），此文与课题研究过程中完成的论文一并形成《李自成结局研究》一书。该书以大量的事实和扎实的调查资料，将社会上流传的种种无根据的说法进行了清理和辨伪，对端正学风、还原历史做出了重要贡献。王戎笙在这项研究中，客观、科学的态度，严谨、民主的作风，是该项目得以顺利完成的重要保证。尤其是对于一些学术精深专家的意见，王先生特别重视，比如，原本不在课题组的历史研究所道教研究专家王育成研究员，通过对湖南道教符箓等证据的详细考证辨伪写成的《石门奉天玉阳圹灵符与李自成无关》一文，得到了王戎笙先生高度重视，成为该课题的重要成果支撑。

王戎笙先生主要从事清代政治史等重大问题的研究，但他对清代汉学考据、辨伪等学术十分重视。20 世纪末 21 世纪初，社会上虚假的文献与文物大行其道，有的甚至对学术研究产生干扰。王先生专门花费精力，从事一项以清人辨伪学为主要对象的研究工作。他指出："从两汉到明清，辨伪学有了极大的发展，出现了大批辨伪成果和众多的辨伪学家。到了 20 世纪，具有新思想的辨伪学家辈出，经过他们的科学总结，使传统的辨伪学系统化、科学化了。"在研究以考据与史料著称的民国历史学家傅斯年的史学思想时，王戎笙先生总结傅斯年等考据学派在建立现代历史学科、抢救内阁大库档案、主持殷墟考古发掘、创办《中央研究院历史语言研究所集刊》和"中央研究院历史语言研究所专刊"等方面的成就给予极高评价。由于王戎笙先生曾经担任过 10 年郭沫若秘书（如图 4），对郭老的学术和生活有着深入的了解。社会上大量出现的郭沫若书信、书法作品，引起王先生的注意。王先生在认真调查了解后，搜集了大量材料，并利用郭沫若纪念馆收藏的大量文献，写成了《郭沫若书信书法辨伪》一书。正如王先生指出的："我之所以要写这种辨伪书，完全是责任感的驱使。深感眼下学术腐败，弄虚作假者大行其道，赝品走俏而辨伪学却没有及时跟进。学术界有识之士深为忧虑，纷纷呼吁：还学术一片净土。"在这部著作中，王戎笙先生坚持了一条非常重要的原则：不让自己的主观看法和个人经历影响科学研究工作，排除"知情人指认真伪"这一被文博界广泛认可的做法，以增强研究的客观性。王先生指出："我学习鉴定郭沫若书法作品，拥有别人并不具备的优越条件。郭沫若临池挥毫，我常在一旁服务，亲眼看他如何运笔，如何'逆入平出，回锋转向'，也知道他临过何帖，学过何体。阅览他的真迹也比别人多，经过这几年看拍卖预展和在互联网上的搜寻，我看到的赝品也比别人多。凭直觉，我能大体看出真假。我知道，仅凭直觉是不行的，要说出道理来，以理服人。"王戎笙先生曾经与郭老朝夕相处，承担一些书信的拟稿工作，也在郭老书写的时候在旁担任助手，对郭老的书信和书法的内容和特点是非常熟悉的，对其真伪的鉴定有一定的权威性。但是作为历史研究，王戎笙先生认为真伪的鉴定并非一般工作，应该遵循辨伪学的方法和规范。因此，这部非常实用但又严谨科学的著作，实际上是一部以郭沫若书信、书法作品为材料，并将之与社会上的赝品伪作比对辨别之作，对郭沫若研究、当代文化现象研究有着重要参考价值。

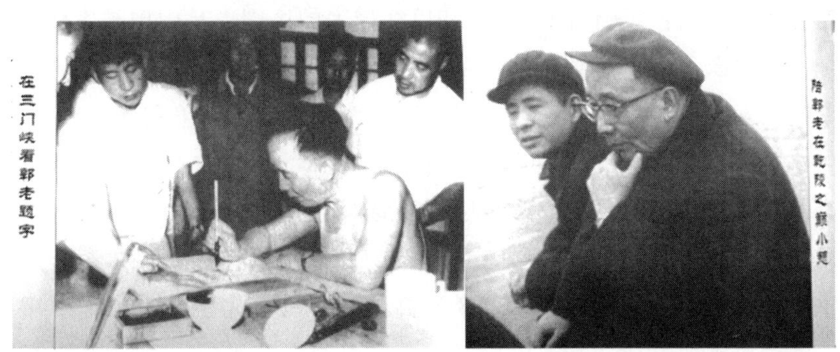

图4　1958～1967年担任郭沫若秘书期间的王戎笙

2009年，清史研究室为庆贺王戎笙先生年届八秩，专门为先生举办了一场学术报告会，请王先生谈一谈他的治学与思考。王先生兴致很高，谈了自己的治学经历和正在思考的一些问题。谈到历史研究中的种种现象时，他依然不能忘怀当年提出的“中国何以落后挨打，是清代历史中头等重要的历史课题”。他谈到新近对道光朝应对鸦片战争的思考时指出，从最高决策的角度来看，清廷信息闭塞，造成对英军行动的种种误判。他非常全面细致地分析了各种导致清廷失败的因素。最后指出，即使在南京江面谈判期间，道光皇帝如果善于应用拖延等手段的话，就会使英军面临孤军深入、长江枯水期将至的困难局面，可能为谈判条件的争取获得更多的主动。这个观点很有意思，讲座结束后我跟王先生闲谈，提出英国19世纪中期已经是第一海洋帝国，海军威震四海，背后靠的除了经济力量外，海洋科学亦极发达。海军航行非常依靠水文、气候、航线的调查，英国人大概是了解长江航道的水文状况与季节性特征的。王先生听后说：你讲的有道理，这个问题还需要再做考察。我以为王先生在一场漫谈式的学术讨论会后，跟大家交流一下观点就足够了。没想到他很认真地重新考察了这个问题，并写成了一篇材料丰富、考据翔实的文章《鸦片战争清廷错失一次全歼侵华英军的绝好战机》，发表在2011年故宫与北京大学主编的《明清论丛》上。文章对相关文献进行了全面考察，第一部分就对鸦片战争前长江下游航道的特征、长江出海口水文记录、上海周边海域的状况做了说明，并对中国文献《江苏沿海图说》《海国图志》等的有关记录，以及西方殖民者对长江水域的调查、阿美士德使团在上海周边海域的侦察都做了详细的说明，然后利用英军指挥官的回忆录等文献，分析鸦片战争中英军孤军深入、气候炎热、军中瘟疫流行等种种困难局面，指出清廷昧于对敌方的了解，导致战败并签订丧权辱国的不平等条约。与讲座时相比，他对这个问题的整体框架与相关文献进行了大幅度的修改和更全面的查实。文章极大地震撼了我，一位八十高龄的学术大家，对自己的观点进行完全客观的审视，发现线索后又以极大的功夫去普查史料，最后对这个问题做了周到、全面的解决。这真是一代史学大家虚怀若谷和对历史真相锲而不舍的史学精神的最好体现。

王戎笙先生曾指出："清代的历史，和以往最大的区别，是中国被突然卷入了世界潮流。一个以弯弓跃马崛起的满族建立的大清皇朝，面对着以战舰火炮先后崛起的几个大国：葡萄牙、西班牙、荷兰、英吉利、法兰西、德意志、美利坚、日本、俄罗斯。这些陌生的来客崛起后便到中国叩门，频繁使用通商、外交、传教、战争等手段，对中国巧取豪夺。用什么样的政治智慧应付这种局面，是摆在清政府面前最严峻的难题。应付这种局面的历史，就成了我们今天的研究对象。中国何以落后挨打？这是清代历史中头等重要的历史课题。"2017 年，88 岁高龄的王戎笙先生，出版了《中国何以落后挨打——问责康雍乾》（如图 5）一书，全书以宏大的视野、长时段的关怀，从 17 世纪世界局势以及清朝军事、文化、国防、科技、外交几个方面，对清代历史进行了全面的批判性反思。关注清代历史上的重大问题以及影响国际民生的重要问题，是王戎笙先生贯穿终生的家国情怀。这部著作也完成了王先生一贯倡导的研究中国何以落后挨打是历史研究中头等重要问题的夙愿。

图 5　王戎笙先生 88 岁高龄所出新著作的封面

博雅君子　品行高洁

王戎笙先生离休后，基本上保持和上班时期一样的节奏，每周都会定期返所，与研究室同人讨论问题，热心回答、指导年轻学者与晚辈的请教和学业，文章和论著的发表、出版一直不断。2003 年我进入清史研究室工作时，已经离退休的先生，如王戎笙、何龄修、赫治清等依然保持着每周返所的习惯，研究室同人可以方便地向其请教，与其讨论，学术氛围非常浓厚。王先生已经70多岁时，依然保持着旺盛的学术兴趣。他是最早使用个人电脑的老先生之一，离休后，许多年轻人还向他请教电脑修理和应用方面的问题。近年王先生卧病在床期间，不能自由行动。他的卧室兼书房本十分狭小，地板上、书桌上也堆满了书籍，使得家人协助他下床十分不便。但王先生坚决不允许动他的书，说那些都有用，要经常翻阅。据王戎笙先生介绍，他的家里没有一幅郭沫若的书法作品。一位在郭老身边工作整10年，在郭老给众多机构、人物题写大量书法作品时铺纸、研墨的工作人员，竟然没有收藏一幅郭老的作品，这种严格的自律意识和廉洁的工作作风，令人肃然起敬。

王戎笙先生是副局级离休干部，资深研究员，有着崇高的学术地位和政治地位，但住房却一直十分简陋，他从不在意。王先生的夫人是中国人民大学经济系教师，15岁时与20岁的先生相识，可谓青梅竹马，至今共同生活已经66年。王先生原名王戎生，意为戎马书生。新中国成立后王夫人认为进入和平年代，不用再戎马生涯了，建议王先生将名字改为王戎笙，取寄寓和平之意。以后王先生一直用这个名字署名，直到最后一部著作。王夫人对先生的照顾也十分周到，先生晚年出版的几本著作都是由她老人家一字一字校对的。王夫人快人快语，性格直率。她说王先生在家基本上埋首书堆，饮食也非常简单，每天都是草草吃完即回到书桌，经常不记得吃过什么。我们闲谈提起已故何龄修先生的回忆录《五库斋忆旧》一书时，我劝王先生是否可以将丰富的阅历和学术历程口述下来，出一个回忆录，以激励后学。王先生淡然一笑，认为没有必要。但是老太太却十分赞成，也劝先生，如果愿意，她可以慢慢记录。我赶紧说研究室可以安排年轻人来协助，每周来一次也行，每月来一次也行，这个工作要抓紧做，王先生的口述回忆要抢救性地做起来。王先生未置可否。老太太接着这个话题，给我们讲了一些王先生过去的生活经历。在个人待遇方面，王戎笙先生从未向组织提过要求。当年给王先生分配了一套房子，家徒四壁，连门窗都不堪用。王师母说那个时候她十分生气，要到单位去反映，但先生坚决制止她去。王先生硬是用两三年时间亲手做木工，一点一点地打造好门窗和家具，这才得以安居。对于一些个人荣誉和待遇，王先生也从不在意。王师母提起这些事情时说，先生平时都很温和，唯独在这些事情上，只要她有抱怨，就会严词厉色地加以制止，批评她“庸俗”！这个时候，我突然感到对原本在研究室常相过从的老先生太不了解了，对先生高洁的人格有了一个新的认识。

然而，王先生对另外一些荣誉，却十分看重。2019年王先生获颁“‘庆祝中华人民共和国成立70周年’纪念章”，2021年获颁“‘光荣在党50年’荣誉勋章”，古代史研究所党委书记赵笑洁都亲自上门颁送，王先生看到勋章后，热泪盈眶，长时间哽咽不能语，感动了在场所有人。至今赵书记提起此事时，也是眼含泪花。真是：一代宗师，不忘初心，家国情怀，历久弥坚。

《诗》云：有匪君子，如切如磋，如琢如磨；有匪君子，如金如锡，如圭如璧。其先生之谓欤！

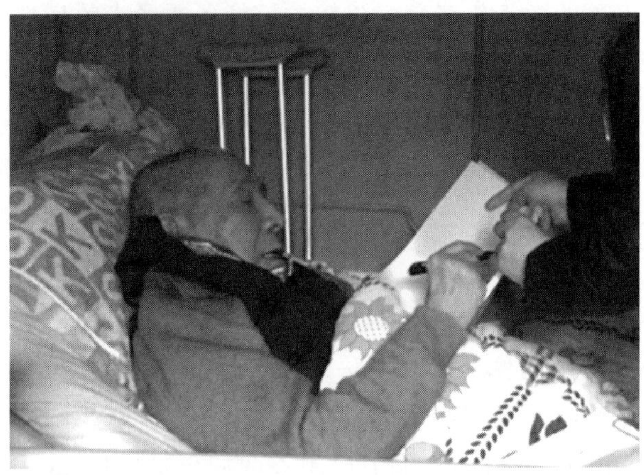

图 6　2019 年 1 月病床上为同事签赠专著的王戎笙（90 岁）

2023 年 1 月 12 日于王先生离世一月之际

附：王戎笙著作目录

主持《清代全史》10 卷，辽宁人民出版社，1993；

主编《清代全史》第 2 卷、《清代全史》第 4 卷；

戎笙、龙盛运、贾熟村、何龄修编写《太平天国革命战争》，三联书店，1962；

王戎笙、龙盛运、贾熟村、何龄修：《太平天国运动史》，人民出版社，1986；

王戎笙编《台港清史研究文摘》，辽宁人民出版社，1988；

王戎笙主编《马克思主义历史观与中华文明》，重庆出版社，1991；

王戎笙主编《清代的边疆开发——1991 年国际清史学术研讨会论文集》，西南大学出版社，1994；

王戎笙主编《清代简史》，辽宁人民出版社，1997；

王戎笙编《李自成结局研究》，辽宁人民出版社，1998；

王戎笙主编《中国考试史文献集成》第 6 卷，高等教育出版社，2003；

王戎笙：《郭沫若书信书法辨伪》，兰州大学出版社，2005；

王戎笙等主编《中国考试通史》卷三《明清》，首都师范大学出版社，2008；

王戎笙：《明清史事管窥》，故宫出版社，2013；

王戎笙：《中国何以落后挨打——问责康雍乾》，社会科学文献出版社，2017。

（作者单位：中国社会科学院古代史研究所）

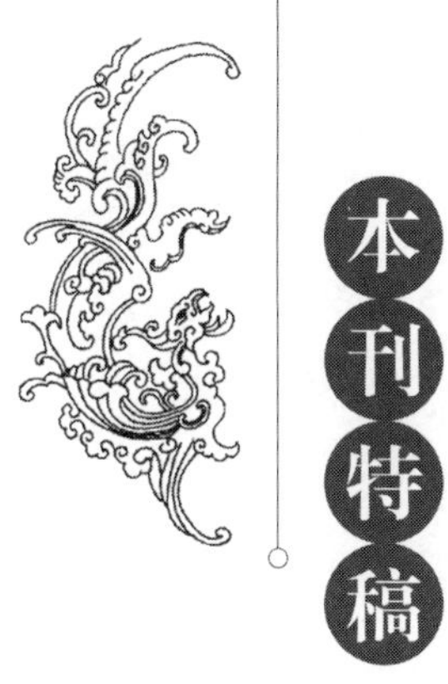

本刊特稿

从停止朝贡到起兵反明

——兼释努尔哈赤"七大恨"之由来

姚念慈

提　要：明金两国正式决裂，历来以万历四十六年（1618，后金天命三年）努尔哈赤"七大恨"起兵为标志。实则双方交恶，始于万历三十五年（1607）建州停止朝贡。随后围绕贡市、勘界以及北关三者展开，最终未能调和。故欲了解"七大恨"之由来，不得不回溯此前十年这段历史。关于明金关系，《清太祖朝老满文原档》《武皇帝实录》多所隐讳，《明神宗实录》亦不乏掩饰，所幸明人疏奏尚存，然须多方比勘辨析，始得近乎历史真相。

关键词：天下共主　停贡　勘界　属夷　"七大恨"

努尔哈赤志在一统女真，恢复金国，脱离明朝，此明载《清太祖朝老满文原档》，殆无可疑。[①] 明朝则坚持天下大宗共主，令女真仍为属藩，故竭力遏制。双方冲突本质在此。从客观形势而言，辽东早已衰败至极，建州崛起，无疑极具威胁。但努尔哈赤停贡、划界，是否意味将与明朝兵戈相向？或曾考虑为与国之交？明朝长期视蒙古为大患，而因努尔哈赤多年效顺，大加扶植，借以安顿辽镇东线。迨其突然停贡，即认为心怀叛逆，必至图谋辽东，这一判断是否准确？进而言之，明朝是否有能力遏制建州？或欲保辽东，是否唯此一途？凡此皆不易断言。惟检诸史实，曲尽原委，方可论其是非得失。历史进程虽表现为客观趋势，但其中亦包括当事者之抉择与应对。

一　明金关系转折点：万历三十五年

满洲原无本族文字，使用蒙古文。己亥年（1599，明万历二十七年）努尔哈赤命文书创制满文，[②] 即当兼以满文记事，为后来史书之所本。然《清太祖朝老满文原档》

① 癸丑年（万历四十一年）灭海西兀拉部，"蒙天恩宠，淑勒昆都仑汗重整了大国，执了金国之政"。广禄、李学智译注《清太祖朝老满文原档》第一册《荒字老满文档册》，台北："中研院历史语言研究所专刊"，1970。

② 《清太祖武皇帝努儿哈奇实录》卷2，故宫博物院排印本，1932。

截断源头，以丁未年（1607，万历三十五年）开篇。努尔哈赤停止向明朝进贡，即在此年，当非偶然。停贡一事《清太祖朝老满文原档》不载，亦不见于《清太祖实录》，治清史者皆未曾留意，或以此。而检诸《明神宗实录》，此事确然无疑，且引起明廷强烈反应。

（一）建州停贡与明廷反应

努尔哈赤停贡之前，明朝防御集中于应付“北虏”侵扰蓟辽以西，即西部蒙古五路台吉与朵颜首领长昂勾结入犯，于建州方面则无甚警惕。万历三十五年正月，辽东巡按萧淳疏言，唯以“北虏”连犯辽东为忧。七月兵部尚书萧大亨上秋防事宜，以辽东“防虏拒倭，素称重镇”，所忧在于“士马苦于征调，人民敝于残破，公私告匮，战守两艰”，亦未提及建州之威胁。蒙古五路、朵颜款事尚未安顿妥帖，努尔哈赤即停止朝贡。及至年底，兵部覆辽东巡按萧淳条陈六事，以努尔哈赤“勾连蓄祸”“明肆桀骜”，西欲联络蒙古及朵颜三卫，北则与乌拉联姻，且借粮于朝鲜，“声势叵测”。故必简练兵马，防其掠夺，万一不止，即发兵讨之。次年二月，蓟辽总督蹇达奏言“建酋日渐骄横，东方隐忧可虞，乞早备战守机宜”云云。[①] 皆因建州未来朝贡而起。

明廷一系列反应，以三十六年（1608）三月丁酉日礼部所言最可注意：

> 国家东北夷三种：女直系肃慎旧疆，亡金遗孽也。永乐初年，女直来朝，其后海西、建州女直悉境归附，乃设奴儿干都司（以统之）。官其酋长，许其贡市。往昔海西、建州女真每年贡期在十月，误期则于次年正月补贡。今自万历三十四年六月建州、海西先后到京进贡去后，至三十五年并无验放入关者，今春尚无消息。

奴儿干都司于宣德十年（1435）撤销，东北各地女真部落设置卫并未中辍。[②] 远者如松花江下游、黑龙江一带，鞭长莫及，实已弃之；近边各部，则以辽东都司遥领之。“祖宗朝以女直种类归款，分置建州、毛怜、海西等卫，各授指挥等官”。[③] 其所授官爵名号，自都督以至镇抚，与国内相同，且袭封必经奏准。各部入贡多寡，皆视颁发敕书数量而定，不得随意侵夺。凡此皆与塞外蒙古诸部仅封以王爵或通贡市者迥然有异，

---

① 分见《明神宗实录》卷429，万历三十五年正月乙酉；卷436，七月壬辰；卷441，十二月癸未；卷443，三十六年二月癸未。

② 详参王锺翰《明代女真的分布》一文，载氏著《清史新考》，辽宁大学出版社，1990。

③ 《明神宗实录》卷528，万历四十三年正月乙亥。

而同于朵颜三卫。虽泛称“属夷”，实为屏藩，[①] 但必须指出，蓟辽边镇虽遥控朵颜三卫及女真各卫，仅限于上述内容，即与明朝维持宗藩名分及贡市往来。至于女真各卫所内部事务，如其兵额、钱粮，以及与蒙古、朝鲜交往，则无须请示明朝，设非危及边境安全，明朝亦不加干预。换言之，明朝国家权力实际上并未行使于女真各部。故而此类卫所，与内地明朝军队编制卫所有着本质差异，一如历代王朝于沿边所设羁縻州县之与内地州县。[②] 是否应划入明帝国版图，则当随实情变化而论。如朱棣“靖难之役”得兀良哈三卫（朵颜、泰宁、福余）出兵相助，遂以大宁都司辖地畀之以居，故明人历来有“弃大宁”之说，明代官书亦将三卫列入边外属夷。

辽事爆发之前，建州、海西女真各部每年例行入贡，即巩固宗藩关系之必要保证，且常以最高首领率队而至。万历十一年（1583），努尔哈赤继其父祖袭职建州左卫，据《明神宗实录》记载，其后亲自赴京朝贡不下六次。[③] 但这仅是出于笼络或双方示好的一面。而从更深层面，即从所谓宗藩体系或“华夷秩序”的本质而言，明朝治理女真的原则是分化控制，以夷攻夷。礼部疏继云：

① 《明宪宗实录》卷 252，成化二十年五月丁亥，都察院经历李晟言：“朵颜、福余、泰宁三卫，世受国恩，为我藩篱。人皆土著，可以耕稼，比之北虏，势实不同。”《明世宗实录》卷 234，嘉靖十九年二月丁卯，大学士翟銮言：“臣奉命巡行九边，见辽东海西夷，室居田食，建官置卫，颇同中国。而中国待之异等，行有余谷，居有赏赉，势虽羁縻，实成藩屏，故厚夷所以厚中国也。”

② 顾诚《明帝国的疆土管理体制》一文，认为明帝国疆域由两部分组成，即十三布政司及各都司所辖卫所。卫所分为四类：沿边卫所、沿海卫所、内地卫所、在内卫所。前三者即明代史籍中之“在外卫所”。而以兀良哈三卫、海西建州女真各卫，属于沿边卫所，与沿海卫所并列，目的即为证明其属于明帝国疆域。顾氏所持理由，即“要特别指出明帝国版图内少数民族居住区和同明帝国保持朝贡关系的周边国家的一个重大区别：两者在朝贡等方面有相似之处，但明帝国疆域内少数民族聚居区的官员一般由朝廷授予武职，纳入帝国官职序列；周边国家的国王有的虽需明朝皇帝认可加封，其大小官员却由本国国王依据自己的传统任用”。见氏著《隐匿的疆土——卫所制度与明帝国》，光明日报出版社，2012，第 50 ~ 53 页。这段文字并未将问题说明白。以女真各卫为例，其首领最初虽由朝廷授予武职，然后裔世袭，设非反叛，明朝皇帝亦只照例认可加封，与朝鲜国王相同，而绝非如内地卫所官员由朝廷任命调遣，故所谓“纳入帝国官职序列”，名同而实异。且女真卫所首领下的各级头目，同样由其自己任用，明朝无与，亦未仿照明朝官职名称。故其性质当属羁縻卫所，而与明王朝五军都督府及各都司所辖卫所有着根本差别。又，北方九边之外蒙古各部与明朝向为敌国，然顾氏在综述《明史研究四十年》一文中，蒙古亦被纳入明帝国之内。见氏著《隐匿的疆土——卫所制度与明帝国》，第 198 页。但顾氏在论及明清嬗代之际，却将女真族建立的后金（大清国）排除在“中国社会”之外。《南明史·序论》：“满洲贵族入主中原以后”，“推行的民族歧视政策引起国内政局大动荡，打断了中国社会发展的正常进行。”而李自成大顺政权接管明王朝，“如果这一势头不被满洲贵族和变节的吴三桂等汉族军阀官绅所打断，中国社会将在明代已经取得的基础上实现较快的发展，近三百年来的历史也许是另外一种样子”。中国青年出版社，1997。据此，则顾氏所说的“中国社会”，显然仅限于汉族中原王朝，即是说，满族或女真在“中国社会”之外，并不属于明代国家版图。

③ 孟森《明清史讲义》下册第一章“开国”第一节“太祖”：“据《明神宗实录》，朝贡亲到北京者三次。”所列为“万历十八年四月庚子”“二十六年十月癸酉”“二十九年十二月乙丑”，皆在停贡之前。见于第 383 ~ 384 页，中华书局，1981。《实录》卷 310，“二十五年五月甲辰”一次。卷 312，七月戊戌，其弟“都督都指挥速儿哈赤”入贡北京，孟氏不载。三十五年停贡之后，努尔哈赤又于三十六、三十九年两次赴京，甚是重要，却为孟氏所遗。下文二十年，努尔哈赤奏乞升赏，加敕书，明廷宴赏如例，似亦入京。

> 自永乐九年女直内附，我文皇帝即设奴儿干都司以羁縻之，事同（朵颜）三卫，均资捍蔽者，盖以金元世仇，欲其蛮夷自攻也。然必分女直为三，各雄长不使归一者，盖以犬羊异类，欲其犬牙相制也。祖宗立法良有深意。

礼部掌管番夷贡市往来，于典故最为熟悉。“蛮夷自攻”，实以其皆境外夷狄，不属于明代之“中国”。万历末年努尔哈赤犯辽，明朝调西南土司兵赴援，杨嗣昌上言：“夫奴酋者，夷狄之夷狄也；土司者，中国之夷狄也。”而“古人以夷攻夷，所谓夷者，皆在中国之外”。① 有明一代，西南土司与东北建州女真两者虽同为“夷狄”，但有内外之别，甚为显然。若如学者所主张女真属于明代帝国，则嗣昌何来“中国之外”一说？论历史之事，不能不照顾当时人之理解与语境，如此方得实情。明朝治理东北边夷，非止欲以女真对抗蒙古，且又欲其与朵颜三卫相颉颃。具体实行，即由辽镇监督。其必分女真为三者，盖指当初设建州三卫，不令合一。海西诸卫亦如此。至于建州、海西两大部，更不容其结为一体。② 可知女真诸部联合为一国，实与明朝治理番夷之原则相冲突。然此原则为明初统治者所定，时移势异，后世能在多大程度上付诸实行，取决于中外实力强弱对比及其转化。前引杨嗣昌疏又言：“我之所以用之者，不过朝廷之名分足以维持，中国之威力足以驱遣之耳。”然“名分何物，可真恃以维持？若我之威力业已无何”，岂能驱遣之？此就西南境内土司而言，尚且如此，而于兵强势盛之建州女真，明朝又能何如？

洪永两朝兵力强盛，蒙古本部北徙，朵颜三卫忠顺，女真各部则分散、弱小，且迁徙无定，辽东境外无强敌，故明朝得以恩威兼施，招徕女真，令其内附。虽说一时于双方皆有利，然从长远来看，限制女真族的融合及对外联络，必将阻碍其发展，又带有华夷之辨以及宗主大国的歧视与强权干涉。随着明北边防御逐渐衰弱，对外藩属夷的控制亦必松弛。辽镇孤处海隅，长期萎靡不振。隆万以来，拒绝察哈尔蒙古封王款贡，屡年征战，消耗愈甚，女真崛起乃迟早之事。至于女真诸部落族寨之间互争雄长，实其常态，亦因内部发展及加强联系之需要，故屡有强部成为首领，号令一方。与明朝之关系，则除贡市之外，犯边劫掠也习以为常，虽旋起旋灭，却又屡扑屡起。明廷即竭力遏止，终不得不承认现实，惟鉴其忠贰，而抚顺剿逆。“中国之驭夷狄，在察其情形之顺逆，以决剿抚之机宜而已。故顺则抚之以款来庭，逆则剿之以威不轨。然必权自我操，而后虏为我驭”。③ 然此不过常谈，只可行于以款市为满足之属夷；若遇大敌，如建国后之女真，剿之则失利，抚之又难厌其欲，谈何操纵之权在我？

---

① 程开祜辑《筹辽硕画》（“国立北平图书馆善本丛书”本）卷28《户部主事杨嗣昌题为庙胜宜周万算事》。

② 程开祜辑《筹辽硕画》卷8《直隶巡按王象恒题为再抒一二末议以佐军兴事》：“昔永乐九年建酋归附，文皇帝即设奴儿干都司以羁縻之，然必分而为三。又分其种二百六十，诚以分则气散，合则势大耳。”

③ 《明神宗实录》卷430，万历三十五年二月戊戌，兵部言。

万历初年，开原南关即海西哈达万汗（王台）兵马强盛，为女真各部所惮，于明朝亦最为忠顺。[①] 而建州诸部，自万历三年、八年王杲、王兀堂先后为李成梁剿灭，遂复凋零。十年王台卒，哈达陷入内乱，北关叶赫意欲兼并，取而代之成为海西首领。辽东总兵李成梁借口叶赫屡犯开原，于十一年、十六年两次捣巢，称为“大捷”。虽有人质疑，但大学士申时行则为之大包大揽。后来成为一段公案，此不细论。叶赫与哈达并弱，海西遂无强部，日后难与努尔哈赤抗衡。李成梁重创叶赫，转而扶植辽阳迤东之弱部建州左卫，努尔哈赤始由弱转强，于万历十六年（1588）合并建州诸部，其中多蒙明朝之赐。对此《武皇帝实录》亦不讳言。次年，明廷升努尔哈赤为都督佥事，令其号令“东夷”。[②] 二十年（1592），“建州卫都督努尔哈赤等奏文四道，乞升赏职衔、冠服、敕书，及奏高丽杀死所管部落五十余名。命所司知之，赐宴如例”。[③] 都督为明朝武职最高爵秩，且称其“建州卫都督”，则建州右卫及毛怜卫皆为所并又甚显然。至其欺凌朝鲜，明廷不以为非，反加褒奖。二十一年，值明朝东征入犯朝鲜之倭寇，努尔哈赤于古勒山击败海西与蒙古“九部联军”，随后明廷加授努尔哈赤为“龙虎将军”。女真各部中唯哈达王台曾授此职，[④] 今加之努尔哈赤，则许其为女真各部最高首领。此时，建州海西已呈东强西弱之势，明廷毫不在意。明军东征，运道在建州迤南，努尔哈赤曾请赴援，表示效忠。[⑤] 迨二十七年（1599）东征结束，努尔哈赤即吞并哈达。如此大事，当时《明神宗实录》仅一见，明朝遣使诘责，则为努尔哈赤所蒙，且许其款塞。据清修《武皇帝实录》卷2，辛丑年（1601，万历二十九年），万历曾两次诘责，最终亦容忍之。努尔哈赤遂亲自赴京朝贡，明廷随后默认其吞并南关，二者

---

① 《明神宗实录》卷25，万历二年五月癸卯。“先是，开原地方属夷王台一枝士马精强，为虏中所惮，而贪嗜抚赏，颇怀效顺”；就各夷市赏分布，“开原迤东至抚顺设一关市，待建州等夷，事属羁縻，势成藩屏”；迨“王杲就擒，各种衰弱，事属王台”。见卷46，四年正月丁未，巡按刘台疏言。万历元年末《考异》：“自抚顺、开原而北，属海西者，王台制之；自清河以南抵鸭绿江，属建州者，（王）兀堂制之。”夏燮《明通鉴》卷66，第2573页。

② 《明神宗实录》卷215，万历十七年九月乙卯。并参陈建辑、沈国元订《皇明从信录》卷39，三十七年三月条“加奴儿哈赤龙虎将军”。《武皇帝实录》卷1，戊子年（1588，万历十六年）：“太祖遂招徕各部，环满洲而居者，皆为削平，国势日盛。与大明通好，遣人朝贡，执五百道敕书，领年例赏物。”且于“抚顺、清河、宽甸、叆阳四处关口互市交易，照例取赏，因此满洲民殷国富”。

③ 《明神宗实录》卷251，万历二十年八月丁酉。

④ 孟森《清太祖由明封龙虎将军考》，载氏著《明清史论著集刊》上册，中华书局，1959。《武皇帝实录》卷1，辛卯年（万历十九年，1591）努尔哈赤自言已封龙虎将军，孟氏驳之，甚是。而据明朝史料，以此事在万历二十三年（1595）。《李朝实录》载努尔哈赤“自称女真国龙虎将军”，系于万历二十九年十月，孟氏不取。以今视之，孰为可信，尚难确定。至于龙虎将军品级，于慎行《谷山笔麈》卷11《筹边》云：“蛮夷之长，即俨然称公卿，殊亵朝廷之体，而彼又不知为何官也。龙虎将军者，公卿无此官，以号蛮夷。”孟氏似未留意。王台加龙虎将军，见《明神宗实录》卷41，万历三年八月辛未。

⑤ 见前引陈建辑、沈国元订《皇明从信录》。又，《光海君日记一》宣祖四十一年八月丁卯，海平府院君尹根寿上札曰：“当壬辰倭难之际，此贼（努尔哈赤）请率兵来救，顾天朝不许。而其生心我国，固已久矣。”见吴晗辑《朝鲜李朝实录中的中国史料》第7册，中华书局，1980，第2856页。

当不无关联。其后追论者虽多，但已于事无补。[①] 当年，努尔哈赤创建四旗，有所谓“精骑三万余人”，殆指此。又两年，从边鄙“旧老城”佛阿拉返回赫图阿拉定都，与原属沈阳卫之抚顺所相去二百里，骑行不过两日之程。[②] 于是遂与辽东有疆界之事，详后。万历二十九年至三十六年李成梁复任总兵，与巡抚赵楫唯知退让。当初玩弄远交近攻，何其得心应手。不及二十年，即情势大异，本末颠倒。经李成梁“十大捷”武功、东征朝鲜，矿税使搜括三大劫，辽东已成溃散之势，人心背离；而努尔哈赤蓄积多年，有如添翼之虎，其势咄咄逼人，实乃明朝自食其果。

上引礼部疏继言：

> 夫国家本借女直制北虏，而今已与北虏交通；本设海西抗建州，而今已被建州吞并。且开原止许马市，并无市参之令，乃强裁参斤，倍勒高价。将官偿之则难堪，争之则启衅，吞声忍辱，非一朝夕矣。更闻奴儿哈赤与弟速儿哈赤，皆多智习兵，信赏必罚，妄自尊大，其志不小。

女真虽于辽东三面之虏只居其一，然努尔哈赤欲并全女真为一国，不仅彻底打破明朝分而治之、以夷攻夷的祖宗成宪，且使各方势力失衡。辽镇孤悬一隅，原为震慑“夷虏”而设，实处于“夷虏”包围之中。察哈尔蒙古本部驻牧兴安岭南麓，至万历三十二年（1604）传至林丹汗，于邻边属部控制转弱，各部落间始呈松散之态。朵颜三卫自来依附于明与蒙古之间，顺逆无常。辽镇固已衰败，于“西虏”尚难支吾。而向以无忧的女真却有独大之势，且渐露不驯之迹。一旦措置失宜，必将东西两面受敌，能保无虞？明廷长期颟顸苟且，闭目自欺，直到努尔哈赤停止朝贡，方意识到问题严重。但以辽东之现状，礼部以为未宜“遽兴问罪之师”，建议谨慎从事：先遣使诘责其违贡

① 《明神宗实录》卷366，二十九年十二月辛未：“建州夷奴儿哈赤款塞，北关夷那林孛罗请补进双贡。兵部言二酋叩关乞贡，不异歹、扯诸夷，并许之”。初，王台死，北关以与南关姻亲，欲并之。台子猛骨孛罗“不能支，求援奴儿哈赤，以子女为质。奴酋诱置寨中，诬之以罪杀之。中国使往诘问，则请以其女女猛酋之子吾儿忽答。二十九年七月，款抚顺关外，刑白马誓，抚忽答保寨，遂送女于忽答”。“奴儿哈赤既杀猛酋，而室其子，已又执而囚之”。另见《明神宗实录》卷366，乙丑。程开祜辑《筹辽硕画》卷2《辽东巡抚张涛揭为属夷家事互构事》：“查万历二十七年，北关会合骚酋（蒙古骚达子）抢杀南关人畜、敕书殆尽，南（关）纠奴酋救援，奴反将南杀虏至无噍类。辽东宣谕之外，亦未加遗一矢。”《明神宗实录》卷519，四十二年四月丁酉，山东巡按翟凤翀题：“南关三百六十三道敕书，锡予出自天朝，奴酋夺而有之。我不但不问南关之所以去，而并不问敕书之所以来，公然以南关之赏赏之，是讳盗也，是赏叛也。损威辱国，莫此为甚。”卷528，四十三年正月乙亥，辽东巡抚郭光复疏言：“二十六年，那酋又攻猛酋，猛酋力不能支，因质妻子于建寨者几二年。奴酋视猛酋为釜底鱼，遂以计杀之，此二十八年事也。及我中国切责，欲问擅杀猛酋之罪，而革其市赏。奴酋因悔罪，许妻猛酋子吾儿忽答以女，厚送之归。中国原其悔罪，置不问。至三十一年，那酋与白羊骨又纠庄南抢杀吾酋，吾酋穷，因投奴寨。自后吾酋不还，而南关之敕书、屯寨、地土、人畜遂尽为奴酋有矣。”

② 分见程开祜辑《筹辽硕画》卷4《户科给事中官应震题为敬陈辽事一得事》；《武皇帝实录》卷1、卷2。关于创建四旗，参拙著《满族八旗制国家初探》，第一章，北京燕山出版社，1996。

之由，冀其“悔罪自新”，不然则“革其贡赏”。最根本的仍在于“从长计议，整顿兵饷”，这却是最难办的事。

继礼部之后，兵部主事叶世英以“东夷渐炽可虞，条上增兵增饷事宜”，专为对付建州而增兵辽东之议，首见于此。又数日，大学士朱赓等奏：“建酋桀黠非常，旁近诸夷，多被吞并。恃强不贡，已经二年。”随题奏国家三处军情告急，其一即“建夷蓄谋甚久，跋扈可知”。万历当即谕兵部：“其辽东建酋，不思国恩，不遵贡典，招亡纳叛，意欲何为？地切陵京，岂容如此怠忽！”[①] 半月之内，部臣内阁部数次题奏并获批旨，不可谓未加重视。努尔哈赤虽未侵扰明边，其停止朝贡，即意味脱明自立，在明朝看来，则是一种敌对信号。尽管如何实施制裁，明廷尚未达成一致，但建州崛起对辽东构成更大威胁，大体已成共识。

问题是明朝一时计无所出。辽镇凋敝已非一日，且军饷累欠。“去岁旧饷欠十四万，今岁杳然无期”。额兵虽云八万人，而“大营官军堪战者不满百。东西应援，力薄难支”，面对“奴、速二酋勾连蓄祸，阴雨猝至，门庭将延”，边臣自必吁请“补兵补马补饷”。户部明知“辽阳孤悬天末，逼虏邻倭；建酋逆谋潜伏，祸在剥肤”，即欲添饷补兵，而“太仓若扫，冏藏空虚，催无可催，借无可借”。加之“边地灾伤，无处不苦”。请发内帑，万历不允；请撤矿税使以纾辽东之困，然税额犹存。兵部于努尔哈赤与乌拉联姻，假道朝鲜侵吞辉发，乌拉岌岌可危，了如指掌。故请敕谕朝鲜“大修武备，整饬边防”；并乞敕辽东遣人“宣谕奴酋各守边疆，无相侵扰”。[②] 其实此不过是安抚朝鲜的一种姿态，[③] 对于努尔哈赤吞并海西辉发、乌拉二部，则更无从干预。万历虽有严旨，其意仍欲勒令建州复贡，即可苟安。辽镇军备无能改作，祖宗遗轨置之不顾，亦只听之任之。然而明朝臣工却并不俯从圣意，随着事态发展，抗争愈益激烈。就努尔哈赤而言，虽自恃羽翼丰满，以为明朝无可如何，然如后文所述，此时尚无与明宣战之准备，故从策略来看，停贡一举，实未免操之过急。

（二）勘界与复贡之纠葛

揆之史实，万历三十五年（1607）努尔哈赤停止朝贡，直接原因有二。一是上年辽东总镇李成梁伙同巡抚赵楫放弃宽甸六堡八百里之地，不见廷臣诘责，万历反以招徕出境辽人予以嘉奖。二是当年三月努尔哈赤攻伐乌拉，迫使其联姻，并与叶赫断交，初步将其制伏；随于九月攻灭辉发城，杀其贝勒拜音达哩父子，自以为女真各部即将

① 分见《明神宗实录》卷444，万历三十六年三月丁酉、庚子、乙巳、辛亥。

② 分见《明神宗实录》卷441，万历三十五年十二月癸未，巡按辽东萧淳言；卷444，三十六年三月辛亥，辽抚赵楫言，乙卯，户部言；卷446，五月己丑，兵部言，己酉，户科都给事中孟成己等言。

③ 早在两年前，朝鲜国王李松闻海西卫忽剌温（乌拉）与建州努尔哈赤联姻，屡谋侵犯朝鲜，恳请明朝降敕谕禁。见《明神宗实录》卷421，万历三十四年五月癸巳。

归服。[①] 可见停止朝贡，实受一统女真及拓展疆界之驱动，连连得手，无疑益坚努尔哈赤独自立国，摆脱明朝附属之意图。

万历意在逼迫建州复贡以示忠顺，努尔哈赤则利用此种心理与辽东边臣划定边界。

建州与辽东边臣盟誓立碑，《清太祖朝老满文原档》载于三十六年（1608）六月二十日，即逾期不贡之半年后。其云努尔哈赤“不念万历皇帝先前之恶，欲以重修和好”，命将双方人民不得擅自越境，否则杀之等语刻于碑文，从此“各守皇帝的边境而不侵越”。[②] 辽东方面的主盟者“吴副将”，即辽阳副总兵吴希汉，事后证明乃受巡抚赵楫指使。明廷方于三月间议准晓谕努尔哈赤，令其复贡，辽东边臣不可能不知，其所以应努尔哈赤之约划界立碑，当是揣摩万历旨意，欲令建州尽早复贡。“夷方阻贡以挟我立牌，我即立牌，以求彼速贡”。[③] 即或具体细节上有所隐瞒，但非擅自行事。[④]

据后来熊廷弼《勘覆地界疏》，至迟于三十一年（1603），辽东边臣已将包括“东边新地、朝鲜相连顺江一百八十里”“马根单外之大峪”等处垦种多年之边民，尽行驱赶至境内。故自“三十一年议分疆界”，“奴酋已三年不贡矣”。三年不贡，当指努尔哈赤自二十九年赴京朝贡之后，即不复来。此后建州得寸进尺，至三十四年（1606），辽东镇抚更以万历初年新拓宽甸六堡八百里之地皆弃之。辽东陆续弃地有年，除三十四年以召回辽民六万余人蒙万历嘉奖之外，余概不见于《明神宗实录》，明廷态度可知。“奴酋既安坐而得数百里之疆土矣。其心以为界碑不立，则抚顺以南，新得之地尚未定，抚顺以北，南关之地尚无名”。于是“得新地，而与我定东南界也”；“并南关，而与我定西北界也”。是则三十六年立碑，实欲将累年所得之地一并划定。努尔哈赤以拒绝入贡相要挟，辽东边臣则步步相让。“奴酋曰：‘必为我速立碑，我始贡。’则许速立碑以求之。而奴酋又曰：‘必依我夷文，我始贡。’则许刻夷文以求之。而奴酋又曰：‘必副将盟誓，我始贡。’则许副将往誓以求之。而奴酋又曰：‘必开原立碑，我始贡。’守道曰：‘先起贡，后立碑。’抚臣曰：‘一面立碑，一面起贡。’奴酋曰：‘先立碑，后起贡。’毕竟碑立而后起贡也。”其碑文曰：“你中国，我外国，两家一家。”显然欲以明朝为与国，故熊廷弼以为如此“是两大也”。[⑤] 划界既毕，多处立碑，其西北端即开原南关哈达之地界。自开原而南，抚顺、清河以外，直至迤东鸭绿江岸，辽东与建州九百里边界大体形成。

三十六年辽东勘界立碑如何报至朝廷，史料阙如。但上年停贡，明廷内部已甚激怒。

---

① 李学智译注《清太祖朝老满文原档》第1册《荒字老满文档册》。

② 见李学智译注《清太祖朝老满文原档》第1册《荒字老满文档册》。

③ 熊廷弼撰《按辽疏稿》卷1《纠劾将领疏》。

④ 据熊廷弼撰《按辽疏稿》卷1《边道择人疏》；卷4《阅视疏》：吴希汉参与勘界立碑，乃受巡抚赵楫暗中指使，并为分巡道按察使郝大猷所诱哄，恐与实情不符。

⑤ 详参熊廷弼撰《按辽疏稿》卷2，原疏。谈迁著《国榷》卷79，载万历三十二年五月甲戌建州卫夷人贡。不见于《明神宗实录》，恐误。

科道官相继弹劾大学士李廷机，谓上年二月任礼部时私遣属官至建州以求其复贡为“媚虏”。[①] 兵科都给事中宋一韩以辽抚赵楫、总兵李成梁“弃地啗［啖］虏”发难，并“请差风力御史查勘，仍议追治”。工科给事中王元翰亦疏劾赵楫。万历显然感到压力，不得已准李成梁去职，赵楫罢任候代。[②] 随即作出一系列人事更替，命杜松为辽东总兵，王象乾任蓟辽总督接替骞达，李炳巡抚辽东，熊廷弼巡按辽东。在此情形下，礼部于九月重申三月间立场：“国家际天所覆，悉土悉臣，岂以建酋之贡不贡为重轻？特以朝鲜之警报尝闻，而南关（哈达）之兼并有据。公然违贡以尝试我，故不容置之不问。其违贡也，业已不讳其非；则其补贡也，安可不逆其诈？”其意显然不急于令建州复贡，而应与勘界一并复查。万历则仍只关注建州入贡合例与否，批旨：“补贡夷人，兵部行文辽东抚镇官查明放入。如有吞并、冒顶等项，不许混进。”[③] 惟冀以此令建州就范，息事宁人。

明廷上下满以为边界既定，建州即当如旧入贡。岂知努尔哈赤又以车价相勒索，迟迟不肯复贡，“竟以中朝受城下之辱”。三十六年十月，熊廷弼出关不数日，即奏言“建夷骄横得利，亦比例需索，倍逾旧规”；入贡人数“今多至一千五百人，业已三倍。又不肯陆续前来”，每次三四百人，需用车三四十辆，牛马各数百头；前起未去，后起又来；辽东军民“无从措办，只得卖儿鬻女，高价雇觅，支撑前去，以免挞辱。哭泣之声，达于四境”；并谓上年李廷机遣官宣谕以“节制”建州全然无效，惟“长桀酋之傲，损中国之威，重贫卒之困，贻长久之忧”。然此种情状，三月礼部上言已奏明，万历并不在意。随后户科给事中韩光祐上疏，态度更为激烈：“辽东方二千里，皮骨空存，膏血已竭。以致建酋骄横，缺贡额而不敢问，裁参斤而不敢问，据疆土、驱人民而不敢问。”请足兵足食，捣巢以彰国威。疏为万历留中。[④]

建州方面的反应却颇出意外。据《明神宗实录》，万历三十六年末，“颁给建州等卫女直夷人努尔哈赤、兀勒等三百五十七名贡赏如例”。[⑤] 努尔哈赤竟又亲至明廷朝贡，或于明廷态度有所闻，或如熊廷弼所言，辽东方面的人事更动引起其注意，担心勘界立碑将有翻覆，欲示好明朝，以达成定案。[⑥] 结果大约未如其意。以故次年二月，“建

---

① 《明神宗实录》卷446，万历三十六年五月丙戌载，御史郑振先弹劾李廷机任礼部时，“密遣序班李维葵往与私讲，不奉朝命，擅自通夷，建酋不贡二年，大罪十二”。并参卷451，十月己未，李廷机疏辨科臣彭惟成“揭论通夷媚酋”；甲子，李廷机乞勘差官事始末。

② 分见《明神宗实录》卷447，万历三十六年六月丙辰、乙丑、甲戌；卷449，八月辛巳。

③ 分见谈迁著《国榷》卷80，万历三十六年七月辛卯；《明神宗实录》卷450，三十六年九月庚寅、丙申。

④ 分见熊廷弼撰《按辽疏稿》卷1《差官通夷疏》《纠劾将领疏》；《明神宗实录》卷453，万历三十六年十二月己卯。

⑤ 《明神宗实录》453，万历三十六年十二月乙卯。谈迁著《国榷》卷80，同日，建州等卫努尔哈赤、札勒等入贡，赏如例。

⑥ 宣祖四十一年（万历三十六年）十二月辛未，陈奏使李德馨、黄慎启曰：“臣在北京时，听中朝物议，则以奴酋为忧。且观此胡情状，数年不为进贡，今年乃遣麾下八百名于京师，争赏银之多少，其侮贱中朝甚矣。”见《光海君日记一》，吴晗辑《朝鲜李朝实录中的中国史料》第7册，第2860页。所记入贡人员、时间、目的，均与《明神宗实录》不合，应属传闻之词。

州夷人朝见，有火、哈等二名，出班次，冲御道，投掷印文一纸，词极谩。大略言：'彼疆界九百余里，以新立二碑碣为卷案。辽东六万余人因避差徭繁重，逃在彼境，久假不归。'其意为阻扰勘地者"。[①] 地碑既立，则界已勘定，其所以"阻扰勘地"者，殆因闻知熊廷弼将着手查勘地界。《明神宗实录》云："建夷之谩词无礼也。"而"冲御道，投掷印文"，只见其气焰嚣张，尚不明其词如何之"谩"。《清太祖朝老满文原档》不载努尔哈赤及夷使进京之事，而于己酉（万历三十七年，1609）初云："淑勒昆都仑汗上书尼堪国的万历皇帝说：昔日金国皇帝时"，女真同族瓦尔喀人流散进入朝鲜，至今仍居住朝鲜边境，乞查出送还。"万历皇帝遂传谕朝鲜王"，"二月，将查出的瓦尔喀国人一千户强迫送返"。此事与朝贡、勘界无关，《明神宗实录》《李朝实录》皆不载。问题在于，努尔哈赤被正式推举为金国之汗，晚在丙辰年（万历四十四年，1616），《清太祖朝老满文原档》确然有据。此前仍不过部落首领一贝勒。[②] 其上书明朝使用何种称谓，不得其据。然其咨呈辽东公文，语气甚为卑躬，肯定不会轻引"金国皇帝"以犯明朝忌讳。但上引《清太祖朝老满文原档》却反映，在建州内部，为增其自豪感与凝聚力，或以大金国后裔相鼓舞，已成惯常。以此推之，《明神宗实录》所载"建夷之谩词"，既为阻扰勘界，很可能一时愤激，不知收敛，妄称建州为"金国"，与"尼堪国"对等，云云，一如划界碑文"你中国，我外国"，否则，不致引起明廷轩然大波。御史房壮丽、冯嘉会等人再次追劾李廷机遣使召侮，其疏文《明神宗实录》未载，于义当有绝贡停赏之论。

此后不久，熊廷弼《勘覆地界疏》报至朝廷。据云，上年十月赴辽之初，都察院即以兵部所覆兵科宋一韩奏文送抵廷弼，是则部、院皆主张彻查勘界。继云"顷者兵科都给事中宋一韩疏揭以正欺君负国事"，强调"国家华夷之防，首严疆域。一入版图，即隶王土；一从经理，即宜守防"；并"奉圣旨：这所奏弃地界夷事情重大，着都

---

① 《明神宗实录》卷455，万历三十七年二月甲寅。同见谈迁著《国榷》卷81，二月癸丑。

② 李学智译注《清太祖朝老满文原档》第1册《荒字老满文档册》："丙辰年正月朔申日，国中的贝勒大臣等众人相议说：'因为我们的国中（失去了汗），无汗的生活甚苦。想是天欲使我们的国家安乐生活吧！……欲予汗上尊号。'呼汗为'天任育养列国大庚寅汗'。"是知此前建州内部并未称努尔哈赤为汗。最初之汗号，乃蒙古人所推。《武皇帝实录》卷2，丙午年（1606），蒙古喀尔喀五部使者"来谒，尊太祖为昆都仑汗（原注：即华言恭敬之意）"。努尔哈赤原称"淑勒贝勒"，见《武皇帝实录》卷1，癸未岁（1583，万历十一年）五月。"淑勒"满语，聪明之意。至李学智译注《清太祖朝老满文原档》记事，遂合为"淑勒昆都仑汗"。丙辰年建国，汗号加上"育养列国"，即努尔哈赤所并之建州及海西各部。蔡美彪先生指出："养育诸国，当指被征服的海、建诸部，编入八旗收养。按照古老的氏族收养惯例，均被视为同族。""这表明，他已不同于由各部落长共同尊奉的可汗或大汗，而是收养各部为一族的最高首领，是比可汗更高贵的汗。这一称谓不仅是最崇高的汗号，也是北方民族史上罕见的尊称。"蔡美彪《大清国建号前的国号、族名与纪年》，《历史研究》1987年第3期。结合八旗分养国人来解释汗号，可谓慧眼独具。努尔哈赤将各部落收养为一族，故全体国人皆为其子民，自己则是全国之父汗，"育养"之意即在于此。父权制实为满族八旗制度核心，参拙著《满族八旗制国家初探》。蔡文又云：1606年蒙古五部尊奉努尔哈赤"淑勒昆都仑汗"，"昆都仑汗"为《武皇帝实录》之省写。但该年尚未有《清太祖朝老满文原档》，《武皇帝实录》自应为最原始材料，不知蔡先生是否另有所据。

察院即选差巡按御史勘明来说”。说明万历态度已有改变，由责贡转为同意勘界，应与努尔哈赤赴京朝贡及夷使至京狂妄放言有关。经熊廷弼详查辽东历年地界案卷，乃真相大白。李成梁、赵楫欲结好努尔哈赤，并获招抚逃民之功，而诱纵建州侵犯地界：“是谓献地，不止弃地；是谓通虏，不止啗［啖］虏。”于是列八大罪，请斩李成梁、赵楫。据熊廷弼考察，自三十一年明廷默认努尔哈赤吞并南关哈达始，建州遂与明有边境纠纷。其后李成梁放弃东南宽甸六堡，诚有欺罔之名，若追究到底，万历实难逃其责。廷弼虽有所讳，万历岂心中无数？疏末题请“所立石碑，应行毁碎，以存中国之体”。“至于奴酋占据地土，臣与两道屡行晓谕，夷终不从”。占地既不肯退还，故廷弼认定：“奴酋阳为顺，而实狡悍，难与言。今日之事，非臣口舌所能办。必使奴酋畏威怀德，有不得不退还者，此则该部与督抚镇臣之事，而非臣所敢预闻者也。”巡按辽东，职在清查“一切兵马钱粮”，“至于地界一节，业已命臣往勘”，乃特殊使命，[①] 而调兵遣将则非其职掌。但廷弼所提醒，单凭交涉晓谕，终将无济于事，必示以兵威。万历留中不发。而科臣王元翰疏请“裁减近例，仿祖宗时朝贡止许三百余人，一切赏赉如旧照给”，倒是符合万历之意。次月，万历因礼部言建州入贡致使辽东“糜费无经”，命其必如期来贡，入京及留边人数，由兵部议定。[②] 万历态度又回到原点。其所以有此反复，或与蓟镇告急有关。上年十二月，朵颜长昂入犯河流口，致使畿北居民扶老携幼，争相涌入安定、德胜二门，京师大为恐慌，九门戒严。总督王象乾调蓟辽两镇总兵分别拒剿。朵颜引去，又复勾结东虏黄台吉谋犯喜峰口，并报复辽东。三十七年二月，明廷汲汲筹集兵饷加强蓟镇兵备，同时停罢朵颜抚赏。[③] 万历唯求尽快了结建州之事，亦不难理解。

然而兵科及熊廷弼显然不肯放过辽东弃地之事。入贡抚赏、剿逆奖顺，历来为明廷制服属夷之手段。建州之态势，尤其是夷使公然咆哮朝廷，明廷诸臣已忍无可忍。万历却仍迁就姑息，始终不肯如对蒙古那般绝贡停赏，更不曾有兴师问罪之念，不只夷虏有别，更在包庇李成梁。于是明廷君臣之间兴起一场较量。宋一韩再次发难，认为熊廷弼“勘地之疏，至详且确”；并以李成梁与建州已通好两世，欲长久据辽东为己有，且将取朝鲜为郡县，必结连建州，故“割地刻碑，惟（奴）酋是听”；“建酋与成梁，谊同父子，教之和则和，教之反则反。诛成梁而建酋自不敢动”。继而兵科朱一桂疏言：“辽左奴酋结援并关，蓄志不小。李成梁在镇之日，未闻以急切报闻，通虏之情灼然可见。今奴酋即未能犁庭扫穴，亦当革其市赏，要使退地。至于成梁，即未能立赐诛殛，亦当夺其封荫。”要求彻底追查弃地，处死李成梁，无疑是对万历施压。其时

① 分见熊廷弼撰《按辽疏稿》卷1《查参马价疏》《边道择人疏》。

② 《明神宗实录》卷455，万历三十七年二月壬戌；卷456，三月丙午。

③ 参见《明神宗实录》卷453，万历三十六年十二月乙亥；卷454，三十七年正月庚寅、壬辰、癸巳、己亥；卷455，二月戊午；卷456，三月庚寅诸条。

“廷臣争言弃地媚虏，结连建州，妄意朝鲜，以图世守”，并非凭空揣测，且与朝鲜奏报有关。万历乃“下成梁所辩疏，而勘疏竟不发”。[①] 保护李成梁，即表明绝不受朝议左右，亦置朝鲜于不顾。

熊廷弼因勘界一疏久候无旨，乃再上《催勘疆事疏》，怨望之情溢于言表：“去年辽抚镇赵楫、李成梁以弃地啗［啖］虏事情为兵科所发，蒙旨选差御史往勘。臣闻命而驰，介身异域，冲雪冒险，按图考册者三阅月始竣。于是拟楫与成梁以八可斩之罪，并追论（有关者数人），事核情确。窃谓可以仰副明旨，朝拜疏而夕报可。不谓留中至今也！窃异夫皇上何不即置两臣于法，而甘以封疆为媚虏者资也！皇上于此，不惟失封疆，又失法矣！”[②] 但万历只要辽东不起大衅，凡事无不拖延，岂曾以封疆、法度为意。熊廷弼指出：“进贡一节，与疆事相连。我以此觇奴酋顺逆，奴酋亦以此窥国家重轻。疆、贡兼完，则我重；舍疆完贡，则我轻。”[③] 正为万历而发。

从努尔哈赤的立场而言，停贡、划界皆为脱离明朝而自立所必需，否则即不成独立之国，故匪独在疆，且不入贡。而万历则相反，初于疆视而不见，待其停贡，又欲以勘界而令其复贡，其所重始终在贡。双方最高当事者之精明与颟顸，图实利与重体面，其背后当然是强悍与虚弱之别，但明朝已被建州激怒，且内外呼应，万历亦难强行己意。建州复贡推迟至三十九年（1611），即是群臣施压之结果。

（三）增兵辽东

辽东残败与建州兴起形成鲜明对比，努尔哈赤停贡勘界，即无意进犯，辽东形势实已更加严峻。倘若明朝能及时意识到危机，大力扶植辽东，并积极联络蒙古及朵颜三卫，以最大限度孤立建州，并非没有机会挽回危局，至少可以维持各方势力平衡。而建州方面也非无隙可乘，况努尔哈赤对于明朝尚存顾忌。明朝的一个重大失误，即在于始终未能就如何对付建州达成共识，从而制定稳定的策略。

三十五年建州停贡及随后与辽东划定疆界，引起朝臣抗争，万历虽未惩办李成梁，但迫于压力，只得将建州入贡暂时搁置，而于勘界之请，虽一度予以支持，但此后态度又复不明。[④] 而三十七年议定辽东增兵万人，虽然所补甚微，乃群臣反复诤谏的唯一成果。其得以实现，又因努尔哈赤于明廷失意之后，转而汲汲着手图谋北关叶赫，由此危及辽北重镇开原。

---

① 分见《明神宗实录》卷456，万历三十七年三月辛酉；卷458，五月甲午；卷462，九月壬午。朝鲜方面担心努尔哈赤勾结李成梁对本国有所图谋，详参《光海君日记一》，宣祖四十一年（万历三十六年）六月庚戌、八月丁卯，吴晗辑《朝鲜李朝实录中的中国史料》第7册，第2852～2857页。

② 见熊廷弼撰《按辽疏稿》卷3。

③ 熊廷弼撰《按辽疏稿》卷6《谨叙东夷归疆起贡疏》。

④ 建州复贡在三十九年，见后，殆三十七年二月夷使至京无礼，旋即停贡。《明神宗实录》卷460，三十七年七月丁亥，兵科宋一韩疏请“早发勘地之疏，又当事早结失事之案”。不报。

熊廷弼按辽三年，不惮辛劳，巡阅各边，广加访询，不仅深知辽东积弊，于建州动向亦极为关注。此期间明廷关于建州之情报，主要得自廷弼疏奏。廷弼对于建州之认识，亦由浅入深。

三十六年十一月，至辽仅一月，勘界未及实行，适逢“西虏”警急，廷弼疏云：“辽为京师东控倭，北扼虏，置军非为辽也；无辽则京师不支，补军非为存辽也。”显然以“北虏”为辽东威胁所在，而未以建州为急。次年二月，闻知蒙古属夷拱兔因上年捣巢而寻报复，同时努尔哈赤欲联络福余宰赛谋取北关：“去冬奴酋修筑南关（哈达）旧寨，屯军聚粮，意在窥开原、并北关耳。昨且有宰赛会抢北关之报矣。”故以河西河东并急。而辽东“在在凋残，件件狼狈”，“补偏救弊，革故鼎新，及今图之，已觉其晚。若复不图，数年之后，奴酋愈加强盛，妄萌故业之思；虎敦兔憨能统大众，再踵祖父之恶：东驰西扰，虽欲为之而不得者矣！”可见熊廷弼所忧者仍不独在建州。其时“插汉近欲报仇，东虏绕歹成父、虎敦兔憨等各欲入犯，势诚火急”。及至廷弼勘覆地界已毕，察觉努尔哈赤数年来步步紧逼，颇有独立一国之意：“既并称国，又称两家，何其僭逆！由此称王，由此阻贡，自得地之日始，其害盖有不可髡颖数者。”疏末建议加强兵备，但尚未明确提出建州有谋图辽东之意。①

然至次月，努尔哈赤遣使致书熊廷弼以作试探，廷弼态度即发生明显改变。其《酌东西情势疏》关于建州方面信息甚多，稍作赘引：

> 三月初五日，东虏奴儿哈赤差部夷干骨里（即《清太祖朝老满文原档》之纲古里）、牧牛二夷，赍印信公文二角，俱为下情事。一称：“里边如要张其哈喇佃子，须有皇帝印信公文与我，即行送进，以讨升赏。”一称：“北关那林孛罗与西虏做亲，同心作害，抢开原地方，又顺带西夷赴市买卖。这二心贼夷，临近居住，不得安稳。你天兵、我夷兵伙同赶他远处去罢。有西虏兵马，我奴（儿哈赤）阻党（挡），有开原往南到江沿为止边界地方，我奴一心主正看守等情。”
>
> 臣不胜骇愕。即以大义谕之曰：“海西（北关）与尔建州，俱是二百数十年忠顺夷人。原无罪过，何故赶逐？纵有罪过，中国自兴问罪之师，何需尔兵？且中国天覆地载，似此忠顺属夷，倘被别部侵害，尚当扶持，何忍自加之兵？”干骨里即问臣：“有人侵害北关，里边还顾他么？”臣谓：“如何不顾？譬尔奴酋被人侵害，我中国念尔忠顺，岂忍坐视！昔朝鲜为倭所逐，我中国不惜数十万兵马往援，以复其国者，此奴酋之所知也。归语奴酋，毋得妄生他念！”二夷遂唯唯辞去。

---

① 分见熊廷弼撰《按辽疏稿》卷1《除报羡余疏》；卷2《论辽左危急疏》《勘覆地界疏》；《明神宗实录》卷456，三十七年三月己丑。

此距《明神宗实录》所记夷使咆哮明廷不及一月，努尔哈赤以加印公文进行试探，表示愿意退还张其哈喇佃子之地，似有顺从明廷之意，实欲于勘界上先让一步，而求得许其图谋北关。所谓为明看守边界、忠顺如旧之语，不可当真，但语甚谦卑，证明努尔哈赤与明正式交往，仍以属藩自居，不敢公然反目。① 廷弼虽表面奖其忠顺，然严正告诫，北关为明廷所必保。而其所用以警告努尔哈赤勿“妄生他念”者，并非辽东兵力，乃本国曾以大兵东征朝鲜，自是虚张声势，但确为努尔哈赤心中所忌。熊廷弼既疏报建州公文，理当上呈，毋庸怀疑。

次日，广宁备御邹储贤禀呈拿获建州奸细一人，“供称：正月内，奉奴酋差遣，因新抚镇初临，奴酋畏惧兴兵征剿，差本夷装扮汉人网帽袄裤鞋袜，使人不疑，往里探听”，“细加严审，方才供吐是奴酋部落。彼酋见有精兵三万，又西虏失勒揹带领部兵一百家早投建州住牧，奴酋又会合骚达子，约于朝贡夷人回巢毕日，兴兵犯抢。故叫本夷前来探听里边兵马消息”；且供出另有一名奸细前往河东等处打探。建州间谍之多，屡见于边臣疏奏。此番招供，亦无编造之嫌。辽东强弱，努尔哈赤早已了如指掌。② 其所以畏惧明朝“征剿”，实欲全力以图北关。时乌拉尚未完全征服，与北关往来不断，已是一层麻烦，倘若辽东出兵干涉，则势必中沮。重要的是，辽东边臣皆新近之任，能否如此前吞并南关时不加阻扰，努尔哈赤必须确认。而其所以约“北虏”抢劫入贡夷人，亦在挑起事端，使边情复杂化，分散明廷之注意力。努尔哈赤之敏感、谨慎及虑事周全，可见一斑。

三月二十日熊廷弼行至沈阳，得开原兵备道石九奏禀称：

> 职数日内侦得建夷情形，或二三百一营，或一二百一聚，俱散布猛酋（按：南关猛格布禄）旧寨。叩之，云：“我都督与二都督速儿哈赤近日不睦，恐二都督走投北关，令我们在此防范。”职盖有以料奴酋矣。旬日前，职闻奴酋因修自己寨城，怪速酋部下不赴工。问其故，则云：“二督将欲另居一城也。奴酋怒甚，将速酋之中军并其心腹三四夷立炮烙死，仍拘系速酋如囚。”今且声言防其投北关也。狡哉奴贼！百计以图北关而不得，则为此内应外合。夫此贼方蓄异，岂肯自残手

① 据熊廷弼撰《按辽疏稿》卷2《勘覆地界疏》，旧抚赵楫言努尔哈赤屡具禀讨加赏蟒缎银两，“臣查卷，止一禀状，大略谓：‘马三非所讨赏银蟒缎，至今未见。上司说我有二心，不信我言语。我杀白马白羊血水，双手举天。猛骨孛罗送归夷民七千、牲畜一万、敕书三百六十三道。我万分学好。若不与赏，亏守边之人。’等语”。马三非为建州入贡夷人。此时廷弼对努尔哈赤猜疑甚重，所转述其禀状之卑辞，无造假之必要。

② 熊廷弼撰《按辽疏稿》卷2《酌东西情势疏》：“自旧抚镇玩寇以来，给银牌数面与干骨里等，任其出入，且戒驿递毋阻，阻者辄听夷禀而加之罪。以此往来，月无虚日，每住广宁辄数月，如家庭然。凡兵马之虚弱、钱粮之匮乏、城堡之坍塌、地形之险易，与夫民穷思乱而欲投虏之状，无不周知而习熟也。”卷5《纵虏内地围猎疏》：“奴酋本一亡虏余孽，旧镇纵之，尝给夷使银牌十余面，致令经年镇月在内行走，而关驿不敢问。”

足？即自残，岂肯急自宣扬？职谕北关，业有所以待彼。

此一情报直接改变廷弼看法。建州军队往来于哈达旧寨，即开原东南附近，意在北关，当无可疑。对于建夷兵士所言舒尔哈赤（速儿哈赤）欲叛逃，石九奏认为是故施烟幕，以掩明军耳目。舒尔哈赤早年与其兄平起平坐，见诸朝鲜人申忠一《建州图录》。迨建立四旗，努尔哈赤及其二子占有三旗，速尔哈赤仅一旗，以往“二头制”格局即难以维持。其兄弟失和，据《清太祖朝老满文原档》三十五年攻伐乌拉时已见端倪。舒尔哈赤及其部下不受努尔哈赤之子统辖，努尔哈赤加以薄罚，舒尔哈赤怀恨在心。至此乃欲脱离其兄，另居“黑扯木”之地，何至于投奔世仇北关。努尔哈赤以其属人非得自父祖所遗，乃出己之所赐，率部离居则不啻分裂国人，故不能容忍，杀其亲信，以示儆戒，《清太祖朝老满文原档》明载于万历三十七年三月十三日。两年后即杀舒尔哈赤，并夺其属人。石九奏不知内情，以为努尔哈赤令其弟逃往叶赫，以作内应，夺得北关，实属猜疑过甚。熊廷弼阅后，“益不胜骇愕”，而又深信不疑，且更作发挥：“噫！奴酋岂尝须臾忘辽耶！奴酋不忘辽，其肯须臾忘北关？”廷弼推断：努尔哈赤欲得辽东，若不联络“西虏”，则难以速成；而欲联络“西虏”，则有北关从中作梗，故必图北关；然若辽东无事，北关亦不易得手，必使辽东“多事”，即“西虏”不断骚扰，方有机可乘。总之，占领北关，为努尔哈赤夺取辽东战略之一环。此一观念，三十六年底熊廷弼考察宰赛侵犯开原时已有雏形，至此更加明确。

熊廷弼认定努尔哈赤之图北关叶赫，最终目的在于占领辽东，亦有客观形势上的考虑。北关紧邻辽北重镇开原，所谓“河东三面邻虏”，又以开原最为孤悬。其西南为朵颜三卫之福余卫，西北为蒙古诸部，迤东即海西女真，开原插入其中，既负有阻断“夷虏”之重，亦有陷入各番合围之险。① 其东南哈达、东北叶赫，合称南北二关，原皆海西强部，两家联姻，与建州相颉颃，其后并衰，已见前述。今南关为建州所并，开原屏障已撤一面，若再失北关，则将陷入建州钳形攻势之下。加之“西虏”屡犯，两面夹击，势难保全。就辽东与建州边界九百里而言，开原处于最北端。开原存，建州若犯辽沈，则可从北应援；开原失，则辽沈东北两面受敌，以故开原为必守之地。开原与辽沈之间有三四百里之遥，唯与北关唇齿相依，是欲保开原，又必保北关。熊廷弼以“奴酋不忘辽，其肯须臾忘北关”，即鉴于此。而数年来“西虏”之所以“仇北关而怨我中国者”，皆努尔哈赤“挑剔”所致。

开原于辽东如此重要，兵力却单薄至极。“臣细阅开原，兵虽二千余，堪战者不过

① 熊廷弼撰《按辽疏稿》卷 2《论辽左危急疏》：“直辽沈西，暖兔、宰赛等；直开原西而北，则恍惚太等；东北则北关，东则南关。辽沈之东，则奴、速等酋。此河东三面虏也。面面环绕，如处重围。”《明神宗实录》卷 538，万历四十三年十月己巳，蓟辽总督薛三才奏言：“开、铁原在东北，孤悬天末，三岔河蛇蜒其中。东西千余里间，数十万虏蜂屯蚁聚。”

二百人。沈阳如之。铁岭及辽阳协守营，亦各不过三五百人而止。盖各路兵马素不训练，凡遇有事，惟恃正兵营之大军以为援耳”。如前篇所述，辽东兵力素来西强东弱。若无河西大军应援，河东即无力支撑。然“今（河西）大军为拱兔等所绊，奴酋、宰赛等明知河东之单弱，而大军不得东也，以此逼挟践蹂，无所不至。开原官军魂惊胆落，束手待尽”。以故“开原之危，甚于广宁、宁前十倍。欲解开原之危，必须广宁、宁前款事速成，然后得分标下大军以为应援”。[①] 尽管“西虏”不断犯边，但在熊廷弼看来，真正危险在于建州。是以必须迅速与蒙古议和，恢复款市，方能全力对付努尔哈赤。从其各自内部联系而言，“西虏”不同于建州，款议也具有可行性。

> 西虏势散，纠合亦不易，羁縻亦不难。（中略）犹可设法解散。而东虏（建州女真）则拥兵数万，人心号令，皆出于一，非乌合而轻于聚散也。向虽知此酋有异志，然或冀在数年之后。乃自得地以来，疆土日辟，愈见跋扈。今观其所为若此，恐此举动亦不在远。臣何得不为河东危？
>
> 为今之计：西虏之衅，断不可深；北关之援，断不可孤；东虏之计，断不可堕。而深西虏之衅、孤北关之援，正所以堕东虏之计，断不可误。[②]

此即熊廷弼谋划辽东之大要，李化龙序《按辽疏稿》，称之为“拔本塞原、窒患存人之第一义也”。熊廷弼更从蒙古与女真生存方式差异，认为对辽东以及明朝的威胁，后者远大于前者。林丹汗部众虽多，且能号令朵颜三卫，然“专以抢掠为事，所志止在人畜财帛，不在土地，虽为辽患，而犹未足为京师患也”。女真则“性情饮食衣服居处，皆与我同。得我之土地足以耕，得我之人民足以役，得我之城堡足以居”。是以若纵容其扩张，必对明朝有领土要求。“河西之虏，贪汉财物，尚听款抚；而奴酋则不以此物为意也”。其停贡画疆，“遂妄萌故业之想”，即谓其欲恢复大金国。而犹以为不足，“耽［眈］耽［眈］焉，逐逐焉，志未尝一日忘医巫闾之西也”。医巫闾，辽中名山，在广宁以西。既全辽皆在努尔哈赤觊觎之中，开原、北关之得失利害，也更为明确。[③] 此一观念，甚得朝臣认同，且影响深远，此不详述。然而河西款事非一日可了，大军亦难赴援，欲救开原之急，唯有加紧增募军丁。“今日之辽，实非今日之兵所能了当。

① 熊廷弼撰《按辽疏稿》卷2《查参大胜堡失事疏》。

② 熊廷弼撰《按辽疏稿》卷2《酌东西情势疏》，万历三十七年三月。

③ 熊廷弼撰《按辽疏稿》卷2《议增河东兵马疏》，万历三十七年六月：以努尔哈赤之未立即兴兵辽东者，“缘北关以世仇在卧榻间，恐兵出而议其后，故亟亟以并北关为事。北关并，则巢穴固，进足以取，退足以守。然后据汎（河）、懿（路）之扼塞，断辽、沈之声援，而开（原）、铁（岭）固口中物也。投足而东，而朝鲜残破之后无衡敌；投足而西，而两河凋敝之余无坚城，恐席卷长驱而其锋未可当也”。

舍召募，真无别法”。[1] 但募兵必需增饷，则又困难重重。

三十七年三月，蓟辽督抚镇臣合疏，言及“辽饷军、民二运欠至数十万，军士忍饥”。户部亦以“今日之辽，在九边为尤苦。非发二十万金之藏，停三万六千之税，无以济燃眉，而收既散之人心”。臣下焦心如焚，无奈万历不允。次月，兵部尚书李化龙上“救辽患、保疆土三事”，复陈“夷虏交讧、辽镇甚危、谨陈兵食战款之策”。须稍加说明的是，此时李化龙仍以辽东“虏”患最急，而未觉建州威胁更为严重。前疏云：“辽阳奴酋最强，自叩关补贡之后，愤骄日甚。然汉过不先，彼犹未敢轻动。其法当以款而习战。”后疏重申其说：“奴酋猾桀叵测，生聚储蓄三十余年，屋居耕食，未易轻徙。况宰赛、北关，其兵力尚为均敌；奴所招抚，多我华人；南关仇夷，恒在左右；悉聚轻逞，又恐朝鲜之蹑其后。其意似未能舍数万车价之利而急言战也。非我急有以挑激之，则其反形未速。”[2] 以为建州受多方牵制，且难舍与明的市易之利，不会急于与明开战。李化龙身为大臣，自必持重。此论虽为遥度，且在建州停贡、勘界以及夷使狂逞于朝廷之后，却与客观态势大体相符。至其不主张挑激建州，又与熊廷弼一致。增募之请，朝廷亦由此停搁。

其后数月，熊廷弼视阅边堡，北至开原，东抵叆阳，不仅悉知建州侵地实情，且于其声势动向耳闻目睹，更加深此前之判断，乃于六月疏云：努尔哈赤“领兵向北，假修南关旧寨，以图北关。又率部夷七千骑进屯广顺关口，践害靖安堡一带田禾，以逼开原”。得知建州亟图北关，大兵往来境内，视明边若无物，李化龙立场为之一变，疏言：“今为患最大，独在建奴，将并北关，以图开原。河东之扰，岂但十倍河西！惟当速募有马壮军一万，委之能将，屯驻要害，可为救急一着。”次月，以户部告绌，兵部于是复言请帑：“开原告急，增兵万人，尚不过一时补辏之计。计臣虽明知辽之单弱，而无奈饷绌；虽明知饷之当处，而无奈计穷。以天下之大，仅太仓八万两。何惜捐大内朽蠹之财，以安宗社？兵戎钱粮，孰非皇上家事？而忍屑越之？”据熊廷弼言，李化龙“初议召募勇敢三万余人，及昨，因开原危迫，复议先募一万应急”。[3] 一旦涉及内帑，万历照例不报。随即熊廷弼又呈疏报以呼应李化龙：“奴酋复以精兵五千骑扎抚顺关，挟索参价。”“不出月余，连以重兵压我，目中岂复有辽？今急急救辽之策，舍募勇敢分戍重地，计将安出？”并言：“曩见枢臣议，待奴酋当以文告为款。而不知此酋悖傲已久，何知宣谕？曾谕令退地而不听，谕令改碑而不听，谕令送还（哈达王

---

① 熊廷弼撰《辽中书牍》卷2《与五道》；同卷《与徐耀玉职方·增募五则》亦云：“存辽之术，舍召募之议更无别法。”

② 《明神宗实录》卷456，三十七年三月己丑；卷457，四月己未、己巳。

③ 分见《明神宗实录》卷458，三十七年五月癸巳、甲午、丁酉；卷459，六月戊午。户部不赞同增兵，乃忧虑军饷无出：“一开原增兵，费至如此。假令九边有警，各议增兵，费当几十倍。辽阳兵九万有奇，原非无兵。兵而不精，与无兵等。推之九边，概可相见。”见卷458，五月庚子。盖以九万人之兵选付操练，皆成骁健，不在议增也。化龙初议增兵三万人，见熊廷弼撰《辽中书牍》卷2《与五道》。

台之孙）吾儿忽答回寨而不听，谕令勿得引兵护送西夷由我境内行走而不听，谕令不奉明旨毋得越境擅修他寨而不听。陛下试以此酋为文告所能谕乎？”① 在熊廷弼看来，建州虽未对明宣战，而图谋北关业已付诸实行，由是“开原危急，作何救援，尤当汲汲设处”。但努尔哈赤非晓谕所能制止，唯增兵修边，可遏其志。李化龙议增兵万人，熊廷弼更多出千人；与李化龙兼顾河西不同，熊廷弼建议皆分布于建州前沿，其中辽阳一协增兵二千人，“为专制东方之计”。又议改开原为东协、辽阳为中协，与河西宁前并称三协。李化龙虚怀若谷，深以为然，并以兵部议覆上呈。② 努尔哈赤不顾明廷晓谕，万历颇失颜面，由是同意募兵，且准以京营盔甲七千副、太仆寺马三千匹，并发辽东。③ 但所需饷银，则责成太仆寺及户、工二部办理。④

其时北京各衙门皆空，筹措挪借，彼此推诿，迁延时日甚多。万历唯命催督，不动内帑分毫。多赖大学士叶向高之力，最终万历稍有松动。《皇明从信录》卷39，三十七年八月条下载有叶向高请处置边饷两揭。第一揭言：

> 今日边疆之事，惟建夷最为可忧，度其事势，必至叛乱。而今九边空虚，亦以辽左最甚。昨李化龙告臣，谓：“此酋一动，势必不支，辽左一镇将拱手而授之。虏即使发兵救援，亦无所及。且该镇粮食罄竭，救援之兵何所仰给？非反戈内向，即相率投虏，天下事将大坏不可收拾矣。”臣闻其言，寝不安席，食不下咽。

值得注意的是，叶向高断定努尔哈赤“必至叛乱”，乃为李化龙所动。其所引李化龙之言，努尔哈赤一旦兴兵，辽东必失，且天下大坏，又较此前兵部议覆更为急切。李化

① 分见《明神宗实录》卷459，三十七年六月癸酉；熊廷弼撰《按辽疏稿》卷2《议增河东兵马疏》。又，谈迁著《国榷》卷81，万历三十七年五月丁未，建州卫都督努尔哈赤遣子器骨奴以万骑修南关寨，又勒七千骑进屯广顺关，犯靖安堡。时那林孛罗新没，子金台失嗣。参将曹文焕资以火器。努尔哈赤闻之，引还。复构西虏宰赛、暖兔等窥开原。

② 《明神宗实录》卷458，三十七年五月甲午；卷459，六月癸酉；卷460，七月庚辰，“初，兵部原议以有马壮兵万人，半增开原，半增辽阳。上既发饷金三十万，兵部条言宜如辽东按臣请，开原增兵一千五百人，庆云堡增兵一千五百人，靖安堡或柴河堡增兵一千人，辽阳增一千人，清河堡一千人，沈阳一千人；宁前则量增一二千人，以佐其弱。议处班军以为经久之计，盖河东有备，则河西兵马可以一意西防”。置三协事，见熊廷弼撰《按辽疏稿》卷3《议覆增兵事宜疏》，三十七年八月二十二日奉圣旨：兵部知道。《明神宗实录》卷465，三十七年十二月丁巳，铸给协守辽东东路副总兵关防。卷467，三十八年二月丁巳，铸给辽东中路、东路总兵关防各一颗。两条抵牾，揆诸史实，当以前条为是。李化龙《按辽疏稿·序》云：廷弼之“为辽，大率以休养生息为主，以捍卫保护为用”。列其大者，首言“厚河东之兵防，以折奴酋方张之势”。

③ 参《明神宗实录》卷460，三十七年七月丙戌。

④ 《明神宗实录》卷459，三十七年六月甲戌，万历责成各部：“你每说辽东紧急，着户部急发应还太仆寺漕折银十万两，太仆寺发班价银五万两，南京兵部借银八万两，户、工二部共七万两，解赴该镇，以为募兵充饷之用。”凡三十万两。并参熊廷弼撰《按辽疏稿》卷2《议增河东兵马疏》，末附奉圣旨。

龙之言多得自熊廷弼，可见内外上下同声一气。实则至此为止，建州未有侵犯辽东之实迹，叶向高如此发论，未必于努尔哈赤心机洞若观火，但出于忧患意识，为耸动人主，而必作危言深论。

依叶向高等人之见，果欲保全辽东，势必大举整刷，非仅增兵区区万人即能弭患于未然。麻烦在于，即使万历同意增兵，而饷银却难以兑现。叶向高唯有从国家存亡、职责所在以警示万历："惟有食则有兵，有兵则封疆之臣可以责其战守。而酋虽强横，我亦何至坐受其祸哉！今蓟辽兵饷皆缺至数月，即使平居无事，犹恐生变，况欲责其出力以御虏乎？祖宗相传金瓯无缺之天下，一旦危急至此，诚可忧也！诚可痛也！"缺兵缺食，责不在将帅士卒而在朝廷；而部寺"又万分匮竭，挪解将尽"，责亦不在部寺。如何解决？"中外臣工，共望皇上发帑以济此急，而圣心必不肯从"。如此则不知计将安出。内阁为群臣首领，观瞻所系，又为密勿之臣，而不能与万历觌面一言，故只得乞请"廷臣会议，看其作何计较，勿待三日。如复迁延迟缓，视为故常，则臣真不知其祸之所终矣！"果若举行廷议，则必集矢于万历一身，是以叶向高"四次票拟下廷臣会议，而皆留中"。叶向高最后将话挑明："我皇上神明圣武，留心边事，何致今日独玩忽若是？岂恐廷臣会议首及内帑，而故难之耶？"则近乎直斥万历为守财奴。"今内帑充盈，传于中外。蠢尔犬羊，生心日久。有如边镇不支，士卒离叛，戎马一至国门，谁为皇上守此者？诚使割内帑十一，以充军储，资以捍卫，其为利害得失，固不待智者而后知也。细观事势，实万不容缓。臣若不恳切极言，则误国之罪当在于臣，故敢冒昧直陈如此"。大臣进言，虽不同于小臣肆陈无忌，然万历不得忽视。叶向高谓己言已尽，则存亡之责自唯在万历。叶向高之为名相，岂仅在涵容大度。

稽诸《明神宗实录》，三十七年十一月丁未，万历以兵部尚书李化龙所覆督臣建夷塘报一疏下内阁票拟，叶向高两揭在十一月乙卯、十二月戊午，万历皆不报。十二月壬戌，叶向高诣文华门叩请会议兵饷，同日户部以覆议各镇欠饷奏闻。万历继续敷衍，传旨：命遣官督催各地拖欠钱粮，以实军饷。又数日，己巳，乃下户部所奏"借给辽饷疏"，借口节年金花银拖欠，公用不敷，准借太仆寺马价银 25 万两、工部税银 15 万两，凡 40 万两，"解给各镇支用"。至于内帑，则以北直隶、山东等六省"当年征在官听解内帑税银，准留以二分解部以充军饷，一分赈济饥民"。按孟成己的说法，此不过"四海一滴"，且非"现款"，然已甚是难得。但与此同时，万历又命加紧催督所欠金花银 56 万余两、买办银 67 万余两。以"兵部议设处辽兵新增岁饷银、马价"总该 15.6 万两较之，仅七分之一。万历谕令"该镇新增兵饷俱如议行"，即由两京部寺挪借筹措。[①] 这

① 以上并参《明神宗实录》卷 464、卷 465。孟成己之言，见卷 467，三十八年二月乙卯。程开祜辑《筹辽硕画》卷 3《户部尚书李汝华题为国优方殷边饷正匮事》（四十六年），请动用内帑，即以"己酉、庚戌（三十七、八年）间，皇上轸念边军，不难自捐内帑"为言。

就是万历在承认“建夷蓄祸日久”、辽东危在旦夕的情况下作出的决定。[①] 因现存内帑不可动用。[②] 直至三十八年（1610）三月，所需兵饷30万两方到位，[③] 距最初疏请已半年有余，且以三年为限。至四十年（1612），原议增兵届期，辽东边臣请留十年，兵部折中，获准请延至五年。[④] 此即努尔哈赤起兵之前，明廷为加强辽东防御的唯一举措。

明廷财政近乎枯竭。一在各地赋税不能如额征收，据户部言，全国连年逋负，即东吴最称富庶，三年以来各郡所欠，多者数十万两，少亦六七万两。一在兵饷开支日增，“今日遭一警，则增一饷，明日增一饷，则成一例，至今费”且400余万两。三十九年初，九边积年所欠竟高达895万余两，“虽陆续内解（即京运），十不足一”。次年，户科给事中官应震言“九边共欠至”293.06万两，“太仓之匮可知也”。[⑤] 长期以来所赖以支吾者，唯在老库，万历初年存积近千万两，至此老库只剩8万两。[⑥] 九边开支如此之大，与其说明代边备转衰受制于财政匮乏，毋宁说国初扩张及庞大的军队使财政不堪其荷。

文本所以不避琐细，旨在说明辽东增兵万人，已是常态下明廷所能提供之极限，且无法持久。正如熊廷弼所言，“近日所给新饷，实乃朝廷心头已尽之肉”。是以保全辽东，还须自身整顿。“况今内地千零万落，北尽南空，汹汹皇皇，只欠一反。臣且不知此时腹里靠谁，何论边鄙！汉以匈奴千里转饷，而天下困；唐以藩镇耗竭国用，而人心离；宋以西北用兵括尽民财，而社稷屋。古今败亡之祸，未有不始于边鄙而终于腹里者。边臣倘有嫠妇宗国之恤，亦可凛凛于此，而图所以为自立之计矣”。[⑦] 其云“内地千零万落”，当是实情。而“北尽南空”，若指朝廷库藏，则不免夸张，实则南京储蓄尚多，其挪借一空则在后来的大举征剿。但“古今败亡之祸，未有不始于

① 参见熊廷弼撰《按辽疏稿》卷4《防建夷疏》，三十八年正月二十四日奉圣旨。

② 当年福王婚礼19万两，次年福王河南府邸估值82万两，准25万两，亦皆外廷办理。见《明神宗实录》卷467，三十八年二月己未。

③ 《明神宗实录》卷468，三十八年三月辛巳。

④ 《明神宗实录》卷468，三十八年三月辛巳，兵部尚书李化龙言：“自去年辽镇增兵万人，凑合南北部寺库藏三十万饷银至辽。”卷491，四十年正月丁酉，兵部言：“辽东新增兵马，先因督抚按官谍报叵测，东夷蠢动，河东兵力单弱，本部议覆请增兵万人，练三大营，以壮先声。搜括南北藏金三十万，为募买兵马之用。复议折班价，借盐引等银，以赡新兵。议以三年警息停撤，本一时救急权宜。今撤兵之期已将及矣，乃督抚谓众心易动，有不容于尽撤，外夷蓄怨，亦不便于示削，仍欲久留此兵，以资十年之旅。臣等斟酌其间，恐遽散则不能，而久留则又不继。请比照善后事例，前项新兵仍留戍等，姑以五年为率。”从之。

⑤ 分见《明神宗实录》卷468，三十八年三月庚子；卷479，三十九年正月丙午；卷502，四十年闰十一月丁亥。

⑥ 《明神宗实录》卷458，三十七年五月庚子，户部言：“臣部自老库八万之外，毫无所出。”李邦华撰《文水李忠肃先生集》卷1《条陈太仓银库疏》：“顷以太仓巡视之役，得窥银库赢缩之原。皇上御极初年，太仓老库几有千万之积。仅一平宁夏，再征倭，三剿播，而已如洗矣。臣顷见监督主事交盘册载，老库存银八万八千。臣为流汗浃背，以天下之大，不敌一富室之藏。”《四库禁毁书丛刊》集部第81册，清乾隆七年徐大坤刻本，北京出版社，2000年影印。

⑦ 见熊廷弼撰《辽中书牍》卷1，《与分守开原二道》；熊廷弼撰《按辽疏稿》卷2《议屯田修边疏》。

边鄙而终于腹里”，则切中肯綮。唐宋两朝不可同论。明代走向衰败，实由国初军事扩张带来的巨大负担。驯至中叶，军队普遍腐败已积重难返，此刻欲使孤处海隅之辽东独能强兵自立，不啻异想天开。一旦辽事爆发，加派辽饷数百万两，社会崩溃即指日可待。

二　遏制建州归于失败

自万历三十七年明朝议定辽东增兵万人，努尔哈赤似乎被迫屈从，至三十九年明廷许其复贡。四十一年（1613）努尔哈赤吞并乌拉，欲乘势夺取北关，因明朝干预而罢兵，虽怀怨愤，然隐忍不发。四十二年（1614）明朝再次勘界，欲收复南关诸堡，双方矛盾激化。次年努尔哈赤闻知辽东援兵撤离，遂显露反明之意。表面麻痹明朝，暗中积蓄兵马，终于在四十六年（1618）以“七大恨”起兵。明朝之所以未有准备，除辽东衰弱如故、守臣懈怠之外，另一个重要原因，即为“西虏”所牵制，对此先作一简要交代。

（一）“西虏”款议未果

辽东增兵万人虽已议定，30 万两军费也奉旨筹备，然辽东人心涣散，招募并不顺利。早在初议之时，熊廷弼即言：“今虽议募万人，辽左人稀，岂能一呼即应？即应矣，买马制器缮甲编伍，岂能一时取办？”“若但取充数，虽再增十万何益？”朝议对辽东募兵亦无信心，甚至有以辽人不可用，欲罢其事者。三十八年二月，熊廷弼疏言：“去年西虏报仇，宰赛挟赏，建夷弄兵境上。兵部与臣等万不得已，有增兵之议，召募万众，安得见成精锐者，一呼即应？虽应矣，而买马制器缮甲编伍，亦未能一日办者，安得荷戈执芟遽可为用者？”“如辽阳见召兵七百名，支粮才三月。”兵部覆议：“今日辽左兵马，极其单弱，而努尔哈赤方包藏祸心，狡焉思逞，情形已著，变态已彰。但边臣玩愒苟且，习为固然。今按臣欲勒定期限，责以召募。惟及数不中用，徒费钱粮，无益战守。”遂限以三月内招募报完。[①] 然至三十八年五月，辽东已有赴援“西兵”三千人。盖上年底“西虏”入犯长定堡，“以三千余骑，入无人之境”，“辽阳无地不蹂躏”。此时“西虏”狡兔儿、歹青复来窥伺，援辽西兵恰至，与虏搏战。“虏奔，然犹近屯图逞，东援兵马势难骤撤”。熊廷弼亦趁此上言：“自督臣调发西兵来援，气色若增而壮焉。西保宁前，东防辽、开，何者不赖其力。恐此兵一撤，辽阳、开原骤虚。东西虏闻之，必乘机大入。入则素怯之兵、新集之众必不能抵挡。”王象乾请以招募未

① 熊廷弼撰《按辽疏稿》卷 3《申明款议疏》，万历三十七年七月；卷 4《六驳兵科疏》，三十八年二月。《明神宗实录》卷 467，三十八年二月戊午，所覆廷弼之疏当为《防建夷疏》，疏末载正月二十四日奉圣旨：“这所奏着该部作速看议来说。”朝议不欲辽东招募，亦见《防建夷疏》。

足之饷银发给，得允行。[①] 是知辽东所增万人，既有招募的新兵，又有蓟镇的客兵。据三十八年底熊廷弼疏报，辽东募兵只5600余名，且为之感慨："召募之事，既中沮于讹言；分布之法，又大失乎初意。似此有始无终、东零西散，虽复所募人人骁壮，而营不成营，与无将同，将不成将，与无兵同，何救于寡弱？"[②] 合算东援"西兵"三千人，实未满万人。而"分布之法，又大失乎初意"，即指新抚杨镐以河西防虏为主，见下。

辽东主兵虚弱如旧，即增兵万人皆称敢战，所补几何？且终未足额。以故河东防线唯以加强开原为主，阻止建州与宰赛联络合图北关。至于建州九百里边界，仅能稍补几处要害，亦难当一击。熊廷弼深以为忧，故竭力避免矛盾激化，仍以羁縻为要："非惟西虏为然也，即制驭东虏之策，亦不出此。"较之"西虏"，熊廷弼更担心努尔哈赤心生怀疑，先发制人："近议增兵设将，分布要地，前后远近，互为犄角，以固其守。而其外仍须用羁縻之法，以好待之，毋速其叛。故其所以自计者，不得不急；而其所以待奴者，不得不缓。"又切戒边道守臣，招募新兵不可显露形迹，否则，"此酋闻之而益生心，反速其叛"。今我"事事未集，以重其疑畏，而促其侵叛，臣不知辽之所终矣！"[③] 足见熊廷弼心怀若惕。

然而，努尔哈赤除谋图北关之外，对于明边并无动静。而"西虏"则桀骜不驯，"犯顺"有迹。总督王象乾以为："今边疆之患，悍然称兵者，在三卫惟赖（赖晕大）、莽（蟒金）一枝；在插汉（察哈尔）惟拱兔一部落而已。""西虏"不仅连犯辽阳，且窥伺河西。而"宰（赛）、暖（兔）二十四营环绕于开原一带，岁为边患。其中最黠骜难制者，莫如宰赛"；"开原不置重兵，则西虏宰赛等二十四营无所忌惮，必时时要挟"。[④] 以此不能置西防于不顾。然熊廷弼始终认为辽东大患，不在彼而在此。欲预防努尔哈赤，当务之急即在与"西虏"达成款议。宰赛于三十六年八月曾劫掠开原境内。及至年底，熊廷弼查勘犯边之原委，认为始自原任镇抚之"诱处"，继以开原参将李如楠之"畏避"，更在于"奴酋奸狡不测，日以子女财物勾诱西虏以制我，而图北关。所不即并北关者，徒以宰酋为北关婿耳。宰酋于奴酋有宿隙，近虽受其婚好，而心未尝不恐其图己也。若必急宰酋以速东夷狐兔之交，而孤北关辅车之势，异日辽患益不可支"。故必抚宰赛，以折努尔哈赤之图。且此虏向"以受赏为美名，以不断中国路为厚实"，故一旦明朝问罪，往往托北关叩关悔过，今又愿送还所掠人口。

① 陈建辑、沈国元订《皇明从信录》卷39，万历三十八年四月，蓟辽总督王象乾揭报：虏贼四五万众侵犯辽阳。该地方道臣田立家尚未到任，一切战守之具无人料理。请敕该部另推就近才望官一员，立令到任协济边防（原注：《邸报》）。《明神宗实录》卷471，三十八年五月丙午；卷472，六月甲戌；熊廷弼撰《按辽疏稿》卷4《查参长定堡失事疏》；卷5《论援兵疏》。

② 熊廷弼撰《按辽疏稿》卷6《缴奏新饷疏》。

③ 分见熊廷弼撰《按辽疏稿》卷3《申明款议疏》；熊廷弼撰《辽中书牍》卷1《与分守开原二道》。

④ 《明神宗实录》卷462，三十七年九月己丑；卷523，四十二年八月丙戌。熊廷弼撰《按辽疏稿》卷2《议增河东兵马疏》。

次年三月，宰赛遣夷“叩关乞款”。蒙古属部以拱兔一支最强，又甚忠顺，因无故被捣巢，乃于三十七年三月攻陷大胜堡，“杀掳军民”。熊廷弼虽极论捣巢之非，又得李化龙及王象乾支持，但仍耐心谋求讲款：“顷兵部议复款以修战备。而督臣亦以插汉诸酋俱听蓟门抚款，复差通官往谕虎墩兔罕（林丹汗）及黄台吉、拱兔三大酋，为辽讲款，业从误处收拾，而思有以维其坏矣。”朝中虽仍有异议，然终为万历所准：“一切战款机宜，不从中制。”前述努尔哈赤乘“西虏”入犯，修复南关，以图北关，进逼开原，即在此时。①

明廷中最早建议联络各方、全面遏制建州者，为兵科都谏宋一韩。宋一韩论事激烈，切望万历成为“定乱之主”。其初“极言河西款虏非宜”，及三十七年得见熊廷弼诸疏，态度即有转还，乃极论遏制建州之策：

> 插汉虽崛强河西，然亦不过贪汉财物，终无大志。惟奴酋难制，甚于宰赛。窃以诸虏之合，兵力相轧，其交易离。王台终身忠顺，其孙复无怨于我，而归计建酋，屈于力也。苟借为内应，遂因而乖乱之，则兀儿忽答（哈达王台之孙，身陷建州）可购也；北关（叶赫）果不能自保，合应听之西归宰赛，使两酋相攻，以成相持之势，则金台失可用也；奴酋之交既携，西虏因乘其后，而两收之，则虎墩兔憨可说也；（朝鲜）义州迤北咸境一路，适直建州巢穴，若造舰置守，暗为应援，以成犄角之助，则朝鲜可檄也：凡此皆制驭奴酋之权奇也。②

此为史籍中所见最完整的方略，甚值得注意。其一，引诱哈达残余以分化建州内部，尚在熊廷弼之先。时乌拉尚存，故未言及。传檄朝鲜备兵应援，亦初见于此，而迟至十年之后大举进剿方付诸实行。其二，根据形势需要，可以允许北关为“西虏”宰赛所并，以壮大其势，抗衡建州，令“西虏”“东夷”直接冲突，而非必以开原援兵保护北关。此后辽抚张涛、郭光复欲以坐观而收渔人之利，即源于此。其三，较之熊廷弼仅限于与“西虏”达成款议，宋一韩则更为积极，主张联络察哈尔林丹汗诸部，从

① 分见《明神宗实录》卷458，三十七年五月甲午；熊廷弼撰《按辽疏稿》卷1《查参开原失事疏》；卷2《酌东西情势疏》《查参大胜堡失事疏》。熊廷弼撰《按辽疏稿》卷3《议留开原道候代疏》，三十七年八月：“奴酋拥众北窥，宰、暖挟讨秋赏，种种情状，已入塘报。而昨又有奴酋对北关寨栅正东立营垒三处之报，又有奴酋七夷来开原，说九月初头，还来猛骨孛罗旧寨地方包一大寨之报，其势诚亟，而其地诚可忧也。”

② 分见《明神宗实录》卷428，三十四年十二月癸亥；卷459，三十七年六月癸酉；卷460，七月丁亥。熊廷弼撰《按辽疏稿》卷3《申明款议疏》，三十七年七月十三日：“昨接邸报，见科臣宋一韩等疏陈两河战款机宜，其大旨：在河西者，谓战则祸小而速，款则祸迟而大。”十三日壬辰，晚于上引初八日丁亥一韩疏言五天。廷弼所接邸报，或一韩当初之议。同卷当年八月《驳兵科（朱一桂）疏》：“科臣之意，在护同官（一韩）主战之失，脱杜松杀降之罪。”一韩既不主张与“西虏”讲款，则何以使“西虏因乘”努尔哈赤？又如何说动林丹汗？或其丁亥之疏出之仓促，前后失照耶？暂且存疑。

北面威胁建州。若能逐一付诸实行，辽东形势或大有改观。

可惜宋一韩不能坚持此说，同调者亦甚少，无从影响朝廷决策。除统治集团的固有观念难以改变之外，尚有两个无法克服的障碍。第一，万历中期以来，辽东境外的蒙古及朵颜三卫对市赏依赖愈来愈大，往往出现抚赏银两不敷的现象。明廷必须扩大贡市，增加抚赏，方有可能与之结成稳固联盟。第二，辽东兵力必须得到整饬，足以应对战守，以免为诸夷犯边讨赏要挟。但改变财政支出与整饬军队，必须举朝达成共识、君臣同心协力，这在万历后期几无可能。其结果就只能是时款时战，同时也为主剿者留下借口。既不能联络蒙古与朵颜三卫，以辽东现有的兵力，遏制建州根本无从谈起。惟赖有识者弥缝补苴，勉力维持。

三十八年之前，熊廷弼得行其志，不仅巡抚李炳与之同心，而且得到身兼兵部、戎政尚书李化龙及内阁主事者叶向高的支持。督臣王象乾首鼠两端，其论事虽与熊廷弼时有不合，却未阻碍。总兵杜松被论待勘，代之以王威，不成掣肘。经熊廷弼等人努力，事态已见缓和。三十八年“四月内，宰赛营领赏已毕，于十三日即尽起营回巢；暖兔领赏月尽可完。此二大营既完，余营抚赏更自无难。此番夷人领赏，较往时颇觉恭顺，边人称从来无如此容易抚者”。[①]

当年闰三月，朝廷忽有杨镐巡抚辽东之命。或以前述“西虏”谋犯辽阳，朝议以李炳主剿不坚。《按辽疏稿》载有熊廷弼以为“西虏”不宜剿，前后与兵科相驳诘竟多达六疏。其时熊廷弼与李炳因抚赏费用奇缺，挪借买马银两，仍有不敷。“其广宁抚赏虏如黄台吉、小歹青等，仍犯抢宁前、辽阳地方。至是，李炳与熊廷弼遵旨会议，疏请兵部再加酌议，查照各边事例给发抚赏正项银两，以济急用”。“正恭候间，而‘增抚赏以媚虏’之说出矣”。朝议翻覆，不只因为兵科，根据后来疏报，蓟辽总督王象乾亦参与其中。六月初，杨镐到任时亦表示主抚，不久即与熊廷弼发生龃龉，伸其“捣巢之说”。熊廷弼劝其“何必咬定一战字”，镐答书“则独有取于武帝频年出塞，而以宋不北伐亡，宣大为款误”，“捣不可尽废，但患不能捣”。抚按不和，而“皇上既以全辽畀抚臣，事事在所得为”。熊廷弼自知无力阻拦，心灰意冷，唯求早去。[②]

---

① 熊廷弼撰《按辽疏稿》卷5《纵虏内地围猎疏》。同疏又云：“属（三十七年）北关那酋死。臣怜本酋忠顺，向来梗住东西虏不得打通一片者，实赖其力，恐一死而其侄白羊骨辈不能自保，遣通使持缯帛往慰之，且以坚生者意。而是时宰、暖各营皆遣夷会葬，见通使至，则皆感叹，谓：‘里边大马法（蒙语大首领）这等哀怜学好达子，若我等头目，死不如犬，那得这样。’宰酋闻之感动，即归所夺北关马百匹，仍遣通夷来告，并送近前秋所掠人口，乞求款赏。”另据《明神宗实录》卷523，四十二年八月丙戌，山东巡按翟凤翀题称：“三十六年强挟秋赏，连抢二次，杀掠无算，秋赏因而遂许。”查继佐：“于是拱兔修哈流兔之怨，陷大胜堡，屡入，杀数千百人，而沿边款卤皆洶洶［汹汹］。建师因结宰赛侵北关，开原益危。廷弼亲巡开原，为北关解宰赛怨，皆感服。”查继佐《罪惟录·列传十一下·熊廷弼》，浙江古籍出版社，1986年点校本。

② 熊廷弼撰《按辽疏稿》卷5《再请抚赏疏》《请停修屯辨抚院疏》；《明神宗实录》卷470，三十八年四月戊子。

于是河西又起战端。三十九年，泰宁部“炒花等酋阴勾赛、暖二酋，三犯边疆。初入十方寺，再入殷家庄，三入静边堡。我将帅误中其伏，损将杀兵”。兵部李化龙深以为忧。然未久即有所谓可可母林之捷，总督王象乾疏报甚为得意，以此役足以震慑东边努尔哈赤，“西虏”亦纷纷认罪求款，“此关于辽镇安危之机甚大也”。叶向高不以为然：“人自辽东（来）者，皆云炒花黠悍，虽两经挫败，而连结诸虏，日夜窥边。”据次年御史田生金言：“昨年八月虽幸一捷，而虏至九月狂逞报仇，杀人盈野，哭声震路。抚臣杨镐且以捷闻矣。本年之内，无月不有虏患，皆得志于我，而皆以堵捷闻。”随之科道连章弹劾杨镐“疏忽欺隐”，且感李成梁旧恩，庇护李如梅，镐遂于年底请辞。[①]

辽东西北蒙古部落众多，分布甚广，且与朵颜三卫联结交错。明朝与之款战不定，难以详述。仅从明清嬗代角度提供如下几点基本史实。

其一，明朝如欲安顿西线，首当重视察哈尔蒙古。嘉靖朝西部蒙古俺答汗势力强盛，东部察哈尔蒙古不敢与之争胜。然据《明神宗实录》，至万历三十年，东西强弱已经颠倒。[②] 迨林丹汗继位，史籍记载其于属部控制转弱，[③] 但毕竟为蒙古正宗，本部实力最强，各属部无有敢与之颉颃者，即使朵颜三卫亦得俯从其命。熊廷弼云：“其类如歹青、獐兔数十辈，而其兵各以万焉千焉计。”“其主虎敦兔憨弟兄十余，各领万众，而憨且自统数万。”[④] 明朝固执拒绝察哈尔封贡，无异自树大敌。由是蓟辽边境不宁，辽东威胁尤大。[⑤] 万历四十年，“虎敦兔憨公结属酋，叛入蹂躏”。四十三年（1615）大安堡之役，所集各部兵马，或言五六万人，或言十五万人之多，林丹汗号召力可见一斑。[⑥] 若如当初宋一韩之策，善加抚绥，联合施压建州，结局又当如何？

其二，蒙古属部呈现松散之状，除蒙古游牧制度方面的原因外，很大程度上是明朝之分化策略所致，即许其近边属部款市，而孤立察哈尔本部，不允其封贡通款。“往

① 分见《明神宗实录》卷484，三十九年六月丁亥；卷487，九月丁酉；卷488，十月庚辰、辛巳；卷500，四十年十月己卯、丁卯；卷502，闰十一月乙亥；卷503，十二月辛丑。程开祜辑《筹辽硕画》卷12《巡按直隶御史田金生题为辽左夷氛方炽边臣胜算宜收事》（戊午孟冬）追论其事云：“夫镐之抚辽也，曾以可可母林之役经臣弹劾，当时议镐者，微独臣一人，科臣赵兴邦亦驳其伪功矣。”

② 《明神宗实录》卷373，三十年六月戊申，兵部署部事萧大亨疏陈：“审虏势：各边大虏，莫过于顺义（王），次则河套。今顺义遵守贡约，惟是东虏插汉脑儿原系元裔，驻牧旧大宁熬母林等处，部落繁衍，介在蓟辽之间。比与顺义三娘子、宰嫥生比妓事归道，又抢哈不送帐房千余、牛羊倍是。而顺义莫敢谁何。”

③ 《明史》卷327《鞑靼传》。《明神宗实录》卷441，三十五年十二月癸未，辽东巡按萧淳条陈六事，云：“目下幼憨懦弱（林丹汗），部落自相雄长。”

④ 熊廷弼撰《按辽疏稿》卷3《驳兵科疏》。

⑤ 《明神宗实录》卷426，三十四年十月戊申，兵科都谏宋一韩上言边事：“西虏新憨、东虏歹青，及长昂连营二虏谋犯，是虏无处不动也。独凌丹憨（林丹汗）新立，众虏煽惑，都会、歹青等阳顺阴逆，安能不相率响应。此辽东之情形也。（朵颜）三卫作虏向导，自其先世已然。深入则惊畿甸，大逆则危社稷。长昂，朵颜之黠者也。”熊廷弼撰《按辽疏稿》卷2《论辽左危急疏》：“若插汉一枝则强甚，于蓟远而于辽切近。而辽于插汉诸酋，战守无据，剿之而得，则仇杀无已，剿之不得，则祸未忍言。”

⑥ 参见《明神宗实录》卷493，四十年三月辛丑；卷501，十一月辛卯；卷535，四十三年八月甲午；卷537，九月戊寅、乙酉、癸卯；卷544，四十四年四月乙丑。

年（林丹）憨祖父（图们汗）尝欲我贡市王爵如俺答故事而不得，抱恨终身”。[①] 辽东因此饱受其害。[②] 卜言台周彻辰汗时，曾许察哈尔与朵颜三卫一并开市。辽东巡抚张思忠以“靡费日增”，称其既得市赏，又求贡赏，不则“时肆抢掠，木马二市由是议罢。自此以后，大举零窃，岁无虚时，阖镇皆苦之”；“以此黠夷肆悖，边氓日困”。[③] 与贡赏不同，马木二市乃边境民间贸易，一旦停罢，徒增双方边民困苦，且予蒙古各部入犯以借口。三十七年，明朝奉旨款议，虽包括察哈尔，然时行时辍。四十五年（1617），总督薛三才言：“辽左三面当虏，烽烟日接。虎敦兔憨为虏中名王，尤称桀骜。去秋大定一战，少慑其魄。于是屡遣亲信夷使，卑词求哀，叩关献款，送还人口，钻刀歃血。既戢翼以悔祸，更俯首而就羁。似应照旧额复其抚赏。第假款苟以示羁縻，乘款隙以修战备。”兵部议覆得允。[④] 即使林丹汗得如近边属夷取得抚赏，岂足以令其号令诸部？“西虏”“北虏”既群龙无首，又何足以威胁建州？迨四十六年努尔哈赤举兵袭击抚顺之后，明直隶巡按王象恒提出当极力联络察哈尔诸部蒙古。林丹汗亦相当主动，其条件是获得明廷所予努尔哈赤的全部敕书，即成为辽东边外各部首领，意甚显然。但当事者经略杨镐对蒙古诸部始终疑心不去，直至次年征剿后金在即，才意识到安抚蒙古诸部的重要性，然已于征剿无补。[⑤]

其三，据《清太祖朝老满文原档》，四十七年（1619）萨尔浒之战明军惨败后，林丹汗致书努尔哈赤，云：“我听说自（戊）午年到（己）未年，尼堪国曾被你困扰。今未年的夏季，我将亲自前往广宁城，抚降其城，领取贡赋。现今你出兵广宁城时，我将把你拦阻。我们二人原无战争，若是我已征服之国被你攻取了，那么我的名声何

---

① 谈迁著《国榷》卷85，天启二年二月癸巳，兵部左侍郎王在晋覆右庶子张鼐抚谕西虏之策。

② 参见拙文《辽镇从衰落到溃散——辽东之役与明清嬗代之二》，《清史论丛》2022年第1辑。

③ 参见《明神宗实录》卷348，万历二十八年六月癸酉；卷366，二十九年十二月辛未；卷375，三十年八月甲午。

④ 《明神宗实录》卷544，四十四年四月乙丑；卷557，四十五年五月辛未。但此后明廷仍意向不坚，见卷558，六月癸丑，兵部左侍郎崔景荣言：“虎墩兔憨名号虏王，雄长三卫，蟒、会、昂、超，连合助虐，左窥右突。（近因受挫而求款）彼其桀骜故态，能遽驯乎？”

⑤ 程开祜辑《筹辽硕画》卷8《直隶巡按王象恒题为再抒一二末议以佐军兴事》（戊午季夏）：“当此奴酋暂退，当事诸臣不可不亟为着力，则结虎敦兔憨、炒花、阿卜、宰赛诸虏是也。”“千兵万兵，不如使西虏向顺于我；千算万算，不如使西虏不归于彼。合须大为招徕，曲为宣谕，宽边臣以文法，假通事以便宜。能使其尽为我用，上也，可省我数万兵之力，即不惜以数万兵之饷给之，而且加以封号；即不为我用，亦不为彼用，次也。”卷9《经略杨镐题为西虏大犯河东事》（戊午孟秋）云，六月间，即抵任一月之后，辽东总兵李如柏、援辽总兵王宣分别于沈阳、义州击败入犯蒙古兵，足见其主张“款虏”甚是被动。卷14《顺天巡抚刘曰梧题为重地不可疏防大将不可数易事》（戊午季冬）：“据虎敦兔憨差兀榜什送夷禀一纸，内云：‘今奴儿哈赤侵害天朝，吾当竭力报恩。奴儿哈赤有敕书纳贡天朝，当则截住。天朝内征，吾则外合，可将奴儿哈赤敕书减半与吾。后可和平，敕书全与吾。吾乃一国之主。来春新赏预支与吾。顺则两从，倘不从，难以御之。’等语。”同卷《经略杨镐题为关夷报效朝廷剿克奴酋一寨事》：“顷值虎敦兔憨使到正安堡，以助剿奴酋领敕书为言，固不过乘机要挟之意。”卷16《辽东经略杨镐题为恭报师期大彰天讨以振国威事》（己未仲春）：“虎敦、炒、暖等大虏，又恐其贿构于奴酋，而乘间抵隙，为我肘腋之害。此三酋者，鼓舞笼络之不至，即兵马、钱粮、器械皆已整办，亦不便于举事。”

在？若拒绝我的话，你与我二人的是非，天鉴之。”[①] 其后附有努尔哈赤反驳之语，当无篡改。与明达成款议，明朝视为抚赏，林丹汗殆视为“贡赋”，如宋朝所予辽金之“岁币”，双方观念差异，并不妨碍和好。林丹汗以款议视明朝为其“征服”之国，不许努尔哈赤染指。其自称“四十万蒙古国的国主巴图鲁青吉思汗（成吉思汗）”，以努尔哈赤为“水边三万珠申（诸申）的国主”，实欲承袭先人，视女真为附属，固是昧于自大，但绝无联合攻明之意。而早在半年前，即万历四十七年（后金天命四年）四月，林丹汗同时致书明直隶巡按王象恒，愿意出兵助明，遏制后金，正可与《老档》互相印证。[②] 明朝自隆万以来对察哈尔失抚，导致辽东多年战乱，虚弱不堪，至努尔哈赤崛起，又失去牵制其势之最大助力。若及早将察哈尔汗与西蒙古一体封王，厚加抚赏，俾东蒙古各部听其号令，女真未必能抗衡，辽东亦何至于殆危若此。

其四，明廷之所以计不出此者，除前篇所说万历初年政治上需要辽东武功之外，还在于观念上将蒙古与女真异视。蒙古为外番，向为敌国，是款是战，依双方势力强弱而定。俺答封王虽属不得已，然于明朝天下大宗地位尚无大碍。万历中期以来，西部蒙古各部不受忠顺王约束，日渐转弱，对于“虏王”袭封，明廷已不甚为意。[③] 隆庆封贡，万历原本不甚赞同，在辽东“十大捷”以及所谓“三大征”之后，更无可能“屈尊”再于察哈尔封王。女真各部自明初编设卫所，即待以内属之夷，是剿是抚，则更看重其忠贰，但绝未有许其自立一国之想。三十四年，察哈尔及朵颜谋犯蓟辽，万历谕兵部：“虏谋叵测，非一大创无以遏其往还。”[④] 三十六年，辽东总兵杜松捣巢境外蒙古属夷拱兔；三十八年，杨镐巡抚辽东，力反熊廷弼款虏，致使河西战事复燃，当皆与万历态度有关。努尔哈赤停止朝贡，侵占边地，划界立碑称两国，按明朝传统原则视之，无疑反形已著。万历虽赞同毁碑勘界，但真正关注的是复贡。虽于辽东增兵万人，震慑而已，并无进剿建州之意。其所以如此，恐不尽在于荒怠颟顸，实欲竭力维持大明宗主国之体面。若说明朝养虎遗患，岂止李成梁而已。后来努尔哈赤起兵反明，杨镐受命为经略，其初坐镇广宁，以预防蒙古为重。其后进驻辽阳，如前所述，仍对察哈尔满怀狐疑，临到出师前夕，方知联络蒙古之重要。当初既作厉阶，以致宿怨久结，岂可招之即来。仅此一项，云其为辽东罪人，亦不冤之。

---

① 广禄、李学智译注《清太祖朝老满文原档》第2册《昃字老满文档册》，己未年十月二十二日，台北：“中研院历史语言研究所专刊”，1971。

② 程开祜辑《筹辽硕画》卷20《巡按直隶御史王象恒题为西虏意在挟赏用虏机会可乘事》（己未孟夏）：“窥其意则真在挟赏。”“墩（林丹汗）之言曰：‘河西，我吃赏地，奴焉敢西来？’此其意与奴不相下也。墩又曰：‘奴酋原是我家人，今背了我，反来借兵。南朝原不曾亏负我们，我焉肯助他？’此其意未尝不内向也。”

③ 《明神宗实录》卷504，四十一年正月癸酉，因俺答后裔相争，“虏封五年不成”。枢臣王象乾覆议：“此酋四十年无患，中国豢养厚恩。若其骄蹇自如，别有要挟，即责以大义，收回成命，待其悔悟而徐议之。”万历谕兵部：“边事但当修备。至虏封迟速，岂足为中国轻重。督抚官不得轻听要挟，急于完事，以贻后患。”

④ 《明神宗实录》卷425，三十四年九月甲午。

其五，努尔哈赤起兵之前，辽东的焦点在防止其联合“西虏”夺取北关，危及开原。这种担忧，源于女真蒙古世仇，必欲“以夷攻夷”，而不能令其化敌为友的祖训。所谓“西虏”，包括朵颜三卫及近边蒙古诸部，大体相当于清方史料中的内喀尔喀五部。① 稽考史实，并未出现过蒙古女真联合攻明之事。明初瓦剌扫荡东北，女真四处逃散。嘉靖时，察哈尔部迁徙兴安岭，海西、建州女真均匍匐听其号令。努尔哈赤兴起，先与北部科尔沁蒙古等部结亲，后与福余部宰赛联姻，不过互为奥援，如同叶赫组织“九部联军”，或各虏联兵犯边。没有持久的利益互惠，仅靠联姻和馈赠，不可能形成稳定的联盟。而真正吸引夷虏的，是与明朝贡市，在不能占领辽东的情况下，任何一部都不会轻易放弃。故其彼此之间，不止有联合，更有提防和猜疑。② 四十六年努尔哈赤举兵攻明，并无“西虏”响应。是时纷传“西虏”各部进边挟赏。半月之后，官应震在朝中提议：“宁先将宰、暖、炒、憨等酋，或驱或抚，令其解散，毋致奴反得联络诸酋，倚为外援。”足证所谓“夷虏交讧”，充其量不过是借机哄抢，但绝无所谓与后金联合犯辽。然朝廷实已无法顾及。③ 次年，努尔哈赤乘萨尔浒一战余威，向蒙古诸部申明：“你们若是进入我已攻取的地方，夺取食粮，那么，我就以为你们故意使我们缺乏粮食而使我们受苦了。”宰赛闻知后金攻铁岭，即率军与之争斗，兵败被俘。努尔哈赤历数宰赛与明朝“同谋盟誓”，杀建州兵百人，夺马千匹，“世代之仇恨”。攻占北关后，努尔哈赤致书再次警告喀尔喀五部：“东边叶赫地方，你们蒙古人不要进。”清代官方大肆宣扬的首次会盟，实质不过如此。是以不及半年，蒙古诸贝勒即全体背盟。④ 天启元年（1621），努尔哈赤进攻沈辽，亦未见“西虏”配合，倒是明经略袁应泰曾借助蒙古守御城防。努尔哈赤仅凭一国之力攻陷辽东，当然是不欲“西虏”染指，借机利益均沾。据《满文老档》，沈阳失陷，喀尔喀蒙古二三千人趁机抢劫，为金兵所杀。⑤

① 广禄、李学智译注《清太祖朝老满文原档》第2册《昃字老满文档册》，己未年（所谓天命四年）七月二十五日（细字书写）：“蒙古国的五部喀尔喀，兵众国富，牲畜繁衍，原为宰赛所有。”

② 李洵、薛虹主编《清代全史》第1卷第3章“金国努尔哈赤时期在辽东的统治”指出：“喀尔喀蒙古和察哈尔蒙古对金采取敌对的立场，主要是由于经济利益与明朝结盟。”其后，“喀尔喀蒙古虽然同金国盟誓，但由于利害关系和蒙古共主林丹汗坚决反对金国的缘故，这个盟誓并不巩固。”皆甚中肯。辽宁人民出版社，1995，第209、212页。

③ 程开祜辑《筹辽硕画》卷3《户科官应震题为辽兵一战堪羞庙算万全当计事》。按：此疏置于四月似误，当在闰四月。

④ 广禄、李学智译注《清太祖朝老满文原档》第2册《昃字老满文档册》，己未年八月、九月初五日、十一月初一日、十二月二十三日；庚申年六月初八日。宰赛失利，并见程开祜辑《筹辽硕画》卷28《巡按山东监察御史陈王庭题为边疆失事据实查参事》（己未仲秋）：“据金白二酋塘报，宰酋于（七月）二十六日因东夷攻陷铁岭，引兵愤争，被奴酋引兵杀伤甚众，宰酋父子被奴执去。”卷29《经略熊廷弼题为主帅不堪军旅乞赐速易事》（己未季秋）：“贼陷铁岭，东贼与西虏争杀。”

⑤ 天命六年三月十九日。“清初史料丛刊”第一种，《重译满文老档·太祖朝》第2分册，辽宁大学历史系，1979年排印本。

而皇太极继位后的第一件大事，便是征讨喀尔喀五部。[①] 内喀尔喀蒙古彻底归顺后金，乃在皇太极征服林丹汗之后，但并非结盟，而是臣服。如此看来，明朝坚持出兵保护北关以阻断“夷虏”合势是否得策，亦值得重新检讨。

综而言之，明朝未能争取蒙古、朵颜三卫，尤其是察哈尔部林丹汗，结成联盟以共同制约建州，丧失了维系辽东的主动权。明朝夸大“夷虏勾结”的危险，乃受传统观念的限制。清朝渲染满蒙联合，则欲掩盖征服与利用之本质。现代历史研究，大可不必踵其故习。[②]

（二）建州复贡

《清太祖朝老满文原档》《武皇帝实录》自己酉（万历三十七年）二月，至癸丑

① 天命十一年十月初十日己酉，命代善等率精锐万人往征蒙古喀尔喀扎鲁特部落，并遗书声其罪曰：“前己未年擒贝勒介赛（即宰赛）时，曾刑白马乌牛誓告天地云：‘我满洲及喀尔喀协力征明，无相携贰，战与和均当共议以行。若喀尔喀听明人巧言厚赂，背弃盟誓，而先与明私和者，天地谴责，令喀尔喀溅血暴骨而死。我满洲若背弃盟言，谴责亦如之。’乃尔喀尔喀五部落竟潜通于明，听其巧言，利其厚赂，以兵助之。是尔之先绝我好也。”《清太宗实录》卷 1，中华书局，1985 年影印本。关于后金与喀尔喀五部之关系，日本学者和田清在《察哈尔部的变迁》中写道：“宰赛败后，喀尔喀部落大为震慑。当年冬天，五部落贝勒和清太祖缔结了攻守同盟，至此，清太祖才断然和察哈尔陵丹汗决裂了。”接述后金次年攻陷沈辽、又次年攻占广宁。〔日〕和田清《明代蒙古史论集》下册，潘世宪译，商务印书馆，1984，第 509 页。首先须指出，察哈尔致书努尔哈赤被回绝、讥讽，事在四十七年四月，即后金试图与喀尔喀五部结盟之前。和氏在时间上颠倒。其后的叙述，给人印象是努尔哈赤之所以得手辽东，背景之一即与喀尔喀五部结盟，而竟未注意万历四十八年（天命五年）六月，喀尔喀五部全体对后金背盟。

② 林丹汗继承汗位在万历三十二年（1604）。和氏《察哈尔部的变迁》据《明神宗实录》三十五年七月兵部尚书萧大亨《边防事宜疏》云：“幼憨嗣立，柔懦无为。奴速诸酋，互相雄长。”又引《明史·鞑靼传》：“时小王子（林丹汗）最富强，控弦十余万，多蓄货币，稍厌兵。”以说明察哈尔汗廷如何“繁缛”。但和氏下一段结论为：“然而，正在这时，（东部蒙古）各酋骄横已渐不能控制。陵丹汗也不得不对属下远族喀尔喀的强酋有所畏忌，对近族敖汉、奈曼等的跋扈也无可奈何。所谓八大营二十四部部众逐渐显出背离、独立的倾向。而助长、煽动这种背离倾向的是新兴的劲敌清太祖所施巧妙而调侃手段。到这时候，陵丹汗虽想膺惩背叛，巩固统一，为时已晚，心有余而力不足。”接述“清天命十年（明天启五年，1625）冬十一月，讨伐北方科尔沁部的二心，无效。十一年和天聪元年间，南方亲族敖汉、奈曼反而逃亡投清”，等等，“以至可汗（林丹汗）本人终于不得不西迁避难”。见〔日〕和田清《明代蒙古史论集》下册，潘世宪译，第 438～439 页。这段文字所涉时间跨度甚大，而对于察哈尔部由盛转衰之原因亦似有简单武断之嫌。万历三十五年萧大亨疏言，不过是每年例行防秋事宜，其蓟辽并提，并非说明察哈尔部衰落与建州兴起之间的关联。林丹汗继承汗位后，其属部远近各族出现疏离的原因，主要是明朝自万历初年以来视察哈尔部为劲敌，拒绝其封王通贡，不惜多年与之军事对抗，以成就所谓“辽东武功”，结果两败俱伤。而对邻边蒙古各部则采取拉拢分化之策，许其开市抚赏，旨在进一步孤立察哈尔。努尔哈赤与东边蒙古虽有所往来，如和氏所举万历四十年与科尔沁明安贝勒联姻，但因万历三十二年吞并海西哈达部未久，下一步即欲征讨西北之辉发、乌拉，至万历四十二年方完成，而北关叶赫依然未能攻取，后金与“西虏”即所谓喀尔喀诸部尚无直接接触，更遑论远在西北千余里的察哈尔。此段史实甚为清晰。而和氏将察哈尔转衰及其对属部控制渐弱，归结为建州部的兴起所致，其理由难以令人信服，时间上亦明显错位。国内学者曹永年主编《内蒙古通史》认为：“林丹汗统治时期，蒙古各部互相抗衡，大汗权力更趋衰微，长期分裂更助长了诸部的离心倾向。”继云努尔哈赤“孤立林丹汗，对漠南蒙古采取了拉拢和征服政策”。同样忽视明朝方面的影响。曹永年主编《内蒙古通史》第 2 册，内蒙古大学出版社，2007，第 450 页。

（万历四十一年）九月，其间四年有余，于明朝只字不提，似双方毫无联系。实情如何，惟据明朝记载以作弥补。

前述三十七年三月，努尔哈赤遣使呈公文于熊廷弼，希望明朝同意其攻取北关，为熊廷弼所拒。其挑唆宰赛与北关相斗之谋，旋为开原兵备道石九奏化解。但努尔哈赤并未放弃谋取北关，而于其正东垒筑营堡三座，并欲于东南修复哈达旧日之大寨，两面控扼。有鉴于此，熊廷弼仍以北关形势“诚亟可忧也”，故其深信建州必犯辽东，虽不欲以一佃子之地了结勘界，但又反复强调避免激惹，以速其祸。“即如近日勘覆疆界一节，臣思衅不可启，祸不可速。已弃之地，既难以径与东夷为辞，又恐以亟图恢复开隙”。故其对付建州，虽旨在制约，但基本上是防御性的。据熊廷弼几道疏奏，努尔哈赤对于辽东增兵，似颇紧张。“自去年，数引重兵压我靖安、抚顺之间。自知悖逆难容，常恐我兵剿处，或亲自引兵来迎，或累石树木阻塞道路，或收边部家小入寨，尽敛精壮为兵待战”，且“系通兵隘口，俱有达子堵塞瞭望”，“比见援兵在辽，惊疑愈甚，日惟摆拨环甲以待”。[①] 三十八年之后，努尔哈赤确曾收敛，未进一步威逼北关、开原，直至四十年九月方第一次攻伐乌拉。事后看来，努尔哈赤一则因囚杀其弟舒尔哈赤，内部矛盾需要平息，一则为争取明朝许其复贡，减少外部压力。

明朝增募兵马虽初见效，然辽东衰败已久，非区区万人即能重振。故熊廷弼对于建州特为持重，既不激惹，亦不轻许，而趁机与“西虏”达成款议。“自督臣抽调各镇精兵勇将陆续来援，而军容始振，虏气始夺，讲款款成，讲贡贡就”，可惜察哈尔依旧不在其中。[②] 与此同时，为阻止建州兵马阑入，积极筹款修筑东线边墙。自清河以至叆阳，“通计挑筑过壕墙六百八十五里，包砌过墩台九十九座”，“遂使东路城堡雉堞云连。即建酋一旦缓急，皆可屯守。而东昌、汎、懿，开、铁一带田地，向所离城四五里、十余里不敢种者，今且开拓二三十里。自入秋以来，民狎于野，莫不安意收割，而并无一虏一骑逾墙抢掠”。[③] 其所规划的大规模屯田虽成泡影，遭到万历严责，然三十七年、三十八年两年，籴买新粮及存剩粮并“教场子粒”凡 28 万石，全辽设置常平仓 16 所积贮。[④] 在任三年，已尽其微薄，于缓解辽镇危机，不无少补。

---

① 分见熊廷弼撰《按辽疏稿》卷 2《酌东西情势疏》；卷 3《议留开原道候代疏》；卷 4《防建夷疏》；卷 5《推举边道疏》。

② 熊廷弼撰《按辽疏稿》卷 6《举援兵官疏》，万历三十九年六月。卷 5《酌议抚赏疏》：“约据各道见用抚赏数目（从略），而虎墩兔罕大赏未定，其数更属不赀。伏乞敕下兵部再加酌议，查照各边事例，覆请给发抚赏正项银两，以济急用。”《明神宗实录》未见批旨。

③ 熊廷弼撰《按辽疏稿》卷 4《修边举劾疏》，三十七年十二月。

④ 熊廷弼撰《按辽疏稿》卷 6《再报常平仓积谷疏》，三十九年四月。其载三十八年七月奉圣旨：“常平仓非但备欠，亦可济边。熊廷弼积谷许多，俱见实心任事。其屯田事已奉屡旨，应否遵行，如何通不奏报？”熊廷弼撰《辽中书牍》卷 4《与杜通判》：“常平事仗诸公力，积粮至二十八万石，各处仓廒复宏敞坚固，可支百年。”

三十九年三月，明廷已在议论建州复贡。熊廷弼《谨叙东夷归疆起贡疏》云：“顷接邸报，见兵科疏论东夷、北虏封贡事情，欲要释建州为外惧，仍当许贡。待我明正弃地之罪，然后再兴侵地之师。且以东夷已就约束，不可轻议大役，开祸于日后。”此段复述甚是含糊，前后抵牾。“北虏”封贡，乃熊廷弼一贯态度，至于“东夷”封贡，则与熊廷弼深衷相违。所谓“忧深虑远，实与臣见相同”，乃公文套话，实于“归疆”“起贡”大不以为然。前引熊廷弼反对“舍疆完贡”，即出此疏。勘界已过两年，努尔哈赤历年所侵之地皆确然有据，仍只愿退还东南张其哈喇佃子一处，显然毫无诚意。而科臣却催督尽早结局，熊廷弼回应曰：“奴酋以我不能有之地愚我，而我以终为寇藉之地自愚，又夸其忠顺，谬矣！鸦鹘关与横江土地未归，而不敢以一峡了弃地之局，外欺于虏（建州），而内欺主上。此归疆不果之说也。”关于停贡复贡，熊廷弼认为，“奴酋贪我赏市之利”，而欲得其利，则必入贡，此应为对方所急，而非我之所急。但此前任事者“不识此机，而反急之。以此奴益骄，辄挟盟竖碑，全勒车价以邀我。乃年来增军买马，壮我声实，缓视贡为可有可无之物，而奴故益急。此驭奴一大机括也”。努尔哈赤急于入贡，实以明廷不许其贡，且增兵辽东，熊廷弼以此为制约建州之关键。

对于建州“已就约束”，可许其复贡以“释建州为外惧”，熊廷弼又重加申说：

> 夫奴酋之狡焉思逞有年矣，一旦归我佃子，听我减夷数，革车价，非真出于悔罪输诚，而虞我有以制其死命也。世仇在北关，腹心之仇在所并南关、灰扒（辉发）诸部，外援在西虏。自臣抚北关以树其敌，收宰赛、拱兔以伐其交，激怒宰赛与北关复亲以助其势；而南关、灰扒诸头目又见我召兵买马、援兵四集，以为必取，皆欲谋拥故主以叛，变在肘腋，而不得不听我也。
>
> 三十七年春夏以前之奴酋，欺我易与，动为虚喝以恐我；秋冬以后之奴酋，惧其内溃，卑屈以缓我。恐我者，备我犹疏，而其祸犹显而小；缓我者，备我愈密，而其祸愈深而大。
>
> 是故善收贡权者，必在我有所以制伏此酋：北关不可疏也；西虏不可挑也；江上诸夷（乌拉）因北关招致之，而不可使其合也；南关、灰扒诸夷先后来奔者，示以兴灭继绝之义，宠之名衔，置之近边，以号召其遗众。树其仇忌，而撤其藩篱；离其羽翼，而溃其腹心；而我又简戎搜伍，而严其警备。则奴酋且左惊右盼，恐恐然自顾其肩背肘腋间皆敌国焉，而敢出寨一步以图我？《春秋》之义，不治外而治内；万全之计，在用夷以攻夷。臣敢以此两言为制伏建酋之要。

在熊廷弼看来，自三十七年秋冬以后，努尔哈赤由嚣张转为收敛，并非诚心悔罪，而是担心明朝“有以制其死命”者，故表面上卑躬屈膝以麻痹明朝，实则提备更严，嫉恨更深。欲制伏建州，在增兵买马有限的前提下，重要的是伐其交，召其叛，使建州内外交困，自顾不暇。是以熊廷弼反复申说，自视“此制之之术也。三年以来，为此一事日夜筹算至熟”。[①] 熊廷弼洞悉建州蓄谋，深为后人称许。[②] 又于合纵连横大加发挥，至详至细，其思虑周密，诚非时人所及。然犹未提及联络察哈尔蒙古，此其不及宋一韩之处。而要在困敝建州，不急于令其复贡。

万历下熊廷弼疏于兵部议覆，获得准旨，其内容《明神宗实录》未载。三个月之后，李化龙奏：“近日叩关甚切，求贡甚急。谕之撤车价则撤，谕之减人数则减，虽似顺服，岂无深情。中国无事，必不轻动；一旦有事，为祸首者必此人也。此又系于内治之修替，不专在抚处也。”“奴酋未发，而厝火积薪之下，其忧方隆；北关虽小，而奴酋之悍，存恤当厚。辽左无处不守，当以款而佐战。”此分明为熊廷弼一疏之翻版。然而十日后的兵部奏，则基调一变。开首肯定熊廷弼之说，随即话锋一转：“兹该镇督抚以为本夷俯服，车价已听裁革，夷众十减七八，代为题请起贡。虽佃子之地不足以当鸦鹘之局，而于国家戎索已就矣。边臣身□安危，权为敉宁东方之算。”又借科臣疏中“欲释建州为外惧”，以及熊廷弼之言“地界一事，惊扰边鄙，夷汉汹汹，大非国家之福”，请“姑置此而许贡，以安地方。无非字小之仁，难以终格，候命下”。得允，[③] 由是复贡已成定局。李化龙前疏很可能是预料建州复贡在即，故先力争，但未能扭转万历心意。熊廷弼煞费苦心的一番议论，终被置之未采。

据兵部奏言，明廷决定建州复贡，乃因总督王象乾与巡抚杨镐认为努尔哈赤已复忠顺，故特代为题请。王象乾曾为此再三致书熊廷弼，但熊廷弼不为所动。[④] 兵部依王象乾、杨镐之请而奏言复贡，则明显是反驳尚书李化龙前疏，竟当即为万历所准。外阃之督抚，何来如此能量？则朝议及万历之意向可知也。九月，王象乾奏报镇安堡击溃泰宁部炒花大捷，请优赏杨镐，超擢总兵麻贵，夸耀此役“关于辽镇安危之机甚大也”，非止“西虏”悔罪，“建夷哈赤闻之，而立来验贡”。万历亟命颁赏辽东二万两。[⑤] 十月，建州果然克期朝贡，且努尔哈赤亲自赴京。明廷“颁给建州等卫补贡夷人努尔哈赤等二百五十名，各双赏绢匹银钞”。[⑥] 三年不贡，一来即加双赏，万历心态又可知也。从此建州贡市如故，人数众多，且借故逗留不回，打探消息。明廷虽有令皆

① 熊廷弼撰《辽中书牍》卷1《与叶相公（向高）》。

② 程开祜辑《筹辽硕画》卷17《御史杨鹤题为辽左万分危急廷议用人急保封疆事》：“臣读其《按辽疏牍》，争归疆，争启衅，抚北关，款宰赛诸虏，言言皆为奴酋，事事皆为奴酋。七八年前破今日之情形，如措诸掌。”

③ 分见《明神宗实录》卷484，三十九年六月丁亥、丁酉。

④ 熊廷弼撰《辽中书牍》卷2《答王霁宇制府》：“奴酋之必为辽患，必当一处，不待知者而后知也。”“建夷事承以三说见教。酋阳为绕指，阴为桀骜，始终只是一酋，只是一伪。”

⑤ 《明神宗实录》卷487，三十九年九月丁酉；并见卷488，十月戊辰、辛巳。

⑥ 《明神宗实录》卷488，三十九年十月戊寅；并见谈迁著《国榷》卷81，同日。

不来京，就在边境交易，[①] 实际上并不能约束，反受其困。[②] 熊廷弼于三十九年十月之前去任，极为失望。[③] 年底李化龙卸任。四十年初王象乾入掌兵部，自是万历之意。十月，兵部以巡按已勘实镇安之捷，以为“自高平（即二十二年镇武大捷）之后，仅此一见。请宣捷告庙。从之”。[④] 万历之心理又断可知也。长期封闭宫中，年近垂暮，内心尚存以武功告慰先祖的冲动，或出今之治明史者意外，这大约不是出自那位唯一知己郑贵妃的怂恿吧，而应是祖先的精神遗传。迨后来努尔哈赤兵犯抚顺，大出意外，亟令征调兵马，欲一举捣巢，也非心血来潮。国初二祖开疆拓土，今塞外仅剩辽东一隅，绝不能在其手中失去。

杨镐继续谎报战功，遭到科道连章弹劾，且连带质疑上年镇安之捷，兵部只得乞请再加勘核。[⑤] 告庙未见举行，或以此，否则又成一场闹剧。“西虏”之衅，一而再，再而三，直至努尔哈赤起兵，亦未平服。辽东陷入夷虏交攻，努尔哈赤之谋耶？明廷自致之耶？前文所云万历怨恨蒙古，姑息女真，送断辽东，实为祸首，谅非苛论。

（三）明朝干预北关

自万历四十一年起，努尔哈赤再度令明廷不安，仍因北关而起。过程虽然曲折，实质却很简单：努尔哈赤欲吞并北关，明朝则加以阻扰，并于四十二年重勘边界，双方由是再度交恶。努尔哈赤起兵之“七大恨”，即起源于此。

结合《清太祖朝老满文原档》《武皇帝实录》记载，乌拉于三十七年慑于建州兵威，乞求和好。三年之后，努尔哈赤闻知乌拉贝勒布占泰背盟，欲迎娶叶赫原许配

---

① 《明神宗实录》卷495，四十年五月壬寅，礼部主事高继元言：“三卫、海、建（贡夷）先后辐辏，计九百人。三卫悍而纵肆无忌，女直诈而狡机百端，回夷行李多至千柜，少以数百，恣买违禁，迁延旬月不回。”

② 《明神宗实录》卷512，四十一年九月戊午，礼部疏陈：“建酋屡为边患，近虽入贡，然来而悍不可驯，去而索不可问。又熟视中朝，徒生玩愒，将焉用此？合无照北虏故事，留贡于边，亦受赏于边。”

③ 熊廷弼撰《按辽疏稿》卷6《沿途流亡疏》云“奉命改差南直督学”，未具年月。《明神宗实录》卷488，三十九年十月戊辰，叶向高题：“都御史许弘纲以辽左勘功无人，请亟发考选。臣谓非但勘功紧要，巡按官必不可缺。”则熊廷弼已离任。熊廷弼撰《辽中书牍》卷2《与阎（鸣泰）副宪海道》：“在辽两年，一腔热血已为此土洒尽，然而心劳日拙矣。顾犹日夜思量，以为但得一事成就，稍足裨地方，报朝廷，便可毕此一念。究竟看来，屯田、修边，终成画饼。”

④ 《明神宗实录》卷500，四十年十月壬午。

⑤ 巡按张五典、给事中麻僖弹劾，见《明神宗实录》卷500，四十年十月丁卯、壬午；并见上引同月己卯田生金疏言。关于镇安之役，兵部据巡按张五典勘查，以为大捷，乃“请宣捷告庙”，万历已准。然田生金以告庙宣捷宜慎，功罪赏罚宜明，奏言：“镇安一捷，据臣所闻，炒花父子是日以受赏别行，而留其老弱守帐。抚臣杨镐谋其有可乘之隙，夜扑睡虏，斩童稚女妇若而人，所执者皆黄口胡儿。此镐所谓奇捷也。遂致期年之内，一逞于清河，再逞于长静、东胜，又再逞于铁岭。我兵匿影潜形，以听虏之自饱。于是有静远之蹂躏，有大静之屠戮，有大清之挫衄。镇远之杀掠过多，尽隐实数；杏山之残破已甚，聊报疏虞。岂非镇安一举挑之哉？”宣祭因此未行。分见《明神宗实录》卷501，十一月丁巳；卷503，十二月乙未。

于己之女，并联合劫掠归顺建州之部落，以故四十年九月、四十一年正月两次征伐乌拉，终灭其国。俘虏乌拉一万户，编入牛录。布占泰逃往叶赫，努尔哈赤三次遣使索取而不得，遂于四十一年九月初六日率兵四万人征讨叶赫，攻破外围大小城堡十九座，旋即回师。据云，叶赫金台石、布扬古两贝勒向明朝乞援："谮太祖于万历皇帝曰：'哈达、辉发、兀喇已被尽取矣。今复侵吾地，欲削平诸部，然后侵汝大明，取辽阳为都城，开原、铁岭为牧地。'万历皇帝信之，遣使来谓太祖曰：'自今汝勿侵夜黑国。若肯从吾言，是存我体统；若不从吾言，后必有侵我之日。'遂遣游击马时楠、周大歧带枪炮手一千卫夜黑二城。"① 十二月二十六日，努尔哈赤亲至抚顺城下呈递书文，说明讨伐乌拉、叶赫之由，属于"珠申（诸申，即女真）国内部的战争"，绝无犯明之意。

而对照《明神宗实录》，时间及细节上皆有出入。四十一年四月，即攻灭乌拉之后三个月，"奴酋顺代达子八百余骑驻扎清河市中。又合西虏瓜儿兔、卜儿亥、宰赛、暖兔大小二十四营达子同抢北关"。蓟辽总督薛三才奏报，努尔哈赤欲联合宰赛、暖兔谋犯开原，为避免两面受敌，建议朝廷敕谕努尔哈赤退兵，若不遵从，则不免一战："奴酋窥伺我开原，志久不小。所忌南北二关款酋，为我开原藩篱，未敢遽逞。比年席卷南关，蚕食卜酋，而又厚结暖、宰西酋，阴谋大举。群驱耕牧，罄垦猛酋旧地，震惊我开原边垒。此其志岂在一北关哉！无北关则无开原，无开原则无辽，而山海一关谁与为守？是奴酋之穷凶日见，猖炽如此。乃辽中事势，又未易言兵。臣谨修文告，往谕祸福，至再至三。如其怙终，即欲讳兵，不可得矣。"是知非独开原紧急，即清河亦有边警，以故薛三才多次致书晓谕努尔哈赤。辽东巡抚张涛则谓宜亟调集大军，以备征讨："奴侵北关，止开原一间。而清河款市，从来不容干戈之地，奴陈多兵，兵带甲马，意欲何为？宜调近镇兵马先期入辽。使奴犯开原，当并力追剿，灭此朝食。倘止犯北关，亦必声言救助，问奴何必杀我七部属夷？何为夺我发给（南关）吾儿忽答敕书三百六十三道？又何为一旦叛款，陈兵犯顺？是奴酋负反逆之大罪，我师得肆征之大义。扫除□孽，荡涤妖氛，在此举矣。"② 如此诪张，似唯恐建州之兵不速来，并欲追论南关事，对双方实力全无估量。

《清太祖朝老满文原档》《武皇帝实录》未载四月间努尔哈赤有此番举动。三月十八日，努尔哈赤自乌拉回师，二十六日，即废黜长子褚英执政，将其监禁，值此重大更故，似无可能次月勾结"西虏"吞并北关。即有建州八百余骑驻扎清河市中，抑或以兵挟市，很难说是配合"西虏"以牵制辽兵。薛、张二人根据"西虏"入犯在即，即将清河并联考虑，作出上述判断，总体态势虽无大误，具体动向却并不准确，且

① 《武皇帝实录》卷2。

② 《明神宗实录》507，四十一年四月甲午、乙巳。

“西虏”很快被明军击退。[1] 无论如何，努尔哈赤攻伐叶赫之前，明朝已准备调兵赴开原，以保叶赫。

四十一年九月初一日，即《清太祖朝老满文原档》《武皇帝实录》所记建州发兵叶赫之前五天，《明神宗实录》记载，努尔哈赤遣派使臣送其第七子巴布海至广宁作人质。此一非常之举，源于明廷鉴于努尔哈赤利用所得哈达之地紧逼北关，且侵越辽东边境，令建州退还侵地：“奴酋自奄有毛怜诸卫，日以富强。又结宰赛、拱兔等酋，明攻北关，越界辽地。边臣不能制，驰檄谕之。”边臣，即巡抚张涛及总兵张承胤；明廷对其软弱甚为不满。于是努尔哈赤遣使前来申诉：一则告建州与叶赫构怨之由，乃因叶赫负婚约，“并乞敕北关还婿收女，两家完聚”。希望明朝责令叶赫解除与蒙古婚约，送其女归于努尔哈赤。既表明并无联合“西虏”侵犯开原之意，亦为即将攻打叶赫能得到明朝谅解埋下伏笔。至于勘定边界，其立场是遵守成化年间及万历二十七年所定疆界，仅将此后所得边地退还。即希望明朝承认其所并南关哈达，且预留余地，叶赫不属于明朝，若将其吞并，亦非侵掠明地。

努尔哈赤遣使来诉，《清太祖朝老满文原档》《武皇帝实录》俱不记载，但据张涛疏言：“奴酋两次诉状，先一次亲投到关者，臣已封送于兵部，后一次关上递来者，臣又咨送于总督。”谓努尔哈赤“意犹觖望，语多忿戾”，控诉乌拉、北关。“又愿以子送入，免使北关又谤”。至于所占南关旧地，努尔哈赤谓建州民已经播种，请俟秋收，明年退还。张涛许之。八月间，辽阳方面“擅去逼奴退耕”，努尔哈赤谓“我子已质”，乃“自具一印信汉字禀状诉告”。张涛又闻总兵之言，认为努尔哈赤害怕辽东出兵，竟“潜率妻子数十人听命于抚顺关之外”。涛乃深为感动，处处为其开脱，而尽归咎北关。

张涛任职一年，驻地广宁距开原七八百里，未曾见其巡边，全凭禀报，于边堡道将所报误信误疑，于努尔哈赤则置信不疑，其颟顸自不足论。然所云努尔哈赤多次呈书，且咨呈督臣兵部，必非编造。送子入质，看似极其恳诚，则实为试探明朝，随即大举攻叶赫，一场烟幕不揭自破。明朝方面以“其子真伪难辨，留之反为所绐”，故而遣还之，且充满疑虑：“建酋狡鸷，阳为恭顺，阴实叵测，日者质子玩我，计得以售，而我之深浅已为所窥。此乱形之见于边鄙者也。”[2]《清太祖朝老满文原档》《武皇帝实

① 《明神宗实录》卷507，四十一年四月辛亥：“东虏炒花会合宰赛、暖兔等酋三万余骑，于王大台扎营，官兵御之。巡按御史张五典以攻克边台七座，杀虏共五百四十八员名口。闻巡抚张涛以堵截叙功，都给事中张国儒驳之，章俱下所司议。”胜负似有疑问。《明神宗实录》卷512，同年九月庚午：“诏复炒花抚赏。初因犯抢不悛，于万历三十九年革其市赏四千三百余两，至是叩关悔罪。上许之，仍令其九子各画边认守，如有犯抢，即按地责罚。”至少可以说，四月间炒花、宰赛及蒙古暖兔未曾大肆劫掠开原、北关。

② 《明神宗实录》卷512，四十一年九月丙辰；卷515，十二月己亥，给事中李瑾疏言；并见程开祜辑《筹辽硕画》卷2《辽东巡抚张涛题为北酋之衅益祟事》《揭为属夷家事互构事》。关于努尔哈赤伙同西虏宰赛、暖兔二十四营焚掠北关，张涛认为是开原道将误报。实则四十一年六月，“北关截劫奴酋人畜布段共三千五百有余”。据广禄、李学智译注《清太祖朝老满文原档》，努尔哈赤九月出兵北关，若有此事，正为口实，焉得不载。涛之偏向与轻信，可见一斑。

录》之所以不载此事，以其甚无颜面也。即使努尔哈赤为迷惑明朝，亦见其于明朝态度甚是在意，但凡谕令必有回复，从未敢置之不理。

得知努尔哈赤出兵叶赫，明廷立场强硬。明朝史料记录此事，时间上较《清太祖朝老满文原档》晚一月。《国榷》卷82，四十一年十月初五日己丑："建州卫奴儿哈赤攻北关，围金台失、白羊骨十九寨。二酋告急。总督薛三才、巡按张五典请援北关甚切。发火兵三百人助之，并粟菽千石、锅六百。建人引去。"《明神宗实录》卷513，同日载有："上曰：'北关为辽左藩篱，岂容奴夷吞并？其速令该镇救援，不得违误。'已而总督薛三才复以饷请，上亟命户部给之。"是知《清太祖朝老满文原档》《武皇帝实录》所载致书万历皇帝，实皆先呈于辽东守臣。辽东京师之间奏报往返，最快亦须旬日，十月初五应为万历批旨之日，开原出援叶赫，已近中旬，以薛三才力争也。[①] 若记载无误，则九月间努尔哈赤倘能一举歼灭叶赫，势无中辍之理。此前用兵乌拉，努尔哈赤谓其部下："欲伐大木，岂能骤折？必以斧斤伐之，渐至微细，然后能折。相等之国，欲一举取之，岂能尽灭乎？"其于乌拉称"相等之国"，两度征伐方能吞并。以此揆之，出征叶赫时兵力虽增至四万人，野战无敌，但摧坚拔寨，仍非易事。攻破十九堡寨，恐不无自损，且只带行粮，而无挽输供给，难为后继。其后明朝加以干预，遂无再举。开原明军虽不足以震慑努尔哈赤，然其视明朝当何如。赴援叶赫火炮手实止三百名，《武皇帝实录》夸大为一千名，亦见努尔哈赤于明军尚存忌惮。

参照双方记载，姑推断实情如下：九月初六日，努尔哈赤出兵叶赫；初十日，蹂躏叶赫外围十九城堡，随后即裹带俘获人口一并撤回。叶赫贝勒诉诸明朝，立即获得支持。至十月，努尔哈赤准备再次发兵叶赫时，为明朝所制止，未能成行，实因不愿立即与明兵戎相见。于是年底，亲赴抚顺呈书辩解。[②]

① 陈建辑、沈国元订《皇明从信录》卷40，万历四十一年，引天都山人《建夷考》："是年，奴酋图其婿江夷（乌拉），卜台吉（布占泰）急，因率所部投北关。金、白二酋匿之，修怨仇杀。辽告急，征蓟兵五千赴援，并禁籴及参貂珠宝。而奴儿哈赤已好语谢都御史张涛，谓：'抚安等区耕牧日久，请奉约，新垦概罢。'涛揣情形，上书称：'北关近，且开二衅。（谓以婚姻同时结怨努尔哈赤、宰赛。）请释二憾，无养痈东建也。'时金、白二酋来告急，别将曹文焕为潜盟，给以火器。奴酋计縻我兵，北关乃可图，则益遣干骨里愬不背汉，耕牧不敢淫于异日，愿质子为信；并上书讼北关匿婿状。涛以为然。遣官藉大成往申谕，奴酋遵谕，以第七子巴卜海入抚顺关，愿留质广宁或京师。时涛甚侈其功。未几，奴酋度我弛备，即严兵围烧（叶赫十九寨）。我师援不时发。总督侍郎薛三才乃疏争：往辽失策，弃南关不救，一之谓甚；北关再折入奴，东方忧滋大已。竟发援。时质子故在也。而奴酋固已易志矣。"张涛埋怨北关二衅，为建州辩护，并见程开祜辑《筹辽硕画》卷2《揭照得北关世犯辽东》《议东珠紫貂天下厚利》。

② 谈迁著《国榷》卷82，四十二年正月初十日辛酉，载张涛报至朝廷："建州奴儿哈赤诉北关匿其婿台卜吉，绝婚，开原人不当助之。其语亢。向不入内地，一旦率其子抵抚顺关，托备御李永芳以闻。"努尔哈赤攻叶赫在四十年九、十月间，此前诉于张涛者，已见上文，报至朝廷不应迟至次年初。且张涛已于四十一年十一月庚申离任，见《明神宗实录》卷514。谈迁著《国榷》将努尔哈赤呈书与送子入质误为同一时间。同卷，四十二年十二月，"建州卫奴儿哈赤以五百骑叩关，诉北关负婚"。又以同一事于次年重出。《明神宗实录》卷516，四十二年十月辛酉："（努尔哈赤等）见备御李永芳等，哓哓诉告。情形顺逆，不待智者而后知矣。"广禄、李学智译注《清太祖朝老满文原档》《武皇帝实录》以李永芳为游击，误。李升游击，见《明神宗实录》卷524，四十二年九月壬戌，翟凤翀疏请。

努尔哈赤遵循明朝意旨罢兵北关，明廷却并不放心。总督薛三才随即疏言增兵开原，以实四千人之额："先因奴酋蠢动，开原告急，臣请增募兵一千七百名，并麻承恩、曹文焕先所统领援兵、新兵，共四千名，合为一营，专备奴酋之变。今太仓告匮，即不敢多请增兵。度此事势，须实得战兵四千，置之开原，如臣原题之数，分至庆云、威远、镇北三堡，犹足以左右顾而东西援也。"此本延续熊廷弼、李化龙之策，以河东为重，然因财政见绌，不得已唯重开原周边诸堡。"是时刑科给事中郭尚宾、巡按山东御史翟凤翀先后诸疏，皆以无兵则不能救，无饷则不能兵为请。兵部覆乞会议各陈所见，务保万全。从之"。①

自李成梁罢任之后，辽东总兵皆不甚见重，负有全权的是巡抚，此前杨镐、张涛，此后郭光复、李维翰，皆或多或少为努尔哈赤所迷惑，对增兵开原、扶植北关不甚重视，而以河西重于河东。大体而言，对"西虏"款战交用，对建州则以勘界、复贡加以约束。原先宋一韩、熊廷弼针对建州的联络分化之策终未见效，结果是"西虏"不时犯边，而建州则积怨愈深。迨辽东增兵届期，不再为继，努尔哈赤渐兴动兵之念，使明廷措手不及。辽东失守之重要原因，即明朝内外臣工见识不一，任事者主张各异，② 未能形成稳定方针并贯彻到底。这是万历朝晚期政治决定的，但并非由于党争。

（四）再次勘界及其后果

努尔哈赤何时决心与明决裂，或"七大恨"何以形成，此后勘界一段史实极为重要。

万历四十一年初，努尔哈赤吞并乌拉，下一目标即叶赫。明朝为保北关而固开原，于是再行勘界立碑，以南关旧境为重点，与建州针锋相对。十一月，张涛被劾去任，司其责者为继任巡抚郭光复、巡按翟凤翀及开原道参议薛国用，后二人态度甚是坚决。《皇明从信录》综述其始末：

> 始，猛骨孛罗遗南关边外四堡：曰三岔，曰抚安，曰柴河、靖安，予秋获。至是，参议薛国用备查南关界土：王台存日，自威远至三岔堡；后猛酋时，三岔入于奴，以抚安堡为界；及猛酋故，并归建州。奴结已属含糊。且察两地素饶沃。而建州高下不等，苦潦旱，薄收，顷生齿日繁，计必垦南关自给。揭称："我制奴正在此。奴虽强，而粮不继，势不得不取给清、抚之粜。我以清、抚制奴之命，而开原亦可安枕。今日疆界，请无枝梧结局。"因与铁岭游击梁汝贵等查勘，将前四堡及白家冲、松子二堡，共立碑六。白家、松子二堡临边，向系高山未垦故也。

① 《明神宗实录》卷517，四十二年二月丁未。

② 《明神宗实录》卷524，四十二年九月壬戌，山东巡按翟凤翀言："从来辽事齮龁于中外议论之两歧，而坏于抚按意见之相左。"

> 都御史（巡抚郭光复）执曰："白家冲非原题，并抚安非奉旨驱逐地。且私立无以服夷，行暂撤。"国用抗议："抚安要害，咫尺铁岭，断不宜失。"会御史翟凤翀巡清河，语夷使照界镌碑，姑给柴河秋获。遂将六堡俱退，大书番字碑阴："自明年永不敢越种。"部夷盗瑷阳马，奴儿哈赤即戮碑下，示恭敬。①

三岔堡、抚安堡在铁岭东南，柴河堡、靖安堡在开原以东，白家冲、松子亦当不离开、铁，即原南关之地。以下翟凤翀题疏可证：

> 据开原道薛国用呈称："奴儿哈赤差部夷五百名，来本边汎河口刘家、孤山地名住种。又，地名仙人洞，有种田达子四十四名。去年宣谕数次，令彼撤回，三见题疏，两经部覆，奉有明旨。奴投有不牧种之甘结。"查南关地界，王台存日，自威远堡起，至三岔儿止。今不论新垦旧垦，但系南关之地，则不容建夷住种。至于定牌立界，原自不差，明书"不敢越种"，明白镌有番文。异日以从违定抚剿，便可执以为压服张本。②

其中汎河稍南，居铁、沈之间，威远堡在开原东北。③ 可知此次勘界不仅有南关六堡，还包括南至汎河边境之地。薛国用谓以此减少建州粮源，迫使其于清河、抚顺向明朝籴买，乃制伏建州之"大机权"。翟疏说得更全面，此举"有五利焉"，皆为制约建州："一、不得逼近内地，侦我虚实；二、不得附近北关，肆其侵扰；三、不得使粮料充足，卒饱马腾，而生戎心；四、令其粮饷不敷，如遇饥荒，叩关乞哀，于清、抚之市暂准和籴，如四十一年故事，以彰我生养之德；五、则市籴可多可少，相其顺逆缓急，以操驾驭之机。"足见勘地划界不仅为阻断建州逼近叶赫，且从经济上困扰建州，迫使其依赖市赏和籴，明朝即可操控。

《皇明从信录》云"大书番字碑阴：自明年永不敢越种"；《国榷》云努尔哈赤"遵约退地定界"；翟疏云"奴投有不牧种之甘结""明白镌有番文"：均说明曾立碑具契。较之原先退还张其哈喇佃子一地，此次勘界对于建州真有切肤之痛。三十六年勘界，辽东方面主盟者为辽阳副将吴希汉，双方均有记载，建州方面主盟者何人，《清太祖朝老满文原档》不载。勘界立碑，双方杀牲盟誓，慎重非同一般，努尔哈赤焉能不与？若果与之，三十六年固为得意之时，四十二年则不啻当面受辱，其蓄恨久久在心，

① 陈建辑、沈国元订《皇明从信录》卷40，万历四十二年，引《建夷考》；并参谈迁著《国榷》卷82四十二年三月。

② 分见《明神宗实录》卷519，四十二年四月丁酉；卷524，九月壬戌。

③ 俱见谭其骧主编、张锡彤等著《中国历史地图集释文汇编·东北卷》，第四章第一节二"辽东都司地名定位表"，中央民族学院出版社，1988，第217～230页。

自在情理之中。《清太祖朝老满文原档》不惜将两次勘地建州之主盟者一并隐去，或以其前甚倨傲，而后甚卑屈也。

此次勘界立碑之时间，《清太祖朝老满文原档》不载于甲寅年（万历四十二年），而其后凡三见。初见于次年乙卯六月，亦最应注意。时辽东总兵张承荫（胤）巡边，遣通事董国荫来说："将我们先帝旧置境外的地方，作为我们的地方，现在要立新石碑，你们的柴河、法纳河、三叉拉三处地方播种的粮食，勿再收取了，把你们的边境往后面退。"努尔哈赤答道："许多世代居住的庐舍，耕种的田地，使我放弃；这样说，你们的心变了呀！""皇帝之言能够拒绝吗？退回好啦。"《武皇帝实录》同年记载："自此，大明遂侵占疆土，立石碑于边外甚多。"次年丙辰（即天命元年，1616）六月，努尔哈赤杀越境汉人 50 余人，亦以立碑盟誓为据。因辽东督抚诘责，并拘留建州使臣纲古里、方吉纳等，被迫杀罪囚十余人以抵。① 戊午（天命三年）四月起兵反明，"七大恨"中划界立碑之事竟占其三，即第二、第三、五恨。②

《清太祖朝老满文原档》于此次划界立碑何以较明朝所记晚一年？欲祛除此一疑惑，还当从其编纂宗旨求解。其记事始于万历三十五年，正值建州停止朝贡，与次年首次勘界，均为努尔哈赤欲自立一国，摆脱明朝附属之信号。《清太祖朝老满文原档》于每年之初，必曰努尔哈赤生年几何，记载努尔哈赤谕令言说不厌其烦，故其性质当为努尔哈赤建国独立之史。其所以截断源头，不载三十五年之前事，即在于隐讳建州曾为明朝属卫，自弱变强，多蒙明朝庇护，恩宠特厚。否则，一旦与明反目，不无背恩叛逆之嫌。但努尔哈赤本人在叙说之际，未能尽脱其旧习，记事者亦无从大加改窜。若于其言细加体味，则仍有重要参考价值，唯在如何审读耳。窃以为，《清太祖朝老满文原档》将勘界立碑置于乙卯（1615，万历四十三年）年，其重点不在记录事件之时间，而在显示努尔哈赤之态度：

> 既然皇帝不愿太平，而兴恶念，但我是小国，所受之苦也小，大国，所受的苦也大啊！我算什么大国，我退就是啦。但你们的国大，你怎么能够收拾呢？若是战争，岂独苦我国呀！你自持兵多国大，把我欺负。然而须知大国可以成小，而小国也可成大，皆由天意啊！你若是一城住兵一万，你国实不堪其苦。若是一城住兵一千，则城中的兵民皆为我的俘虏了。③

---

① 明朝方面记载，乃孤山堡军民出境采木，被建州捕杀 40 余人。辽东督抚移文诘责，努尔哈赤乃杀罪囚 10 余人以当之。见《明神宗实录》卷 552，四十四年十二月辛亥；谈迁著《国榷》卷 82，同日。按：东南勘界未定，双方边民越境乃常有之事，努尔哈赤大开杀戒，足见其横。明朝却因此惩办清河游击冯有功"启边衅"之罪。如此示弱，殆辽东援军已撤，见后文。

② 均见广禄、李学智译注《清太祖朝老满文原档》第 1 册《荒字老满文档册》。

③ 广禄、李学智译注《清太祖朝老满文原档》第 1 册《荒字老满文档册》。

这是努尔哈赤首次表明不惜与明朝一战，大可注意。且深信明朝不可能大量增兵辽东，故扬言果真双方开战，辽东绝非建州之敌。其态度强硬，不留余地，令明通事惊讶不已。所言国家大小强弱之转化“皆由天意”，亦是由衷之言，而非如今日之口头禅。须知在古代，天意即道义。努尔哈赤明确告诉明使，天意未必在明，颇似顾及正义性。实则国家政权之间冲突，成败主要取决于强弱。若于实力具有绝对的自信，“天意”自必随时在我。唯在不能完全明确彼己实力对比之时，对于挑起冲突的时机，就需要揣摩“天意”。如能发现征兆，自然可以鼓舞人心，士气倍增。质言之，所谓天意，不过是实力、欲望与信心的代名词。古代帝王群雄中之得势者，无不深谙此道。那么，此时努尔哈赤是否确信“天意”已在建州，或自信可与明朝公开为敌呢？

据《清太祖朝老满文原档》，当年六月，建州贝勒大臣愤于明朝支持叶赫，请求兴兵伐明。努尔哈赤说：

> 不可。尼堪兵出边相助叶赫防守，想是天所裁定，希望其能长久。叶赫与我们是不同语言的珠申国呀！尼堪自以为他是君临天下各国的共主，既是共主，就应该共主所有的国家。何故独对我称主？不审是非，不加考虑，一味狂妄，恃势侵夺，如同与天抗拒。你们不要急躁：我们要征尼堪，设若我们为是，天自佑之。天若佑我，或有所得啊。[①]

随即晓谕诸贝勒大臣，国内无粮储，攻取辽东所俘人畜无以为食，“我们应先整收我们的国人，修固各处的边境关隘，建立粮库”，“故而是年未曾兴兵”。这当然是现实的考虑。但努尔哈赤又提到天意：明朝支持叶赫“想是天所裁定”，但又说明朝“如同与天抗拒”。这种模棱两可，所折射出来的是努尔哈赤虽已决心反明，但又自感实力未充，时机尚未成熟，故借口天意以稳定属下，暂无妄动。

最需留意的是，努尔哈赤无意中道出“叶赫与我们是不同语言的珠申国”。语言不同，显然不属同族。《武皇帝实录》卷1直书“夜黑（叶赫）国始祖蒙古人，姓土墨忒（土默特）”，则于女真当为“外国”。回顾癸巳（万历二十一年），叶赫遣使臣来建州索地，曰：“兀喇、哈达、夜黑、辉发、满洲，总一国也，岂有五王之理？”以海西、建州视为一国，叶赫实为努尔哈赤之先声。努尔哈赤答曰：“我乃满洲，尔乃虎伦（扈伦，即海西）。尔国虽大，我不得取。我国虽大，尔亦不得取。”明言建州、海西非属同一国，互相不得攻取。满语“guren”（固伦）既可指国家，亦可指部落，无论取何义，建州与海西皆非同族之争。故努尔哈赤认为叶赫索取建州之地不合道义。《武皇帝实录》成书于皇太极天聪年间，尊努尔哈赤庙号“太祖”、谥“武皇帝”，旨在宣扬其

---

① 广禄、李学智译注《清太祖朝老满文原档》第1册《荒字老满文档册》。

父仁德，且尤在武功，除将族名改称“满洲”之外，遇有示弱之语，则断无更改。由是可知，四十一年底努尔哈赤至抚顺呈书明朝，以攻伐叶赫为“珠申国内部的战争”，纯为强辩。非但叶赫，此前对辉发、乌拉的吞并，按其癸巳年的说法，皆已超出统一本族之目的，属于扩张征服。是否符合天意，或具有道义，恐努尔哈赤也不敢就此质疑自己。既行吞并，则堂而皇之宣布为同族或同源。[①] 近现代以前，从部落到国家，无非此理。若从叶赫立场出发，既与建州本不同源，出于本身利益及安危的考虑，有权选择依附任何一方，故其宁愿投靠明朝。此并不能成为努尔哈赤吞并之理由。以今日之观念，各部族皆属中华民族，彼此不和，为大家庭内部兄弟之争。但在古代历史上，则关系到一部一族之荣辱存亡。强凌弱，众暴寡，为当日之通则，并无共同之道义可言。至于部落之间联姻或背婚，其事甚频，皆出于形势需要。努尔哈赤岂真以一垂老之女为重?[②] 其所以反复在“叶赫老女”上做文章，乃至后来诉诸“七大恨”之第四恨，无非是在道义上找一借口。

毋庸赘言，努尔哈赤绝不会因天意而听从明朝而放弃吞并叶赫。但欲自立一国，与明对立，为赋予其合法性，努尔哈赤势必否定明朝为天下共主，然此时却不敢公然言之，仍须隐忍。由此而推，则可以肯定此前努尔哈赤承认这一点。“何故独对我称主”一句，“七大恨”为“何以单独为我之主”，《武皇帝实录》作“何独为吾一身之主”。“为”与“称”一字之别，语义更为明确。由是又可推断，《明神宗实录》所记努尔哈赤依照朵颜三卫、海西、建州惯例，多次亲自赴明朝贡，虽《清太祖朝老满文原档》《武皇帝实录》一概隐讳，但必属事实。努尔哈赤既可屈尊亲至抚顺面见李永芳呈书解释，较之入京朝贡，列班受赏，其荣耀和影响轻重如何？况多在关键时期，焉有不赴之理。四十二年，辽东守臣遣一备御萧伯芝传书建州，竟至于令努尔哈赤“叩头接旨”,[③] 努尔哈赤反言相讥，即因极感屈辱，以故列入“七大恨”之第六恨。后来努尔哈赤夺取辽东，提及其父祖被明军误杀，即“七大恨”之第一恨，云：“尽管杀了，我仍不怀恶念，一年不隔地向尼堪皇帝叩头。”[④] 则当其赴京朝贡，又焉得不望阙

---

① 广禄、李学智译注《清太祖朝老满文原档》第2册《昃字老满文档册》，己未年六月，努尔哈赤致书喀尔喀蒙古，声称：“（建州与叶赫）彼此不和，则是我们内部之事；和好，则也是我们内部之事。因为我们国内相互不和战争时，尼堪为何相助叶赫，而使叶赫离我而将之拿去?”九月初五日，致书喀尔喀五部贝勒：“尼堪与朝鲜仅是语言不同，头发衣冠完全一样，他们两国算为一国。蒙古与我们，两国也仅是语言不同，所穿衣服以及各种生活皆如同一国一样。”

② 广禄、李学智译注《清太祖朝老满文原档》第1册《荒字老满文档册》，乙卯年六月，叶赫将老女改适蒙古，诸贝勒大臣请求出兵。努尔哈赤说：“那女子不是平白所生的女子，实是亡别人之国而生的啊！”哈达、辉发、乌拉三部皆因此女而亡。“现今此女将至死亡之时，我们虽尽力夺回此女，与我们又有何益?”

③ 广禄、李学智译注《清太祖朝老满文原档》第1册《荒字老满文档册》，甲寅年（万历四十二年）四月：“萧伪称大人，乘坐八抬轿，执了皇帝的谕旨，命叩头接旨。并且故作可憎之态，以种种恶言相恫吓，揭示书中古今兴亡得失的道里。”努尔哈赤遂不开读，令其返回。“命叩头接旨”，《武皇帝实录》卷2作“强令拜旨”。

④ “清初史料丛刊”第一种，《重译满文老档·太祖朝》第2分册第20卷，天命六年四月朔日。

叩头，恭谢天恩？萧伯芝之事虽小，却反映出明与建州的宗藩关系，实为专制王朝君臣关系之外延，政治地位悬绝，对于志在脱明自立的女真族领袖努尔哈赤，自必难以容忍。[①]

时移势异，态度翻覆。乙卯年底，努尔哈赤阅兵时说："天命汗，汗任大臣。"此刻强调天意，当然是建国在即，需要涂饰。既以重振大金国出自天命，则明朝对于后金，自不再具有"主"之地位。戊午年（1618）兴兵攻明，亦可解释为"顺天应人"。对此，"七大恨"最后一恨说得至为明确：

> 哈达的人相助叶赫，二次出兵侵我。我报复往征时，天将哈达给我。尼堪皇帝又助哈达，迫我送回他们的原处。我送还的哈达人，叶赫几次出兵侵袭取去。天下各国的人，相互征讨，天非者战败而亡，天是者战胜而生。在战争中被杀的人，使其复活，已得的俘虏迫而归还，有这种道理吗？若为天任大国的皇帝，想来应是所有国家的共主，何以单独为我之主？先前的扈伦都站在一边侵我，因而引起战争，天责扈伦而以我为是。尼堪皇帝与天抗拒一样，帮助天责的叶赫，以非为是，以是为非，如何可以审断？[②]

大军齐集，出征在即，努尔哈赤告天誓师，谴责明朝语气自必更加严厉。所谓"天非者战败而亡，天是者战胜而生"，恰应反读之：胜者得天，败者失天。海西四部已亡其三，仅剩其一；明朝倒行逆施，亦失天意，其不配为天下共主甚明。三年之前，乙卯年六月对明通事董国荫之言，其居心已显露无遗。明朝方面唯知苟且拖延，亦无力做进一步应对。迨丙辰年（1616）努尔哈赤建国，兵力已近乎六万人。[③] 日加训练，士马精强，实力大胜于昔。踌躇满志，天意自必在我。戊午（天命三年）起兵攻明，看似突然，实则蓄谋有年，乘机而发。

（五）辽东撤军

万历四十三年六月，努尔哈赤对辽东使者扬言不辞与明朝一战，并非全因勘地而激于意气，背后还另有文章，即得知辽东援兵撤离。

---

① 孟森《清太祖告天七大恨之真本研究》述及此条，据皇太极天聪间所修《武皇帝实录》，以为"太觉其无谓"，"即已改之"。又云萧伯芝"当时即为太祖所侮，只应述以为笑，无可恨者"。载氏著《明清史论著集刊》上册。如此论史，诚为明朝施恩建州特厚所蔽，而于努尔哈赤则缺乏"理解之同情"。

② 广禄、李学智译注《清太祖朝老满文原档》第1册《荒字老满文档册》，戊午（天命三年）四月十三日。

③ 广禄、李学智译注《清太祖朝老满文原档》第1册《荒字老满文档册》，乙卯年底，将国人平均划一，以每三百名男丁编一牛录。丙辰年七月九日，命每牛录佥丁三名造船，共六百人，是知凡二百牛录，与《清太祖实录》合。男丁六万人，平日不可能全部充当战兵。但二百牛录之外，尚有"国人"，临时征调，无法确估。见《清太祖朝老满文原档》第1册《荒字老满文档册》，癸丑年。

当年初，明廷态度仍颇强硬，兵部议覆辽东巡抚郭光复疏奏：

> 惟是奴酋反覆靡常。顷谕之还地则退地，谕之罢兵则罢兵，而察其情形，实怀叵测。始而具结退地，我信其退；既而背盟种地，我任其种；今复勒石以待来年，我亦与之待；彼不求婚婿，我信其不求；彼必求婚婿，我又代为讲求：为其所愚甚矣。

虽不能遽复南关，但上年勘复地界绝不许建州之民耕种，若有违反，则“用兵剿逐，宁烦再计”。对于助守北关，亦无须游移。虽背婚一事“曲在北关，而奴酋未必直也”，故当“一意决绝，处置得宜。乘其外宁，修我内治”。增置火器，修补城堡墩台，并“移置将官，责北关以训练之义”。其中“隐忍姑息，业已示怯”，“居间作伐，强北关以难堪，徇奴酋之愿”，即针对辽抚郭光复而发。万历批旨：“该镇制驭机宜，着抚臣便宜行事，务保万全。余俱依议。”① 兵部主张继续示强，逼迫建州谨遵朝命，放弃图谋北关。随之蓟辽督抚亦奏称：“迩日奴酋自退地镌碑之后，益务为恭顺。此番进贡，止大封等一十五名。夫以千五百之贡夷，而减至于十有五名，岂不惟命是从哉！”实则建州贡市人数多达千名。② 以薛三才之明敏，亦难免为其所惑。至于翟凤翀，更以为市赏即足以制约建州。③ 努尔哈赤隐忍不发，事事顺从，明朝遂以为增兵已收震慑之功，而忽视辽东防线脆弱如故，更未料到努尔哈赤反心已决。

前述四十年兵部议准，辽东增兵延续五年，当于四十四年届期，然而却提前撤还。尚在四十一年，巡抚张涛已言：“目今额兵无几，新兵无饷。”四十二年八月，巡按翟凤翀疏言辽东形势：宰赛、暖兔于开原“岁为边患。将兴问罪之师，彼之精骑，动以万计，而我之羸卒不满二千。庆云游击之名位虽重，而兵马之增设全无，亦何异于张空拳以搏猛虎也”。至于与建州边界九百里，“开原东鄙一带边堡，如抚安、三岔、柴河、靖安等处间俱圮坏，而守道所属偏东。会安、东州、盐场、孤山、一堵墙、马根单等堡，近多坍塌。急拨军民夫役设处砌完，缓急可资保障”。其中即包括勘界收复的南关之地。而与建州老巢最近之要隘清河、抚顺，一则“增募新兵千名”，一则“犹然马步羸卒五百也。臣前题召募五百名，饷银苦无接济”。辽东即使增兵万人，各处尚且薄弱如此，无法防御，是以忧心忡忡：“一岁之后，兵可销乎？”不料次月朝廷已在议论撤军。翟凤翀极言反对：“遽檄议撤，似觉太忙；开原奉檄而遽撤也，则又忙之忙者

① 《明神宗实录》卷528，四十三年正月乙亥。

② 并见《明神宗实录》卷530，四十三年三月丁未；谈迁著《国榷》卷82，同日。

③ 《明神宗实录》卷531，四十三年四月丙申，翟凤翀陈制驭东西夷虏机宜：“东夷奴儿哈赤，擅参为利，该道欲于市易中默寓裁减之意，使商贩渐稀，参斤无售。彼之财源不裕，自将摇尾乞怜。乃臣所虑者，虏之掠我人也，探其黠杰有智者，厚啖以利，使输心为彼用，凡内地虚实，无不传送。而我辽以役重差烦，至于无可奈何，愿随之去，将来之忧方大耳。”

矣。”据巡按王雅量四十三年七月疏言：“目前援兵既撤。京运愆期，诸镇有枵腹脱巾之虞，则饷当议。总兵官标下缺中军，沈阳缺游击。”云云。[①] 是则至迟于该年上半年，援辽之兵已尽撤。此举非但使辽东防御更为捉襟见肘，更使努尔哈赤得以掂量明朝之底牌。前引六月间努尔哈赤对董国荫声称：辽东不可能各城皆驻兵一万人，若仅驻一千人，则皆为所俘，肯定是得知辽东援军已在撤离，方敢如此嚣张。

辽东撤军之后，明朝对于建州的态度亦发生微妙变化。七月，兵部署部事左侍郎崔景荣题秋防事宜，谓辽东非止河西之患，而“奴儿哈赤，数年反覆，一旦退地镌盟，减夷修贡，似可相安于无事。但近因白酋许婚暖兔，遂欲逞志北关，衅端一开，渝盟可虑”。虽为努尔哈赤反目忧心忡忡，却又将责任推到北关，实非得已。郭光复疏陈更直白：“建夷近遵约束，北关先起衅端。”“此时奴酋未见交通西虏为中国患。而（叶赫）金、白二酋以嫁女构衅，致我全辽不得一日安枕。兹仍仰鼻息于暖兔，又自恃（明朝）兵力救援，可以抗衡奴酋。我何不就听三酋穴中一斗，按兵观变，坐收制虎之功。”与此前兵部所覆“必以救北关为主”，不论叶赫与努尔哈赤婚约之曲直，大异其趣。内外当事者因援军已撤，皆重申迁就建州，于北关则欲听之任之。前引巡按王雅量一疏，亦以权在抚臣：“至于行赏罚殿最之权，责其成功：可以战剿为救，毋曰挑衅；可以羁縻为救，毋曰示弱；可以不救为救，毋曰观望。是在庙堂之听抚臣，与抚臣之自救也。”其于北关救之与否，实游移两端。万历下督抚按各疏覆议，兵部茫无主张：“夷狄相攻，中国本无不利。惟是缓急轻重之间，要在处置得当，因应得机。奴未动，则牵制声援，可以先事伐其谋。及兵刃一交，则在审北关之能支与否，西虏之果肯出力与否，奴酋之果能得志与否。或进或止，间不容发。但能保北关之不亡，而其穴斗胜负，可徐观也。”如何处置，唯责成郭光复：“兵机变在呼吸，边事难以遥度，惟在抚臣一力担当，庙堂原不中制。”辽东乏食确是实情，然又不能作主：“今处处灾旱，司农告乏，饷愆半载，可为寒心。乞敕户部凑处解发，庶士饱思奋，不战而气自倍矣。”粮饷不至，军队将不战自溃。万历心中有数，批旨只是表面文章：“这救援战守全功，文武各官都要协同任事。事定之后，分别功罪具奏。粮饷久缺，着户部速处解发。”[②] 君臣内外互相推诿，甚至侥幸于鹬蚌相争，坐收渔利。唯独不再请调援兵，原因无他，军饷无处筹措也。

据黄宗羲《参议阎公神道碑》：万历四十一年，阎世科以户部郎中总理辽饷，“时边烽尚息，而军政阘茸。公戚然忧之，疏言：‘今边境偷安已久，伏莽一发，必不可支。宰赛扰于河东，摆要扰于河西，而虎憨乘机挟赏，畜祸更深。京民二运，十缺八九。沙中偶语，渐成脱巾。’盖已逆知将来东方有事也”。辽饷匮乏，与同年张涛疏言

① 程开祜辑《筹辽硕画》卷2《辽东巡抚张涛题为北酋之衅益崇事》。《明神宗实录》卷523，四十二年八月乙酉；卷524，九月壬戌；卷534，四十三年七月癸酉。

② 分见《明神宗实录》卷534，四十三年七月甲子、癸酉；卷535，八月壬辰。

“今辽之饷料，半年无给”，正相印证。[①]“沙中偶语，渐成脱巾”，只差篝火狐鸣，不待敌来，已有内溃之虞，何能侈谈战守。

四十二年廷议辽东撤军，即与军费不敷有关。是年初，蓟镇因缺饷，遵化、蓟门、永平三处要地接连出现士兵哗噪。兵部尚书王象乾惊呼：“今仓廪空虚，四海困穷极矣。向者忧在财乏，窃恐九边军士效而尤之，脱巾之呼，甚于失伍，萧墙之祸，惨于敌人。”及至会议筹饷，仅京运一项即欠缺180余万两，各部寺挪借凑处，仍缺69万余两。至于地方积逋，则更难追征。万历亦承认“边军劳苦，缺饷甚多”。辽东所增万人，不仅有新募，更有客兵，倘若不撤，恐不免有反噬之虞。“是时九边缺饷，太仓如洗，诸臣多以借用金花银两为请”。户科官应震引经据典，以历来每年内帑金花银百万两原为济边备用，万历朝增至120万两，而竟成私房钱。对于每逢军饷有缺，辄命户部挪凑。礼科给事中余懋学曰：“缺饷集议，大都一借字尽之耳。夫借也，而可为常乎？”边军贫困逃亡思变，而宗室则花费不赀，如瑞王选妃费19万两，福王府邸费用过28万两。余懋学愤然质问：“内官之滥冒，可不问乎？”俱不报。群臣苦谏福王之国，万历开出庄田四万顷以难之。后福王自请减至二万顷，河南不足，则于邻省划拨。“时马快船停泊通湾以待福王之国者三百六十有奇，白粮等船应截留者亦不下四百有奇，轴舻相接”。[②]何其壮观！相比之下，辽东景况却每况愈下。总督薛三才请于辽东筑边墙，建敌楼，无下文。兵科给事中熊明遇“请及时经理辽阳，疏海禁，抚建州，区画北关。不报”。[③]四十四年，辽东缺饷积至40万两，[④]相当于年例五分之三。何以维系军队，挽回人心？同年，宣镇“缺粮已四五月，军士或卖其弓箭衣服，或质其妻子，以救旦夕之命。于是召募之兵率多逃散。又有奸人勾引亡入虏中，忿怨之余，攘臂思逞”。大学士方从哲奏言：“为今之计，欲弭边患在固人心，欲收拾人心在足兵饷。以太仓如扫，舍皇上发帑之外，更有何策？安危所系，时刻难缓。所费者少，所得者多，奈何不为宗社计也！”仍不报。[⑤]万历之所重所急者，疆圉耶？爱子耶？

四十二年初，方从哲入阁未久，即疏陈天下岌岌可危：“水旱为虐，榷税驿骚，饥寒困苦，嚣然丧其乐生之心。太仓悬罄，边饷燃眉，国计边情，束手一时。交困之势，即使急图整顿，犹恐未易振举。而况上下之间，安于处堂之燕，泛若不系之舟，天下事尚可为哉！”[⑥]其言不可谓不痛切，而杳无回音。吏部郎董应举忧心辽事：“建州夷方

① 分见黄宗羲著，陈乃乾编《黄梨洲文集·参议阎公神道碑》，中华书局，2009；程开祜辑《筹辽硕画》卷2《辽东巡抚张涛揭为东夷家事互构事》。

② 《明神宗实录》卷509，四十一年六月辛未；卷510，七月庚寅；卷512，九月辛未；卷515，十二月丙申；卷516，四十二年正月乙丑、丁未、己巳。金花银事，并见《明史》卷256《毕自严传》。

③ 分见《明神宗实录》卷538，四十三年十月己巳；谈迁著《国榷》卷82，四十三年十二月丁巳。

④ 《明神宗实录》卷549，四十四年九月己卯。

⑤ 《明神宗实录》卷550，四十四年十月庚子。

⑥ 《明神宗实录》卷516，四十二年正月庚申。

戒车入贡，崇相独策其必叛。每逢边人，辄问辽事，嗟咨太息，若不终日。”其遗书辽东巡按陈王庭，谓：“国家事决大有可忧，建夷之祸，不出四五年。”而“诸当事方泄泄，以奴贪十万参价，必无他虑”。[①] 明朝确为“不系之舟”，辽东更如枯朽之木。其所以“上下安于处堂之燕”“诸当事方泄泄”者，岂无有识之士、忧国之臣？虽连章累牍，全然如泥牛入海。既拿荒怠之人主无奈何，又焉能重振病入膏肓之辽东。“西虏”入犯尚难抵御，更遑论制约建州。

还有一点亦须指出，万历长年不见大臣，疏章多留中，臣僚无所适从。言官弹劾，肆无忌惮。一遇考察，边镇守臣亦多波及。[②] 辽东是非最多，由是近乎瘫痪。四十四年三月，方从哲奏：“辽东一镇，在九边中最为冲要，惟镇抚二臣是赖。今抚官郭光复物故，新点李维翰未必即至，而总兵王柄又以军政拾遗杜门，文武重臣并缺如此。顷见该镇夷情蠢动，声息屡闻。乞将兵部所覆拾遗疏批发，并速推总兵，刻期任事，庶孤危重镇有恃无恐。”又以“辽左抚、镇一时并缺，乞早点用总兵官及兵部尚书黄嘉善”。俱不报。次月，方简李继功为辽东总兵，张承胤为山海关总兵，催李维翰赴任。[③] 时努尔哈赤已建国称汗，倘猝然发难，谁来主持？次年六月，兵部左侍郎崔景荣言：“辽镇以二千里长边，无一墙捍隔，驱八九万馁卒，御十数种悍夷。奴酋耽视北关，日图捕噬；挞我采樵，时露爪牙。近复闻缔姻西虏，出入内地。庆云、威远，屡被侵残。向为蕴火，今更益薪。开、铁之间，渐见多事矣。”是知此前勘界复地种种限制，全为徒劳。八月，崔景荣又以开原失事疏言：“宰赛结姻奴酋，深怀叵测。必厉兵秣马，申谕严禁以待之。”万历虽“是其议”，[④] 然如何秣马厉兵，全无下文。事势至此，仅凭申谕严禁，岂能阻止努尔哈赤。时兵部戎政两尚书事唯崔景荣一人暂摄，四十六年初，屡乞休不允，竟封印去。“各尚书侍郎相继求去”，万历愕然：“是何法纪？”亟命“毋蹈前辙”。[⑤] 仅过一月，努尔哈赤遂以“七大恨”举兵反明，辽东之役就此拉开序幕。

---

① 分见钱谦益《牧斋初学集》卷84《跋董侍郎文集》；董应举《崇相集》书三《与陈匡左》（万历四十三年乙卯），《四库禁毁书丛刊》集部第102册，明崇祯刻本，北京出版社，2000年影印。牧斋跋以此为致叶向高，实则向高已于上年去国。牧斋又曰：“承平日久，颇以崇相言为不祥，亦不重怒，慭置之而已。”误解向高甚矣。

② 《明神宗实录》卷510，四十一年七月己未，给事中吴亮嗣言：“近日行取诸臣与会推督抚，皆一时之选。”乃“借偏驳之说，为扫除之谋。蔓引株连，不至空一国人才不已。”所举数月来为一御史攻击者多人，包括蓟辽总督李三才、辽东巡抚张涛，“不分黑白，皆以一笔尽其生平”。卷514，十一月庚申，张涛又因兵科弹劾，于是“拜疏径行，沿边候旨”。万历闻之，曰：“边镇关系重大，巡抚官岂有不候旨径行之理！”

③ 《明神宗实录》卷543，四十四年三月丙子、丙申；卷544，四月庚戌。原文“李继功”作“李维功”，误。据后来张承胤任辽东总兵，李继功是否到任尚成疑问。

④ 《明神宗实录》卷558，四十五年六月乙卯；卷560，八月乙未。

⑤ 分见《明神宗实录》卷558，四十五年六月乙酉；谈迁著《国榷》卷83，四十六年二月丁巳、三月癸亥。

附　言

（一）关于“七大恨”之原本

“七大恨”全文载于《清太祖朝老满文原档》，皆诉诸史实，本无可疑之处，而孟森先生独疑之。孟氏未见《清太祖朝老满文原档》，又以金梁《满洲老档秘录》不可信。然其所据《武皇帝实录》，实照抄《清太祖朝老满文原档》，唯文字稍异，不值得大做文章。而孟氏所持基本观念，即“明之惠于属夷者，以建州女真为最厚”。① 此论甚确，然以此判断“七大恨”真伪，似在思路上走入歧途。《清太祖朝老满文原档》开首即云：“我父祖未折皇帝边境一草，未损寸土。尼堪平白生事境外，杀我父祖。”是则以建州、明朝历来为与国，显然被孟森认为篡改史实。努尔哈赤父祖被明军误杀，确属事实，但李成梁讨伐建州部尼堪外兰一役，被说成境外无端生事，恐亦难为孟氏所接受。皇太极继位，与明朝文书亦多类列“七恨”，但语气颇有不同。于是孟氏对努尔哈赤起兵“七大恨”怀疑愈深。迨发现天聪四年（1630）皇太极在关内永平发布“七大恨”木榜之文，其开首则曰“我祖宗以来，为大明看边，忠顺有年”，“祖宗与南朝看边进贡，忠顺已久”。孟森认为符合历史真相，遂以此为最近真本。孟森虽明知努尔哈赤“七大恨”为出兵前夜告天之文，实于“告天”二字未加重视。就“七大恨”性质而言，无疑为一份战前动员令，由此决定努尔哈赤述事立场：必抹去建州曾隶属明朝之事实，必谴责明朝长期欺凌建州，已不配做天下共主，非如此不足以激发将士之斗志。倘如天聪四年之榜文所云，岂不是气未鼓而先已泄，如何举兵？后来乾隆弘历云：“我太祖高皇帝以七大恨告天，师直为壮，神戈所指，肇造鸿基，实自古创业者所莫及。”② 倒是能体会到历史实情。孟氏立论之逻辑，不啻因某人所言不实，遂将其说谎本身一并认为乌有。后来学者误信孟森之说，竟欲否定《清太祖朝老满文原档》，亦失之未加细考也。③ 关于天聪四年榜文之背景，详参拙文《皇太极入关之机缘与得失》，④ 此不赘。

如果说孟氏否定《武皇帝实录》“七大恨”是过于偏执，那么黄仁宇则完全无视告天之“七大恨”，唯注意努尔哈赤攻击抚顺得手之后传檄明朝之文。称其为“发布”，⑤ 固

① 前引《清太祖告天七大恨之真本研究》一文；并见孟森《明清史讲义》下册，第 372 页。

② 中国第一历史档案馆编《纂修四库全书档案》卷 352，上册，《谕内阁明人刘宗周等书只须删改无庸销毁》（乾隆四十一年），上海古籍出版社，1997 年标点本，第 553 页。

③ 见李洵、薛虹主编《清代全史》第 1 卷，第 116 页脚注。

④ 载拙著《定鼎中原之路·从皇太极入关到玄烨亲政》，三联书店，2018。

⑤ 〔英〕崔瑞德、〔美〕牟复礼编《剑桥中国明代史（1368—1644 年）》，杨品泉等译，1992，第 623 ~ 624 页。且云：“到了 1618 年，除了叶赫和海西外，努尔哈赤已并吞了所有的满族部落。”这是一个不应有的错误。明代史料常称哈达为海西，但此时哈达已不存。未见该书英文版，不知是否译文问题。并见黄仁宇《1619 年的辽东战役》，《明史研究论丛》1991 年第 2 期。

不为大错，但置于四月二十二日，即击溃明广宁总兵张承胤之次日，则不但时间有误，而且混淆版本。据《清太祖朝老满文原档》所载，二月间，努尔哈赤“七大恨”已具雏形，[①] 故四月十三日告天，必有文稿在先，绝非即兴口诉。《清太祖朝老满文原档》明言“告天的书中”，则仍当以此为最原始版本。

（二）明金之战是否不可避免

努尔哈赤以“七大恨”起兵，标志明金正式决裂，同时也宣告明朝以夷制夷彻底破产。

前文指出，不能联络蒙古及朵颜三卫以共同制驭建州，明朝已丧失掌控辽东局势之主导权。“西虏”不靖，即无法全力遏制建州。自万历三十五年努尔哈赤停贡以来，明朝开始警惕建州，随即予以限制和干预。但不论何种策略，若无相应实力相匹配，终不免失败。宋一韩、熊廷弼的分化孤立之“伐交”策略，不可谓不完善，然辽东久成溃散之势，军民逃亡不断，以敌国为乐土，又岂能指望对海西诸部招降纳叛？建州内部，努尔哈赤杀弟杀子，矛盾何等尖锐，又何曾加以利用。至于勘界立碑，早在三十七年，董应举已一语点明：“辽东破坏空虚之场，当此方张露角见爪之虏，不急自培养防护，训练振刷，乃急急立地界！彼以数块石头为安疆定国计耶？”[②] 此论与熊廷弼不以佃子一地而受其愚、“不治外而治内”正相合。四十二年第二次勘界，旨在直接阻止建州紧逼开原、北关，努尔哈赤虽被迫接受，但双方矛盾急遽恶化，努尔哈赤显露“反心”即始于此，也可以说此为其起兵之导火索。明朝于建州勾结“西虏”最为担忧，以加强开原、保护北关为“大机权”，而努尔哈赤首先攻击的却是抚顺、清河一带。起初张涛担心东边九百里防线，[③] 竟成谶语；翟凤翀以为“奴酋所最贪者，清、抚之市；而所最怕者，清、抚两处之捣巢”，[④] 恰为讽刺。

更关键的是，明廷之所以遏制建州，是以努尔哈赤图北关则必犯辽东为前提。此一判断是否准确？后来辽东失陷是否证明其预见性？抑或因此导致矛盾激化？进而言之，明朝对于建州，是否唯有遏制一途？这类问题很难简单作答，疆埸形势，强弱转化，不仅因时而变，而且当事者之主观意图或领土野心，亦是因互相刺激而逐渐发展的。历史研究只能根据基本事实加以判断，即后见之明。

明与建州关系进程中，有两个节点值得注意。

第一，努尔哈赤欲脱离明朝自立一国，虽迟至万历三十五年停贡方显露端倪，然

① 广禄、李学智译注《清太祖朝老满文原档》第1册《荒字老满文档册》，戊午年二月，汗说：“我与尼堪国有七大恨，小恨难举，欲征尼堪。”

② 《崇相集》书一《寄叶阁老书》，万历三十七年己酉。

③ 程开祜辑《筹辽硕画》卷2《揭为属夷家事互构事》：“北关为捝情挑激，在开原以喜事应承。”“以挑奴起戎。奴反北关之旅，直向开、辽，拼死横逞，开、辽其有幸乎？”

④ 《明神宗实录》卷524，四十二年九月壬戌。

其发轫则在数年以前。具体说为：二十九年吞并哈达；三十一年迁都赫图阿拉，随即与辽东勘地划界；三十四年李成梁放弃宽甸六堡七八百里之地。足见辽东对于建州已无力约束。即使明朝必须遏制建州，其可行性只存在于二十九年之前。迨努尔哈赤起兵，明朝方有人反思，然为时已晚。[①] 如前所述，辽东骤衰，是李成梁武功、东征之役以及矿税使造成的结果，亦因此成就了努尔哈赤。三十五年建州停贡之后，明廷欲遏制建州，唯有于辽东大量增兵增饷，或联络蒙古诸部。如果两者都做不到，只能适得其反，倒不如容忍建州立国，以求暂安。但这并不能成为指责遏制的理由，将辽东局势恶化归咎于此，惟倡其说者无力主导明朝的大政方针故也。

第二，努尔哈赤于四十三年对辽东使臣扬言不辞与明朝一战，其直接冲动，无疑是获悉辽东撤军。辽镇额兵虽不在其眼中，但三十七年以来明朝增兵辽东却使其心存顾忌。四十六年举兵，目标既非一直觊觎的北关，亦非北关后盾开原，即因开原兵力强于他处，未易得手。攻克抚顺三日后即撤离，并向明朝提出议和。即歼灭总兵张承胤所率援军，若以察哈尔图们汗揆之，亦不过相当于一次犯边。倘努尔哈赤全力进攻沈阳一带，未必不能得志。能进尺而只得寸，当然不能断言努尔哈赤抱负仅限于辽东边外立国，却反映其与明朝全面开战并无把握。明朝虽已腐朽，毕竟是大国，两次远征朝鲜，对日本虽无辉煌战功，而朝鲜经两军蹂躏，久久难以复振。建州是否经得起如此消耗，其得失与前途又将如何，努尔哈赤不会全无权衡。明朝本应充分估计并利用这一心理，在不能大举增兵辽东的情况下，委曲求全才是最为实际的选择。充实辽东防御，稳固人心，乃当下之急务。无奈明廷不能忍此羞辱，急于报复。迨十万大军一战而败，底蕴暴露无遗，努尔哈赤即顾忌大消。至于学者以为经萨尔浒一战，辽东亦无可能久存，此一判断能否成立，有待于对史实作更为细致的探讨。

（作者单位：中央民族大学）

① 程开祜辑《筹辽硕画》卷5《河南道御史卢谦题为奴酋有必剿之形经略抱议论之虑肯乞圣明申饬定画以正天讨事》："本朝于奴酋有定剿之机，而误于守养不剿之害，而至于今，非一日矣。毛怜、西海（海西）南关，皆我属夷，奴酋狡焉而灭其地，此当以问罪剿。三十五年明言犯抢，不肯进贡，倏退倏种，以地尝我，此又当以罪剿。而我皆以守之说，失于摧虺，酿于养痈，是已误也，而今岂再误乎！"后人回顾并不可靠，云万历三十五年有进剿之机，实在言过其实。

专题研究

后金进入长城沿线的方式新探

刘巳齐

摘　要： 1644 年清朝入关，顺利地控制长城沿线内外地区，其成功原因除了有军事上的优势外，还离不开在长城沿线多年的贸易经营。在入关之前，后金（清）采取了灵活的策略在长城沿线活动，与明朝边镇、蒙古诸部进行联络，开展贸易则主要集中于长城沿线明朝的宣府、大同等边镇。后金先后采取假冒蒙古人身份入市、利用蒙古诸部代为交易、与明朝边镇直接交易等方式，既获取了来自长城沿线内外地区的大量物资，满足在军事和生活方面的需求，又达到了进入长城沿线查探边情的目的。后金采取这种策略不仅扩充自身实力，而且还冲击了明朝在长城沿线的边备，逐渐突破明朝的长城防线。

关键词： 天聪时期　后金　长城沿线

明清易代之际，后金（清）多次突破明长城防线，最后成功入关，并很快地控制长城沿线内外地区。学界对“清朝入关”这一问题的研究，多数将其纳入政治史、军事史的范畴进行考察。[①] 基于以大众为阅读主体的历史书写，也普遍将清入关前后在长城沿线取得的胜利，归因于其军事上的优势。但在入关前进入长城沿线的方式，后金（清）并非全靠军事手段，而是还采取了相当灵活的贸易方式，所差遣之人进入长城沿线后，与蒙古诸部、明朝边镇多有接触。因为贸易渗透相较于军事手段更为有效，所能获取的利益也更多。[②] 学界既有研究已关注到当时作为边境地带的长城沿线，不是贫穷落后的地区，而是财富集中的地方。[③] 在当时长城沿线地区，先后出现了多处边镇市

① 本文系 2023 年度广西高校中青年教师科研基础能力提升项目“明代辽东马市与女真社会变迁”（编号：2023KY0039）的阶段性成果。相关研究参见：关文发《试论我国古代的民族关系和清兵入关战争的性质——兼评“统一战争”说》，《武汉大学学报》（社会科学版）1986 年第 1 期；孙文良、李治亭、邱莲梅《明清战争史略》，辽宁人民出版社，1986；袁良义《清兵入关的历史功绩——为纪念清兵入关 350 周年而作》，《史学集刊》1994 年第 4 期；孙文良主编《清兵入关与中国社会：中国第七届全国暨国际清史学术讨论会论文集》，辽宁人民出版社，1996；朱诚如、白文煜主编《清朝前史》第 5 卷，辽宁师范大学出版社，2016。

② 〔日〕上田信：《海与帝国：明清时代》，高莹莹译，广西师范大学出版社，2014，第 22 页。

③ 〔日〕岸本美绪：《“后十六世纪问题”与清朝》，《清史研究》2005 年第 2 期。

场，其中以辽东、宣府、大同市场最为活跃，促进长城内外地区社会经济的发展。[①] 但当前研究少有将该背景与清朝的兴起密切联系在一起。后金建立之初，其社会经济发展受此前女真部族时期渔猎生产生活方式的影响，交换经济成为其社会发展的主要动力。[②] 因此，长城沿线的贸易吸引了后金。后金通过参与长城沿线的贸易，进一步强化自身在长城沿线地区的政治、军事存在。综观以往研究，虽有部分研究成果涉及清入关前参与长城沿线贸易的问题，但主要围绕后金（清）获取经济利益多寡、经济发展、城市商贸区位等问题展开讨论，[③] 鲜少谈及清入关前采取的以贸易方式进入长城沿线的多样化策略，因而有进一步深入考察的必要。本文就清入关前的天聪时期后金参与长城沿线宣大边市的情况进行考察，探究后金是如何进入长城沿线地区获取资源，分析后金、明朝、蒙古三方的利益关联问题，还原清入关前采取的突破明朝长城防线的非军事手段，揭示后金经略长城沿线的灵活策略。

一 后金易换身份进入长城沿线贸易

努尔哈赤建立后金初期，为了能够争取更多的生存空间，便与明朝、蒙古察哈尔部之间围绕辽西的市利、生活及军需资源展开激烈的争夺，[④] 并一路西进，直逼长城沿线。然而在天命十一年（1626）正月，努尔哈赤进攻辽西宁远城失败，“自起兵以来，征讨诸处，战无不捷，攻无不克，惟宁远一城不下”[⑤]，后金西进势头随即放缓。皇太极即位后，于天聪元年（1627）九月，试图再次西进，与蒙古察哈尔部决战，后金“领十五万骑往西獭，西獭清野。及至都城，出兵拒战，奴兵连日大败，退屯请和”[⑥]。由于蒙古察哈尔部坚壁清野，后金很难在西进沿途获取有效补给，物资供应得不到保障，西进只能作罢。

后金西进受挫，主要原因之一是实际的物资供应无法满足即时的军需消耗，虽然

① 相关研究参见：余同元《明后期长城沿线的民族贸易市场》，《历史研究》1995 年第 5 期；曹永年《〈明后期长城沿线的民族贸易市场〉考误》，《历史研究》1996 年第 3 期；祁美琴、李立璞《明后期清前期长城沿线民族贸易市场的生长及其变化》，《西域研究》2008 年第 3 期。

② 相关研究参见：管东贵《满族入关前的文化发展对他们后来汉化的影响》，《中央研究院历史语言研究所集刊》第 40 本上册，1968；杨余练《明代后期的辽东马市与女真族的兴起》，《民族研究》1980 年第 5 期；栾凡《一种文化边缘地带的特有经济类型剖析——明代女真族的多元经济研究》，东北师范大学出版社，1999，第 10 ~ 11 页；栾凡《敕书、朝贡、马市—明代女真经济的发展契机》，《哈尔滨师范大学社会科学学报》2011 年第 2 期；朱诚如、白文煜主编《清朝前史》第 1 卷，第 199 页。

③ 相关研究参见：袁森坡《论清代前期的北疆贸易》，《中国经济史研究》1990 年第 2 期；戚福康《皇太极统治时期（1627—1644）后金（清）与周边贸易之研究》，《吉林师范学院学报》1997 年第 6 期；达力扎布《17 世纪上半叶喀尔喀与明朝的短暂贸易》，《清史研究》2011 年第 2 期；牛淑贞《明末归化城商贸地位的形成及其发展》，《内蒙古大学学报》（哲学社会科学版）2013 年第 4 期。

④ 滕绍箴：《浅论明代女真与蒙古关系演变中的经济问题》，《辽宁师范大学学报》1986 年第 2 期。

⑤ 《清太祖高皇帝实录》卷 10，天命十一年二月壬午。

⑥ （古代朝鲜）赵庆男：《乱中杂录》卷 6，潘喆等编《清入关前史料选辑》第 3 辑，中国人民大学出版社，1991，第 316 页。

有朝鲜物资输入，但不能解决根本问题。天聪二年（1628）正月，皇太极派参将英俄尔岱去朝鲜借粮，赍书言："我国不必借粮于尔国，只缘近日蒙古人民尽为归顺，因借粮饷，欲为赈救之计。"① 由此可见，当时后金在东北本部的物资供应已达到上限，对外征伐的扩大与既有的经济发展水平不同步。因此，后金想要解决西进的物资供应问题，就需要在明、蒙互市活跃的长城沿线地区寻找解决办法。

对于长城沿线物资的获取方式，后金方面早就意识到，掠夺只是下策，并不能给后金带来长期稳定的收益，若想长期稳定地保持对上述地区物资的获取，还是要通过贸易方式。而此时后金已经与蒙古察哈尔部、明朝处于敌对状态，进行正常的贸易往来已不可能。天聪二年八月，有官员向皇太极建议，利用民间私商与蒙古、明朝贸易，这可以省去政治、军事成本，规避风险：

> 今之所谓奸细与古之所谓奸细者不同，古之奸细探我阴谋，伺我机事……今日之奸细不过贫民盈利而已……况奸细贬货，实便我国，胡不将计就计以为之，涂近价廉，诸物可致，何必劳人马，涉险阻，而远交西夷乎？西夷以南朝货物，抽我国膏髓，我国以有限财物，填彼无穷溪壑，未必不为失计也。此不可交者一也。又况西夷货物，取之南朝，未必不输情于南朝，或我国之人买货到彼，西夷露信南朝，要劫事或有之。再不然，南朝知觉，诱西夷头目执而索之，是又不可，必其无者，此不可交者二也……我国制造什物极其精工，或费至三五百金以易西夷一马，亦非计之善也，以之示威，固不能以之炫奇，又无益祗足，以授之式耳，此不可交者三也。如欲得西夷马匹，胡不以参斤诸物易之耶？今之反叛亦与古昔不同，不过见事局未定，眼前图蝇头之利，局变图安身之所耳，欲杜反侧，自有妙术静夜思之计，自得之矣。每见南朝遣一亡命持货到此，若得生还，则获利数倍，若遇捉拿，则勾杀数命，今日所捉之奸细，尽我国向日之良民。②

在这份无署名的奏本中，反复提到的"奸细"即游走于各地的民间私商，关内关外长期的战乱环境和四处经商的经历，使他们早已无国家、无正统王朝的归属感，对于他们来说，只要有商利存在，就甘愿铤而走险。对于后金来说，任用私商交易主要有三大便利：第一，从蒙古诸部获取内地货物的成本较高，而通过这些私商，可以省去官方对运输货物的人力、财力支出成本；第二，蒙古诸部时常与明朝暗通，会出现明朝中途截击商队的现象，而任用私商可以减少这类现象；第三，有些"奸细"则是明朝官府缉拿之人，后金为其提供安身之所，其必感激，甘愿为后金效力。此类私商在辽

① （古代朝鲜）赵庆男：《乱中杂录》卷6，潘喆等编《清入关前史料选辑》第3辑，第316页。

② 《天聪二年奏本》（无姓名，天聪二年八月），中研院历史语言研究所编《明清史料》甲编第1本，商务印书馆，1936，第49～50页。

东十分活跃，如当年十一月，镶红旗备御祝世胤奏称，在海州城“拿获奸细二十五名，捕获青蓝白布三百九十六匹，衣服、纸章、绸缎等物”①。可以看到，此类“奸细”多是携带有大量商货在辽东地区贩卖，但是这种物资获取方式并不为后金直接控制，一旦出现价格纠纷，势必影响后金的物资供应体系，因此，皇太极为了获取长城沿线流转的物资，开始遣人假冒蒙古人身份进入明蒙边境，尝试与明朝直接贸易。

天聪三年（明崇祯二年，1629）六月，明朝兵科给事中宋鸣梧称：“闻奴孽以荒饥为名，假西夷市米高台堡……种种叵测，无非欲因粮中国。”② 可见当时后金的粮食缺口很大，自身无法满足实际需求，不得已假冒蒙古人身份，在边境上向明朝采买粮食，此方式一举两得，既可以与明朝交易获取粮食，又能够以商队为掩护潜入明边，刺探边情。后金时常利用假蒙古人身份并混入蒙古队伍中进入内地打探军情和商业信息，如天聪六年（明崇祯五年，1632）十月，永平府迁安县知县任明道称：“捉获奸细夷人阿来太……亲审来夷称：东达子来收西达子，将本夷头目有马三十余匹，亦被骑去，及差本夷从曹家寨进口看路……入口内打探中国兵马多少……至蓟州，在蓟州买大帽一顶，青褂子一件，穿戴打扮作食粮家丁，所以人不认识。”③ 后金采取这种办法为此后获取物资和军事进攻提供情报支持。这种假冒蒙古人身份与明朝在边境互市的方式，开始时只是作为一种应急手段使用，此后逐渐常态化。

当时蒙古诸部与明朝的正常边境互市，主要集中于长城沿线的宣府、大同二镇，皇太极便派商队扮成蒙古人进入宣大贸易。如曾任明廷监视宣府的御马监太监王坤称：“奴从西虏马市上透贩绸布，复带西虏衣服往宣大马市做买卖……假扮西虏至宣大市易……宣镇设有独石、张家二口，马市通衢，别无孔道。”④ 后金之所以选择进入宣大贸易，是因为早在明嘉万时期，“宣、大、张家等市口，九边大马市也”⑤，其市场上流通的布匹种类齐全，来自江南的布商在当地开设各具特色的店铺，时“先年大市中，贾店鳞比，各有名称如云，南京罗叚铺、苏杭罗叚铺、潞州绸铺、泽州帕铺、临清布帛铺、绒线铺、杂货铺、各行交易铺，沿长四五里许，贾皆争居之”⑥。宣大成为北边布货最集中的地方，这一地区的市利被皇太极看中，但由于后金尚未控制这里，只能假冒蒙古人身份参与交易。随着这种贸易方式的频繁采用，明朝逐渐发现这个问题，对来边贸易的蒙古人之身份产生怀疑，认为多为后金人假扮。如在天聪八年（明崇祯

① 《厢边红旗备御祝世胤奏本》，中研院历史语言研究所编《明清史料》甲编第1本，第51页。

② 《兵科给事中宋鸣梧题本》，中研院历史语言研究所编《明清史料》甲编第8本，第723页。

③ 《兵部尚书臣张凤翼等谨题为捉获奸细真夷事》，古籍影印室辑《明清内阁大库史料合编》第5册，国家图书馆出版社，2009，第506～508页。

④ 《监视宣镇御马监太监王坤为遵查独石张家二口未有西虏求乞贸易事题本》，崇祯七年七月初一日，中国第一历史档案馆、辽宁省档案馆编《中国明朝档案总汇》第16册，广西师范大学出版社，2001，第359～360页。

⑤ （明）陈子龙辑《明经世文编》卷481《熊廷弼与阎副宪海道买马宣大》，中华书局，1962，第5298页。

⑥ （嘉靖）《宣府镇志》卷20《风俗考·政化纪略》。

七年，1634）十月，王坤据禀报：“有夷人八名，俱带弓箭，骑马七匹、骡一头到于市口墙下……说要做买卖，其余夷人三百名，他丢在后边……据此可疑，暂停转报，卑职未敢凭信狡夷之口真来讨做买卖，多是奴酋从西边调来夷人。”① 明朝官员怀疑这些人是已经臣服于后金的蒙古人，他们先行到达张家口，替后金打探边情，真正的后金商队尾随其后。

综上所述，后金假冒蒙古人身份进入长城沿线参与贸易的方式为：先以小股蒙古人抵边探查，在无异常情况后，假冒蒙古人身份的后金商队便陆续抵达，进入内地进行贸易。虽然明朝官员多有发现这类现象，但是对于后金的渗透仍是防不胜防。后金假冒蒙古人身份的商队是如何组织的？在时任明朝辽东巡抚方一藻的塘报中可知一二：“细审虏中情形，据供，（崇祯十年）闰四月内，东奴将每牛鹿（录）下挑选达子八九名，驮载货物，从黄毛达子（即蒙古兀良哈部）家远远转去，还说带些西夷同去；又说比往时犯抢所走的路多，走月余，驮载货物，恐天朝哨见杀夺；又供称扮作西夷模样，到张家口去假装做买卖，相机窃犯。”② 据此可知，后金假冒蒙古人身份的商队以八旗为主力，每旗各牛录下派出数人参与，商队在辽东完成集结后，携带货物途经已控制的辽西蒙古地区，然后重新编队，加入部分蒙古人，全部换成蒙古人装扮，再前往长城沿线的宣大地界贸易。通过方一藻的这份塘报可知，明朝一些官员是知道后金的这些行动的，但无法阻止其贸易行为，很可能是部分边镇官员也涉及其中，若禁止长城沿线的互市，其阻力会很大，这也为后金人员进入长城沿线提供了较多的机会。

二　后金参与宣府沿线私贸之网络

自16世纪后期开始，长城沿线的明朝边镇，多参与到与蒙古诸部、女真诸部的边境走私贸易之中，即使处在明金（清）战争前线的辽东，仍有边镇官员为一己私利与后金（清）私贸。明崇祯二年（后金天聪三年）二月，明朝吏科都给事中沈惟炳等疏言：“原任辽东督师兵部尚书王之臣，才足济奸，贪而且媚，以拾遗而反留用，一时中旨惊人……其委李光禄、张习诗之市抚赏也，每万止发八千，猫鼠莫问；其遣施喇嘛、颇希牧之通外国也，每行必收贿赂。”③ 其中施喇嘛、颇希牧更是“出口互市，而貂参所入，不胜计矣”④。辽东地区是如此，长城沿线也不例外。

以宣府为例，如在明崇祯五年（后金天聪六年，1632）九月，巡视宣府的右佥都御史马士英题称：“臣前纠抚夷守备赵承恩、赵云凤，止悉其通夷黩货之奸耳。既而查

① 《监视宣镇御马太监王坤为夷人来张家口请求贸易事题本》，崇祯七年十月十六日，中国第一历史档案馆、辽宁省档案馆编《中国明朝档案总汇》第18册，第33页。

② 《兵部为辽东巡抚塘报夷情并宣大总督巡阅城镇事行稿》，崇祯十年六月初六日，中国第一历史档案馆、辽宁省档案馆编《中国明朝档案总汇》第24册，第110～111页。

③ 《崇祯长编》卷18，崇祯二年二月乙巳。

④ 《崇祯长编》卷18，崇祯二年二月乙卯。

知张家口历年辽赏，皆二奸经管，虚冒不赀。其最可骇者，今岁春间，插夷田笔写气等具禀抚道诸臣，谓抚夷总兵王世忠欠其辽赏三季，分毫未给，呶呶不已。而世忠以为已给，插夷愤恨不服，遂有大白阳堡之事，掠我牲畜，杀我军民，为祸最酷。"① 马士英提到宣府守备官员与夷人通货，结合时间背景，"夷人"应该指的是后金及已归附的蒙古部落。当时北边的蒙古察哈尔部与明朝之间，因为不是敌对关系，所以不需要私下交易，反倒是与后金及归附其的一些蒙古部落，与明朝处于敌对状态，明朝边镇官员与后金需要私下贸易。负责抚赏蒙古察哈尔部的宣府守备官员赵承恩、赵云凤二人，将抚赏银两用于他处，令没有得到实惠的察哈尔部大为不满，随即犯边。察哈尔部所进犯的大白阳堡，位于张家口西北处，而张家口是宣府的重要商业据点，其附近的边境市场自明中期开始就十分活跃，至崇祯时，"在口军民并四方商贾人等，止知张家市口原为汉夷往来互市集场，各图小利，争将缎布等货与夷隔墙□悬换卖"②。这也是吸引后金、蒙古诸部积极前来贸易的原因。

当时宣府以抚夷总兵王世忠为首的一些官员贪图后金的貂皮、镠金货物，纷纷在张家口市场用布匹、绸缎等物与后金交易，这一情况被监视宣府的御马监太监王坤掌握，他于崇祯五年（后金天聪六年，1632）八月奏称：

> 自逆奴犯宣，至云中事体，臣不敢复赘，惟自言所属地方，则张家口来远堡，从来设立市口，天下第一冲烦，非今日始也。四方商贾云集，慕羶［膻］而取利，亦非今日，皆六七十年之积弊也……逆奴厚贿买货，而人人贪贿忘义，不知国法森严。违禁取利者，抚夷总兵王世忠下旗鼓王自新买貂鼠皮袄一件；世忠下家人李五买貂鼠皮褂一件，又买镠金鞍子二面、镠金撒袋一副；世忠自买镠金鞍子一面、貂鼠皮袄数件；抚臣标下中军韩嗣增买狐皮褂一件，以上俱用琥珀、段布换……都司赵云凤买金锃带一根，用紬子换，又买猞利猻褂一件，用琥珀段子换；都司赵承恩买貂鼠皮袄一件，用琥珀段子换。③

可以看到，明朝边镇官员为了貂皮等珍稀物产之利，他们不惜花费重金、实物与后金交易，欺上纵下。如此一来，后金既赚取了钱财又补充了生活物资，还间接腐化了明朝边镇的官僚系统，使其只为商利，轻视边备，渐渐削弱明朝在长城沿线的边防体系。

① 《兵部为请敕严究经手辽赏之抚夷守备赵丞恩等二臣并有旨事行稿》，崇祯五年九月初五日，中国第一历史档案馆、辽宁省档案馆编《中国明朝档案总汇》第13册，第198~199页。

② 《监视宣镇御马监太监王坤为纠查犯官甄祥等嗜利通夷事题本》，崇祯六年三月十九日，中国第一历史档案馆、辽宁省档案馆编《中国明朝档案总汇》第13册，第459页。

③ 《兵科抄出宣镇监视王坤题本》，中研院历史语言研究所编《明清史料》辛编上册，中华书局，1987，第184页。

宣府官员的私下参与，直接扩大了边境客商与后金、蒙古的贸易规模，时任直隶巡按胡志藩直接言明赵承恩、赵云凤等人的问题："所犯系通夷交易，今转入商人之手，明为开脱之地，而抚赏情弊并无一言……况奴、虏既已连合，东西均属逆党，当其拥众来边外，岂守口吃赏者，比而猶执往日讲□之名，指□昔认识之实，□然遒故略无提防，且纵令纷纷贸易，而莫知禁也……赵承恩、赵云凤嗜利逐羶［膻］，踈防蔑法，任其百口支吾，终难免汉人结夷，私相贸易。"① 在胡志藩看来，蒙古与后金已逐渐联合，两方对于明朝来说都是敌人，即使蒙古部落前来边境讨赏，也是资敌行为，但是边境官员却不提防，反而参与其中，边境贸易无法禁止，这势必会造成更多内地商人前来与后金、蒙古私相贸易。

宣府边外的后金、明、蒙古多方边境贸易的发展，直接扩大了后金、蒙古对内地货物的需求，但是内地商人携带来的货物数量有限，后金、蒙古诸部便试图进入内地直接采买。限于当时的局势，大量后金、蒙古人进入内地后，势必会引起不必要的麻烦，便提出让人代为采买。然而这种方式并非普通人可为，只有拥有特权之人才可做到，在宣府上下，符合该条件的只有边镇官员及军士，他们大多通过家丁来帮后金、蒙古采买货物。宣府监视太监王坤曾揭发多起此类案件，如在崇祯七年（后金天聪八年），宣府东路永宁参将张国威的家丁傻郭三、李天亮经常活跃于长城内外，为蒙古人采买茶叶、布匹等货。他们收受蒙古人的银两，每月买茶有五六十包，一年有六七百包；每月又夹带买布十一二匹，一年有一百三四十匹。又如延庆黑汗岭哨官李恺等五人，在边外收受蒙古人银两一百七十两，代买布匹，五人在延庆曹家铺买布一百匹，每匹用银四钱，共用银四十两，其余银一百三十两被五人均分，然后每人各携布二十匹，在永宁靖胡堡秘密与蒙古人交接。② 上述案件中，蒙古部落首领出银，宣府边将的家丁通过帮助他们代买内地的茶叶、布匹，以赚取差价。这些明将家丁采买茶叶、布匹的实际支出不过几十两，剩余的银两都被私分。如此大的暴利，使得一些边镇官员、将领纷纷参与到这种代购之中。这种采买方式是受当时时局所限而产生的，是一种非正常的交易形式，但短期内产生的收益巨大。长城沿线的明朝边镇与蒙古、后金的私贸，始终无法禁止，究其原因，多有来自把持既有利益的边镇官员、将领方面的阻力。对于边外的后金、蒙古来说，这种采买方式并未占到太多利益，蒙古喀喇沁部曾致书皇太极，言明与明朝交易的不公平。喀喇沁部布迪桑、贵英二人谨呈："汗曾降旨，如能（与明国）进行贸易不是很好吗？汗的旨令正确。但是明人愿意（贸易）时就公平卖给你。如不愿意时，就不公平卖给你，怎么办？汗是君子，你知道有

① 《内有会同巡按御史胡志藩合词具题残件》，中研院历史语言研究所编《明清史料》辛编上册，第196、第198页。

② 《兵部等部题行兵科抄出宣大巡按梁云构题稿》，中研院历史语言研究所编《明清史料》丁编第6本，国家图书馆出版社，2008，第414～415页。

无欺蒙之蔽。”① 皇太极也深知找明人代为采买的弊端，但此种方式有助于加强与长城沿线地区人员的联系，便于在长城沿线进行下一步活动。

三　后金与宣府、大同间的商利关联

皇太极前期，为了获取长城沿线流转的物资，先后采取委派蒙古部落与明朝边镇贸易，派遣八旗商队假冒蒙古人身份与明朝边镇贸易，以及找明人代为采买等方式，参与长城沿线的走私贸易，并深入蒙古诸部在长城沿线的传统市利地区。在这一过程中，后金先后与一些明朝边镇官员、将领发展商贸关系，私下建立起利益联系。此后，大同地区一些官员也加入其中，这为后金此后在长城沿线公开活动奠定了基础。

后金通过长城沿线的走私贸易逐渐腐化了明朝在宣大地区的官僚系统，分化了宣大两镇官员，使部分宣大官员对后金的防备态度发生转变。至天聪六年，一些宣大官员试图将同后金的贸易公开化，各方开始派专人在张家口等地接触。当年六月，皇太极率军抵达宣大府边外，试图与宣大地方谈判，索要宣大每年抚赏蒙古察哈尔等部的财物。六月十三日，皇太极遣镶红旗官员库尔缠进大同德胜堡，遣正蓝旗官员爱巴礼进宣府张家口，各赍书二函，诣在与大同和宣府各处官员议和，其书曰：

> 议和之事，详载别书。向者该山西路一带各边口财物，乃均由格根汗布彦黄台吉属下部民收取。当格根汗布彦黄台吉部落被察哈尔征服后，其给与格根汗布彦黄台吉之财物为察哈尔所得。今我已将察哈尔逐走，理应以给察哈尔之财物与我。察哈尔为边外之国，我亦系边外之国，且我军既远道而来，岂能令其徒手而归耶？我亦甚为劳苦，将何以赏我军耶？财物无论谁所有，终为赏赐之物。勿以财物误议和之事。尔此地之人，与我素无仇隙。我唯与辽东人为敌耳。与尔等何干？我两国之好，惟尔等说合可也！②

致书内容提及原属于察哈尔部的抚赏财物的归属问题。在皇太极看来，明朝的抚赏是针对长城以北特定地区的，谁控制当地，抚赏财物就应该交予谁。此前此地由察哈尔部控制，如今察哈尔已被后金驱赶，那么抚赏财物理应给予后金。从皇太极的致书来看，他做有两手准备：一是如果远道而来无法通过和平方式获取一定的物资，且又不能空手而归，那么只有通过战争的方式来解决；二是他又强调不想与宣大军镇为敌，

---

① 《满蒙关系史相关文书·喀喇沁布迪桑为奏报其处境而致天聪汗文书》（档案号：08－01－48），《十七世纪前半期蒙古文文书档案汉译》第1部，收录于希都日古编译《清内秘书院蒙古文档案汇编汉译》，社会科学文献出版社，2015，第397页。

② 中国第一历史档案馆、中国社会科学院历史研究所译注《满文老档》（下），天聪六年六月十三日，中华书局，1990，第1299页。

他表示："我今开诚相告，惟愿两国和好，戢兵息战，兆庶敉宁，财货丰足，互相贸易，各安耕猎，以乐太平。"[①] 有研究认为皇太极当时并无伐明之意，只因蒙古察哈尔部西迁，追之无益，只能就地征明获取财物。[②] 在皇太极致书后，一些宣大官员从地方利益和自己私利的角度考量，领会到皇太极的用意，他们开始用实际行动回应皇太极的要求。

六月十六日，大同德胜堡官员率先遣通官一员、千总一员，率领二十七人进入皇太极大帐，并献有牛、羊、缎、茶叶、烟叶、面、白糖、冰糖、葡萄、麦面、枣、稻米、烧酒、黄酒、奶油等物，皇太极悉数收纳，对来访的德胜堡官员予以回赐，[③] 这是宣大地方主动与后金示好的开端。当月二十二日，据贝勒阿济格报称，明朝张家口官员将原来抚赏察哈尔部的财物，悉数给予后金，并请求互相通商，给财物数目共计：缎四千三百八十五匹，佛头青布及布二千四百三十匹，褐子十二匹，水獭皮四千七百九十三张，狐狸皮四百九十五张，虎皮七十九张，豹皮九张，毛毯二百七十张，红毡五十张。至二十三日，阿济格又报，宣府地方遣人携带货物到张家口边门与后金贸易。[④] 可见后金与明朝宣大地方的公开互市，是各方共同促成的结果。见明宣大地方有互市通商之意后，皇太极于二十四日遣镶蓝旗将领巴都里率每旗大臣一员，并尽携诸贝勒、大臣的银两前往张家口贸易。[⑤] 当日的主要贸易中大宗货物为蟒缎，为此，皇太极还专门比较辽东和张家口当地的蟒缎价格。后金在辽东起兵之前，辽东市场上的蟒缎，多由蒙古地区转运而至，一匹蟒缎的价格仅为四五两；自起兵后，辽东与塞北的贸易通道一度中断，这使得后金境内一匹蟒缎的价格高达"银百五十两"[⑥]。而当时通过与明朝宣府官方在张家口互市，仅花费五六两就可获取一匹蟒缎，[⑦] 这对于后金来说是很合算的。张家口公开互市后，皇太极又"遣归降蒙古嫩特木尔属下人中有银两者，命叶努率领往张家口贸易"[⑧]。至此，皇太极通过与宣大的公开贸易，打通了辽东至关内的贸易通道，方便人员出入长城沿线，为后金日后突破明朝在长城沿线的边备提供了便利。

---

① 《清太宗实录》卷12，天聪六年六月己卯。

② 姚念慈：《定鼎中原之路：从皇太极入关到玄烨亲政》，生活·读书·新知三联书店，2018，第144页。

③ 中国第一历史档案馆、中国社会科学院历史研究所译注《满文老档》（下），天聪六年六月十六至十七日，第1301页。

④ 中国第一历史档案馆、中国社会科学院历史研究所译注《满文老档》（下），天聪六年六月二十二至二十三日，第1302页。

⑤ 中国第一历史档案馆、中国社会科学院历史研究所译注《满文老档》（下），天聪六年六月二十四日，第1303页。

⑥ 《清太宗实录》卷3，天聪元年六月戊午。

⑦ 中国第一历史档案馆、中国社会科学院历史研究所译注《满文老档》（下），天聪六年六月二十四日，第1303页。

⑧ 中国第一历史档案馆、中国社会科学院历史研究所译注《满文老档》（下），天聪六年六月二十四日，第1304页。

宣府方面于六月二十七日，派遣张家口黄官寿等二通官、二守备，率十一人，随同先前遣往张家口之库尔缠巴克什、卫寨桑、罗硕等去叩见皇太极，并携牛、羊、梨、李子、枣、茶叶、稻米、麦面、烧酒、黄酒等食物献于皇太极。[①] 这表明明朝宣府官方对与后金互市交易所持的态度。当时皇太极“领兵诸贝勒、大臣左右列，侍令二守备、二通官进见”[②]。在双方行完礼节后，互市随即展开，后金方面将此次互市称为“大市”，当时“满洲人、汉人大市于张家口”[③]。可见这次互市具有十分重要的意义，它开启了后金、明朝双方在长城沿线互市的新局面。此时，宣府地方也有意和后金在政治、军事层面上议和。

六月二十八日，时“明宣府沈巡抚、董总兵（即宣府巡抚沈棨、总兵董继舒）身任讲和，与我国约盟……明以和好礼成，赍黄金五十两、白金五百两、蟒缎五百匹、毛青布一千匹来献”[④]。这意味着由宣府巡抚沈棨、总兵董继舒所代表的宣府官方，主动与后金议和，双方在当天誓告天地曰：“大明国、满洲国，我两国皆欲修好，和睦相处。故刑白马乌牛，誓告天地。若大明先渝盟，则天地谴之，统绝国亡。若满洲先渝盟，则天地谴之，统绝国亡。两国若遵守誓告天地之言，和睦相处，则天地眷祐，至世世子孙，永享太平。”[⑤] 此次议和，使后金成功地用贸易方式撕开了明朝的长城防线，可以轻易绕开明朝重兵防守的辽东、蓟镇，为此后多次经宣府入关攻伐创造了条件。[⑥] 议和之余，后金还在张家口大市所获甚多：其中蟒缎、倭缎、缎、葛布、佛头青布各有数千匹，毡毯数百匹，水獭皮、狐皮、豹皮、虎皮共数千张。[⑦] 皇太极将其在张家口所得财物，分为五份，一份赏赐给随行的蒙古部落，剩下四份则俱赏予领兵诸将。[⑧] 对于后金从张家口大市中获利颇丰一事，相关研究认为，当时张家口是最大的官方贸易市场，[⑨] 后金通过上述办法，不仅成功地将其利益获取与宣大边镇捆绑在一起，而且还有效避免了在长城沿线上同明朝边镇进行军事对抗。

---

① 中国第一历史档案馆、中国社会科学院历史研究所译注《满文老档》（下），天聪六年六月二十七日，第1304页。

② 《清太宗实录》卷23，天聪六年六月癸巳。

③ 中国第一历史档案馆、中国社会科学院历史研究所译注《满文老档》（下），天聪六年六月二十七日，第1305页。

④ 《满洲秘档·沈巡抚约盟讲和》，沈云龙主编《近代中国史料丛刊》第101册，文海出版社（台北），1966，第182页。

⑤ 中国第一历史档案馆、中国社会科学院历史研究所译注《满文老档》（下），天聪六年六月二十八日，第1306页。

⑥ 在1644年清军从山海关全面入关之前，有数次从宣府进关的活动，参见李治亭《论清（后金）五次入关及其战略思想》，载《微言集：明清史考辨》，辽宁民族出版社，2012，第170~184页。

⑦ 中国第一历史档案馆、中国社会科学院历史研究所译注《满文老档》（下），天聪六年六月三十日，第1316页。

⑧ 中国第一历史档案馆、中国社会科学院历史研究所译注《满文老档》（下），天聪六年六月二十九日，第1306~1313页。

⑨ 祁美琴、李立璞：《明后期清前期长城沿线民族贸易市场的生长及其变化》，《西域研究》2008年第3期。

后金与宣大地方的贸易公开化后，消息便传到了明廷稽查官员那里。当年七月，监视宣府太监王坤，“闻建州挟五六万骑薄宣府”①，将宣府地方私与后金贸易、议和之事上报明廷，刑科给事中赵东曦上言：“顷以宣塞私和，皇上赫然震怒，逮巡抚沈棨。”② 崇祯皇帝将宣府巡抚沈棨逮捕下狱后，派马士英继任宣府巡抚，马士英一到任，便纠劾宣府抚赏官员赵承恩、赵云凤等人，指责他们“止悉其通夷黩货之奸耳，既而查知张家口历年辽赏皆二奸经管，虚冒不赀”③。如此一来，明廷将宣府与后金有贸易往来的主要官员问责，后金在宣府的贸易经营一度遭受重创。与后金议和的宣府主要官员虽被问责，但一些底层官员仍与后金有着私贸联系。明朝虽然加强了在宣大地区的戒备，但后金对当地的情况已了如指掌，时刻渗透，且有大量蒙古部落归顺后金并为其所用，这使得明朝在对后金进行提防的同时，也须对蒙古诸部采取戒备措施，增加了明朝边防的负担。

虽然后金与宣府官方上层的直接贸易往来中断，但与宣大一些边堡仍保持着私下贸易关系。后金此后越过长城沿线入关时，有意绕开这些边堡，不予袭扰。如天聪九年（明崇祯八年，1635）八月，后金就与大同沙河堡在当地互市，不犯其城。时后金致书大同沙河堡参将曰：“我汗来征察哈尔时，尔不匿察哈尔财务，悉数献出。故我汗进兵尔大同、宣府等地时，虏掠各地，独尔沙河堡无犯。此番师行，我汗又命勿犯尔沙河堡，遂未侵犯，今可以货物互市。”沙河堡参将不胜喜悦，曰：“我视尔主与我主无异。蒙汗两次不杀我沙河堡之恩，无以为报。于是，献五爪龙金花缎一匹，以备汗御屏之用，并出货物互市。于是，满洲军四贝勒以获玉玺，兵入大同、山西一带。”④ 据此可知，清入关前对长城沿线的开拓并非全部以攻城略地的军事方式，对于愿意与其通商贸易的边堡，皇太极都会专门叮嘱手下将领切勿袭扰，互通贸易则双方相安无事，后金（清）既可以不战而驱入关内，避免了军事、财力上的损失，又能以当地为物资补给站，获取想要的内地物资。

从大同沙河堡将领的表述内容来看，对于他们来说，保护好本地利益，即是最大目标，无论是尊奉崇祯皇帝还是皇太极为主，都只是一个形式，与后金（清）互市，也能给自身带来好处。此种方式也日渐成为后金（清）征抚长城沿线明朝边城的一种策略。如在崇德三年（明崇祯十一年，1638）九月，清军进攻蓟镇，大军在海龙城抓获一名汉人逻卒。问之，此人答称与镶黄旗将领班第相识。班第言：“此汉人与我等相

---

① 《明史纪事本末补遗》卷 3《插汉寇边》，中华书局，1977，第 1444 页。

② 《崇祯长编》卷 62，崇祯五年八月乙亥。

③ 《兵部为请敕严究经手辽赏之抚夷守备赵承恩等二臣并有旨事行稿》，崇祯五年九月初五日，中国第一历史档案馆、辽宁省档案馆编《中国明朝档案总汇》第 13 册，第 198～199 页。

④ 中国第一历史档案馆：《清初内国史院满文档案译编》（上），天聪九年八月二十六日，光明日报出版社，1989，第 188 页。

善，实是明国守备遣来贸易者，与我相识。”[①] 而后又云：“长城边以内乃尔大明之地，边外系大清国之地，乃入我地而杀之耳。因令尔等好好贸易，故我大清国之军于先年进边时，直入昌平，今又避开尔之边门，而入墙子岭口，亦不过因与尔关上贸易相好之故。岂以尔关为险阻难攻而不入乎?”[②] 据此可知，清军在突破长城沿线进关征伐时，有意不去攻打一些明朝边堡，就因为双方长期保有贸易关系，故意避开。长城沿线的一些明朝边堡与后金（清）有着密切的商贸利益关系，有的甚至让道于后金（清），减小了后金（清）军突破明朝长城防线的阻力。

结　语

对清入关前进入长城沿线地区活动的情况进行考察，能够梳理出后金在天聪时期参与宣府、大同等地边市贸易的几种方式：假冒蒙古人身份入市，借助蒙古人代为交易，委托明朝边镇官员私下采买，与明朝边镇（堡）联络直接私下交易，等等。正是这几种主要贸易方式的存在，使得后金一直保持着与宣府、大同等长城沿线边镇（堡）的贸易往来。在崇德时期，皇太极每年都会派人前往宣府张家口互市。如崇德三年六月，遣人“往明张家口互市”[③]；七月“遣达雅齐塔布囊率喀喇沁部落毕喇什、喇什希布等往明张家口，与明镇守官议岁币，一如与喀喇沁贝勒之数，兼议开关互市”[④]。崇德四年（1639）五月，以旗为单位，每牛录出数人，“共驮银约十万余两前往张家口买绫罗缎匹”[⑤]。崇德五年（1640）八月，“命希福等往张家口互市”[⑥]。后金（清）与宣府、大同等地的贸易路线，自天聪后期开始逐渐变得较为固定，[⑦] 参与贸易的人员也日渐以八旗商队为主体。[⑧]

纵观明清易代之际长城沿线的局势，后金（清）通过参与宣府、大同的边市贸易，对其政权的经济发展、生存环境与战略扩张都产生了重要意义：一是获取了大量生活、军需物资，扩充自身实力；二是打破了明金战争爆发后明朝在辽东的经济封锁，重新开辟从内地获取物资的通道；三是探查了长城沿线的边情，对明朝长城防线的部署情况有所掌握，便于调整战略部署；四是与长城沿线宣府、大同地方边镇（堡）官员、军士以及蒙古诸部，建立起了利益关联，增加了相互间的信任，减少了军事冲突，使得长城沿线部分地区免遭战事涂炭。后金（清）在一定程度上达到了不战而进入并越

---

① 季永海、刘景宪译编《崇德三年满文档案译编》，崇德三年九月二十六日，辽沈书社，1988，第222页。

② 季永海、刘景宪译编《崇德三年满文档案译编》，崇德三年九月二十六日，第222～223页。

③ 《清太宗实录》卷42，崇德三年六月辛丑，第549页。

④ 《清太宗实录》卷42，崇德三年七月壬申。

⑤ 《辽东总兵官祖大寿塘报》，中研院历史语言研究所编《明清史料》甲编第10本，第942页。

⑥ （清）王先谦：《东华录·崇德五》，崇德五年八月己未。

⑦ 刘巳齐：《清入关前对长城沿线的贸易经营——以张家口和归化城为中心》，《历史档案》2022年第4期。

⑧ 关于清入关前后金（清）商队组织活动情况分析，参见刘巳齐《清入关前八旗组织的商业性——以皇太极时期为中心的考察》，《中国社会经济史研究》2022年第2期。

过长城沿线的目的，明朝的长城防线被后金用贸易的方式撕开，为后来清朝拿下九边顺利入关奠定了基础。对后金参与长城沿线宣大地区贸易情况作考察，不仅能厘清清入关前为进入长城沿线地区所采取的各种策略，而且也能更新对清入关前长城沿线内外区域之关系的认识。

（作者单位：广西师范大学历史文化与旅游学院）

理念与现实抉择：朝鲜将领林庆业与明清之际的中朝关系*

王 臻 杜帅荞

摘 要：明清鼎革之际，朝鲜重要将领的林庆业，深受国王仁祖尊明斥清观念的影响，以明王朝为正统，仇视、对抗女真人建立的清政权，但经两次武力征服后，在现实面前只能无奈屈从，表现出两难抉择。此期间，怀有根深蒂固尊明思想的林庆业，表面上依从大清，私下却积极联络各地反清力量，致力于联明抗清，由此招致大清的追捕监禁。朝鲜国王仁祖为保全林庆业的性命，设法将其引渡回国。由于朝鲜国内存在不同党派的争斗，林庆业不幸成为牺牲品，但其身后受到朝鲜历代国王的褒奖。由此反映出朝鲜君臣一贯的反清心态。本文通过对林庆业活动历程的个案解读，揭示该时期中朝政治关系发展的实态。

关键词：林庆业 朝鲜 明清之际 尊明抗清

明清鼎革时期，朝鲜王朝对待清的态度出现分歧，既有崔鸣吉等人为代表的议和派，也有金尚宪、洪翼汉等人组成的坚决抗清的斥和派。[①] 朝鲜将领林庆业（1594～1646年）则介于两者之间，既秉持尊明抗清的理念，又迫于大清军事压力而具有一定的变通性，在真实心理与无奈现实之间两难抉择。朝鲜民族将林庆业视为抗清的名将，韩国学界则为其立传歌颂，出版《林庆业传》《林将军传》《林忠臣传》等著作；但目

---

* 本文为全球海外韩国学孵化型项目“创新中国天津地区韩国学研究与教育平台”（编号：AKS－2022－INC－2230003）、天津市社会科学规划重点项目“晚明时代朝鲜对中国政策的变化研究”（编号：TJZL18－004）的阶段性成果。特别说明：拙文初稿完成后，惠蒙南开大学孙卫国教授的点拨与指教，又得到复旦大学历史系李宗辑博士生提供的相关资料及建设性意见，谨此致谢！另外：后金政权时间为1616～1636年，1636年皇太极即位后改国号为“大清”，本文为行文方便，以“清”或“大清”统指明清鼎革之际的满族（女真族）建立的政权。

① 分别见：石少颖《崔鸣吉与“丙子之役”》，《中国朝鲜史研究会学术年会论文集（2017）》，洛阳：洛阳师范学院，2017；王臻《朝鲜廷臣金尚宪尊明抗清活动述论》，复旦大学韩国研究中心编《韩国研究论丛》第29辑，2015年第1辑，社会科学文献出版社，2015；王臻《朝鲜王朝廷臣洪翼汉的尊明抗清活动考述》，暨南大学中外关系研究所编《暨南史学》第26辑，2023年第1辑，暨南大学出版社，2023。

前所见之科研论文，则大多围绕《林庆业传》做些文学性描述。[①] 中国学界对林庆业的研究则鲜有成果，只有杨海英研究员在一篇论文中有几处介绍了林庆业活动的内容，可作参考，[②] 其他相关著作及硕士学位论文则对他只有零星的历史性叙述及文学性描写。[③] 本文的研究主旨是：以朝鲜将领林庆业为中心，爬梳中国《清实录》以及韩国的《朝鲜王朝实录》、《影印标点韩国文集丛刊》、《承政院日记》等史料，整理、探究其与明朝和大清关系，剖析朝鲜君臣的明清观，揭示朝鲜王朝的对外政策；同时结合明清两朝对林庆业的态度，考察各自所持的对朝政策及立场，解析明清时期中朝封贡关系的特质，从而深化明末清初中朝关系史研究。

一　林庆业的尊明抗清及与清的贸易

林庆业是朝鲜仁祖朝（1623～1649 年在位）的一名将领，字英伯，号孤松。朝鲜仁祖当政时期，中国正值明朝与清政权更迭之际。自李成桂建立朝鲜王朝以来，即以臣属国身份与明朝保持“典型封贡关系”[④]，对明朝长期恭顺；而对建州女真所建立的清政权，由于在军事上战败，不得不在政治上屈服于清。纵观该时期朝鲜与明、清历史发展，在夹缝中求生存的现实，迫使朝鲜在形式上尊奉清，但在理念上仍奉明朝为正朔。朝鲜将领林庆业的活动，就是彼时朝鲜王朝对待明清政策的反映。

林庆业是朝鲜忠州人，出身低微，后参加武科考试，得中，进入仕途。明天启四年（朝鲜仁祖二年，1624），朝鲜爆发“李适之乱”[⑤]，在平叛过程中，林庆业因立有战功，晋升为佥节制使一职。但他“居官清慎，尽心职事”[⑥]，得到时任右议政金瑬的

---

① 〔韩〕朴京南：《林庆业英雄形象的实体和意义》，〔韩〕《古典文学研究》第 23 辑，2003；韩文为：박경남，「임경업 영웅상의 실체와 그 의미」，『고전문학연구』23，고전문학회，2003。〔韩〕许惠恩：《林庆业传的大众化形象和意义》，〔韩〕《古小说研究》第 27 辑，2009；韩文为：서혜은，and Hye Eun Seo.，“경판〈임장군전〉의 대중화 양상과 그 의미，”고소설연구 27，2009。〔韩〕权革来：《〈林庆业传〉的主人公形象与意识形态》，〔韩〕《古小说研究》第 35 辑，2013；韩文为：권혁래，and Hyeok Rae Kwon，“〈임경업전〉의 주인공 형상과 이데올로기，”고소설연구 35，2013。可以看出，韩国学界目前仅见的研究成果，较少以历时性角度来探讨彼时中朝关系变化发展的实态，只注重共时性地歌颂林庆业的人物形象。

② 杨海英：《关系明清易代的朝明军事合作计划及其执行者研究》，中国社会科学院历史研究所学刊编委会编辑《中国社会科学院历史研究所学刊》第 5 集，商务印书馆，2008，第 427～480 页。

③ 姜龙范等：《清代中朝日关系史》，吉林文史出版社，2006；张杰：《清朝三百年史》，社会科学文献出版社，2012；吴文亮：《朝鲜朝末期国文小说中的满洲族形象研究——以〈朴氏夫人传〉与〈林庆业传〉为中心》，硕士学位论文，延边大学，2009；薛戈：《从沈世魁看晚明中朝关系》，硕士学位论文，山东大学，2013。中国学者的研究成果对于林庆业只是稍有提及，尚未有专文系统研讨这一在明清之际中朝关系中有突出地位的朝鲜将领，这在一定程度上影响人们对该时期中朝关系发展的整体了解。

④ 〔韩〕全海宗：《中韩关系史论集》，全善姬译，中国社会科学出版社，1997，第 13 页。

⑤ 李适是朝鲜王朝派系斗争中西人党的成员，在 1623 年“仁祖反正”过程中做出过贡献；但政变后，李适自认为没有得到公正待遇，于是时任平安兵使的李适，联合龟城府使韩明琎及朝廷重要官员郑忠信、李楹等发动叛乱。在仁祖的统一调度下，仅用一月的时间，就平定了此次叛乱。

⑥ 《朝鲜仁祖实录》卷 18，仁祖六年二月庚子，《朝鲜王朝实录》第 34 册，韩国国史编纂委员会影印本，1955～1958，第 256 页。

赏识，担任清北（介于朝鲜椵岛、清盛京之间）防御使。林庆业虽具有军事才能，且深得民心，但掌管规谏朝政得失的司谏院官员，却对西人党派金瑬扶持的林庆业颇有微词。[①] 他们认为林庆业出身卑贱、处事圆滑、收买人心，指责其“本以贱孽，手段粗滥，唯务善事，岁时馈遗，多者至于二十种”[②]，因而请求国王仁祖罢免林庆业的职务。在金瑬的大力活动下，众大臣纷纷上书为林庆业鸣冤，称赞其为官尽职尽责，治理地方亦颇有政绩。仁祖是在金瑬等人的拥护下继承王位的，[③] 自然信赖金瑬，因而在林庆业问题的处理上，他倾向于金瑬等大臣的意见，以司谏院的弹劾并非出于公心，驳回他们对林庆业的指控：“谏院弹劾，似非公心。今此施罚，未为不可矣。”[④]

上述事件表明，尽管林庆业得到西人党领袖金瑬的保护，但遭受的非议也不少。好在他善于处理各种人际关系，否则在遭遇非议时，不可能获得西人党外其他大臣的支持和响应。他的这种处事能力，让他后来在处理与明朝及大清关系上能做到灵活应对。

（一）林庆业的尊明抗清之举

朝鲜将领林庆业在中朝关系史中出现时，是跟皮岛问题联系在一起的。皮岛（今“椵岛”），为鸭绿江入海口以东的一座朝鲜岛屿。明天启元年（朝鲜光海君十三年，1621），平辽将军毛文龙奉辽东巡抚王化贞之命，东渡朝鲜入驻皮岛，在岛上设立东江镇，以此作为攻击清的军事基地，“奴未出老寨，则不时攻掠以阻其来；奴离穴窥关，则乘机捣袭以断其后”[⑤]，一度成为清的心腹之患。朝鲜允许明朝将领驻扎海岛牵制清军，这自然引起清对朝鲜的不满。天启七年（朝鲜仁祖五年，1627）正月，皇太极发动对朝鲜的征讨之战（“丁卯之役”），原因之一就是“其（朝鲜）助文龙为兵端”[⑥]。崇祯二年（朝鲜仁祖七年，1629），受明朝内部派系斗争的牵连，毛文龙为袁崇焕所杀。

毛文龙被杀后，皮岛军心涣散，毛文龙部将耿仲明、孔有德降清。按照与朝鲜订立的“兄弟盟约”，清要求朝鲜接济耿仲明、孔有德所部粮食；朝鲜不但不供应，还试图协助明军阻断耿、孔二人降清之道路。于是崇祯六年（朝鲜仁祖十一年，1633）四月，在仁祖授意下，身为清北防御使的林庆业奉命“率兵把守”[⑦] 关卡，阻截耿、孔所部，并

① 司谏院是朝鲜王朝的检察谏议机构（类似于中国封建王朝的谏院），其职责是对朝廷官员的不良现象进行监督，向国王进谏。金瑬作为当时西人党的党首，赏识林庆业；尽管林庆业并非西人党成员，但由于司谏院官员对搞派系斗争的西人党颇有成见，“恶其余胥”，因而林庆业受到牵连。

② 〔朝鲜〕《承政院日记》第 20 册，仁祖六年三月丙子，韩国国史编纂委员会影印本，1961～1977。

③ 朝鲜仁祖元年（1623），朝鲜王廷内部爆发政变，光海君被赶下台，绫阳君李倧在大臣金瑬、李适等人的拥护下上台执政，是为“仁祖”，史称“仁祖反正”。

④ 《朝鲜仁祖实录》卷 18，仁祖六年三月丁亥，《朝鲜王朝实录》第 34 册，第 267 页。

⑤ 《明熹宗实录》卷 40，天启三年闰十月甲辰。

⑥ 《明史》卷 259《毛文龙传》，中华书局，2000，第 4489 页。

⑦ 《朝鲜仁祖实录》卷 28，仁祖十一年四月己丑，《朝鲜王朝实录》第 34 册，第 520 页。

在牛家庄，亲率数百士兵与耿仲明部决战，大败之。明崇祯帝得知此消息，专门下发玺书褒奖林庆业，授其总兵官职务，“又赐金花插其首”，林庆业由此“知名中朝”。[①]

同年五月，明朝与朝鲜联合出兵在獐子岛（今辽宁大连长山群岛的南端岛屿），讨伐清军。战争结束后，朝鲜备边司令都元帅、副元帅带队撤回；为防范清之攻袭，备边司命林庆业率部分朝鲜官兵留守，“待变为当”[②]。“丁卯之役”后，由于朝鲜与清在人口刷还、边境互市、明军驻朝鲜等问题上，存在较大争端，清崇德元年（朝鲜仁祖十四年，1636）四月，皇太极计划再次出兵攻打朝鲜，朝鲜上下备感兵危。此时，林庆业任中朝边境之义州府尹，他积极备战防御。一方面，他亲率部众据守白马山城，以“当贼初锋”；另一方面，他建言仁祖“所谓禁军空名帖十余张，本非官职，数亦不多。若果以此募得死士，则于事体别无所损，而或有益于缓急”[③]，即在全国招募勇士准备与清军决战。十二月，在清兵围攻南汉山城时，林庆业试图勤王，欲联合皮岛将领沈世魁，乘清军大举出动、盛京空虚之机，突袭而“焚其巢穴”，以期以“围魏救赵”计解救被围的仁祖。但当时负责守卫的朝鲜节度使柳琳，嫉妒林庆业“又恐有功”，“令不得发”。[④] 南汉山城之围终不得解，仁祖不得不投降清军，林庆业未能实现其勤王救主的目的。

综上可知，身为朝鲜将领的林庆业，继承了朝鲜王朝长期以来的尊明传统，并在效忠上国明朝的行动中身体力行，提出有针对性的御敌方案，展现他在抗清方面的才能。

（二）以贸易手段缓和清朝关系

在林庆业抗清过程中，他曾私下命人与清贸易。林庆业此举，应是出于以经贸关系带动政治关系的考虑。他派属下借贸易之机与大清官员接触，说明林庆业在执行对清政策时具有一定的灵活性。

早在明崇祯八年（朝鲜仁祖十三年，1635）十月，朝鲜秋信使臣朴篒出使大清时，时任义州府尹的林庆业就派下属“潜送商货”，跟随朴使到盛京与大清进行交易，两人相为掩护，未将此事上报朝鲜王廷。在被备边司察觉后，持平金汝钰以此上疏弹劾林庆业和朴篒，请求国王将二人拿鞫定罪，并惩治从事贸易的私商，一切“按法处断”[⑤]。此时都元帅金自点也上疏，请求赦免林庆业擅自通商之罪，意在发挥林庆业的军事才

---

① 〔朝鲜〕黄景源：《江汉集》卷30《明陪臣传·林庆业》，韩国民族文化推进会编刊《影印标点韩国文集丛刊》第225辑，首尔：景仁文化社，1999，第64页。

② 《朝鲜仁祖实录》卷28，仁祖十一年五月乙丑，《朝鲜王朝实录》第34册，第522页。

③ 《朝鲜仁祖实录》卷32，仁祖十四年五月戊申，《朝鲜王朝实录》第34册，第633页。

④ 黄景源：《江汉集》卷30《明陪臣传·林庆业》，韩国民族文化推进会编刊《影印标点韩国文集丛刊》第225辑，第64~65页。

⑤ 《承政院日记》第50册，仁祖十三年十一月乙丑。

能，“使之还赴任所，抚恤军民，招集散亡”。仁祖鉴于林庆业以往抗清表现，并不想以此经济问题追究林庆业的责任，就势宽大处理林庆业；“并姑先推考，私商等不必治罪”①，一并赦免私商。尽管仁祖在贸易问题上宽宥林庆业，但提防林庆业借机扩充自己的势力，故当备边司准备答应颁发给林庆业索要的羽林、司仆、禁军帖时，仁祖便出面阻拦，言“事体未妥，勿施”②。

清崇德元年（朝鲜仁祖十四年，1636）四月，皇太极即位后，义州府尹林庆业出于对朝鲜安全的考虑，积极寻求与清的接洽机会，欲借机转圜与清的关系。当年九月，大清将领马福塔（朝鲜称之“马夫大”）带人到中江岛（鸭绿江上的岛屿），“呼我人请相见”，欲与朝鲜商讨“持商贾参价”，其目的是向朝鲜通报清改帝制的消息。林庆业意识到机会来临，马上派军官崔克岘携带书信代表自己款待清人。此期间，马福塔向崔克岘介绍清改制情况，要求朝鲜以后不得使用“后金”称号；拒绝接受崔克岘委托他带给皇太极的书信，强令朝鲜派专人送至清廷。林庆业只能听从其命，“以差译送书之意问答”。③

朝鲜自“壬辰战争”（1592～1598）以后，愈发积贫积弱。在迅速崛起壮大的清政权的现实威胁下，林庆业利用朝鲜与清接壤的义州地区，借助私下贸易等手段，缓和与清的关系，以维护朝鲜王国的权益。

林庆业心理上尊奉明朝，现实中又通交大清，并得到仁祖的默许宽容，与先朝光海君时期（1609～1623）的将领姜弘立极为类似。1619 年 3 月的“萨尔浒之战”中，都元帅姜弘立形式上响应明朝号召，率军援明抗清，但出于保全朝鲜的实际考虑，在战争过程中并不积极同清军作战，而是按照光海君事先授意的“阴观成败”指示，放下武器投降大清；事后，光海君也是极力袒护姜弘立的不抵抗行为。④ 光海君与仁祖、姜弘立与林庆业等朝鲜君臣面对大清强大的军事攻势时，无奈对明采取既尊重又背叛的做法，反映出他们彼时复杂的心态和艰难的处境。

二　林庆业的屈从大清又联明抗清

崇德元年十二月，朝鲜与清在人口刷还、互市贸易、明朝驻军等诸多问题上发生争执，⑤ 导致皇太极发兵亲征，再次以武力征伐朝鲜，在大清骑兵的强悍攻势下，朝鲜战败屈服，此即“丙子之役”。次年朝鲜与大清签订《丁丑之约》，“两国为一家”⑥。按此城下盟约，朝鲜从明朝的封贡体系中脱离，成为大清的臣属国。朝鲜君臣长期

① 《朝鲜仁祖实录》卷 31，仁祖十三年十一月癸亥，《朝鲜王朝实录》第 34 册，第 615 页。

② 《朝鲜仁祖实录》卷 32，仁祖十四年三月癸丑，《朝鲜王朝实录》第 34 册，第 627 页。

③ 《朝鲜仁祖实录》卷 33，仁祖十四年九月辛亥，《朝鲜王朝实录》第 34 册，第 648 页。

④ 详见王臻《清朝兴起时期中朝政治秩序变迁研究》，商务印书馆，2017，第 107、110 页。

⑤ 参阅魏志江《中韩关系史研究》，中山大学出版社，2006，第 178～179 页。

⑥ 《承政院日记》第 55 册，仁祖十五年正月庚午。

“事大至诚”的尊明传统被迫改变，转奉大清为上国。这加剧了朝鲜民众长久以来对大清的仇视心理，朝鲜将领林庆业即是其中的典型代表。

（一）顺从大清的无奈

“丙子之役”后，作为朝鲜防御使的林庆业一度助明抗清，“材猷克壮，忠勇兼优”，明都督陈洪范致书仁祖表彰林庆业的抗清之举，“信哉可倚干城，允矣足凭保障”；并建议仁祖晋升林庆业“总兵职，管理原官事务，矢志灭虏云”。[①] 一贯持有尊明排清理念的仁祖采纳此建议。但在大清兵威的高压下，坚定亲明的林庆业，也不得不面对现实，顺从大清朝、疏远明朝。

其一，林庆业被迫跟随清军攻伐明朝在朝鲜皮岛上的驻军。“丙子之役”后，沈世魁军驻守皮岛，依然是威胁大清的腹心之患。为清除这颗抗清的钉子，皇太极以阿济格为主帅，派其与将领马福塔一起率军征伐皮岛。为确保战事顺利，大清要求朝鲜派出战斗力强悍的水师夹击皮岛。时任义州府尹的林庆业，以总兵之职“不得已”统率朝鲜水师前去支援。崇德二年（朝鲜仁祖十五年，1637）五月，因随清军征伐皮岛有功，皇太极专门召见林庆业并赏赐“彩缎、貂裘、鞍马、银两”[②] 等礼物，以示肯定。大清此举还有另一层深意，即嘉奖林庆业或可让明朝与朝鲜产生更多的嫌隙，使之互搏，从而坐收渔人之利。

其二，林庆业奉大清之命，监控明朝水军的动向。崇祯十一年（朝鲜仁祖十六年，1638）四月，两艘明战船到达朝鲜西烟台，为首都司官带来明朝都督致义州府尹林庆业的书信，内中表示同情朝鲜不得不降服于清的处境，并谓“尔国迫于彼虏之威胁，虽已称臣……其忠义可知”，但对朝鲜在沿海部署兵力窥探明朝水军的做法表示不满，曰：“尔国沿海伏兵，潜察我船，是永绝天朝之意也。”作为镇守朝鲜边境地区的官员，林庆业对防范明朝之事心知肚明，对如何答复明朝之事则感到棘手，遂上报备边司听取指示。备边司也觉得为难，既不想辜负明朝，又怕得罪大清，权衡再三之后，指示林庆业采取两手策略：一方面与明斡旋，“明陈我意，请勿复来”，防止明军再遭军事打击；另一方面，将此事报告大清，表示“无所隐讳”，意在避免朝鲜受到大清的责难。[③]

在备边司的授意下，林庆业派属下权佦与译官向明都司官解释朝鲜的无奈之处。其中，权佦表示朝鲜对明朝至诚事大之心“炳如日星”，但鉴于本国世子作人质被拘于大清，故只能屈从。明都司官以明朝与朝鲜有“父子之义”而“子不可背父”为依据，称明朝可以接济给朝鲜船只粮资。但权佦则担心朝鲜与明往来交通，会再次引发

① 《朝鲜仁祖实录》卷34，仁祖十五年闰四月癸丑，《朝鲜王朝实录》第34册，第687页。

② 《清太宗实录》卷35，崇德二年五月丁亥。

③ 《朝鲜仁祖实录》卷36，仁祖十六年四月庚戌，《朝鲜王朝实录》第35册，第16页。

大清入征伐朝鲜，而明朝“远隔沧溟，孰能制其凭陵哉”？为免除朝鲜担忧，明都司官称“天朝已请倭兵，不久当来”。[①] 他劝说朝鲜接受文书并后撤监视明军的朝鲜兵船。

听取权侙的汇报后，林庆业并不相信明朝有关倭兵助攻的说辞，且清军也密切监控朝鲜军队的动向，林庆业便再将情况上报备边司。备边司认为，林庆业既已接受明朝文书，也算对其有所交代了，故不必再理会明朝。[②]

由上述林庆业及备边司的举动可以看出，在朝鲜外部环境骤变、明清战事胶着、政治局势不明朗的情况下，朝鲜受制于大清兵威与《丁丑之约》，只能接受大清的驱使，因此，林庆业跟随清军对明作战，并冷淡处理明朝船只的来访。此时的林庆业以朝鲜安危为考虑，“虽然在内心深处仍忠于明朝，但面对清强明弱的冰冷现实，为保身家性命，只能忍辱苟安”[③]。为了避免与明朝发生冲突，尊明的理念促使他们在面对明朝时，尽力做解释工作。林庆业在明清之间的竭力周旋，实则是为身处夹缝中的朝鲜王朝争取生存的空间。

（二）联明抗清之举动

虽然受大清的军事威胁和政治控制，但朝鲜君臣却一直存有联明抗清之心。林庆业担任平安兵使时，曾经两次参与策划派人赴明致求救书。

其一，为解仁祖之困。在“丙子之役”爆发、朝鲜君臣被清军围困在南汉山城之时，仁祖急需有人前去明朝搬救兵。此时，林庆业介绍僧人独步（俗名李世忠）携带国王书信赴明联络，“（独步）由水路入送，而又以咨抵洪（承畴）军门”[④]。只可惜，当时明朝国内也战事不断：一则农民起义如火如荼，明廷上下忙于应对李自成、张献忠等农民军来势汹汹的攻势；二来明朝面临清军的军事压迫，清军已越过长城沿线攻打保定，威胁京师安全。尽管崇祯帝一度欲派兵救援朝鲜，但自顾不暇，加之大臣们极力反对，援救朝鲜的计划未能实行。[⑤]

其二，帮助朝鲜世子归国。“丙子之役”后，按照大清的要求，崇德二年四月，朝鲜昭显世子等作为人质入住盛京沈馆。[⑥] 半年后，世子思亲心切，欲回国探亲，但大清

---

① 《朝鲜仁祖实录》卷 36，仁祖十六年四月壬子，《朝鲜王朝实录》第 35 册，第 17 页。

② 《朝鲜仁祖实录》卷 36，仁祖十六年四月壬子，《朝鲜王朝实录》第 35 册，第 17 页。

③ 王刚：《明末王武纬出使朝鲜与“联鲜图奴”之议》，《温州大学学报》（社会科学版）2011 年第 5 期。

④ 〔朝鲜〕李敏叙：《西河先生集》卷 16《领议政完城府院君崔公谥状》，韩国民族文化推进会编刊《影印标点韩国文集丛刊》第 144 辑，首尔：景仁文化社，1995，第 296 页。

⑤ 朝鲜遭到清军的强势进攻，崇祯帝曾令登莱总兵陈洪范率舟师出海援救朝鲜，但明朝将领对此却不积极，行动缓慢，以致在援军到达之前，朝鲜已经战败且与清朝签订城下之盟，明军实际的援助行动没能起到作用。由于信息通达的不便，崇祯意欲东援朝鲜之事直到 100 多年后的英祖时期，才被朝鲜君臣获悉。《朝鲜英祖实录》卷 69，英祖二十五年三月辛未，《朝鲜王朝实录》第 43 册，第 335 页。

⑥ 王臻：《入清为质：昭显世子在清与朝鲜关系中的活动探析》，《廊坊师范学院学报》（社会科学版）2017 年第 3 期。

百般推脱。林庆业极力促成昭显世子归国省亲："寡君与世子、大君相离已久，至于思念成疾，臣民罔极之状，何可尽陈？"[①]大清将领虽答应请示皇太极，但迟迟未有下文。故林庆业决定"复通明朝"，试图以请兵明朝的方式震慑大清，迫使大清归还世子。于是，林庆业秘密派人持书信前往明朝，"给僧人服饰，仍使乘船，入往中原，请兵天朝"[②]。未料事情暴露，大清追究责任，林庆业并不避讳自己派人去明朝求救的目的，曰："东宫（世子）、大君（凤林大君），俱在虎穴（清廷）中，思欲奉还，而顾无他策。初既入送僧人于天朝，以达本国之情，而终能请兵，遮截于义州，则彼将慑伏，还我世子，故区区一念。"[③] 林庆业联合明朝施压大清，使之释放世子回朝，只可惜林庆业的这一目标没能实现。

（三）对大清征兵运粮要求的消极应对

依据朝鲜与大清签订的条约，在大清与明朝作战时，朝鲜作为大清的属国，不但要出兵助战，而且还要援助粮草物资。

崇德四年（朝鲜仁祖十七年，1639）八月，大清提出征调朝鲜军队助攻明朝。朝鲜自然极不情愿，筹谋寻找有合适的理由予以拒绝。此时林庆业积极贡献应对之策，曰："我国无战马之状，彼亦知之。军兵……不合战用。"备边司深表赞同，称"林庆业马兵之说，不无所见"。[④] 对朝鲜的借口，大清朝也未做进一步的强求。

崇德五年（朝鲜仁祖十八年，1640）二月，大清要求朝鲜运输军粮支援对明的战争。朝鲜王廷经讨论后，决定派对清朝边情比较熟悉的舟师上将林庆业率船队前往，为大清送军粮到锦州前线。林庆业受命后，声称"凡行师卜吉，乃兵家之第一急务"，需选取黄道吉日行船，到行船之日，又因潮水上涨耽误了行程，本打算四月十七日"谷旦发船而行"，[⑤] 但直至五月二十一日，林庆业船队才开拔，计"率兵五千，船一百一十五艘，载米一万包"[⑥]。

行船过程中，林庆业船队行为异常。其一，船队行驶缓慢，不急于赶赴清营助战。其二，林庆业故意让三艘船漂到明朝军营，以警示明军清军将发动攻击。其三，在海上遇见明军战舰时，假装交战，林庆业告诫士兵"炮毋中"；而明蓟辽总督洪承畴也同样告诫军队勿装填弹药，"射毋中"，以致两军"无一死伤者"。其四，林庆业报告船

① 《朝鲜仁祖实录》卷 39，仁祖十七年九月己卯，《朝鲜王朝实录》第 35 册，第 71 页。

② 《朝鲜仁祖实录》卷 46，仁祖二十三年十月辛卯，《朝鲜王朝实录》第 35 册，第 279 页。

③ 《朝鲜仁祖实录》卷 47，仁祖二十四年六月壬辰，《朝鲜王朝实录》第 35 册，第 279 页。

④ 《朝鲜仁祖实录》卷 39，仁祖十七年八月庚子，《朝鲜王朝实录》第 35 册，第 68 页。

⑤ 崇德五年四月乙卯，《朝鲜国来书簿》，张存武、叶泉宏编《清入关前与朝鲜往来国书汇编（一六一九—一六四三）》，台北："国史馆"印行，2000，第 403～404 页。

⑥ 《清太宗实录》卷 52，崇德五年六月戊辰。

只在海上遭遇风浪："日沉数船，所沉者凡六十四船。"① 他表示无法继续前往清营。大清官员并不相信林庆业的说辞，因仁祖曾声称朝鲜船只坚固，"利于对敌"，而明朝船只柔脆"不能当也"。大清官员认为，朝鲜船只轻易沉没，是"诿于重载，退避不前"，是林庆业暗通明朝的假借托词，因此指责林庆业"岂非私与明人通谋而然也?"②为了替林庆业开脱，仁祖致书皇太极，强调海上行船变幻莫测，出现事故在所难免："期间事势之难易虽不可遥度，中路延滞之状委属惊愕"③，意在求得清廷谅解。

大清并不听信朝鲜的解释。大学士范文程责怪林庆业助兵不力，蒙骗清朝。其一，拖延进军行程，"林庆业等舟师，使之前进，则不肯进，使下米包于辽河口，则亦不肯往"；其二，遇到明船并不放炮攻击，"虽放不伤人，前船亦不相救"；其三，谎称船只沉没，但实际上船员乘坐明船离开，"而汉人以一空船，载送鲜人二口"。他怀疑林庆业受朝鲜王廷指令而与明朝秘密联络、私下通交。由于这是涉及两国政治关系的大事，正在沈馆作人质的朝鲜昭显世子急忙解释朝鲜尽忠于大清并无他意："本国竭力调发，多载火器战具，岂有他意?"昭显世子认为林庆业之举为自主行动："定将出境，则成败在将，岂朝廷与馆中所知也?"④ 范文程遂持敕问罪林庆业，英俄尔岱则提议将林庆业绑送大清治罪，并定其"四宗罪"为"庆业曾在义州，厚遇汉人""前年以舟师上将，既不力战（明军）""潜送三船（到明军营）""伊州之战托以无马"。⑤

迫于朝鲜战败的现实，作为朝鲜将领的林庆业只能遵照条约协助清朝攻明，但亲明反清理念使他尽可能地顾及明朝利益，"与明朝保持相当之关系"⑥；与此同时，在面对大清时则虚与委蛇，即使在清军胁迫之下率舟师助战，也是"阳顺阴逆"⑦，竭力推诿。这些都反映出林庆业并非心甘情愿地援助清军，而是以各种方式消极应对大清的号令。

三 遭大清追捕及身后所受的褒奖

林庆业作为认同仁祖主张的朝鲜将领，其尊明抗清的行为惹怒了清廷，故大清派人捉拿林庆业治罪。林庆业先是逃避追捕，后终被俘获。大清欣赏其才能，欲招降但未果；后在朝鲜君臣的持续抗争下，林庆业被送回国内，但不久死去。仁祖对林庆业的去世深表惋惜，后世的朝鲜国王也以不同方式赞誉林庆业。

① 黄景源：《江汉集》卷30《明陪臣传·林庆业》，韩国民族文化推进会编刊《影印标点韩国文集丛刊》第225辑，第66页。

② 《清太宗实录》卷52，崇德五年六月戊辰。

③ 崇德五年七月乙巳，《朝鲜国来书簿》，张存武、叶泉宏编《清入关前与朝鲜往来国书汇编（一六一九—一六四三）》，第413页。

④ 《朝鲜仁祖实录》卷41，仁祖十八年七月庚寅，《朝鲜王朝实录》第35册，第95页。

⑤ 《朝鲜仁祖实录》卷42，仁祖十九年七月癸巳，《朝鲜王朝实录》第35册，第121页。

⑥ 刘家驹：《清朝初期的中韩关系》，台北：文史哲出版社，1986，第197页。

⑦ 《朝鲜仁祖实录》卷34，仁祖十五年闰四月癸丑，《朝鲜王朝实录》第34册，第687页。

（一）遭大清朝追捕而身死

林庆业通明之事最终被大清获悉，原因是两件事的发生：一是明蓟辽总督洪承畴降清，其麾下将领倪甲向大清告发林庆业曾在石城派遣三艘船给明朝报信；二是朝鲜定州贾人高忠元被清人拘押，他告发林庆业曰："兵使林庆业潜通明国，书往来。"① 大清获此信息大为震怒，清崇德七年（朝鲜仁祖二十年，1642）十月，派人前去抓捕林庆业，而林庆业得知消息后，"惧罪，中途潜逃"②。他起初在江原道及公清道内浦活动，后逃到泰安军官朴守元家落脚，在此组织起一支抗清武装，并将之逐渐发展壮大起来。

清崇德八年（朝鲜仁祖二十一年，1643）四月，朝鲜水原府根据前万户孟象贤的告发，抓获林庆业之弟林兴业、林俊业，侄林振茂，以及林庆业的妻子，并将他们押往清都盛京。大清扣押了林庆业妻子及奴婢，而将其弟及侄等"俱行释放，令回原籍"③。为争取林庆业，摄政王多尔衮表示可以既往不咎，欢迎他投奔清朝："尔其真心投诚，率随从人等及岛中士众，挺身来归，予当量才开示功名"④，要求林庆业认清利害，早做决断。

林庆业并不为大清劝降所动，清顺治元年（朝鲜仁祖二十二年，1644），他率一支朝鲜船队达到中原海丰地方，接受明朝海卫都督黄蜚、军门兼总兵马腾高的指挥。北京陷落、明朝灭亡后，黄都督撤至南京，而马腾高、林庆业则留守石城岛。此时大清又招谕林庆业，声称不治其罪；林庆业派一名军官和一名漂流者赴京试探大清的态度，清廷仍表示："今既悔罪投诚，姑免究。"⑤ 在得到大清的承诺后，林庆业即着手准备返回朝鲜。顺治二年（朝鲜仁祖二十三年，1645）二月，前明遗官山东通判乘船到林庆业处，称南明皇帝迫切想见林庆业，若赴南京"则好事必多"，故林庆业又与总兵马腾高及山东通判一起乘船"到旅顺口，泊船于岸"，⑥ 计划由此渡海到登州，再南下投靠南明政权。但在渡海过程中，马腾高被俘投降大清，林庆业也因下属出卖被清军所俘获。

林庆业被押送京城，清君臣虽怪罪林庆业有抗清之举，但"清人惜其才略"⑦，敬佩其保家卫国的正义之举，故极力争取其留在朝廷为其效力。但林庆业并不为之所动，拒绝降清；于是，清谴责林庆业有如下罪过："煽惑离间，潜遣奸细，私通他国；及领

① 《清史稿》卷526《列传三三二·属国一·朝鲜传》，中华书局，1977，第14582页。

② 《清太宗实录》卷63，崇德七年十月癸卯。

③ 《清世祖实录》卷2，崇德八年九月丙午。

④ 《朝鲜仁祖实录》卷45，仁祖二十二年十二月戊午，《朝鲜王朝实录》第35册，第202页。

⑤ 《清世祖实录》卷11，顺治元年十一月己丑。

⑥ 《朝鲜仁祖实录》卷46，仁祖二十三年五月丙午，《朝鲜王朝实录》第35册，第223页。

⑦ 《朝鲜仁祖实录》卷46，仁祖二十三年十二月己丑，《朝鲜王朝实录》第35册，第253页。

舟师，故意推诿，致误军机；推问之时，尚不输服，卸责于王，径行脱逃；后与叛逆结党，谋害本王，自知事泄，窜投明朝，罪恶多端”①，欲将其处死。

此时，出使清的朝鲜谢恩使金自点上呈仁祖书，以林庆业为朝鲜“逆贼”为由，请求将林庆业引渡回朝鲜接受处置：“林庆业我国之逆贼也，又为亡命之罪人。同心谋犯大国，罪状昭著。若不出送，则逆徒将无所惩戢矣。”② 起初清并未答允，但在仁祖的持续请求下，最终同意将林庆业放归朝鲜。顺治三年（朝鲜仁祖二十四年，1646）五月，清廷终于向谢恩使李景奭表示：“今王欲得庆业，以靖乱萌，理所宜然，即将庆业，发与谢恩陪臣解回。”③遂将林庆业及其6名随从交给李景奭带回朝鲜接受处罚。大清之所以放回林庆业，固然是因朝鲜方面多次乞请，但更主要的原因是大清意欲借机彰显恩惠以调适清朝双方的紧张关系，故没有为难林庆业而将其放还。

清入关后，顺治帝即位，在北京建立统治；但南明各政权尚存，清廷也担心朝鲜与南明合势对清王朝统治构成威胁。为了笼络朝鲜，缓和、改善与朝鲜的敌对关系，顺治帝将朝鲜昭显世子“永还本国（朝鲜）”④，继之减少朝鲜所呈送的岁币、贡物，以此彰显“柔远之意”⑤。在此背景下遣返林庆业，当是清朝怀柔朝鲜政策的一种表现。客观地说，清朝释放林庆业等一系列善意举措，为后来康熙朝改善与朝鲜关系奠定了基础。从中朝两国关系发展的角度来看，此点是应该肯定的。

林庆业被押回朝鲜后，在如何处理林庆业的问题上，朝鲜上下意见并不一致。有的认为林庆业形迹可疑，必有隐情，主张审慎对待；而曾担任左议政的洛兴府院君金自点⑥，为谋害反清义士林庆业，联合南以雄、闵馨男、元都杓等官员，诬陷林庆业当年参与沈器远的叛乱事件，称“林庆业、沈器远等，共议复通明朝”⑦，将其拘禁审问，严刑拷打。在受刑之时，林庆业大呼：“朝廷以天下为已定乎？今日杀我，必有后悔矣。”⑧ 不久林庆业遽然死去，时年53岁。

林庆业未死于清人之手，却遭本国人暗算，这的确令人唏嘘。实际上，这是朝鲜王朝发展史上典型的党争之体现。众所周知，朝鲜历史上的党争是一种极其特殊的政治现象，对王朝统治造成了严重冲击。⑨ 从16世纪末开始，东西人党就展开派系斗争，

---

① 《清世祖实录》卷26，顺治三年五月庚戌。

② 《朝鲜仁祖实录》卷46，仁祖二十三年十二月丙午，《朝鲜王朝实录》第35册，第254页。

③ 《清世祖实录》卷26，顺治三年五月庚戌。

④ 《承政院日记》第89册，仁祖二十二年十二月庚申。

⑤ 《朝鲜仁祖实录》卷46，仁祖二十三年二月辛未，《朝鲜王朝实录》第35册，第207页。

⑥ 金自点原本是亲明派，在“丙子之役”中曾作为都元帅抗击清军；但清军打败朝鲜后，金氏的尊明态度发生动摇，尤其是三次出使清朝后，他彻底倒向清朝，成为亲清派的代表，迫害反清派人士林庆业。

⑦ 《朝鲜仁祖实录》卷46，仁祖二十三年十月辛卯，《朝鲜王朝实录》第35册，第244页。沈器远为朝鲜王朝的大臣，本来因“仁祖反正”有功而得到仁祖赏识，但因仁祖后来投降清朝，沈器远欲发动政变推翻仁祖政权，不料未成功反而被杀。根据沈器远同党的交代，林庆业与沈器远关系密切，故林氏受到株连。

⑧ 《朝鲜仁祖实录》卷47，仁祖二十四年六月壬辰，《朝鲜王朝实录》第35册，第279页。

⑨ 王臻：《朝鲜王朝时代的派系党争问题探析》，《贵州社会科学》2021年第8期。

此后，西人党内又分裂为诸多小党派，如勋西派就其中之一。为了本集团利益互相争斗。仁祖统治末期，勋西派又分裂为洛党与原党。洛党的代表人物金自点，属于亲清派，主张出兵助清攻明；而原党则属于反清派，其代表人物沈器远政变未遂被杀。有人告发林庆业属于原党成员，参与谋划叛乱，但实际上林庆业当时“亡命”在外，故仁祖不相信林庆业参与谋叛：“庆业不知逆谋，……则其何罪焉。”① 更为重要的是，仁祖念及林庆业多年功绩以及共同的亲明反清理念，故极力争取将林庆业引渡回国，此举实际上是保全他的性命，并不想处置他，否则也不会如此费尽周折将他引渡回国。只不过由于仁祖监管不力，被亲清派人士钻了空子，乘机杀死林氏。林庆业成了朝鲜西人党内部斗争的牺牲品。②

（二）当朝及后世对林庆业的褒奖

林庆业虽然在处理与明清关系过程中有过动摇行为，但其忠明抗清之举还是得到了仁祖以及后世国王、大臣的褒奖，这也是朝鲜君臣内心尊奉明朝、轻视清朝之理念的显露。

例如，仁祖得知林庆业莫名去世的信息后，大为悲痛，曰“死乎死乎，庆业敢任有功，甚可惜也”，“予无杀卿之意，何遽死邪?”③ 对林庆业的死亡表示惋惜，将其厚葬于忠州达川之地。此外，仁祖还命史官搜集整理林庆业的相关业绩。此举也是朝鲜王朝长期以来文化因子中固有的尊明反清意识的宣泄。仁祖坚定推行尊明反清策略，他在推翻对明清持“两端政策”的光海君之后继位，继而对清执行强硬政策，此举招致了皇太极两次对朝鲜发动征讨战争。朝鲜在军事上的征服，并未使仁祖在心理上也归服大清，相反，其对明朝仍念念不忘。如此一来，忠明抗清的林庆业就成了仁祖的代言人，仁祖认可林庆业的行为，曾称其“最有功劳”，并赐给“内厩马一匹”。④

朝鲜肃宗时期（1674～1720年在位），林庆业之孙林重蕃上书国王，为其祖父鸣冤。肃宗认同林庆业“意则在尊周”的行为，称赞其“胆大可用，亦多功劳”，对其被杀表示“甚为可惜”。朝鲜大臣中，领中枢府事南九万也认为林庆业之所以被大清拘押，是“欲为我国雪耻而仗义，似非专出于贪生畏死”；右议政崔锡鼎对林庆业暗通明朝的举动表示赞赏，认为林庆业是想告知大明朝鲜之实情，以便明朝能够救助朝鲜，

---

① 《朝鲜仁祖实录》卷47，仁祖二十四年六月壬辰，《朝鲜王朝实录》第35册，第279页。

② 杨海英研究员指出，林庆业之死“似乎事出意外，其实却是事先安排妥当的阴谋”（见前述杨海英《关系明清易代的朝明军事合作计划及其执行者研究》，《中国社会科学院历史研究所学刊》第5集，第448页），即认为林氏是在仁祖的授意下被处死的。结合上述分析，笔者更倾向于大臣之间的内斗导致林氏被害，因为仁祖曾言：“（林庆业）为凶徒所诱，至于浪死。”《朝鲜仁祖实录》卷47，仁祖二十四年六月壬辰，《朝鲜王朝实录》第35册，第279页。

③ 黄景源：《江汉集》卷13《明总兵官朝鲜国正宪大夫平安道兵马节度使忠愍林公神道碑铭》，韩国民族文化推进会编刊《影印标点韩国文集丛刊》第224辑，首尔：景仁文化社，1999，第281页。

④ 《承政院日记》第63册，仁祖十六年一月庚辰。

故称颂林庆业："为国扶义之诚，有足以暴于天下。"① 朝鲜王廷对林庆业复官赐祭，谥号"忠愍"，修建祠宇予以纪念。

英祖在位时（1724～1776年），他评价林庆业是"孤忠大义，先朝之所称赏，举国之所共颂也"②；并组织史官编写《林将军传》，"俾得褒奖大义，风动后人也"③；也善待林庆业的子孙后代。英祖二十五年（1749）知晓崇祯帝曾欲"丙子东援（朝鲜）"④ 事后，感恩于明帝有"东援之恩"，更加心仪明朝，在大报坛增设崇祯帝的神位。而当年崇祯帝之所以有"东援"意向，与林庆业派人通信求救分不开，故英祖尊奉崇祯帝，实际上也是在肯定林庆业的贡献。

正祖时期（1776～1800年在位），朝鲜以林庆业之名修建书院，并定期加以修缮维护；在林庆业祭日，派礼官前去致祭；编辑《林庆业宝纪》等以示纪念。正祖同样授予林庆业后嗣以官职，"庆业祀孙必荣以内禁卫登第也"⑤，充分肯定林庆业的贡献。尽管正祖时代，朝鲜与清朝关系"消除敌意、迈上友好的时代"，但正祖为朝鲜王朝历史上"提倡尊周思明理念最为积极的国王之一"⑥，他对林庆业后裔的优待，也寄托了其尊明的思想。

总之，作为亲明反清的西人派之原党成员的林庆业，由于受到洛党金自点的迫害死于非命，但朝鲜历代国王对林庆业的怀念与颂扬，以及善待其后人，旨在表明朝鲜王廷对林庆业一贯坚持的尊明抗清主张非常认同。朝鲜人一直对明王朝存有尊奉情结，而对清朝则并非真正心悦诚服。这反映出朝鲜人对待明清之态度有正统与非正统之分。长期以来，朝鲜坚持以明朝为上国的义利观，将代表中原文化的明王朝视为正统王朝，是"大中华"，而本国则为"小中华"，⑦ 为中华文化的承继者；对于兴起于明朝东北边疆的女真人，一直持蔑视态度，视为"蛮夷"⑧，不承认其政权的合法性，因而时时、处处显示出抵制之举动。朝鲜王朝褒奖林庆业，也是朝鲜历代亲明反清态度的展现。

结 语

本文以人物活动为视角，梳理朝鲜将领林庆业与明朝及清的关系，从中可以看出，林庆业臣属清朝却潜通明朝的行为，并非其个人行为，实则遵从朝鲜上下之主流意志，

① 《朝鲜肃宗实录》卷31，肃宗二十三年十二月乙卯，《朝鲜王朝实录》第39册，第476页。

② 《承政院日记》第640册，英祖三年六月辛卯。

③ 《朝鲜英祖实录》卷28，英祖六年十一月辛卯，《朝鲜王朝实录》第42册，第236页。

④ 《朝鲜英祖实录》卷69，英祖二十五年三月辛未，《朝鲜王朝实录》第43册，第335页。

⑤ 《朝鲜正祖实录》卷34，正祖十六年三月戊寅，《朝鲜王朝实录》第46册，第280页。

⑥ 孙卫国：《大明旗号与小中华意识——朝鲜王朝尊周思明问题研究（1637—1800）》，商务印书馆，2007，第407页。

⑦ "吾东方，自箕子以来，教化大行，男有烈士之风，女有贞正之俗，史称小中华。"《朝鲜成宗实录》卷20，成宗三年七月乙巳，《朝鲜王朝实录》第8册，第670页。

⑧ 《朝鲜仁祖实录》卷36，仁祖十六年三月癸未，《朝鲜王朝实录》第35册，第13页。

即“本国（朝鲜）亦欲潜通中原（明朝），三公、六卿皆有此意”①。林庆业的行为实为朝鲜王廷对明、清外交策略之表现。韩国学者对此评价说：“林庆业的行为切中统治精英阶层关心的问题。”② 受传统封贡关系的影响，朝鲜君臣虽然表面上臣属清，对皇太极所谓的“无国而有国”感恩戴德，并赞誉其对朝鲜有“再造之恩”；③ 实际上朝鲜传承华夷观念，尊明黜清，在心底里依然亲近中国正统王朝——明朝，谓“我国之今日也，第念君臣大义，不可以颠沛而或忽”④。朝鲜作为清臣属国，但依然藕断丝连地与衰落的明朝保持关系。

林庆业以私贸形式保持与清的联系，如“私送商贾六十余驮于沈阳”⑤，接触交往清之官员，既是无奈之举，也是明智行为，不失为一种正确选择。从中朝关系史乃至东亚史的角度看，作为弱国的朝鲜抗拒大清，不合乎历史潮流。当时的大清发展势头迅猛，国力蒸蒸日上，全国上下富有活力，而彼时明朝已近垂暮，作为臣属国的朝鲜唯有及时改弦更张，方能保全本国。后来的史实表明，清拥兵入关后，尤其是在康熙时期，清廷对内稳定局势，对外柔性安抚，国势日渐强大；而朝鲜在认识到南明势力不可为时，则积极迎合清朝，虔诚奉清，自此向清王朝赓续正常的封贡关系，推动了历史前进。朝鲜此举是顺应时代要求而具有积极意义的。

（作者单位：天津师范大学历史文化学院暨欧洲文明研究院）

① 《朝鲜仁祖实录》卷43，仁祖二十年十月己酉，《朝鲜王朝实录》第35册，第124页。

② 权革来：《〈林庆业传〉的主人公形象与意识形态》，〔韩〕《古小说研究》第35辑，2013；韩文为：권혁래, and Hyeok Rae Kwon, “〈임경업전〉의 주인공 형상과 이데올로기,” 고소설연구 35, 2013。

③ 《清太宗实录》卷50，崇德五年正月壬午。

④ 〔朝鲜〕金荣祖：《忘窩先生文集》卷4，“论时事札”，韩国民族文化推进会编刊《影印标点韩国文集丛刊（续编）》第19辑，首尔：景仁文化社，2006，第134页。

⑤ 《承政院日记》第65册，仁祖十六年七月庚辰。

画僧髡残与清初复明运动关系新考

景　杰

摘　要： 顺治九年，郭都贤、陶汝鼐等谋划湖广地区的复明运动。此时髡残与郭都贤交往密切，应是知情人。顺治十一年起，髡残在南京大报恩寺与钱谦益交往密切，应是为顺治十六年“南京之役”做准备；髡残同门、主持修藏社的松影大麟，亦曾奔波吴楚两地，为钱谦益与郭都贤、陶汝鼐等东西串联。“南京之役”时，松影还为张煌言传递信函给郑成功。髡残与复明人士有着共同的思想基础，且长期密切交往，故极有可能也是复明运动的参与者。

关键词： 髡残　复明运动　抗清

有关清初“四画僧”之一髡残（1612～1671 年）的研究，有个重大问题，那就是他究竟有没有参与过“抗清”？吕晓《髡残抗清问题考辨》一文，梳理了郑锡珍、茅新龙、何传馨、朱万章等学者对此问题的研究成果，并提出：“尽管我们无法找到髡残直接参加抗清斗争的实际证据，但是，笔者认为他与明亡后的抗清斗争有着某种联系，他与觉浪禅师、熊开元、郭都贤、顾炎武及后来在南京与一大批明遗民的交游，证明了其强烈的忠君爱国、反清复明思想。”① 笔者赞同吕晓的观点，并拟用新发现的材料对这一问题做进一步的考证。

需要指出的是：前辈学者多用“抗清”一词来考察髡残的有关行实，但是“抗清”容易让人联想到招兵买马建立军队，直接与清廷武装对抗这样的情境。无论是前辈学者还是笔者，均未能找到这样公然反抗的活动记载。② 而陈寅恪先生在《柳如是别传》中使用了“复明运动”一词，描述钱谦益与柳如是夫妇的反清活动，揭示出正面战场之外的清统治区内，有一批矢志复明的遗民志士（包括大量的僧人）开展了“地下活动”，与南明政权及郑成功东南水师密切呼应。故“复明运动”一词更符合当时的历史情境，本文予以采纳。

① 吕晓：《髡残抗清问题考辨》，《艺术探索》2006 年第 1 期。

② 髡残之后的清代学者身处文字狱阴影下，就算掌握了这类材料，也不可能如此秉笔直书，必为之隐讳。

一　髡残与湖湘地区的复明运动之关系

程正揆《石溪小传》中："每常言甲乙间避兵桃源深处，历数山川奇癖，树木古怪，与夫异兽珍禽，魈声鬼影，不可名状。"[①] 常被学者作为髡残在湖南时参与"抗清"的证据，其实这是错误的。《髡残抗清问题考辨》一文指出："清兵入关后，首先着力巩固自己的政权，并镇压李自成的农民起义军，直到1645年才大举南下，到达湖南一带已是1646年，这之前，楚地一直是溃败的农民军与南明军混战之地。"[②]

史料记载，李自成大顺军从西安南撤后，分裂为东西两路，其中西路大顺军的驻扎地之一，就是湖南澧州。澧州，即今天的常德澧县，与髡残故里近在咫尺。南明湖广巡抚堵胤锡治所也在常德，他是南明政权里少见的主张联合农民军共同抗清的官员。但因阶级成见，当时文人对农民军的态度是抵触的，故笔下常称农民军为"贼"、为"寇"。当农民军到来时，百姓出于恐惧心理进山躲避本是常事，但在文人笔下就成了躲避兵祸，把农民军描写成烧杀抢掠无恶不作的流氓强盗。可以肯定，程正揆《石溪小传》中记载髡残于"甲乙间避兵桃源"，必然是躲避来到常德、澧州等处安营扎寨的大顺军，绝非清军。当时的政治军事形势，虽然复杂多变，但就湖南一地来说，尚在南明掌控之下，没有组织"抗清"的迫切性。

湖南的形势于顺治三年（1646）发生了变化。这一年正月，清军与南明军在湖北荆州与湖南岳阳、湘阴一线展开搏杀，互有胜败。顺治四年（1647）二月，孔有德、耿仲明、尚可喜三个外姓王统军，兵分三路再次进攻湖南，三月占领常德，湖南从此成为清军与南明军反复争夺的主要战场之一。史载顺治五年（1648）正月，因为金声桓在江西反正，清军在长江中下游防守空虚，被迫放弃湖南，退守湖北汉阳，堵胤锡等遂于当年四月出兵收复常德及大批州县。

髡残在顺治三年至五年的活动，缺考。从顺治六年（1649）起才开始有他活动的记载，如郭都贤有诗名曰《己丑五月十五夜，坐神山，同无得、破瓠、石溪、应章茶话待月》。[③] 二人相识在白云山中（即湖南安化神山），郭氏有句云："我交介邱师，岁月良足纪。己丑白云山，庚寅石门里。"[④] 自顺治六年起至十一年（1654）秋，即髡残动身赴南京之前，郭氏给髡残的赠诗有近30首。除了在安化神山的交往外，二人还在湖北嘉鱼长期寓居，并与尹民兴、王应斗、熊开元等过从甚密。在超然世外、礼佛参禅的表象下，诸人还参与了被后世文献中所删削、隐讳的复明运动。他们为匡复湖南做串联谋划、搜集情报等工作，其中的代表人物正是郭都贤与陶汝鼐。

① （清）程正揆：《青溪遗稿》卷19《传》，天津图书馆藏清天咫阁刻本。

② 吕晓：《髡残抗清问题考辨》，《艺术探索》2006年第1期。

③ （明）郭金台、郭都贤撰，陶新华点校《石村诗文集·些庵诗钞》，岳麓书社，2010，第175页。

④ （明）郭金台、郭都贤撰，陶新华点校《石村诗文集·些庵诗钞》，第158页。

郭都贤（1599～1672年），字天门，号些庵，湖南益阳人。明末累官至江西巡抚，明亡后永历曾以兵部尚书征召，不赴。于顺治四年出家为僧，居无定所，与髡残、熊开元、尹民兴、陶汝鼐、王应斗等人交往密切。据其诗文自述："自兵燹流离避居以后，走嘉鱼依熊、尹，初寓梅熟庵，再寓八斗角，三迁西滏之张家坊，后又转徙新堤，前后十九年。"① 顺治九年（1652）十月，李定国大破敬谨亲王尼堪所率领的清军，并将尼堪斩杀，取得衡阳大捷。周堪赓、郭都贤、陶汝鼐等前明遗老赴南岳衡山拜谒李定国，商讨"起义兵逐清吏"②，"湖湘士绅纷纷起义师，逐清吏以应"③。郭都贤晚年自叙亦云："壬辰（顺治九年）恢复湖南，微有赞襄之力。"④ 顺治十年（1653）四月，郭都贤因参与此事被偏沅巡抚金廷献逮捕下狱，羁押近两个月，诸人用行贿手段，才将他营救出狱。⑤ 顺治九年至十一年恰好是髡残与郭都贤在湖北嘉鱼密切交往之时。

王应斗（1594～1672年），字天喉，号北垣、万松居士，顺治五年被永历朝廷封为兵部右侍郎，总督湖北山寨义旅。⑥ 大约在顺治十年，王应斗在一封给髡残的信中写道："前过八斗，距梅熟尚遥，不得一叩师（即髡残，笔者注）席。别时托些庵（即郭都贤，笔者注）千百致意，未审晤言否？舟中颖楮不便，即一字不能留，歉歉。因思未见些老之前，些公一切行止安危，无从探讯，则一一叩之大师。及既得些老之后，遂置大师于不问，可谓得鱼兔而忘筌蹄者也。"⑦ 若是寻常问讯，何故"一字不能留"？所涉内容恐与复明运动有关，即所谓："人于患难心知少，事值间关眉语多。"⑧ 故笔者认为，郭都贤谋划湖广地区复明运动之事，髡残极有可能是知晓的，甚或是参与者之一。

另一位湖南复明运动的核心人物为陶汝鼐。陶汝鼐（1601～1683年），字仲调，又字燮友，号密庵，明亡后逃禅，别号忍头陀、石溪农等，湖南宁乡人。《陶密庵先生年谱》中，将顺治九年南明军恢复湖南的幕后主谋定为陶氏，称其："夫先生（陶汝鼐）与（郭）都贤之同里同志，都贤既赞画壬辰恢复之事，而谓先生有不预闻者乎？是所谓壬辰义兵与先生之预谋又有征矣！且先生不仅预谋而已，又实为主谋之人。些庵叙先生集云'余与仲调出处患难，同时同志。年来杖策以规江左，流涕而受拾遗，哀时命吊战场，尚有不尽于诗若文者，曰：规江左恢复之事也'。"⑨ "李定国军与湖南士民

① （清）邓显鹤编纂，欧阳楠点校《沅湘耆旧集》第2册，岳麓书社，2007，第618页。

② 转引自何龄修《五库斋清史丛稿》，学苑出版社，2004，第351页。

③ 转引自何龄修《五库斋清史丛稿》，第348页。

④ （同治）《益阳县志》卷14《宦业·些庵自叙》，中国国家图书馆藏清同治十三年刻本。

⑤ 郭都贤自言"破家荡产，其得免于刀锯。"参见同治《益阳县志》卷14《宦业》，《些庵自叙》。

⑥ （明）蒙正发：《三湘从事录》，中国历史研究社编"中国历史研究资料丛书"，上海书店，1982，第272页。

⑦ （明）王应斗：《湛辉阁草》，《四库禁毁书丛刊补编》第74册，北京出版社，2005，第281页。

⑧ （清）钱谦益：《牧斋有学集》，上海古籍出版社，1996，第273页。

⑨ （清）梅英杰编《陶密庵先生年谱》，"永历六年壬辰五十二岁"条，民国十七年沩峤遗书馆刻本。

联络、配合的各项活动，‘汝鼐皆颇预闻’”①。毫无疑问，陶、郭二人共同参与了此次重大的军事行动；顺治十年，陶氏也因此获罪入狱，牵连多达300余人，这就是清初震惊全国的“陶汝鼐案”。十一年，洪承畴公审此案，出于稳定湖南局势、笼络当地文人士绅的考虑，告发者被判继续监禁，而包括陶氏在内的其余人则反而全部获释。有学者认为，这种笼络政策起到了效果，“陶汝鼐、郭都贤、郭金台等都不再站在坚决反抗的队伍中”②。但据笔者研究，陶汝鼐出狱后仍与复明运动人士有密切联系，后文再述。

髡残交往圈中诸人，除了郭都贤和陶汝鼐直接参与复明运动外，③ 王应斗亦受永历朝廷委任的总督湖北山寨义旅的兵部右侍郎官职，只是因为“路阻”而未赴；熊开元在明亡后投奔福建唐王政权，任东阁大学士兼右副都御使；尹民兴也是在清廷有“案底”的人④。这一批人具有共同的目标，即心怀故国，愿意为匡复朱明王朝付诸行动。他们的思想、行为无疑会深刻影响髡残。结合当时湖南地区南明与清廷军事斗争的形势，笔者认为，髡残与湖南地下复明运动的关系是极为密切的，甚至有亲身参与其中的可能，因为他的友人就是复明运动的参与者和领导者。

二　髡残与江南地区复明运动之关系

顺治十一年立秋后，髡残动身赴江宁（即南京），郭都贤很可能与他同行，因为二人于顺治十一年冬至十二年（1655）春从南京共赴苏州、杭州等地，即所谓“吴越行脚”⑤。通常认为，髡残此次东下是应高僧觉浪道盛之邀来南京大报恩寺参与校刻《永乐南藏》的。自十一年秋东下南京，至十六年（1659）秋觉浪去世，髡残基本都在大报恩寺活动。

值得注意的是，这段时间也正是江南地区复明运动最为高涨的时期。张名振、张煌言率水师于顺治十一年三次进入长江（即著名的“三入长江之役”），其中最为深入的一次则直达南京城北门户燕子矶。⑥ 虽然每次入江停留时间均不长，且军事战果不大，但因当时清军尚无水师，故沿岸清廷下辖各府州县，通常只能采取闭门自保的被动防御策略，眼睁睁地看着明军如入无人之境，这种大张旗鼓的举动，在江南民众中

① 转引自何龄修《五库斋清史丛稿》，第351页。

② 何龄修：《五库斋清史丛稿》，第357～358页。

③ 尚未找到髡残与陶汝鼐直接交往的证据，但两人均与郭都贤建立了极密切的关系，故应当熟识。

④ 尹民兴曾在安徽泾县起兵反清：“（尹民兴）流寓泾县，南京失，与诸生赵初浣等据城拒守。大清兵攻破城，初浣死之，民兴走免。”见（嘉庆）《泾县志》卷16《名宦》，中国国家图书馆藏清嘉庆十一年刻本。

⑤ 有关髡残于顺治十一年从湖北再次来到南京，以及与郭都贤在苏州、杭州的行踪，可参阅景杰《石谿早期（1649—1654）行实小考——以郭都贤〈些庵诗钞〉为中心》，《中国国家博物馆馆刊》2022年第4期。

⑥ 关于张名振、张煌言水师“三入长江之役”的内容，可参见顾诚《南明史》，光明日报出版社，2011，第587～590页。

引起的反响却是巨大的。明清鼎革后的江南地区，饱受战争摧残，清廷的强制剃发令，更是激起江南民众的奋起反抗，清军由此制造了大量的屠城事件。因此，清廷在江南的统治并不稳固，不论是文人士大夫，还是普通民众，都对清廷持抵触态度。很多人虽然被迫剃发易服，但心系大明，怀念旧朝，积极参与地下活动。清廷用暴力手段维持了表面的平静，但是地下复明运动此起彼伏，其领导核心之一就是髡残在大报恩寺修藏时结识的大文豪钱谦益。

钱谦益（1582～1664 年），字受之，号牧斋，晚号蒙叟、东涧老人等，南直隶常熟人。有关钱氏的文学成就与其归降清廷始末之研究已很多，他写给髡残的数首诗作，也都收录在《牧斋有学集》中，故不赘述。表面上看，钱氏与髡残是因有共同的佛教信仰而走到了一起的，钱氏与髡残的另一位友人陈旻昭（丹衷），是顺治十一年此次《永乐南藏》修刻活动的赞助人。[①] 另外，钱氏此时还在做《楞严经疏解蒙钞》的编纂工作，常往返于大报恩寺和故乡常熟间。此书序言中就提到了髡残："指瑜伽之教相，考匿王之生年，搜剔小宗，旁资引证者，楚松影省师也。明镜清流，不辞披拂，霜天雪夜，共许参求者，长干社中勖伊闲师、介立旦师、雪藏韶师、介丘残师也（即髡残，笔者注）。"[②] 这里的"松影省师"是觉浪弟子松影大麟[③]。为了统筹此次《永乐南藏》修刻活动，成立修藏社，松影大麟为社主，他主要负责募集资金，而髡残则负责校刻经板。

在寄身佛门的表象下，钱谦益与夫人柳如是实为江南地区地下复明运动的核心人物。这一点，史家陈寅恪、顾诚、何龄修诸先生均有论证，且已为史学界所公认。[④] 张名振等组织的"三入长江之役"背后的总策划正是钱谦益，[⑤] 他的构想是东西呼应同时举事，以收复长江中下游地区。西路，由永历政权的秦王孙可望率明军，汇集川楚交界处的"夔东十三家"义军等为主力，从荆州、常德等处顺江而下；东路，由郑成功、张名振、张煌言等率明军水师，由福建、浙江走海路北上入长江口，策应与牵制。两路计划会师南京。南京是复明志士、遗民聚集的大本营，是复明运动的一座重镇，收复南京能极大地提升抗清士气。张名振第一次进入长江并占领镇江后，曾登临金山寺遥祭明孝陵，并写下一首赋，开篇即写："予以接济秦藩，师泊金山，遥拜孝陵，有感

---

① 有关钱谦益与陈旻昭是清初《永乐南藏》经板校刻工作的赞助人的结论，请参看景杰《清初南京大报恩寺松影及同门友苍大嵩生平考证》，《法音》2021 年第 9 期，注释［5］［27］。

② （清）钱谦益：《楞严经疏解蒙钞·佛顶蒙钞目录后记》，转引自《卍续藏经》第 21 册，台北：新文丰出版公司，1994，第 81 页；中华电子佛典协会，2021 版。

③ 有关松影大麟的考证，可参见景杰《清初南京大报恩寺松影及同门友苍大嵩生平考证》，《法音》2021 年第 9 期。

④ 可参见：陈寅恪《柳如是别传》，上海古籍出版社，1980；顾诚《南明史》，光明日报出版社，2011；何龄修《清初复明运动》，中国社会科学出版社，2016。

⑤ 可参见顾诚《南明史》，第 591～596 页。

而赋。"① 此处"秦藩"即指秦王孙可望。可惜的是，顺治十一年孙可望因试图取代永历黄袍加身，遭到李定国、刘文秀等人反对，双方矛盾激化，已无力投入克复长江中下游的战役之中。故张名振三次入江均未等到孙可望率军东下，无奈只得退出长江口，功败垂成。

此次失利并未动摇钱氏的决心，他以南京大报恩寺等处为据点奔走联络，策划更大的行动。巧合的是髡残刚好此时抵达南京并住锡在此，故与钱氏有密切接触。二人在大报恩寺的交往与后来的复明运动究竟有怎样的关系？陈寅恪先生在《柳如是别传》中用"诗文证史"的方法，将钱氏给髡残的数首赠诗背后的深意阐释出来，对髡残与复明运动关系的研究有重大推进，可惜这些成果未被以往的艺术史学者留意。

陈先生首先指出，钱谦益长期寄居僧寺，其中有"待发之覆"，并进一步解释说："盖当日志怀复明诸人，往往托迹方外……其言与禅侣研讨内典，恐不过掩饰之辞。后来牧斋再往金陵，亦常栖止于报恩寺，仍是为顺治十六年已亥郑延平大举攻取南都之准备也。"② 可见，虽然此次长江之役未能成功，但钱谦益已开始着手策划今后的军事行动。

接着，陈先生将《长干偕介邱道人守岁》与《丁酉仲冬十有七日长至，礼佛大报恩寺，偕石溪诸道人燃灯绕塔，乙夜放光应愿欢喜，敬赋二十韵记事》两诗进行合并研究。前者为顺治十二年冬钱氏与髡残等人在大报恩寺守岁时所作；后者为顺治十四年（1657）钱氏与髡残等在大报恩寺绕燃灯塔所作。陈先生认为：顺治十二年的赠诗里，"头白黄门熏宝级，香炉曾捧玉皇西"句中的"黄门"指"中官"。陈先生进一步指出："足见与石溪诸道人同在大报恩寺者，亦有中官。疑大报恩寺曾有皇帝亲临降香之事，此皇帝或即福王，亦未可知。此类宦者，殆为先朝所遗留者耶？遵王（即钱曾，笔者注）注以'黄门'为给事中，似认介邱曾任桂王之给事中，恐非。盖今无载记可以证明也。诸居寺中之明室遗民，虽托迹方外，仍不断为恢复之活动。牧斋与此类遗民亲密如是，必有待发之覆。"③

陈先生又对钱氏组诗④中写给髡残友人薛更生的两首诗，钱氏《薛更生墓志铭》中所记薛氏生平及与勖伊佛闲（亦为髡残友人⑤）的交往，髡残为薛更生所作之评语，等等，加以分析研究，指出："据钱氏所言，则更生志在复明，尤为接应郑延平攻取南都，有助力之人。且与长干诸僧交谊切挚，与牧斋之共方外有志复明者相往来之情事，

① （清）计六奇撰，任道斌、魏得良点校《明季南略》卷16，"张明正题诗金山"条，中华书局，1984，第484页。

② 陈寅恪：《柳如是别传》，第1036页。

③ 陈寅恪：《柳如是别传》，第1070页。

④ 即《丙申（顺治十三年）春就医秦淮，寓丁家水阁浃两月，临行作绝句三十首留别，留题不复论次》组诗。

⑤ 勖伊佛闲与髡残之关系，可参阅景杰《髡残早期行实二考兼论其佛禅思想》，《中国书画》2021年第1期。

更相适合也。"[1] 陈先生还认为，"（钱氏写给薛氏诗中）'月中常守桂花根'句之'月中桂花根'即暗指明桂王由榔而言，与《投笔集》上《后秋兴之五》第八首'丹桂月舒新结子，苍梧云护旧封枝'之句，可以互相印证也"[2]。

这组诗中还有一首是专门写给髡残的："寒窗檐挂一条冰，灰焰炉香对病僧。话到无言清不寐，暗风山鬼剔残灯。"[3] 陈先生认为，此诗与钱氏于顺治十四年写给髡残的《示藏社介丘道人，兼识乩神降语》诗中"并舟分月人皆见，两镜交光汝莫疑"[4] 句，以及《腊月八日长干熏塔，同介道人、孙鲁山、薛更生、黄舜力、盛伯含众居士》诗中"腊改嘉平绕塔来"[5] 句，"皆与复明之意有关，可注意也"[6]。

经由陈先生深入阐释，可以确认：钱谦益与髡残之间的交往确系复明运动的一部分，二人必定还有更多更深入的复明活动，只是因为内容极为敏感，或仅通过言语交谈传递信息，或因后世文字狱而被删削隐讳，已不存世间，留存至今的这些只言片语，已是经过清代文字狱洗刷后的残余。赠诗内容虽甚隐晦，但具良好国学功底之人如陈寅恪，仍能发掘出与复明运动有关的蛛丝马迹。可以想见，在当时只要是在同一语境下的志在复明之人，包括髡残、薛更生，乃至方文、钱澄之、方以智、杜于皇等，定能理解诗中深意，这是一种思想与价值观的认同。

三　郭都贤、髡残、松影等人的"吴楚上下流观察形势"

清初的复明运动绝不是一人一地的孤立活动，而是从普通百姓到文人士绅各阶级共同参与的、有大量人员往来于全国各地进行交通串联的重大行动。顺治十一年"三入长江之役"失利后，清军利用永历政权内部分裂无暇外顾的机会，加强了对西南地区的进攻势头，四川、湖南、贵州、云南等地的大片领土接连失陷。顺治十四年，秦王孙可望的降清更是让永历政权雪上加霜，国事日蹙。为改变被动挨打的局面，李定国等联络各地抗清队伍，出兵战略要地，试图通过"围魏救赵"的战术，达到牵制和延缓清军进攻的目的。除永历朝内阁首辅文安之于顺治十五年（1658）十二月率盘踞在川东及鄂西地区的"夔东十三家"义军猛攻重庆外，郑成功、张煌言于顺治十六年发起的"南京战役"也与挽救南明危局有关。前文所述髡残与钱氏在大报恩寺内的活动，应是谋划为"南京战役"作准备。

鉴于"三入长江之役"失败的部分原因是未能获得长江中上游南明军队的响应与

① 陈寅恪：《柳如是别传》，第 1080 页。

② 陈寅恪：《柳如是别传》，第 1080 页。

③ （清）钱谦益：《牧斋有学集》，第 288 页。钱氏自注："乙未除夕，丙申元旦元夜，皆投宿长干，与介邱师兄同榻。"

④ （清）钱谦益：《牧斋有学集》，第 408 页。

⑤ （清）钱谦益：《牧斋有学集》，第 409 页。

⑥ 陈寅恪：《柳如是别传》，第 1097 页。

支持，故此次“南京之役”的准备工作的重点是加强长江中上游各地的联络。顺治十一年秋，文安之曾致函永历朝兵科给事中朱全古：“我当以冬还蜀，君可以春还。吴楚上下流观察形势，各靖其志，无蹈危殆。”[①] 据顺治十一年秋郭都贤自湖广顺江而下至南京沿途所作诸诗可知，郭氏非常留意观察沿途清军的部署与民间动向，如“官家近日客家多，整白让黄不是么。北调南腔何处认，行人莫信满州锣（客船假充。郭氏自注）”，提到了清军舰伪装成客船在江上巡逻之事；[②]“北来兵马赴援东，道出浔阳罢市空。淫掠遍村轻熟贯，宁南残卒在其中”[③]，提到清军已顺江而下向南京派出援兵，抵御入江的明军水师；“江东岁岁米如珠，惯走湖湘满载输。行过芜阴闻岁稳，一时低首暗踌蹰”[④]，则留意到芜阴一带行市平稳，不像发生过战争的样子，诗人内心暗自踌躇。这些沿途见闻对于长期身处海外岛屿，不了解内陆清军动向及民生情况的明军水师来说，是极为重要的情报。

髡残曾在湖广密切接触甚至参与复明运动，对湖广情事非常熟悉；他顺江而下来到南京，沿江重要城市及关隘的所见所闻也很有价值。这可能是钱谦益与他接触交往的重要原因。顺治十三年（1656），髡残、熊开元及一干“操南音”的楚人，与顾炎武、王潢泛舟于南京城西秦淮河之栅洪桥下，顾炎武用诗记载的诸人谈话内容，大部分与湖广地区抗清复明运动有关。诗中“郧公抗忠贞，左徒吐洁芳”句，还将抗清复明的希望寄托在李赤心、高必正所率领的大顺军忠贞营和李定国所率的南明军身上。[⑤] 显然，这不仅仅是顾炎武个人的希望，而且还是在座诸位的共同期盼。这些点滴材料可资证明，顺治十六年“南京之役”开始前，湖广与江南两地心怀复明之士密切接触，传递情报。

值得留意的是，与髡残同在大报恩寺修藏社的社主松影大麟，也是“吴楚上下流观察形势”的参与者，他曾为钱谦益向湖广地区复明运动领袖郭都贤、尹民兴、陶汝鼐等传递信函。考松影大麟于顺治十二年腊月从南京归楚，原因是营葬其父，郭都贤有《汉上访松影法师不遇，时先归景陵营葬乃公》[⑥] 诗可证。钱谦益也有《长干送松影上人楚游兼柬楚中郭尹诸公》诗，全录如下：

---

① （清）沈佳撰，《存信编》卷5，转引自顾诚《南明史》，第599页。

② （明）郭金台、郭都贤撰，陶新华点校《石村诗文集·些庵诗钞》，第220页。

③ （明）郭金台、郭都贤撰，陶新华点校《石村诗文集·些庵诗钞》，第221页。

④ （明）郭金台、郭都贤撰，陶新华点校《石村诗文集·些庵诗钞》，第221页。

⑤ 王冀民：《顾亭林诗笺释》，中华书局，1998，第358～365页。据南炳文先生研究，李赤心病死后，其养子李来亨代领其众，与其余大顺军迁移至四川、湖北两省交界处的巴东西山，故后世称他们为“西山十三家”或“夔东十三家”。这批农民军在内阁首辅、吏部尚书文安之和兵部侍郎洪清鳌等组织下，与南明永历政权相互配合，矢志抗清，直到1664年才最终失败。见南炳文《南明史》，故宫出版社，2012，第304～321页。顾炎武此处所云“忠贞”，应该包括李来亨在内的其他农民抗清武装。

⑥ （明）郭金台、郭都贤撰，陶新华点校《石村诗文集·些庵诗钞》，第239～240页。

吴头楚尾一军持，断取陶轮右手移。四钵尚擎殷粟米，七条还整汉威仪。
毗蓝风急禅支定，替戾声长咒力悲。取次庄严华藏界，护龙河上落花时。

孤蓬散霰浪花堆，眉雪茸茸抖擞来。跨海金铃依振锡，缘江木杮衬浮杯。
九疑旭日扶头见，三户沉灰按指开。唤起吕仙横笛过，岳阳梅柳早时催。①

钱氏两诗极为重要，暗含了大量与复明运动有关的内容，虽隐晦但尚可解读。（1）“吴头楚尾”已经暗示松影此行兼有“吴楚上下流观察形势”的重任。（2）“四钵尚擎殷粟米”显然用了“伯夷叔齐不食周粟”的典故，暗示松影以明遗民自居，反对清朝统治。（3）“七条还整汉威仪”表达了对“汉官威仪”的尊崇，暗指心向大明。（4）“缘江木杮”按钱曾笺注，为西晋王濬造楼船时木杮蔽江而下的典故。从“王濬楼船下益州，金陵王气黯然收”诗意揣摩，则钱谦益此句当指期待湖广明军水师顺江东下，与郑成功、张煌言水师东西遥相呼应克复金陵的战略构想。“浮杯”据钱曾注释，指代慧皎《高僧传》中所记的一位异僧，他以木杯为舟渡海；钱氏此处当指松影大麟，也有可能指郑成功、张煌言的海外水师。（5）“跨海金铃”当指郑成功、张煌言在外海的水师，而“依振锡”应该也是指依赖松影两边牵线搭桥之意。后来事实也证明，当张煌言孤军深入皖南时，正是松影为其联络郑成功的水师。（6）“岳阳梅柳早时催”则反映钱谦益希望湖广一带复明军队能早有动作，以便东西遥相呼应，同时举事。

据钱澄之《髡残石溪小传》中记载：“丁戊之间，予侨寓白下，从胡处士星卿时过长干修藏社。社主松影去楚，有石溪代领其事。”② 可知松影自顺治十二年冬至十四年都不曾返回南京，是什么原因让他放下重要的修藏工作长期不归？为父亲守孝或可备一说，为复明运动奔走的可能性也不能排除。因为松影为湖广安陆府景陵人，景陵位于湖北省中部，向西就是“夔东十三家”等抗清武装经常活动的荆门、荆州、夷陵一带。已知松影具有复明思想，如果他利用返楚的机会联络当地抗清武装，并不令人惊讶，也符合逻辑，姑且待考。此说若成立，则在修藏社中代领其事的髡残，必定是知情人。

有趣的是，钱氏二诗还得到了陶汝鼐的回应，陶氏有《郢中赠别松公步钱牧老韵》③ 和诗，全录如下：

国土如何用想持，愚公不动欲山移。辩才每解真如缚，起信能超具足仪。

① （清）钱谦益：《牧斋有学集》，第261～262页。

② （清）钱澄之撰，彭君华校点《田间文集》，黄山书社，1998，第422页。

③ 松公，郢人，常住大报国寺，修刻南藏；陶汝鼐自注，下同。原书确作“报国寺”，但据史实应为“报恩寺”无疑。

帝释劫前花梵古，耆婆手里药苗悲。大千尘海毗岚疾，正是三身并现时（常说法广陵石塔，陶汝鼐自注）。

处处横吹阿滥堆，海幢犹拥妙香来。咒龙久蓄将倾钵，辽鹤重归亦泛杯。
石塔更从初地涌，宝昙携过百城开。看师锡杖凌空意，万叠春潮带雨催。①

此诗全用钱氏二诗之韵，显然陶汝鼐见到了松影大麟及钱氏委托他带来给“郭尹诸公”的信札，说明陶汝鼐、郭都贤、尹民兴、熊开元、王应斗及髡残、龙人俨等人同属一个圈子，圈中人可能均参与了湖广当地的复明运动，且与江南的复明运动人士有紧密联系，两者遥相呼应。

从诗文内容看，充满了对复兴大明的渴望，表达了对郑成功水师进军南京的期待。(1)“国土如何用想持，愚公不动欲山移”句，陶氏用愚公移山的典故作比，表达匡复大明，不能仅靠谋略，更应付诸行动的主张。可能是激励松影和钱谦益，当然也包括自己，要有所作为的意思。(2)“大千尘海毗岚疾，正是三身并现时”，似暗喻当下正值乱世，大明江山岌岌可危，正是松影及诗人自己挺身而出，有所承当的时候。(3)“万叠春潮带雨催”，应是陶氏对郑成功、张煌言的外海水师早日入江的期待，表达匡复大明终将有时可待之意。海潮有涨有落，但来去有定时，故称“潮信”。陈寅恪在《柳如是别传》中对此的解释为：“明室将复兴，如暮潮之有信。”②

除了以上二诗外，松影返楚期间，陶氏还有数首与之相关的赠予松影、郭都贤、尹民兴等人的诗作，仅列诗名如下：《出安陆郡》③（时松公诸衲相送至舟，陶氏自注）、《出安陆留别香严堂诸衲》④、《夏日客郢中寄怀尹洞庭先生》⑤、《咏瓶寄牡丹和郭些翁湖中作四首》⑥。综上可知，陶汝鼐虽曾因参与复明运动入狱，但出狱后仍与复明人士有密切往来。

四　觉浪师门与顺治十六年“南京之役”的关系

顺治十六年五月初，郑成功、张煌言等率军从浙江定海北上，因钱谦益事先已联络把守长江口的清军苏淞提督马进宝，让其按兵不动，故郑、张水师顺利入江，六月末已抵南京，爆发了“南京之役”。明军水师所向披靡，沿途各地百姓士绅无不欢呼雀跃，可见此时“反清复明”仍有较好的群众基础。张煌言更是亲率一军逆江而上，至

① （明）陶汝鼐撰，梁颂成校点《陶汝鼐集》卷5《荣木堂诗集》，岳麓书社，2008，第173页。

② 陈寅恪：《柳如是别传》，第1075页。

③ （明）陶汝鼐撰，梁颂成校点《陶汝鼐集》卷5《荣木堂诗集》，第105页。

④ （明）陶汝鼐撰，梁颂成校点《陶汝鼐集》卷5《荣木堂诗集》，第106页。

⑤ （明）陶汝鼐撰，梁颂成校点《陶汝鼐集》卷5《荣木堂诗集》，第171页。

⑥ （明）陶汝鼐撰，梁颂成校点《陶汝鼐集》卷5《荣木堂诗集》，第172页。

安徽芜湖、安庆等地，“凡得府四、州三，县则二十四焉”[①]。因郑成功中了清军提督管效忠的缓兵之计，未能速战速决占领南京，给了城内清军喘息之机，使其获得从荆州乘船而下的八旗军的援助，于七月下旬在南京城外被击败，遂撤出长江，“南京战役”宣告失败。

由于郑军战败十分突然，孤军深入安徽的张煌言得知消息后，派人给郑成功送信，试图说服郑氏不必撤军，而是整军西进接应自己，以期在长江中上游扩大影响，但信件因郑军主力迅速撤出长江而无法送达。这个送信人身份特殊，顾诚在《南明史》中称：“（张煌言）就派了一个名叫松隐的和尚带着帛书由间道去寻找郑成功的行营。”[②]上海古籍出版社本张煌言《张苍水集·北征录》只说“余遣一僧赍帛书，由间道访延平行营”[③]，未提及名字。再爬梳清人郑达辑《野史无文》，获张煌言自述，有：“予遣一僧（号松隐，湖广安陆人。）[④] 赍帛书，由间道访延平行营。”[⑤] 考松影大麟，为“楚景陵王氏子”[⑥]，景陵在明代嘉靖时属沔阳州，由承天府管辖。入清后改承天府为安陆府，故景陵入清后为安陆府下辖县：“（至元）十二年改为复州路，十六年改为沔阳府，领玉沙、景陵二县……（洪武）九年改为沔阳州……嘉靖十年改属承天府，仍领景陵县。本朝（清顺治二年）改承天府为安陆府，县（景陵）仍属。”[⑦] 可以肯定，帮助张煌言递信给郑成功的人，正是松影大麟！至于“影”与“隐”之别，应是二字谐音造成的讹误。这一线索极为重要，它是首次发现的觉浪道盛师门参与复明运动乃至武装抗清活动的直接证据！亦可印证陈寅恪先生对当时长干寺（即大报恩寺）内诸僧参与复明运动的判断。大报恩寺修藏社中负责校刻藏经，地位仅次于社主松影，并在松影返楚时“代领其事”的髡残，对松影参与“南京之役”一事必定是知晓的。

清初参与地下复明运动乃至公开武装抗清的僧人，并不少见。[⑧] 如顺治年间东渡日本的临济宗高僧隐元隆琦及其弟子住持的长崎兴福、崇福诸寺，极有可能扮演了郑成功抗清海外联络站的重要角色。[⑨] 吕晓《髡残抗清问题考辨》中已就髡残之师觉浪道盛

---

① （明）张煌言：《上监国启》《北征录》，《张苍水集》，上海古籍出版社，1985，第14、194页。

② 顾诚：《南明史》，第692页。

③ （明）张煌言：《北征录》，《张苍水集》，第195页。

④ 原书旁注。

⑤ （明）郑达辑《野史无文》卷13，“前朝鲁王以海监国于闽浙，命延平王郑成功、兵部尚书张煌言，自闽海率师攻江宁府城。纪略”条，中华书局，1960，第137页。此文标题应为郑达所加，但文末有“时在永历十三年己亥嘉平月，苍水使者张煌言玄箸氏纪于浙海之行营”，故原书中“号松隐，湖广安陆人”旁注，应为张煌言自注。

⑥ （康熙）《江宁县志》卷11《释》，转引自（清）佟世燕修，戴本孝撰《康熙江宁县志》第2册，南京出版社，2013，第91页。

⑦ （康熙）《安陆府志》卷1《郡纪·沿革》，中国国家图书馆藏清康熙八年刻本。

⑧ 何龄修：《清初复明运动中的德宗和尚》，《清初复明运动》，第42~49页。

⑨ 可参见杨海英《复明运动海外秘密联络网管窥——〈丁未传信录〉所见的口述南明史》，《清史论丛》2016年第2期。

的复明倾向有所论述，本文略作增补。首先，顺治十四至十五年，觉浪都在杭州皋亭山崇先寺，此期间髡残还曾于十五年赴崇先寺拜谒，并“一见皈依”，然而十六年春，觉浪却忽然从杭州回到了南京天界寺。[①] 此时距之后的郑成功、张煌言挥师入江不过两月而已，如此巧合，则令人遐想，觉浪极有可能为接应郑、张水师而来。其次，顺治十五年时觉浪曾与钱谦益在杭州密会，钱氏称“与觉浪和尚相闻十余年，始得把臂”[②]，二人绝非泛泛之交。再次，觉浪住持的不少寺庙地理位置十分险要，有重大战略价值。如栖霞寺位于南京东北的栖霞山，俯瞰大江，是重要的江防要塞；南京观音门外弘济寺，是城北门户，寺庙依幕府山而建，坐南朝北，正对着长江。“三入长江之役”中张名振所率水师，以及“南京之役”中郑、张所统水师，都曾驻泊于此；又如城南大报恩寺，寺内的琉璃塔是当时世界上最高的建筑物，登塔可以俯瞰南京全城，城内清军驻防、调动情况可尽收眼底；修藏社中其他僧人如介立达旦住持的高座寺，勖伊佛闲住持的普德寺，都位于雨花台附近，亦是南京城南门户。这些寺庙的住持僧人均与觉浪师门和复明领袖钱谦益有密切关系，不排除他们有为郑军搜集、传递情报的可能。最后，无论是觉浪鼓励郭都贤“当此时世，当此机会，肯如此颟顸，而不大作个彻底打透之事乎”，还是门下弟子如松影大麟、髡残等深入参与地下复明运动，均可从觉浪倡导的“大冶红炉禅”中找到思想根源，台湾学者徐圣心指出：“（觉浪道盛）大冶红炉别开新境，以整个人间世界为锻炼，常识佛学中极欲出离的诸苦，却化成极佳的修行助力”，“世界为红炉，不仅是锻炼吾人显发自性而已，同时正是英雄向此世烧灼锻熔以化世之处”，“大冶红炉，不仅是个人参学悟道之手段，也是治世救世的机用”。[③]

结　语

顺治十六年郑成功、张煌言之“南京之役”的失败，标志着全国性的地下复明运动和武装抗清高潮结束。随后清政府的统治日渐稳定，已很难再有撼动其根本的复明机会了。

钱谦益在战役失败后，从常熟白茆港别业归隐乡里，在晚年所著《投笔集》中表达了“南京之役”失败后的内心痛苦：“廿年薪胆心犹在，三局枰楸算已违”，“百神犹护帝台棋，败局真成万古悲”，“海角崖山一线斜，从今也不属中华。更无鱼腹捐躯

① 清人纪映钟（伯紫）所作的《国朝觉浪盛禅师传》中载：“己亥春，（陈）旻昭请师归天界。休夏毗卢阁，日夕应酬，户外之屦常满。”见（清）陈毅撰《摄山志》，南京出版传媒集团·南京出版社，2017，第 109 页。

② 释道盛说，大成、大奇等编《天界觉浪盛禅师全录》卷首《天界初录序》。这篇序文文末钱谦益落款为：“岁在戊戌夏五望日，海印弟子虞山钱谦益和南书于杭城之报恩院。”转引《嘉兴大藏经》第 34 册，台北：新文丰出版公司，1987，第 B311 经，第 591 页；自中华电子佛典协会，2021 版。又，钱谦益《牧斋有学集》卷 9《红豆诗初集》中亦有《次韵酬觉浪大和尚》诗。此卷钱氏自注“起戊戌，尽一年”；见（清）钱谦益《牧斋有学集》，第 434 页。

③ 徐圣心：《青天无处不同霞——明末清初三教会通管窥》，台湾大学出版中心，2016，第 51、53、54 页。

地，况有龙涎泛海槎。望断关河非汉帜，吹残日月是胡笳。嫦娥老大无归处，独倚银轮哭桂花”。[①] 其与髡残的交往只限于战役前，战役后至康熙三年（1664）钱氏去世，目前尚未见到二人往来的记载。

郭都贤与髡残建立了终生的友谊，直至康熙十年（1671）髡残去世。康熙七年（1668）髡残回乡营葬双亲时，郭氏还曾冒雪赴常德德山乾明寺拜访，有《戊申一九，雪中访石溪和尚于德山，时和尚归自祖堂，营两尊人葬》[②] 诗。郭氏于康熙十一年（1672）因参与顺治九年李定国恢复湖南之事而被人告发下狱，后被营救出狱，同年六月客死湖北江陵（今荆州）承天寺。

觉浪道盛于“南京之役”失败后的同年九月初七去世。他遗命弟子将自己亲笔书写的付法偈和一柄竹如意，在自己龛前授予髡残，此乃纳髡残为自己嗣法弟子之意，但髡残“拜而藏之，不启。已，纳归青原，终不受”[③]。

除了郭都贤，与髡残有密切联系的参与复明运动诸人，均未见因案发而下狱的记载，得以善终。其中松影大麟“北游至京卒”[④]，《景陵县志》称其：“晚入都门，与旧老故帅相为盘桓，游若蓬户，狎如鸥鸟，竖拂谈时无不敛手听之。虽无吞针洗肠之异，而实有分身应供之幻，亦一时畸人也。”[⑤] 松影能平安善终，可能与他具有周旋于王公大臣之间的高超交际能力有很大的关系。

复明运动与武装抗清不同，它是在清统治区内冒着极高风险进行的秘密活动，一旦事泄被查获，或被人告发，清廷的镇压和报复是极为残酷的。正因为复明运动在这样严酷恶劣的环境中秘密进行，所以保证它的秘密性是事关参与者人身安全与行动能否付诸实施的关键。在当时的条件下，保证秘密性的最有效方法，就是不留下有关活动的文字记载，所以上文中除了少量诗歌用极隐晦的文字、典故进行暗示外，找不到明确的指向性描述。何龄修先生在谈到同时期天地会起源问题时，就指出：“天地会起源以自身的实际存在为标准，而不是以清政府是否查获、了解和说些什么为标准。”[⑥] 同理，髡残与复明运动关系的研究，不应因找不到文字记述就认为他没有参与过，“研究历史，首重证据，但绝不能忽视情理”[⑦]。无论是髡残让熊开元向孝陵磕几个头时表现出的民族气节与故明之思，还是其题画作品中一律用干支纪年而绝不用清廷年号，都明确无误地表明了他对故明王朝的态度，这是所有参与复明运动之人共有的思想基

① 上举三诗句俱出自（清）钱谦益《投笔集》，“国粹丛书”第二集，上海国粹学报馆发行，国学保存会印行，光绪三十四年五月再版，上海图书馆藏。

② （明）郭金台、郭都贤撰，陶新华点校《石村诗文集·些庵诗钞》，第290页。

③ （清）钱澄之撰，彭君华校点《田间文集》，第424页。

④ （康熙）《江宁县志》卷11《释》。

⑤ （康熙）《景陵县志》卷12《人物志·仙释》，中国国家图书馆藏清康熙刻本。

⑥ 何龄修：《五库斋清史丛稿》，第169页。

⑦ 何龄修：《五库斋清史丛稿》，第172页。

础。何况髡残身边的这群友人均是参与复明运动的人士，同在修藏社的社主松影大麟，甚至直接参与了郑成功、张煌言的“南京之役”。陈寅恪先生用“诗文证史”的方法也证明了髡残确曾参与其中。复明运动本身是不容否定的历史史实，“李之椿案”“平一统贺王盛案”“魏耕通海案”“黄毓祺案”“陶汝鼐案”等，无一不是证据确凿的重大事件，髡残友人郭都贤亦曾因此身陷囹圄。综合以上材料，笔者不但赞同吕晓《髡残抗清问题考辨》一文的观点，而且还认为髡残极有可能亲身参与了地下复明运动。故作此文，请各位方家批评指正，不吝赐教。

（作者单位：南京艺术学院）

清初尚阳堡流人董国祥家世生平考

杨振强

摘　要： 明进士、直隶隆平县人董国祥，是吏部验封司主事，入清后仕至宗人府府丞。顺治十六年受卢慎言案牵连，流放尚阳堡。康熙十六年，他完成纂辑《铁岭县志》，并著有《春秋三传合选》《了余园吟草》《念先堂文集》等。有关他的生平，文献记载未广且多有讹误，特作此文纠考之。

关键词： 董国祥　流人　《铁岭县志》

目前已经公开出版的专著，以及近年来的博士、硕士学位论文，如《东北流人史》[①]、《清康熙朝东北方志文献研究》[②]、《清前期东北流人研究（1644—1795）》[③] 等，对董国祥这位清初著名的东北文化流人均有所着墨，然大多聚焦于其纂辑康熙《铁岭县志》之功绩，未见对其家世、生平展开系统的研究。

事实上，虽然记载董国祥的传世文献较稀，但除康熙《铁岭县志》与《清世祖实录》这两种引用率稍高的文献外，仍有一定数量的记载散见于家谱、墓志、科举、方志、别集等文献中，未经披露。尤其值得一提的是2019年出土的《明赠上元县知县举人康侯董公墓志铭》（以下简称《董祚墓志铭》），以及2022年发现的清代晚期手抄本《董氏家谱册》。前者为目前所见由董国祥撰写的唯一墓志铭，墓主为与董国祥关系紧密的家族成员，部分文字涉及董国祥；后者除世系外，还有完整的《董国祥小传》，其可信度自非其他传记类文字可比。借助这两种文献，董国祥家世、字号等个人关键信息得以浮出水面，特别是其字号的确定，不仅能够订正文献中悬而未决的讹误，而且循此线索，可以发掘出与其有交游的诗文，以扩充文献的基础量。总之，通过对现有文献进行梳理，董国祥家世生平大体可以勾勒出来，因此不揣浅陋，整理成文，以期为相关研究提供参考。

---

① 李兴盛：《东北流人史》，黑龙江人民出版社，1990。

② 刘晓玲：《清康熙朝东北方志文献研究》，硕士学位论文，东北师范大学，2012。

③ 李德新：《清前期东北流人研究（1644—1795）》，博士学位论文，东北师范大学，2014。

一　家世及生卒年、字号、室号

据《崇祯十三年庚辰科进士三代履历》，“董国祥：曾祖景和。祖学诗。父绳。福兄。《诗》三房。壬子年十月初七日生，隆平县人。癸酉六十五名，会试一百六十七名，二甲四名，钦授吏部验封司主事”①。

对于自己的家世情况，董国祥在顺治十六年（1659）撰写的《董祚墓志铭》中说：“余家先世为藁城人，未悉何时迁于隆平。世系可考者，为讳元，历讳瑀，历讳广，历讳深，历讳永，历讳景和为余曾祖，即公之祖也，生子四，长为余祖学诗公。”

据《隆尧县隆尧镇陈村董氏家谱》②，本支为元代著名的藁城董氏之后，始祖讳守信③，由藁城迁至隆平县陈墩村（今河北省邢台市隆尧县陈村）。

董国祥在陈村的旧宅院，1966 年地震前遗迹尚存，位于村西部街北，旧宅院有牌坊，牌坊上有一大匾，上书“简在帝心”。④

据《董氏家谱册》，可知董国祥曾祖、祖、父、子、孙、曾孙基本情况为：

曾祖：景和，字时熙，配闫氏，生四子（学诗、学书、学礼、学易）。

祖：学诗，字达庵，配石氏，生四子（绍、纬、绳、缙）。

父：绳，字心庭，儒官，生四子（国均、国祯、国禥、国祥）。

子：隐乐，官监生。

孙：廉正，邑庠生。

曾孙二：振元，振奇。振奇，字迈公，号凯一，邑庠生，著有《赓存余吟草》二卷。

需要注意的是，董国祥之籍贯，古今文献记载多有致误者，主要有“安平”“广川”两说。“安平”说，多见于明清时文献，肇始于立于国子监的《明崇祯十三年进士题名碑》，作“直隶安平”；此后，《明崇祯十三年题名碑录·庚辰科》作“直隶真定府安平县民籍”。⑤《三垣笔记》也作“安平”⑥，或据此而来。陈长文先生撰文指出，明代进士题名碑，存在立石时间上的滞后性及方式上的集中性，“崇祯元年、四年、七

① 《崇祯十三年庚辰科进士三代履历》，明崇祯刻本。

② 董卫东主编《隆尧县隆尧镇陈村董氏家谱》，2018，内部印本。

③ 即董俊第八子文忠第四子士信之子，此董守信是否即《董祚墓志铭》言及的董元，俟考。

④ 巩庆、檀少雄：《吏部侍郎董国祥传略》，中国人民政治协商会议隆尧县委员会《隆尧文史资料选辑》第 3 辑，1997，第 269 页。

⑤ 李周望辑《国朝历科题名碑录初集（明洪武至崇祯各科附）》，清雍正刻本。

⑥ 李清：《三垣笔记·垣附上》，民国六年刘氏刻嘉业堂丛书本。

年、十年、十三年、十三年特用科六榜均在崇祯十五年由工部署郎中事主事王灏监镌”[①]。隆平、安平在当时同属直隶真定府，仅一字之差，其致误之因极可能与上述立碑方式有关。“广川”说，流行于今之东北地区文献中，肇始于民国二十年（1931）《铁岭县志》：“董国祥，字掌录，考册籍广川人，查广川即今河北冀县。”[②] 同书所收康熙《铁岭县志》原跋，作者信息直接署为“董国祥 直隶冀县人”[③]。所谓“考册籍广川人”，当据康熙《铁岭县志》而来，该志卷上《建置志·祠庙·慈清寺》附《赠寺僧参如》，作者信息署“广川董国祥”[④]；《疆域志·古迹·书院》：“铁岭无学校而有书院，盖侍御郝先生赐环归，以其书室为之者，名银岗书院，即先生题额也，广川董子谊其事，为之记。”[⑤] 此外，光绪《唐山县志》卷末《归余》：“赵公报德祠，在干言村中路南，祠圮，基址尚存，有吏部左（右）侍郎广川董国祥所撰碑文，记其颠末甚详。”[⑥] 康熙《宁晋县志·艺文志下·挽高孝廉淑直》，作者信息亦署“广川董国祥”[⑦]。这就不得不使人产生疑惑，董国祥既非广川籍，缘何于名前署之？彼时文人在行文中标明个人籍贯或在诗文中称呼地名时，每每喜用古代旧称，检康熙《铁岭县志》所收诗文作者，凡署籍贯者，莫不如此。隆平在这一时期的诗文中，则常以汉代县名“广阿”代之。“广阿”“广川”虽一字之差，但上述文本中的“广川”显非“广阿”之误。按董国祥所署之“广川”，可以视为广川县或广川郡的简称，二者俱为西汉置，但即便是广川郡，从管辖范围上来讲，也不包括藁城、隆平。广川县（治今河北景县西南广川镇）作为西汉大儒董仲舒的故里，奉董仲舒为始祖的广川董氏名声籍甚。董国祥之所以署“广川”，极有可能是把自己当作广川董氏的后裔了，其背后是出于个人推测，还是另有依据，已不得而知。

董国祥之生卒时间，《隆尧县志》作“1619—1662年”[⑧]，《崇祯十三年庚辰科进士三代履历》作“壬子年十月初七日生”；《吏部侍郎董国祥传略》称：“据清顺治、康熙二朝之《东华录》及董国祥墓碑文墓志铭记载，国祥生于明万历末年，卒于康熙初年。”[⑨]《隆尧县志》所记生卒年，不知所据；《吏部侍郎董国祥传略》所记生卒年较为笼统，且提及所据有的“董国祥墓碑文墓志铭”。据《董祚墓志铭》，“（董祚）弱冠始晋于庠，是为万历壬子，余是年始受书读”可证《崇祯十三年庚辰科进士三代履历》

① 陈长文：《崇祯十三年赐特用出身科科年考实——兼谈明代进士题名碑的立石问题》，《文献》2005年第3期。

② 黄世芳、俞荣庆修，陈德懿纂《铁岭县志》卷10《人物·寓贤》，民国二十年铅印本。

③ 黄世芳、俞荣庆修，陈德懿纂《铁岭县志》卷19《艺文》。

④ 贾弘文修，董国祥纂《铁岭县志》卷上《建置志·祠庙·慈清寺》，清康熙十六年，国家图书馆藏抄本。

⑤ 贾弘文修，董国祥纂《铁岭县志》卷上《疆域志·古迹·书院》。

⑥ 苏玉修，杜霭、李飞鸣纂《唐山县志》卷末《归余》，清光绪七年刻本。

⑦ 万任修，张坦纂《宁晋县志》卷10《艺文志下》，清康熙十八年刻本。

⑧ 董树仁主编《隆尧县志》，生活·读书·新知三联书店，1998，第944页。

⑨ 巩庆、檀少雄：《吏部侍郎董国祥传略》，《隆尧文史资料选辑》第3辑，第269页。

所记亦为董国祥之官年。董国祥既言“余是年始受书读”，则其开始读书之年龄，成为逆推其实年的关键。《明进士赵文介公年谱》：“庚戌年，七岁，始读书。”《邑庠生张公季子墓表》：“七岁就外传读小学诸书，过目成诵，疑问相生。”赵渔（1604～1670年），唐山县干言村（今隆尧县干言村）人，崇祯十六年（1643）进士。张三谟（1617～1638年），隆平县魏家庄村（今隆尧县魏家庄村）人，邑庠生。二人生年、所在村庄距离董国祥极近。则董国祥开始读书之年龄，最大可能亦为七岁。若此说成立，董国祥当生于万历三十四年（1606）。检诸其他时人传记类文献，亦不乏六岁、八岁开始读书者，因此，不排除董国祥有生于万历三十三年（1605）、万历三十五年（1607）之可能。官年虽与实年有别，但通常情况下，出生月日却是一致的，《崇祯十三年庚辰科进士三代履历》所作“十月初七日生”，当可采信。目前所见的有关董国祥的文献中，有明确纪年者，最晚者为康熙《铁岭县志》跋语，所署为“康熙丁巳长至前二日”①，即康熙十六年（1677）五月十八日。梁清标《粤抚中丞郝公浴本传》在述及郝浴居于铁岭期间，仍刻苦攻读时，提及“故侍郎董公国祥同在徙所，公读书琅琅，笑曰：‘我辈尚思复用乎，何攻苦乃尔?’公曰：‘显晦何常，假一旦位卿相，何以救天下苍生?’董公嗤其妄，公洒然不为意”②。梁清标与郝浴、董国祥均熟稔，文中既言“故侍郎”，可知梁清标撰文时董国祥已逝世。另据本文，郝浴“卒癸亥七月十五日也”。此癸亥，即康熙二十二年（1683），循以常理，梁清标撰文之时间亦应在本年七月十五日之后，则董国祥逝世之时间，推知或在郝浴逝世前，或在郝浴逝世后至梁清标撰文前，因缺乏实证，暂将其卒年下限定为康熙二十二年。《隆尧县志》所记与此相合，因不知所据，尚不能作为定论。

董国祥之字号，《崇祯十三年庚辰科进士三代履历》仅作“福兄”，未明确为字或号。据《国朝畿辅诗传》：“国祥，字福口，隆平人，明进士，国朝官吏部侍郎，有《了余园吟草》。”③ 今之文献，每作字“掌录”。④ 其肇始者为民国六年《铁岭县志·儒林志》：“董国祥，字掌录，康熙间与孙罗邢左诸人创成县志。”⑤ 当据康熙《铁岭县志》同修县志姓氏纂辑“董国祥，掌录氏”而来。

据《董氏家谱册》：

> 国祥，字兆兴，号福兄，又号掌录，崇祯癸酉科举人，庚辰科二甲四名进士。任吏部验封司主事，升稽勋司员外，文选司员外，文选司郎中，翰林院提督四译

① 贾弘文修，董国祥纂《铁岭县志》跋语。

② 梁清标：《粤抚中丞郝公浴本传》，《中山郝中丞全集》，清康熙刻本。

③ 陶樑：《国朝畿辅诗传》卷7，清道光十九年红豆树馆刻本。

④ 张克江主编《铁岭市志·人物志》，科学普及出版社，1999，第229页。

⑤ 陈艺修，蒋龄益、郑沛纶纂《铁岭县志》卷7《儒林志》，民国六年石印本。

馆、太常寺少卿，通政使司左通政，太仆寺正卿，宗人府府丞，刑部侍郎，吏部侍郎。著有《春秋三传合选》《念先堂文集》《了余园吟草》，已刊讫。成夫人。

可知其字“兆兴”，号“福兄”，又号“掌录”，古人名与字向有关联，“国祥”与“兆兴”正是同义，故董国祥字“兆兴”，应无疑义。除《崇祯十三年庚辰科进士三代履历》外，检诸其他传世文献，时人每以“董福兄”称之，如梁清远《董福兄少宰以五日述怀诗见寄用韵奉答》、梁清标《董福兄少宰春日见枉寄谢》即是，可知董国祥是以“福兄”之号行世的。康熙五年（1666）三月，董国祥应唐山县（今属隆尧县）徐镇之请，为其父徐养元生前所编《四书儿言集说》作序，序末署“时康熙丙午春暮智光道人董国祥书”[①]。次年九月初，应邢维枢之请，为铁岭老古洞作《古洞观音塑像记》，亦自称“智光道人纪是事”[②]，“智光道人”当为其时又一别号。

董国祥之室号，据顺治八年（1651）其为徐养元订，赵渔鉴《四书集说》所作之序序末所云可断。该序序末云“顺治辛卯初夏隆平社弟董国祥书于了余园之静大室”，并有董氏印章两枚（见下图），上为“国祥”（朱文），下为“了余行者”（白文）。[③]可知其室号“了余园”。其所刊诗集贯以其名，即《了余园吟草》。另据《董氏家谱册》，董国祥亦有《念先堂文集》刊行，“念先堂”当其另一室号。

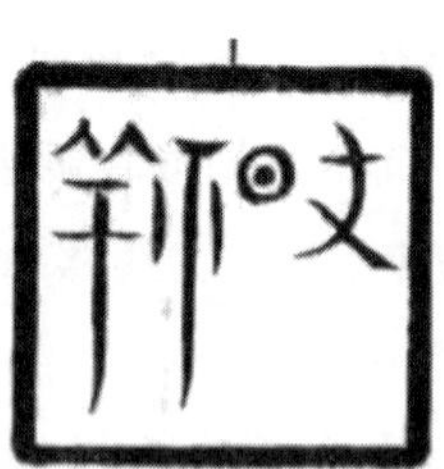

董国祥印章图

① 徐养元：《白菊斋订四书本义集说》，清康熙留耕堂刻本。

② 贾弘文修，董国祥纂《铁岭县志》卷下《艺文志·记》。

③ 徐养元订，赵渔鉴《四书集说》（真本），清顺治十五年石渠阁重订本。

二　读书应举（1612～1640年）

董国祥早年的读书经历，在《董祚墓志铭》中有所提及：

> 公自总卯即留心性命之学，时取古人书读之，寻绎不倦，伯兄辈于公为侄行，然长于公，已为名诸生，每加督于公，谓幼年当为举子业，公为窃读之，弗易也。弱冠始晋于庠，是为万历壬子，余是年始受书读。比余为庠士，公犹雁行诸生间。大司空蓬莱张公为畿南抚军、少司马河南许公为郡司理，独国士遇之，乃携余扃户读书，同寝食者数载。辛酉、甲子两试于有司，皆不利。丁卯执路太孺人丧，哀毁逾礼，自成服以至祥禫皆为文哭奠，命余读之。

董祚（1593～1638年），字锡甫，号康侯，为董国祥曾祖景和四子学易五十一岁时始得之子。童年时“即留心性命之学”，无意于科举。“大司空蓬莱张公”即张凤翔，山东堂邑县（今聊城市东昌府区）人，天启二年（1622）任都察院右佥都御史、巡抚保定等地。“少司马河南许公”则为许世荩，河南商丘县（今商丘市）人，天启二年进士，授真定府推官。张、许二公“独国士遇之”，对于董祚而言，自是一种莫大的鼓励，或许正是激发董祚携董国祥“扃户读书”的主要原因。董祚与董国祥虽为叔侄关系，但年龄相差仅十余岁，这段长达数年的与董祚同吃、同住的读书生活，无论对董国祥个人的知识储备，还是对董祚的私人情感，都是极其重要的。

董祚继天启元年（1621）、四年（1624）参加顺天乡试落第，七年（1627）母丧未能应试之后，于崇祯三年（1630）庚午科中举。董国祥则于崇祯六年（1633）癸酉科中举，据《崇祯十三年庚辰科进士三代履历》，名列第六十五名。

崇祯十一年（1638）冬，清军大举入关，兵临隆平城下时，“聚数万余贼，环攻三昼夜”①。知县徐完一委邑中四孝廉分守四门，董祚守东城，终因寡不敌众，城陷，殉难。据守西城的张一鹗所述“贼从西南架云梯，持火具，拥众登城，垛兵鸟兽散，时十一月二十六日子丑之交也”②，可知城陷的具体时间为“十一月二十六日子丑之交”；“至二十八日贼退”③。董国祥当时亦参与守城，城陷时幸得生还，在《董祚墓志铭》中，其以亲身经历追述了当时的情形：

> 戊寅，清兵内猎，城破后遂及于难，时余亦以孝廉守信城头，忽左右顾雍人

① 张一鹗：《邑庠生张公季子墓表》，袁文焕纂修《隆平县志》卷10《艺文志·墓表》，清乾隆二十九年刻，民国二十五年石印本。

② 张一鹗：《邑庠生张公季子墓表》。

③ 郭御侮：《王孝懿公墓表》，袁文焕纂修《隆平县志》卷10《艺文志·墓表》。

如草，乃仓皇越城出，得不死。兵退，至公所，于乱纸中得公手书一纸云："屈指乡书已十春，行藏碌碌叹犹人，有生未必齐天地，一死真堪答主臣。"所谓志士仁人者，非耶？

崇祯十三年（1640）三月，董国祥参加会试。吏部尚书、武英殿大学士薛国观、蔡国用为考试官。[①] 顺治二年（1645）春，彭而述作《怀杨涉瞻于义安》，中有"左有罗元玉，右有董福兄。同门我四人，烂缦对寒灯"[②]。检《崇祯十三年庚辰科进士三代履历》，彭而述、杨球、罗策、董国祥俱为"《诗》三房"，则诗中所忆应为四人会试时之场景。据《崇祯十三年庚辰科进士三代履历》，会试董国祥名列第一百六十七名。当时明王朝已处于内忧外患的风雨飘摇中，故对于是科，崇祯帝极为重视，继三月十五日亲自主持殿试后，又于三月十九日以时事召问四十人，董国祥即在列，其当日之表现，《明史纪事本末补编·科举开设》作"奏对稍明者"[③]，崇祯纂修，康熙增刻《隆平县志》作"召对称旨"[④]。三月二十日传胪当日，名列殿试二甲第四名的董国祥，被授予吏部验封司主事。高承埏《鸿一亭笔记》[⑤] 以及李清《三垣笔记》、李逊之《崇祯朝记事》都对是科殿试、召对情况均有记述，其中尤以《崇祯朝记事》为最详：

十三年庚辰三月十五日，上御皇极殿，策诸进士。上乘步辇，降殿阶，从容周视，距诸生几案咫尺，上亲阅试策，谕礼部传胪展期。十九日，传旨召进士杨琼芳等至会极门，中使执名册，传呼某人等四十人至文华门外，序立上御殿，诸进士行一拜三叩头礼毕，上谕曰："尔等前日所对的策切实的固有浮纵者亦多，特召尔等四十人来问报仇雪耻一事，尔等学问之功既久，时势之感又深，各将胸中所见明白奏来，如切实，可不拘常格用。"诸士承旨起，过东偏立。中使奉一黄绫函传御题十幅，即面谕每四人共阅，阅毕，以次跪报姓名对，上注听甚殷，执御笔书录数语，或有名注圈点者，分十班对毕，行礼出。二十日，传胪，赐魏藻德、葛世振、高尔俨及第。又传圣谕，昨召诸士奏对明爽者赵玉森、姚宗衡、刘瑄、孙一脉、严似祖著授翰林，黄云师、周正儒、宣国柱、（胡）周鼒、李如璧授科员，冯垣登、陈纯德、陈羽白、魏景琦、吴邦臣授御史，稍明者董国祥、颜浑、张朝綖、葛奇祚、钱志驺、张经、吕阳、卢若腾、蔡肱明、田有年授吏兵二部司务，即行察缺填补。[⑥]

① 彭孙贻：《明史纪事本末补编》卷2《科举开设》，《涵芬楼秘笈》本。

② 彭而述：《读史亭诗集》卷12《怀杨涉瞻于义安》，清康熙四十七年彭始抟刻本。

③ 彭孙贻：《明史纪事本末补编》卷2《科举开设》。

④ 陈所学纂修《隆平县志》卷7《选举志·选举》，明崇祯二年刻，清康熙五十一年增刻本。

⑤ 转引自于敏中等纂修《钦定日下旧闻考》卷35《宫室·明三》，《四库全书》本。

⑥ 李逊之：《崇祯朝记事》，清光绪武进盛氏刻常州先哲遗书本。

另，由韦调鼎崇祯十三年三月《诗经备考》自序，以及汤来贺次年八月为之作序所附“参订年寅社友姓氏”，凡五十一人，其中第十八人即董国祥。[①]

三　仕宦岁月（1640~1659年）

董国祥入仕之初，即上奏崇祯十一年冬董祚守城殉难事，当时廷议云：“无守城之责而效守城之谋，危则殉之，尤足烈也。”又云：“书绝命之辞于衣带，奋结缨之勇于城垣，真实录也。”[②] 最终，董祚被追赠上元县知县，赐敕命，崇祀忠义祠。

身遭“甲申国变”，董国祥是如何完成过渡的？《吏部侍郎董国祥传略》称：

> 崇祯十七年三月十九，李自成领导的农民起义军攻破北京，建大顺政权，饬谕：凡明朝官僚三品以上者，均押至刑部署衙拷审追赃，四品以下皆允官复原职，国祥乃复原职。此时李自成所面临的最大敌人、心腹之患是镇守山海关的总兵吴三桂。董国祥虽是明朝旧臣，似乎并不对李自成存有恶感，他勇于自荐追随一些说客去游说吴三桂，以冀吴能识时倒戈，归服大顺。但吴三桂心如顽石，誓与大顺为敌，决计降清，引清入关，毫不为其说辞所动，无奈董返回北京。[③]

《隆尧县志》有相似表述，当据之整合而来。检《大顺职官表》，未见董国祥之名，游说吴三桂一段亦同样缺乏其他文献佐证，均疑为采撷自乡间传说。

入清后，崇祯纂修，康熙增刻《隆平县志》称：“顺治二年起，补文选司员外，历升吏部右侍郎。”[④] 另据《董氏家谱册》，吏部文选司员外之前，董国祥曾任稽勋司员外。顺治三年（1646）夏某日，孙承泽于家中宴请王崇简、孙昌龄、成克巩、董国祥、王雷臣。王崇简《孙北海约同孙二如成青坛董福兄家雷臣饮金鱼池斋中》一诗记录了当时的情景：“清疏簟帘夏日长，北窗一枕即羲皇。避人镜里观雨沼，知己闲来坐草堂。微雨新过增石润，流云忽断见松光。斜阳烟影郊坛翠，散步方塘引夕凉。”虽是描述日常生活中的一个片段，也多少可以反映出彼时董国祥生活的闲适。[⑤] 顺治四年（1647），闻赵渔辞官归乡，作《喜得赵问源抵里消息》：“知君雅意吊苍梧，揽辔匆匆未定居。握手西瞻函谷月，羁心南忆武昌鱼。诗题黄鹤羞前辈，瓜种青门羡后车。身世浮云俱不着，洞中小有旧藏书。”[⑥] 顺治八年初夏，为徐养元订，赵渔鉴《四书集说》作序，文末对徐养元究心性命之学的良苦用心，给予充分肯定：“嗟乎，制举之

① 韦调鼎：《诗经备考》，明崇祯刻本。

② 袁文焕纂修《隆平县志》卷8《人物志·忠烈》。

③ 巩庆、檀少雄：《吏部侍郎董国祥传略》，《隆尧文史资料选辑》第3辑，第269页。

④ 陈所学纂修《隆平县志》卷7《选举志》。

⑤ 王崇简：《青箱堂诗集》卷5，清康熙二十八年王燕重刻本。

⑥ 转引自陶樑《国朝畿辅诗传》卷7。

学，天下皆是，而究心性命，旷世而不一见其人焉，则徐子且抱此意于无穷也。”①

顺治十年（1653）冬，刘正宗荐举董国祥为吏部文选司郎中。② 作为职掌人事的要职，本次荐举遭到杨义的弹劾。顺治十七年（1660）季振宜弹劾刘正宗奏称：“彼时台臣杨义面责其庇护国祥，具疏纠参，奉旨查议，则国祥为正宗之私党明矣。”③ 杨义原疏云：“正宗甫到吏部，即荐董国祥等，在廷岂无贤者？乃远荐降处之员外越补郎中，非师弟私人而何？”④ 刘正宗则称自己做法合规：“询于舆论而荐国祥，奉旨下部察议，臣遂不得与闻。既而吏部公覆起用，非臣自荐自用也。”⑤ 对于杨义的弹劾，刘正宗解释是“杨义与董国祥因京畿道刷卷，互相争竞题参”⑥。

据孙必十《抚恤有司》“查《吏部序俸则例》系十二年选臣董国祥所题”⑦，此时，董国祥正在吏部文选司郎中任上。是年四月二十四日升任太常寺少卿、提督四译馆，以此为开端，迄因受卢慎言案牵连，被革职流放尚阳堡，为董国祥仕宦生涯的大起大落时，其间官职变迁，俱见《清世祖实录》，今按时间先后辑出：

顺治十二年四月二十四日，升吏部文选司郎中董国祥为太常寺少卿、提督四译馆。⑧

七月二十四日，升提督四译馆、太常寺少卿董国祥为通政使司左通政。⑨

十月四日，命大学士巴哈纳……左通政董国祥，大理寺少卿杨义充武殿试读卷官。⑩

十一月二日，升通政使司左通政董国祥为太仆寺卿。⑪

十二月十五日，升……太仆寺卿董国祥为宗人府府丞。⑫

十三年正月十日，升宗人府府丞董国祥为刑部右侍郎。⑬

四月二十一日，调刑部右侍郎董国祥为吏部右侍郎。⑭

闰五月二十一日，降吏部侍郎高珩、董国祥各二级调用，以议处苍梧道万化

① 徐养元订，赵渔鉴《四书集说》（真本）。
② 《清世祖实录》卷137，顺治十七年六月己亥，《清实录》第3册，中华书局，1985，第1056页。
③ 《清世祖实录》卷136，顺治十七年六月癸巳，《清实录》第3册，第1052～1053页。
④ 《清世祖实录》卷142，顺治十七年十一月辛酉，《清实录》第3册，第1092页。
⑤ 《清世祖实录》卷137，顺治十七年六月己亥，《清实录》第3册，第1056页。
⑥ 《清世祖实录》卷142，顺治十七年十一月辛酉，《清实录》第3册，第1092页。
⑦ 孙必十：《抚恤有司》，平汉英编《国朝名世宏文》卷3《吏集》，清康熙刻本。
⑧ 《清世祖实录》卷91，顺治十二年四月戊寅，《清实录》第3册，第716页。
⑨ 《清世祖实录》卷92，顺治十二年七月丙午，《清实录》第3册，第728页。
⑩ 《清世祖实录》卷94，顺治十二年十月甲寅，《清实录》第3册，第737页。
⑪ 《清世祖实录》卷95，顺治十二年十一月壬午，《清实录》第3册，第744页。
⑫ 《清世祖实录》卷96，顺治十二年十二月乙丑，《清实录》第3册，第752页。
⑬ 《清世祖实录》卷97，顺治十三年正月己丑，《清实录》第3册，第757页。
⑭ 《清世祖实录》卷100，顺治十三年四月己巳，《清实录》第3册，第776页。

徇情庇护也。[1]

十四年七月二十五日，降补原任吏部右侍郎董国祥为太常寺少卿、提督四译馆。[2]

十五年七月十九日，升太常寺少卿董国祥为大理寺少卿。[3]

十月五日升大理寺少卿董国祥为宗人府府丞。[4]

十六年闰三月十三日，吏部等衙门，会勘宗人府府丞董国祥，受卢慎言嘱托，分送金银，嗣因巡城御史访查，始行发觉，董国祥法应论死，因未及分送，自行出首，应免死革职，流徙尚阳堡。从之。[5]

从上可以看出，董国祥在顺治十二年（1655）至十三年（1656）升迁较快，特别是顺治十二年数月间连升四次，并于十三年正月升任刑部右侍郎、四月调任吏部右侍郎。梁清远《龙舟侍宴记》载："顺治丙申端阳前一日，礼部宣上谕：'明早内院大学士、六部堂上官、四品以上京堂官、翰林院官俱于西苑伺候。"[6] 次日端午节，董国祥、梁清远均参与了顺治皇帝在西苑举行的赐宴游舟，即《董福兄少宰以五日述怀诗见寄用韵奉答》所言的"燕市曾同午日游，天家许醉木兰舟"。[7] 是日：

……日将午，从瀛台有小艇乱流而下，徘徊容与，诸臣曰："此上舟也。"未几，舟舣甬道右，上登岸，乘肩舆至大石桥西，诸臣拱立桥东。上谕曰："来。"诸臣趋而进，上登龙舟，舟横可二丈许，长五丈，楼高三丈，金碧焜煌，樯帆篙橹悉具。上谕诸臣曰："三品以上官坐楼上，四品以下官坐楼下。"……谕曰："部院官西向坐，翰林官东向坐。"……上令麻勒吉传谕舟徐徐以行，宴上每三人一桌，盛以银盘，罩以龙袱，堆满几上皆上方珍品，诸臣跪谢进食。……上至水云榭少坐，复登岸入蕉园礼佛，令以上所食诸品赐诸臣，诸臣即坐水云榭石上共食。食已，上至，复令登舟，以大金杯赐诸臣朱砂酒，酒醇浓，色如琥珀，甘香非人间所有，人各三杯，令务饮尽。令大学士车克、学士麻勒吉下楼谕诸臣亦务饮尽。是时，诸臣人人醺然矣。[8]

---

① 《清世祖实录》卷101，顺治十三年闰五月戊辰，《清实录》第3册，第785页。
② 《清世祖实录》卷110，顺治十四年七月丙寅，《清实录》第3册，第866页。
③ 《清世祖实录》卷119，顺治十五年七月甲寅，《清实录》第3册，第923页。
④ 《清世祖实录》卷121，顺治十五年十月戊辰，《清实录》第3册，第935页。
⑤ 《清世祖实录》卷125，顺治十六年闰三月癸酉，《清实录》第3册，第966页。
⑥ 梁清远：《祓园集》卷3《龙舟侍宴记》，清康熙二十七年梁允恒刻本。
⑦ 梁清远：《祓园集》卷3《董福兄少宰以五日述怀诗见寄用韵奉答》。
⑧ 梁清远：《祓园集》卷3《龙舟侍宴记》。

在吏部右侍郎任上仅两月，董国祥即缘事降二级调用。总的来看，本次事件并未对其仕途产生太大影响。顺治十四年（1657）八月，原大理寺少卿高去奢之子宁晋县举人高光豸去世，作《挽高孝廉淑直》。[①] 同年九月，彭而述拜访董国祥于京寓，二人把酒夜谈，彭而述作《董福兄燕邸夜话》记之："蓟门秋老断征鸿，把臂高梁问故宫。避世敢云称水镜，抡才真不愧山公。十年旅鬓迎霜白，一夜衰颜对酒红。更欲重游郭外寺，碧云黄叶夕阳中。"[②]

董国祥任吏部右侍郎为时较短，但是从出仕起即长期供职吏部，从顺治二年至十二年，供职文选司达十一年之久，先后担任文选司员外、郎中。其在吏部的作为，从康熙十二年（1673）孙光祀为刘祚远撰写《通议大夫都察院右副都御史直隶巡抚子延刘公墓志铭》中可窥："清兴二十年间，职铨署者，自董福兄、王东皋而外，未有如公者也。"[③]

四　流人生涯（1659～？年）

顺治十六年闰三月十三日，对于董国祥来说，是人生的重要分水岭，此前尚为京中高官，此后将系辽北流人。同月二十日，又逢董祚之妻去世，其人之心境可想而知，在《董祚墓志铭》开篇，董国祥即如是道：

> 董国祥曰："季父上元公以明崇祯戊寅殉城难，抵今二十余年矣，以子幼，未能夌事。顺治己亥闰三月二十日，元配檀孺人亦殁，余时负罪投荒羁于请室，闻叔母之讣，心焉伤之，伤其以嫠妇抚四龄之孤，得至今日。因念季父将即万古之宅，而余不能执绋以从犹子之列也，尚何言哉！"

从《清世祖实录》记载看，流放董国祥并未株连其妻、其子。据《董氏家谱册》，董国祥之妻为成夫人，有一子董隐乐。乾隆《盛京通志》有"董国祥妻 李氏"系"汉军镶黄旗人""康熙年间旌表"[④] 的记载，虽缺乏其他旁证，但从李氏所属地域、旌表年代来看，其夫董国祥非同名者，为本文探讨之董国祥可能性极大。康熙二十三年（1684）所成的《盛京通志》卷27《列女・皇清下》未见收录，推知其旌表年代当在康熙二十三年之后。

董国祥先流放尚阳堡，后移居铁岭，具体时间值得推敲。"顺治十五年和郝浴同谪

① 万任修，张坦纂《宁晋县志》卷10《艺文志下》。

② 彭而述：《读史亭诗集》卷3《董福兄燕邸夜话》。

③ 孙光祀：《胆余轩集》，清康熙三十五年刻本。

④ 吕耀曾修，魏枢纂《盛京通志》卷37《列女・本朝・奉天所属八旗节妇》，清乾隆元年刻，咸丰二年刻本。

铁岭”一说，流行于铁岭地方志[①]，实误。其肇始者，仍为民国《铁岭县志》，称：“清初与郝雪海先生同谪铁岭，遂为契友，以诗文相唱和，以道义相切磋。”[②] 郝浴在《银冈书院记》中自称：“浴甲午九月谪奉天，戊戌五月下岭。”[③] 可知其是顺治十一年（1654）九月流放至奉天，十五年（1658）五月移居铁岭，此时董国祥尚在太常寺少卿、提督四译馆任上。据董国祥《古洞观音塑像记》：“康熙六载九月初吉，邢子环生过余，为言去此东北约百十里，爰有古洞在悬崖下。”[④] 由此知其此时已身居铁岭。郝浴是在流放三年多以后从奉天移居铁岭，以此为参照，则董国祥移居铁岭的最早时间为康熙元年。

董国祥是何时改为民籍的？据郝相《皇清诰授光禄大夫巡抚广西督察院右副都御史加四级正一品复阳府君行实略》：

> 时前后遭贬者皆一时名辈，先大夫所最与往还，如沾化宫詹吉津李公……隆平少宰福兄董公，而切磨砥砺，与吉津李公交尤深……戊申秋，闻先王父七月廿二日讣音，一恸几绝，适流徙诸人得奉恩例改为民。先大夫乃请假西归奔丧，哀毁骨立，祭葬一准古礼，沾化李宫瞻涉千里素车来唁，远近会葬者数千人，事毕，复返铁岭。[⑤]

因受顺治十八年（1661）浙江抗粮案牵连，被流放至开原的蔡础亦有诗，如《戊申夏，诏徙罪编为民，罪轻之嫠发回本籍》[⑥]。由此可知，董国祥被赦免为民籍，亦应在康熙七年（1668）夏，但因罪行较重，无缘发回本籍，被编为铁岭民籍，故董国祥在康熙《铁岭县志》跋语落款中，自署为“邑人”。然而即使改为民籍，从郝浴为父奔丧“请假”“事毕，复返铁岭”来看，郝浴等人仍有一定的人身限制，不得随意离开铁岭。

这一时期，除了与同居铁岭的流人郝浴、邢为枢、孙梗、罗继谟、左玮生、左昕生，以及铁岭慈清寺僧参如、盛京三官庙道士苗君稷等人有交往外，董国祥也与内地友人保持往来，并在获得民籍后回过内地，今可考者有：某年端午节以抒怀诗寄梁清远，梁清远作《董福兄少宰以五日述怀诗见寄用韵奉答》：“燕市曾同午日游，天家许醉木兰舟。叹君何事栖辽海，愧我无能卧茂丘。此日柴车悲世态，当年藤幄

---

① 李流芳主编《铁岭县志》，辽沈书社，1993，第730页。

② 黄世芳、俞荣庆修，陈德懿纂《铁岭县志》卷10《人物·寓贤》。

③ 贾弘文修，董国祥纂《铁岭县志》卷上《疆域志·古迹·书院》。

④ 贾弘文修，董国祥纂《铁岭县志》卷下《艺文志·记》。

⑤ 郝相：《皇清诰授光禄大夫巡抚广西督察院右副都御史加四级正一品复阳府君行实略》，清康熙刻本。

⑥ 张玉兴：《稀见清代东北流人文献述评》，朱诚如徐凯编《明清论丛》第20辑，故宫出版社，2021，第292页。

记风流。相逢挥尘皆名理，始信高贤道已周。”[1] 康熙五年三月，为《四书儿言集说》作序。[2] 康熙八年三月，至真定县（今正定县）拜访梁清标，梁清标作《董福兄少宰春日见枉寄谢》：“相逢两鬓各成翁，春暮开樽落照中。拙宦我曹宜放逐，同官物望让清通。幼安不倦辽东榻，弘景偏怜松下风。命驾远来交道在，田间鸡黍未为穷。”[3] 同年四月，原任刑部江西清吏司主事季芷到任任县（今邢台市任泽区）知县，作《赠介庵季父母》：“曾从西署裛清光，近见弹琴宓子堂。三辅雷封需保障，九重霖雨待循良。波涛旧绣看颠倒，襦袴新歌自播扬。最是云天称厚德，蒯缑已黻未全忘。”[4]

在铁岭期间，令董国祥青史留名的事有两件：一是纂《铁岭县志》；二是对当地文教的贡献。

康熙十一年（1672）诏谕全国各省、府、县编修地方志，以供纂修《大清一统志》，各地开始掀起修志的高潮。康熙三年（1664）铁岭置县。康熙十六年《铁岭县志》告竣，知县贾弘文在十月十九日所作的叙中，对修志的过程有所简述。其中，纂者为董国祥，被贾弘文尊称为董子；搜采者为孙梗、罗继谟，校正者为邢为枢、左暐生、左昕生，皆为绅士，可见文化流人之地位。

该志基本结构为如下。前有：贾弘文叙，舆图二（《疆域图》《县治图》）；后有：董国祥跋语；正文：共分上下两卷，九志二十九目。概言之，主要特点如下。

（1）将对清廷统治的政治认同贯彻始终。对清廷统治的政治认同，在该志中体现得淋漓尽致。典型如《疆域志》引言，此中对于铁岭政治地位做了强调：“太祖荒度肇基。太宗经营，缔造开天之业，实始于此。世祖发祥奉天，以奄有九有。山川犹昔而王气所钟，蓄积而发，万年不拔之基根本托焉，可易视乎？”[5]《盛京纪述》中歌颂清廷统治：“六鳌神足奠坤舆，草昧天开壮帝居。禹贡山川指顾里，周官礼乐绘图初。千秋王气维磐石，五色卿云捧日车。谁识东京作赋者，徘徊已是十年余。”[6]

（2）流人文化色彩浓厚。该志参编人员俱为当时生活在铁岭的流人。命运使得他们与这片苦寒之地发生了关联，而流人诗文在志中的大量收录，建构起了流人这一特殊群体在铁岭的生活记忆，使得该志流人文化色彩浓厚。

（3）部分诗文以附录的形式置于相关条目之后。该志虽设《艺文志》，但是部分诗文并未归入《艺文志》，而是以附录的形式出现在《建置志》《疆域志》相关条目

① 梁清远：《祓园集》卷3《董福兄少宰以五日述怀诗见寄用韵奉答》。

② 徐养元：《白菊斋订四书本义集说》。

③ 梁清标：《蕉林诗集·七言律二》，清康熙十七年秋碧堂刻本。

④ 季芷修，谢元震纂《任县志》卷12《艺文·诗》，清康熙十二年刻，十九年、二十五年、三十年续补刻本。

⑤ 贾弘文修，董国祥纂《铁岭县志》卷上《疆域志》。

⑥ 贾弘文修，董国祥纂《铁岭县志》卷下《艺文志·诗》。

之后，[①] 经统计，全志共收录碑文 3 篇、记 8 篇、杂文 4 篇、诗 41 首，其中见于附录的碑文 1 篇、记 7 篇、诗 6 首，总计占全志的 25%，尤其是记占全志的 87.5%。在专设《艺文志》的情况下，如此体例自是不妥，但不仅可以厚重条目表述，而且还能增强文献的鲜活性、可读性，便于读者对条目有整体、深入的认识。

康熙《铁岭县志》不仅为铁岭首部县志，而且开启了东北地区县志纂修的先河。就保存个人著述而言，该志共收录董国祥居于铁岭期间所作的诗 6 首、文 4 篇，是传世文献中收录其诗文最多者，对管窥其晚年诗文创作、交游、思想等大有裨益。

康熙十四年（1675），郝浴被平反召还，留其铁岭居处改为银冈书院，董国祥曾于其处专门为塾师及学生讲解郝浴所书门额“格物致知”的内涵：

> 知者，心之灵也；致者，推而极之，以求其无蔽也。朱子即物穷理之说，象山已有同异，姚江则更非之，余以为犹方隅之见耳。如天下国家身心意皆物也，诚正修齐以至治平，即格物也。五伦之内，君亦物也，为臣尽忠，即格物也。亲亦物也，为子尽孝，即格物也。以至夫妇昆弟朋友莫不皆然。《记》言之曰：“其为物不贰，夫天地可以物言，而况属在五伦者乎？此与所谓知善知恶，是良知为善，去恶是格物者，又何纤介之疑乎？”繇是言之，不第朱与陆同，姚江与朱陆亦无不同，放之南海北海，亦无不同，盖此心此理莫有外焉者矣。诸士习业于此，毋自鄙薄，当思所以为忠臣，为孝子，为悌弟、良友，修齐诚正之事，皆务实践而体之，即治国平天下无其事而有其具，庶无负先生所以名堂之意哉！[②]

对于“格物致知”的诠释，代表了董国祥在理学研究上的学养水准，亦是其为当地文教贡献所学的一个经典片段。

和绝大多数流人一样，回归平民生活的董国祥，难免流露出悲观的情绪。除有梁清标《粤抚中丞郝公浴本传》中对于董国祥、郝浴同居铁岭时的对话可证外，其个人诗作亦对此有所反映，如康熙十年（1671），康熙皇帝东巡盛京谒陵时，所作《盛京纪述》末句“谁识东京作赋者，徘徊已是十年余”[③]。再如《假寐》：“湖海元龙夙所期，齐今高古亦随宜。当窗满照关山月，徒壁空余老大悲。百里鬻秦知已过，子卿归汉惧

① 《建置志·祠庙》：《关帝庙》附贾弘文《重修关帝庙碑》，《城隍庙》附王胤祚《重修铁岭县城隍庙记》、贾弘文《增修城隍庙记》，《圆通寺》附陈循《银州重修圆通寺记》、高崇文《银州重修圆通寺记》，《三官庙》附赵惟卿《银州重建三官庙记》，《慈清寺》附胡药婴《早春望龙首山》、戴遵先《首山》、董国祥《赠寺僧参如》、孙梗《九月二日同诸友饮慈清寺山下次韵》；《疆域志·古迹》：《看花楼》附左懋泰《李将军看花楼》《异石二绝》，《书院》附董国祥《银冈书院记》、郝浴《银冈书院记》。

② 贾弘文修，董国祥纂《铁岭县志》卷上《疆域志·古迹·书院》。

③ 贾弘文修，董国祥纂《铁岭县志》卷下《艺文志·诗》。

成迟。五风十雨朝朝有，坐拥寒床绕梦思。”①

董国祥最终的结局如何？是终于铁岭，抑或返回故土？隆尧县尧家庄村（陈村邻村）南为董氏祖茔所在，旧有董国祥墓，1972 年其墓被发掘，曾出土墓志铭石，后此石被移至尧家庄村小学，最后为村民携去作砸猪胰子之用。2022 年委托董景章先生查访，已找到原石（长 65cm，宽 65cm，厚 18.5cm），惜字迹全已磨灭。

附记：本文在撰写过程中，对于家谱、墓志的搜集，幸得董献忠、董树果、董爱国、董景章先生相助，谨致谢忱。

（作者单位：河北民族师范学院美术与设计学院）

① 贾弘文修，董国祥纂《铁岭县志》卷下《艺文志·诗》。

清代捐纳管理机制及其嬗变*

——以户部捐纳房为中心的考察

何永智　余沛轩

摘　要：户部捐纳房是清朝捐纳事务管理的核心行政单元，亦即透视清朝捐纳运行机制的独特窗口。清初捐纳开止靡常，清廷以户部清吏司对接相关事务。康雍时期，伴随捐纳制度渐趋完备，相应形成由捐纳房总揽捐务，部库、直省并行收捐，其他涉捐机构各司其职的分工机制。乾隆朝以来，开捐日益常态化，清廷不断完善捐纳房构建，以保证其对全国捐纳事务的专门化与精细化管理。迨至咸丰军兴，捐纳制度在战时机制下转轨，捐例冗滥、捐局竞开的局面，导致捐纳房事权被不断分割，捐务管理亦陷入无序状态。同光时期，清廷强化财政管控，极力整顿捐务，以期规复旧制。但在筹款压力下，地方捐局裁停而复开，捐务运行乱象纷繁，终清一朝仍未绝。

关键词：户部　捐纳房　捐纳制度　捐铜局　捐输

捐纳是明清两朝为解决财政问题，而向社会出售出身资格、任官资格、铨选资格以及升职晋级资格的制度行为。① 它不仅对国家财政运行、官场吏治及社会阶层流动产生深远影响，亦为清代国家治理的重要媒介。反映在管理机制层面，即清朝捐纳事务概由户部捐纳房主掌，举凡报捐贡监、职衔、加级、纪录等，"俱由部具呈、交银，给与执照。凡遇暂开事例，一并管核"②。职是之故，户部捐纳房的运转逻辑能在相当大的程度上映射出清朝捐纳制度的运行实态，由此成为透视清朝捐务管理机制的独特窗口。然而，查诸近年不断涌现的清代捐纳史研究成果，③ 作为清朝捐务运作核心的户部捐纳房却始终未能引起学界的足够重视。不仅研究专论尚付阙如，有关捐纳房建制沿

---

* 本文系国家社科基金青年项目"清代户部与国家财政治理研究"（项目编号：22CZS042）、中央民族大学青年教师科研能力提升计划"清代捐监制度与国家财政研究"（项目编号：2022QNPY11）的阶段性成果。

① 参见：伍跃《中国的捐纳制度与社会》，江苏人民出版社，2013，第1～2页；江晓成《清代捐纳、捐输概念考辨》，《清史研究》2023年第2期。

② 《遵旨停止捐输并变通常例捐款疏》，盛康辑《皇朝经世文续编》卷31《户政三·理财下》，沈云龙主编《近代中国史料丛刊》第84册，台北：文海出版社，1973，第3242页。

③ 有关清代捐纳史研究回顾，参见：韩祥《近百年来清代捐纳史研究述评》，《西华师范大学学报》（哲学社会科学版）2013年第4期；吴四伍《清代捐纳与国家治理》，社会科学文献出版社，2021，第23～34页。

革、机构运转及其与捐纳制度运行之关联等议题，也有进一步梳理与揭示之必要。[①]

有鉴于此，本文利用各类档案资料，首先对户部捐纳房的设立缘起、政务运转、机构改制等问题作以考实，进而结合清朝捐纳政策的实施、嬗变，剖析捐纳房对清朝捐纳事务的专业化与规范化管理，以期补益清代捐纳史之相关研究。

一 清初捐务管理与户部捐纳房的设立

机构是施政的重要载体。有关户部捐纳房设立缘由，典章志书记载皆语焉未详。学界通常认为，随着清初捐纳的开办，清廷即已设置捐纳房主管相关事务。而实际上，由于捐纳"时开时止，非属常设"[②] 的特殊性质，清初捐务管理并未形成定制，直至雍正九年（1731）方在户部设立捐纳房。

1. 清初捐纳制度运行与捐务管理

清代捐纳其来有自。后金因辽沈人心未附，特准援纳监生，"宽其进身之途，使之向风慕义"[③]。顺康时期，随着"不完全财政"[④] 的确立，清政府每遇军兴、拯荒、河工等财政缺口，辄通过开捐济饷以"酌盈剂虚"。在捐纳制度肇创、成熟与完备的发展过程中，清朝捐务管理亦经历了与之同步的制度构建、调整及完善。

以时间线索而论，清初政府开办捐例，多系捐纳监生、杂职等，凡报捐资格审核、银两收兑、颁发捐照等，皆由户部统之，唯资料缺失，相关政务处理流程无从确知。及至康熙朝用兵"三藩"，裕饷之法"诚莫急于捐纳"[⑤]。自此，各省捐例遍行，清朝捐纳实施的基本规章制度亦逐渐成形。[⑥]

大体而言，彼时捐纳因开捐所在地而异，形成部捐、外捐两种模式，并各有其运行轨迹。所谓"部捐"，即在京师户部报捐，报捐人径赴户部投纳，户部直接审批。"外捐"即在各省地方报捐，报捐者径赴指定藩库、河库等处投捐，由办捐官吏兑收、登记，汇总后报送户部相关清吏司审核。据康熙后期《六部则例》记载，彼时捐纳事

① 先行研究或依据典章志书对捐纳房职官、机构有所概述，或围绕报捐程序勾勒了相关行政流程，或关注到捐纳房书吏舞弊案。参见：张政烺《中国古代职官大辞典》，河南人民出版社，1990，第 844 页；方裕谨《道光十年私造假照案概述》，《历史档案》1997 年第 1 期；伍跃《清代报捐研究》，朱诚如、王天有主编《明清论丛》第 6 辑，紫禁城出版社，2005，第 7～8 页；陈宽强《清代捐纳制度》，台北：三民书局股份有限公司，2014，第 190～204 页。

② 《大学士鄂尔泰等奏报查议户部捐纳事件未经注销缘由事》，乾隆八年十月二十三日，《宫中朱批奏折》，中国第一历史档案馆藏，档号：04－01－35－0619－018。

③ 《某君答陕甘总督陶制军书》，杨凤藻辑《皇朝经世文新编续集》卷 1《通论下》，沈云龙主编《近代中国史料丛刊》第 79 册，台北：文海出版社，1973，第 156 页。

④ 有关"不完全财政"，参见何平《清代赋税政策研究（1644～1840 年）》，故宫出版社，2012，第 121～122、135 页。

⑤ 《巡视中城福建道试监察御史吕兆琳为酌剂捐纳之法事题本》，方裕谨选编《康熙年间有关捐纳御史奏章》，《历史档案》1999 年第 4 期。

⑥ 参见伍跃《康熙年间的捐纳事例——兼析王志明先生对康熙年间捐例的统计》，朱诚如、徐凯主编《明清论丛》第 19 辑，故宫出版社，2020，第 141 页。

务分由户部山西司、陕西司管理。两清吏司除主管本省钱粮诸务外，还分别兼管“在京捐纳监贡”与“本部捐纳事例”。[①] 换言之，在捐务管理层面，京城捐纳贡监等事宜归山西司核办，由其“一面收银，一面行文各该部查明原底注册”，待确核报捐人信息后予以发放捐照。[②] 而外捐作为经费筹济的变通之法，相当于将收捐权限就近委之地方，先由抚藩等选派收捐专员登记报捐人信息，发放实收凭证，而后汇总报部，由陕西司稽核，“查册相符，换给执照”。[③] 如康熙三十三年（1694）户部陕西司档案房失火，皇帝询之：“这司档案有何关系处否？”部臣回奏：“所烧档案俱系捐纳文册，例应移文各部院并该省，将此司关系事件另行造册送来。”[④] 由此可见陕西司总汇捐纳卷册的津要意义。

不过，与部捐相比，由于空间、时效的不对等，外捐名义上虽由户部主持，而中央对其管控实际处于相对被动位置。如外捐之银钱、米谷等皆就近缴纳，极易出现账目混乱、银米亏空等流弊，造成国家钱粮的大量流失。[⑤] 又如奸商代捐包揽，事端百出，“内外权要皆有重贿”，[⑥] 相应造成吏治腐败。对此，康熙帝亦坦言，外捐“乱了许多年，众论不一，甚是发愁”[⑦]。因此，康熙后期，清廷加意完善制度构建，如康熙四十七年（1708）要求各省督抚随时稽查假捐、顶捐者，岁终造册咨部，“永为定例”。康熙五十四年（1715）规定，各省应按季将捐生姓名、籍贯等编列号次，编入原捐底册，贮库备查，以杜假文、假照之弊。[⑧]

2. 雍正朝捐例实施与捐纳房的设立

雍正时期捐纳赓续，与之对应的是捐务管理愈见严密，并向制度化转轨。雍正元年（1723）给事中赵殿最以捐纳百弊丛生，官吏“恣意侵渔”，奏请将捐务总归会考府，“令亲信王爷、大臣总理”。[⑨] 雍正帝虽未直接采纳相关意见，仍依此对既有制度量加变通，特命原户部尚书、时任吏部尚书协理大学士的田从典，以及原户部侍郎、时任礼部尚书的张伯行专管捐务。爬梳相关资料可知，雍正初期为筹办西北军务所开各

---

① 《户部则例》卷上《考成·户部十四司职掌》，鄂海编《六部则例全书》第3册，北京大学图书馆藏，康熙五十五年（1716）刻本，第6页。

② 《户部尚书穆和伦等奏为捐纳事折》，康熙五十四年六月二十四日，中国第一历史档案馆编《康熙朝汉文朱批奏折汇编》第6册，档案出版社，1984，第273～274页。

③ 《户部则例》卷下《捐叙·捐纳知照本省》，鄂海编《六部则例全书》第3册，第101页。

④ 台北故宫博物院编《清代起居注册·康熙朝》第6册，台北：联经出版事业公司，2009，第2975～2976页。

⑤ 刘凤云：《清康熙朝捐纳对吏治的影响》，《河南大学学报》（社会科学版）2003年第1期。

⑥ 《工部尚书王鸿绪奏陈黄纯佑包捐马价案内情弊折》，康熙四十四年，中国第一历史档案馆编《康熙朝汉文朱批奏折汇编》第1册，第301页。

⑦ 《川陕总督博霁奏请暂停捐纳折》，康熙四十六年六月二十五日，中国第一历史档案馆编《康熙朝满文朱批奏折全译》，中国社会科学出版社，1996，第522页。

⑧ 《吏部则例》卷上《选法·捐纳各官每岁咨报》，鄂海编《六部则例全书》第1册，第22页；《户部则例》卷下《捐叙·捐纳知照本省》，鄂海编《六部则例全书》第3册，第101页。

⑨ 《刑科给事中赵殿最奏陈暂开捐纳以济西陲军需等事折》，雍正元年二月初七日，中国第一历史档案馆编《雍正朝汉文朱批奏折汇编》第1册，江苏古籍出版社，1991，第47页。

项捐例，皆由田从典、张伯行二人，协同总理户部事务的怡亲王允祥及户部满汉堂官管理；同时“拣选派出办理捐纳之满汉司官”户部郎中马礼善、员外郎德明等经办具体事务；付库、换照事宜仍由山西司承办。雍正二年（1724）九月，雍正帝以军务告竣，宣谕停捐，田从典等随即向皇帝奏明各项捐例历次收捐情形，同时对停捐后未尽事宜做出筹划。例如，捐纳官生中尚有未及行文知照者600余名，“系臣等未了之事”，应请移交山西司催办，现存各省捐册亦一并归其收管，是为雍正初年捐务管理之一侧影。①

雍正二年停捐后，清朝大规模开办捐例系雍正五年（1727）。② 是年正月，为营治直隶水田，清廷推行“营田事例”以“搜罗人材，佽助经费”。③ 先于营田使衙门开例收捐，后因效力输纳者甚众，于雍正九年（1731）正式改为在部收捐，暂设“捐纳房”以董其事，即所谓“自雍正九年营田事例移归臣部，始设有捐纳房”。据档案记载，捐纳房设立之初，办事之员皆自户部各司“遣员兼办”；捐纳房流转各类往来咨呈文书，“或系造送年貌、籍贯，或系缴销部照、实收”，或系知照、查覆姓名、三代等信息；遇有上谕、折奏事件，“俱于掌印司员本司内附造注销”，户部堂官仍不时督催查察，每三个月汇奏办捐进度；至于捐银收纳、存贮则仍由户部银库查收，年底缮折奏闻。④ 若捐务牵涉其他衙门，如“营田事例”中有“捐赎”一项，呈词由刑部收受、核实，上库纳银付之银库，收呈、给照则由捐纳房照例办理。⑤ 总之，经数年间的实践，彼时以“营田事例”为代表的在京捐务，大体形成由捐纳房总揽捐事、银库收兑捐银、其他涉捐机构并司其职的分工机制。外捐则仍循旧例，唯中央承接机构由户部相关清吏司改为由捐纳房专理。

需加说明的是，户部捐纳房在初设阶段，始终被定性为暂设机构，即随捐例开停而“随事启闭”。如雍正十二年（1734）初“营田事例”停止，捐纳房旋即裁撤。同

① 《协理大学士田从典奏报收过捐纳银两数目折》，雍正二年九月十五日，中国第一历史档案馆编《雍正朝汉文朱批奏折汇编》第3册，第640～642页。

② 据已有研究，雍正二年停捐后仍有零星捐例。参见王志明《雍正朝官僚制度研究》，上海古籍出版社，2007，第351页。

③ 雍正三年直隶遭水，议兴水利营田。翌年设营田四局及专官，并准大学士朱轼所请“营田事例”，推行垦田捐纳制，规定百姓、绅衿、降调革职官员、罪至流徙以上人员，均照营田亩数多寡、效力工程难易，或给予九品以上、五品以下顶戴，或从优录用，或准予开复、减等责罚。参见《张廷玉等题为拟议情愿在直隶营田效力各官议叙条例本》，雍正四年十二月十二日，中国第一历史档案馆编《雍正朝内阁六科史书·户科》第32册，广西师范大学出版社，2007，第107～112页；萧奭撰，朱南铣点校《永宪录续编》，中华书局，1959，第332～333页；吴邦庆：《畿辅水利私议》，许道龄校《畿辅河道水利丛书》，农业出版社，1964，第635页。

④ 《大学士鄂尔泰等奏报查议户部捐纳事件未经注销缘由事》，乾隆八年十月二十三日，《宫中朱批奏折》，档号：04－01－35－0619－018。

⑤ 纪昀等：《皇朝文献通考》卷209《刑考十五·赎刑》，《影印文渊阁四库全书》第636册，北京出版社，2012，第795页。

年六月，清廷因用兵边省，特开“户部运粮事例”筹备钱款，捐纳房又经规复。[①] 至乾隆帝继位，新君以西北两路官兵凯旋、军需简省，降谕将京师及各省捐例“一概停止”，仅保留“户部捐监”一项作为士子“进身之始”。[②] 捐纳房缘此再被裁撤，在京捐监事宜悉归山西司核办。迨至乾隆六年（1741），清廷为积贮备荒、丰裕民食，决意于各省推广纳谷捐监，通谕“捐监在内在外，悉听士民之便”，准许在部收纳折色银、各省收纳本色米谷或本折兼收。捐监由此成为清朝“常行不辍”的捐纳项目，捐纳房亦随之重启，此后未有裁撤。[③]

二　户部捐纳房的政务运行与制度完善

“捐例琐细，素不了了”[④]。由于捐纳关涉铨选、吏治、财政，且随着开捐的持续，相关捐务组织与章程愈发繁密，故户部捐纳房规制及其运作呈现出鲜明的变动性与复杂性，制度建构亦非一蹴而就，由是体现出作为捐务主管机构的捐纳房与清朝捐纳制度之间的因应关系。

1. 捐纳房的捐务管理与政务运行

如前所述，乾隆初年以来，捐纳房成为户部“经制”机构之一。随着机构性质的转变，其行政架构与组织职能亦逐步制度化。例如在官吏设置方面，因收捐、核捐诸务繁杂，捐纳房的人员配置逐渐扩充并固定为满汉司员各 4 人，由户部堂官于 14 个清吏司郎中、员外郎、主事及七品小京官内“派员兼办”。此 8 人依照捐纳房稿房、付咨房、照房、行文房 4 个职能单元进行内部分工，各自“分科任事”，任期一年，期满更代。[⑤] 捐纳房办捐书吏则额设贴写 20 名，分房承抄稿案，5 年役满。另有额外贴写自十数人至数十人不等，分工、员额皆因时而变。[⑥]

就政务运行而言，乾隆时期捐纳房的捐务管理渐趋形成定制。从政务处理流程看，完整的捐务运作流程大致包括报捐者投呈、承办机构收捐，涉捐机构往来咨呈、查覆，以及户部核发执照、行文知照、填注册档等环节。捐纳房在清朝捐务管理的权责体系中，不仅从全局层面掌核收捐、给照事宜，而且负责中央捐纳政令的传布，以及户部与京内外各衙门的政务对接，体现出“映上复下”的枢纽作用。

兹以部捐为例。清制，举凡捐纳政令通行，报捐人首先应按照规定时限（卯期）

① 《国子监司业朱兰泰奏请停预筹运粮开捐之例折》，雍正十三年十二月初八日，中国第一历史档案馆编《雍正朝汉文朱批奏折汇编》第 30 册，第 208 页。

② 中国第一历史档案馆编《乾隆朝上谕档》第 1 册，档案出版社，1991，第 5 页。

③ 《清高宗实录》卷 136，乾隆六年二月癸卯，《清实录》第 10 册，中华书局，1985，第 960 页。

④ 王庆云著，中国社会科学院近代史研究所《近代史资料》编译室点校《荆花馆日记》上册，商务印书馆，2015，第 503 页。

⑤ 嘉庆《钦定大清会典》卷 17《户部・捐纳房》，沈云龙主编《近代中国史料丛刊三编》第 64 册，台北：文海出版社，1990，第 839 页。

⑥ 同治《钦定户部则例》卷 98《通例二・收捐给照事宜》，台北：成文出版社，1969，第 7048～7049 页。

至京师户部“投呈”，其通常采取“逢十为期”，定为每月三卯，是为“卯期”。届时，报捐者需向捐纳房提交“呈文”与“印结”。前者系投送纳捐的书面申请，需开载本人姓名、籍贯、年貌、履历、三代等信息，“先昭信守”；后者根据报捐者身份差异，由同乡京官或八旗佐领等第三方出具保结，二者合而构成报捐人的身份证明。[①] 捐纳房在接收呈文后，须核明其内容是否有误填、错讹之处，同时查考取结人字迹、印信。[②] 若核对无误，即以户部名义行文相关衙门，对报捐者进行进一步的资格审查，如行文吏部查核捐复人员任职期间是否有钱粮拖欠行为，行文礼、兵两部核对报捐人信息是否于廪生、增生、武生学册中有凭可稽，抑或行文报捐人原籍查核其是否丁忧服满，等等。[③]

行文发出后，各衙门依时限核验相关信息真伪，向户部通报结果。捐纳房根据查覆情形，最终确认报捐人确系“身家清白”，遂而向其发放札付、小票，批准其持银纳捐。此中，“札付”可理解为纳捐通知，表明报捐者具有捐纳资格，可遵照相关事例之规定缴纳捐项。“小票”即付款凭证，与札付粘连，又称付库小票，开载报捐人姓名、籍贯、报捐项目、应缴银数等信息。捐纳房每发放札付、小票一份，即将报捐者姓名与应缴银数登记在册以备查核。随后，报捐者可持札付、小票，按逢六、逢十之日赴库呈缴捐银，此即“上兑”。部捐上兑环节，由户部银库对接，库官当堂查验银色、兑收银两，验收后于小票内钤盖戳记，“大书壹贰叁肆等”，并填注“某月某日上库”字样，将之发还报捐人。[④] 报捐人再将小票交付捐纳房核验、收存。

其后，捐纳房的工作重心转至与银库的政务对接上，如相关稿案、名册的勘合磨对等，以确保捐生、捐项、捐银三者皆一一对应无误。出于慎重帑项之意，清廷规定户部捐纳房与银库同步进行双向核查。每月底，银库将上月所收捐银分款开单，交付捐纳房核对；[⑤] 捐纳房亦将上月所收小票、纳捐人数等造册付送银库，彼此钩稽。[⑥] 最终核实无误后，捐纳房将小票簿、银库印册相符者，按名登入收呈簿，戳注“上库”字样，同时汇造捐册，依此办照。“办照”即户部统一出具的纳捐证明，由捐纳房摘录捐册信息，于部颁照纸上填注报捐人姓名、籍贯、年貌、报捐金额、纳捐项目、办照日期等，继而“圈点朱标，钤印为凭”。执照办理完成后，捐生再于规定日期赴部领照。捐纳房遵循“照票出榜，点名给照”之法，先于每月截卯之日，将常捐、暂行事

① 《李广滋奏陈户部为捐贡监职等事应慎用印结》，嘉庆二十二年七月二十四日，《军机处档折件》，台北故宫博物院藏，档号：048568。

② 咸丰《钦定户部则例》卷96《通例一・司属职掌》，咸丰元年（1851）刻本，天津图书馆藏，第24、38页。

③ 参见：伍跃《中国的捐纳制度与社会》，第82～83页；陈宽强《清代捐纳制度》，第193～194页。

④ 《稽查银库给事中琦琛等奏为银库交项无凭查核请旨饬》，道光十四年三月初六日，《军机处档折件》，档号：067294。

⑤ 同治《钦定户部则例》卷98《通例二・收捐给照事宜》，第7028～7029页。

⑥ 嘉庆《钦定大清会典事例》卷764《都察院・稽察户部三库》，沈云龙主编《近代中国史料丛刊三编》第70册，台北：文海出版社，1992，第1499～1500页。

例等各项报捐人员姓名、籍贯“出榜晓示”，同时注明领取日期。届期，再由捐纳房官员当堂唱名发照，“按名点交”。以上即户部捐纳房办理部捐的基本流程。

值得注意的是，捐纳房除核捐、办照诸务外，还承担相应的捐纳稿案管理职责。例如，随时登记实收小票统一存案，定期核查办照、办稿进度及行文稿案有无积压、遗漏，遇有京内外各衙门咨文予以磨对，等等。[①] 至于清朝捐纳政策的制定、具体捐纳章程的起草，则基于户部阖署官员司议、堂议，乃至大学士、六部、九卿会议形成，捐纳房官员或在议事过程中有所建言，而非其专责。再者，道光中叶以来，捐纳房除核管各项捐纳事务外，其职能还涉及捐输议叙。根据清朝制度规定，各省急公好义捐输者，例由督抚请奖，再由户部对应清吏司核定。道光十二年（1832）畿辅受灾，开办赈捐，相关奖励议叙先由户部拣派司员经手承办，“旋即辞退，仍归捐纳房办理”。其时虽有官员指出，捐纳房系“开捐而设”，若捐输亦归其办理“则与大捐何所区别”，但此举却开户部捐纳房承管捐输之先例。[②] 此后，道咸时期各项捐输议叙，由户部各司与捐纳房办理者皆或有之。

2. “假照案”与捐纳房的制度改章

捐纳作为清朝财政的额外补充，素有“利薮之归”之称。户部捐纳房总揽全国捐务，更有“天下膏腴处”之称，识者无不视为“美授”。[③] 受利益驱使，捐纳房官吏利用职权之便“相缘为奸利”，历朝部捐、外捐均曾酿成巨案。[④] 此中，道光十年（1830）捐纳房书吏“假照案”不但震动朝野，同时促成捐纳房捐务管理的制度改章。

“假照”即伪造部颁执照。道光九年（1829）二月，刑部书吏周载控告户部捐纳房贴写庞瑛盗卖假照。经户部多方查验，确有安徽民人林德先、江大海等46人报捐职衔，而“较对部册，均无其名”，其捐照亦与部颁文式有别，均系伪造。吏部亦查出冒捐封典者数名。[⑤] 经过吏、户、刑等部层层盘查，捐纳房贴写蔡绳祖因生计“贫苦难度”，自嘉庆二十一年（1816）起暗自揽捐渔利。其一面偷窃户部、国子监照纸，私雕假印，一面借查对部存照册之机，通过粘补姓名、涂改年份、抽换捐册等手段，任意增写“假底捐生”。[⑥] 道光二年（1822），蔡绳祖又怂恿贴写庞煐、任松宇等人入伙。

---

① 同治《钦定户部则例》卷98《通例二·收捐给照事宜》，第7029、7035~7036页。

② 《山西道监察御史瞿溶奏为捐输事宜请责成原派司员经理以符名实由》，道光十三年七月十三日，《军机处档折件》，档号：064341。

③ 《刑科给事中郑世任奏为户部大捐饭银可否援照川楚工赈各事例全数归公以充经费事》，道光二十一年十一月二十五日，《宫中档奏折》，台北故宫博物院藏，档号：405004612。

④ 王士禛：《渔洋山人自撰年谱》，周和平主编《北京图书馆藏珍本年谱丛刊》第82册，北京图书馆出版社，1999，第264页。

⑤ 《清宣宗实录》卷168，道光十年闰四月辛亥，《清实录》第35册，中华书局，1986，第608页；中国第一历史档案馆编《嘉庆道光两朝上谕档》第35册，广西师范大学出版社，2000，第264~270页。

⑥ 《大学士兼管刑部事务托津等奏为遵旨会审蔡绳祖等私卖假照等情一案事》，道光十年七月二十四日，《军机处录副奏折》，中国第一历史档案馆藏，档号：03-4040-018。

数人串通作弊，“前后书写张数及得过银钱多少，记忆不清”。[①] 由于假照历时久远且年月参差，道光帝下令吏、户等部通查嘉庆二十一年至道光九年捐册，最终查出捐纳贡监、职衔、封典假照近万张，“侵蚀捐项不下数百万”，其数额之多，令人瞠目。[②]

案情查实后，清廷为厘奸剔弊，将首从各犯置以重典，户部、国子监等衙门缘事革职、降调者亦以百计。与此同时，清廷以“假照案”为契机，对捐纳房收捐、核捐、捐册管理等环节中的制度漏洞作以修补，出台“捐纳房稽查防范、核对册稿章程”（以下简称“新章”）十二条，统一纂入《户部则例》，命嗣后遵照执行。具体而言，相关制度调整约有如下数端。

其一，完善用人规制以重职守、专责成。前已述及，捐纳房在官吏配置上存在“官少吏多”“官暂吏久”之弊，且司官因兼摄司务较多[③]，往往无暇逐一核查捐册，转而“率据扣改稿件及呈验假照批符”，致使书吏暗中造假，假照经年不绝。[④]“新章”在捐纳房原有人员基础上增添满汉司官各 2 人，定为“满汉十二股”，并于其中选派满汉主稿各 1 员，领办捐务。[⑤] 官员任期亦由此前的一年延长为两年，同时注重相互调度年份，“使新陈相间以资熟习”。书吏方面，则将贴写 20 名调整为经承 4 人、贴写 16 人，额外贴写的选取均由经制书吏一一保结，彼此承担连带责任；所有吏役役满出署，接任者由户部捐纳房及各清吏司贴写内轮流掣补，无关人员一律驱逐。[⑥]

其二，严密稿案处理流程，禁绝假照诸弊。嘉道以降财政支绌、频开捐例[⑦]，捐纳房案牍日增，“每岁发给捐生执照不下数万张”[⑧]。而观之捐纳房文稿收发与管理，却始终缺少细致周密的稽核制度，进而为书吏舞弊提供了可乘之机。“新章”在严密文稿管理的同时，“严设稿案关防”，规定凡登记小票、办照、办稿、行文等各类簿册，均须严格依照“卯期”先后次序划一书写。凡捐纳文照钤用户部堂印，由捐纳房、监印处司员一同监看。捐纳房亦不另铸印信，均用主稿司员本司之印，并不时轮换。至于稿件收存，“新章”变通此前“分房贮稿”之法，改为将紧要稿件统一存贮于捐纳房公署，用箱柜封锁、派员掌守。凡取用、查对者，一一在册登记，并由专人监看，远年

---

① 陶澍：《拿获假照案内要犯折子》，《陶澍全集·奏疏二》第 2 册，岳麓书社，2010，第 224 页。

② 《江南道监察御史黄乐之奏请更换户部堂印事》，道光十七年三月初九日，《军机处录副奏折》，档号：03 - 2841 - 030。

③ 户部部务繁杂，司员兼司者多，逢诸务丛集则势难兼顾。对此，《户部则例》明确规定，司官不得兼三司行走。参见同治《钦定户部则例》卷 98《通例二·兼摄铨派事宜》，第 7011 ~ 7012 页。

④ 《清宣宗实录》卷 177，道光十年十月戊戌，《清实录》第 35 册，第 769 页。

⑤ 咸丰《钦定户部则例》卷 96《通例一·司属职掌》，第 25 页。

⑥ 同治《钦定户部则例》卷 98《通例二·收捐给照事宜》，第 7048 ~ 7050 页。

⑦ 参见：邓之诚《中华二千年史》卷 5《明清中》第 1 分册，东方出版社，2013，第 96 ~ 97 页；许大龄《清代捐纳制度》，《明清史论集》，北京大学出版社，2000，第 45 ~ 54、92、99 ~ 100 页；何永智《经费筹济与财政汲取：清嘉道两朝外省捐监究探》，《中国社会经济史研究》2022 年第 2 期。

⑧ 《江南道监察御史黄乐之奏请更换户部堂印事》，道光十七年三月初九日，《军机处录副奏折》，档号：03 - 2841 - 030。

稿件及各省送缴正副实收等，则归入大库，废稿随时销毁。

其三，强化涉捐机构间的政务对接与监督机制。捐纳关乎财政、吏政诸端，捐务文书流转因而涉及户部捐纳房与京内外各衙门的往来对接。如户部颁发捐照后，文武职衔、封典等项须知照吏、兵两部，贡监须知照礼部、国子监，而长期以来捐纳房仅单向行文，“各衙门向不咨覆”。“新章”规定，嗣后在京衙门接收户部知照文书，应摘录报捐者姓名、年貌等信息并载入册档，按月汇总，送回捐纳房复核；各省接收户部知照文书，应参照原文开造人名、银数清册，除按期咨覆外，仍一并报送身家清白册以备稽核。对于办捐各环节的具体时限，“新章”明确规定：报捐人具呈后，捐纳房限于两日内行查，在京衙门限于五日内查覆；报捐人上兑后，捐纳房应于收到小票五日内给照，五日内办稿，半月内行文相关衙门，以防时日延宕，猾吏从中作弊。[①]

此外，“新章”还明确强调户部与涉捐机构间建立同步查核机制。如报捐监生，旧例由捐纳房按“卯期”向国子监咨送印册，国子监查验部照、加给监照，每月派遣办照官赴部，同江南道御史、稽查银库御史、礼部司员等查对捐册、小票，制度不可谓不严。但各衙门仅以“户部之册对户部之册，不足以资稽查”。为此，“新章”要求各涉捐机构均须自立名册，再与捐纳房册籍磨对。[②] 又如行文环节，捐纳房知照京外衙门文书“统用公务片咨”，经由兵部发出。“新章”进一步规定，户、兵两部每月定期查核行文簿，明晰来源去向，以防书吏抽换文稿。[③]

综上，道光十年户部捐纳房“新章”的出台，不仅对整饬捐纳房积弊、防范蠹吏舞弊有着积极意义，相关制度修补亦推动了清朝捐务管理的规范化运行。惟制度更新有年，清朝捐务日益纷赜，清廷无暇整饬，诸如银号包捐、书吏造假等弊仍禁之不绝。

三　晚清捐例迭兴与捐务管理机构嬗变

自雍正年间初设，户部捐纳房长期承揽捐务。咸丰军兴后，清朝因战费巨耗屡屡推广捐例，地方渐获办捐之权，捐纳房事权被新设收捐机构逐步分割，以致捐务管理政令歧出，乃至乱象丛生。同光时期，清廷力图裁停捐章、裁撤捐局，却因经费掣肘，整饬效果始终有限。经清末中央官制改革，户部捐纳房演变为度支部核捐处。

1. 地方捐局林立与捐纳房的事权分割

晚清捐纳制度剧烈嬗变，此中，捐务管理的事权转移与机构演替不容忽视。其始于京师捐铜局，后因各省遍开捐输、捐局林立，户部捐纳房职权不断弱化，以致形同

① 《大学士托津等呈拟议捐纳房稽查防范核对册稿章程清单》，道光十年十一月十二日，《军机处录副奏折》，档号：03－2841－023。

② 《清宣宗实录》卷181，道光十年十二月乙酉，《清实录》第35册，第844页。

③ 《大学士托津等奏为令议捐纳房防范贴写偷稿舞弊章程事》，道光十年十一月十二日，《军机处录副奏折》，档号：03－2841－022。

虚设。

捐铜局是咸丰初年京师筹铜铸钱的直接产物。太平天国运动爆发后，清政府财用告罄，先后通过开办"筹饷事例"、推行高值大钱等举措筹措饷需。咸丰三年（1853）试行大钱，而京城铜斤奇缺。五月，给事中吴若准以"捐铜无异于捐银"，奏请优奖捐输铜斤者，"或归筹饷事例，或照军需报效"①。翌年七月，铜斤仍有绌无盈，户部遂参考吴氏之议，奏准施行捐输铜斤"酌减收捐"，准许报捐实官及贡监、职衔者呈缴实银、钱票、铜斤等，统按现行常例、"筹饷事例"酌减四成，封典、加级、捐免试俸等则酌减六成，以广招徕。② 七月二十一日，户部于正阳门清凉巷设局收捐，称捐铜局，后又改称京铜局、京捐局。③

捐铜局开办伊始，诸务头绪纷繁。户部自捐纳房及各清吏司抽调司员、笔帖式、书吏等，办理收呈、核奖、发照、造册及奏咨各案，兼理铜斤收买、核款放款事宜。④ 办捐流程方面，捐铜局与捐纳房颇为类似。如捐生投呈后，捐铜局首先核实报捐项目及应缴钱款，继而根据捐输章程酌定奖励，待截卯后统一具奏请奖，报捐者五日内凭实收赴局换照。所收银钱仍由银库收纳，捐铜局按卯核对，每半年奏销一次。⑤ 得益于减成收捐、"捐例开诚公布"的政策红利，捐铜局甫经开捐，各省报捐者即风闻踵至，捐例因而"节次推展"，收益亦积微至巨。⑥ 咸丰七年（1857）十月因收益畅旺，户部变通章程，一举将报捐封典、升衔、加级、记录等原属捐纳房常捐之项，"统归京铜局上兑"⑦。自此，京捐事务逐渐移归捐铜局，捐纳房则形同虚设。与此同时，捐铜局为

---

① 《户部奏覆给事中吴若准疏请捐铜与收缴铜斤并行应准办理》，咸丰三年六月初三日，张伟仁主编《明清档案》第365册，台北：联经出版事业公司，1986，第502～504页。

② 《江苏巡抚吉尔杭阿奏为苏省设局捐铜仿照京局章程变通办理事》，咸丰五年三月二十四日，《军机处录副奏折》，档号：03－9513－040。

③ 同治十三年（1874）六月，户部以捐铜局"广筹捐项"，与设局时"捐铜鼓铸"之义不符，奏改"京捐局"。参见《西宁府知府邓承伟为移知户部抄奏捐铜局改各京捐局铸用铜质钤记事致循化厅》，同治十三年十一月二十七日，青海"光绪—循化厅"档案，"国家清史纂修工程数据库"，全宗号：007，案卷号：285，第11～12页。

④ 《大学士管理户部事务贾桢等呈捐铜局承办司员笔贴式等姓名清单》，咸丰五年八月二十八日，《军机处录副奏折》，档号：03－4413－025；中国第一历史档案馆编《清代官员履历档案全编》第3册，华东师范大学出版社，1997，第502页。

⑤ 《户部为汇奏捐铜局第九次第十次捐输开单奏恳恩施以昭激励相应刷印原奏抄录清单事致内务府等》，咸丰五年正月二十六日，《内务府来文》，中国第一历史档案馆藏，档号：05－13－002－000740－0022；《户部尚书柏葰等奏请奖励捐铜局各司员实心任事尤为出力事》，咸丰七年五月十七日，《军机处录副奏折》，档号：03－4418－105。

⑥ 如咸丰四年（1854）正月至六年（1856）六月，捐铜局先后收捐42次，共计报捐11.828万人，所收钱票、宝钞、大钱等，折合京钱4580余万吊。参见孙翼谋《请除近日流弊疏》，葛士浚辑《皇朝经世文续编》卷25《户政二·理财中》，沈云龙主编《近代中国史料丛刊》第75册，台北：文海出版社，1973，第656页；《大学士管理户部事务文庆等奏为捐铜局收存动支各数先行核明开单奏销事》，咸丰六年九月十七日，《宫中档奏折》，档号：406008826。

⑦ 《户部为筹拟捐铜局推广捐输章程事奏折》，郭春芳选编《咸丰末年推广捐输新章程史料》，《历史档案》2004年第2期。

吸引商民捐输，进一步简化报呈、上兑、换照等办捐程序。例如，捐生报呈后，承办司员随时核算，随即“开列清单，奏请奖叙，当堂发给执照”，再造册咨送吏、礼、兵部及国子监等衙门查验核对，办捐效率较捐纳房明显提高。① 总之，捐铜局设立后，不仅捐纳房常捐“京库坐收之款”的财政地位被捐铜局京捐所取代，其原有职权亦被捐铜局不断分割。②

晚清捐例迭兴之际，与京师捐铜局崛起对应的是各省捐局林立。早在道咸之交太平天国运动爆发前，广西、湖南等省即已获准就近设局收捐筹款。捐铜局设立后，地方督抚以其创收不菲亦相继奏请仿设。且各省为尽速筹饷，一时间诸如报捐实职、捐免离任、报效军火等，纷纷援例开办，竞先减成折收，一发不可收拾。如咸丰五年（1855）江苏以宝苏局铜斤短缺，奏请援照京铜局章程收捐，广西、河南、山东等省则以筹备军饷、河工漫口为由，获准在“筹饷事例”“军营粮台章程”基础上再酌减二三成不等。③ 不数年，各省竞开捐局，“内则京捐局，外则甘捐、皖捐、黔捐”，不一而足。④ 而随着收捐机构的增多，地方各局侵越京捐、变紊旧章，隔省捐输更冲击规制。特别是在筹款急势下，各省为争夺财源，“每开一捐例即立一减成”，彼此矛盾纷争不断。⑤ 其结果是捐纳、捐输财源歧出，清朝捐务管理日渐松弛，种种弊病日益明显。

就捐务运行而论，除却收捐机构叠增，空名执照的颁发可谓晚清捐纳事权下移的另一重要表征。众所周知，清前期外捐皆由户部给照，各省仅发放实收，再咨部换照，“颁出若干皆有数目可稽”⑥，如此则“京部犹有核发之权”⑦。咸同以来捐局遍立，疆臣以鼓舞捐输、“备应劝捐”为名，纷纷请求清廷颁发空白部监执照，遇有报捐者即刻发放，以免辗转咨部换照，“则人心尚可踊跃”⑧。清廷碍于兵饷支绌，予以批准，冀望以此为“集腋成裘之计”⑨。然自地方捐局获准收存与填发部照，既往捐务管理的“咨

① 《户部尚书柏葰奏为遵旨议奏捐纳监职衔严加稽核事》，咸丰八年正月十一日，《军机处录副奏折》，档号：03－4421－012。

② 曾国藩：《平银价疏》，咸丰元年十二月十九日，《曾国藩全集》第1册，岳麓书社，2011，第45页。

③ 《江苏巡抚吉尔杭阿奏为苏省设局捐铜仿照京局章程变通办理事》，咸丰五年三月二十四日，《军机处录副奏折》，档号：03－9513－040；《清文宗实录》卷173，咸丰五年七月甲申，《清实录》第41册，中华书局，1986，第923～924页；《河东河道总督李钧等奏闻遵旨设立捐局并酌拟推广条款缘由》，咸丰五年十一月初六日，《宫中档奏折》，档号：406007051。

④ 赵尔巽等：《清史稿》卷112《选举七》，中华书局，1977，第3237页。

⑤ 《驳停捐议》，邵之棠辑《皇朝经世文统编》卷32《内政部六·捐纳》，沈云龙主编《近代中国史料丛刊续编》第72册，台北：文海出版社，1981，第1345页。有关晚清地方捐输与财源争夺，参见：倪玉平《清朝同光时期贵州隔省捐输研究》，《近代史研究》2021年第4期；许存健《清代咸同时期户部捐铜局的制度变迁与财权争夺》，《中国社会经济史研究》2021年第4期。

⑥ 《弊捐》，《申报》1887年11月18日，第1版。

⑦ 讷庵：《清捐纳之弊》，《再生》第223期，1948，第17页。

⑧ 《奏报遵旨速议袁甲三请颁发空白执照事》，咸丰四年五月二十四日，《宫中朱批奏折》，档号：04－01－35－0685－024。

⑨ 《陕西道监察御史何其仁奏请颁发各直省监照以裕国用》，咸丰三年七月初四日，《宫中档奏折》，档号：406004442。

部查核”之制已全然流于形式。加之捐局林立、鞭长莫及，各省捐务运作难以得到中央的有效监控，诸如办捐官吏不遵部章、私自折减，捐局派捐、勒捐，甚至“径填执照，不给实收”[①] 等弊窦，不仅导致钱粮流失，直接损害了中央的财政控制力，更使捐务运行陷入无序化。

2. 捐局裁停、重启与捐纳房机构嬗变

同光之交军务渐弭，内外冲突亦相对缓和，清廷顺势厘整捐纳事权，旨在通过裁撤捐局以强化捐务管理，进一步归复捐纳房旧制、回收财权。但在经费百出的财政困局下，地方捐局旋停旋启，捐务乱象一仍其旧，停捐更成为无解之题。

同治以来，面对捐输“行久弊滋”，廷臣屡有清厘捐章、裁撤捐局之议。此在一定程度上推动了清朝的捐务整顿进程。如同治三年（1864）山东巡抚阎敬铭、山东道御史孙翼谋等，先后以各省办理军需或取诸地丁，或借资厘金，“均不专借捐输”，奏请将报捐实职官阶收归京铜局办理。[②] 同治帝韪之，严谕各省捐局仅限报捐丞倅等杂职，至于道府州县等实官，一律限定于京局报捐。[③] 同治八年（1869）江苏巡抚丁日昌上疏，直指“外省捐例尤宜暂停”，议请提取各省洋关、厘捐经费以替代捐输之资。对此，户部在议覆时明确表示，各省如能于现解京饷外另筹他款，“即将中外捐输一律停止”，可见停捐裁局已在酝酿之中。未久，清廷重申“生财之源，断无仅恃开捐之理”，并采取实质性举措厘整捐务，先后裁撤河南、湖南等省捐局，并裁停外省捐纳武职、捐免离任、捐免验看等项。唯京师、陕甘、云南等地因经费未裕，捐局“一时尚难议撤”[④]。

时至光绪四年（1878）十二月，清廷一纸谕令停止实官捐输，同时要求各省停捐裁局，设法变通，谕曰：开捐纳职其弊已深，“于澄清吏治之道既多窒碍，于饷需亦多有名无实……着户部及各省督抚通盘筹划”，一面订期停捐，一面设法筹款。[⑤] 光绪五年（1879）正月，户部奏陈整饬捐务之法，强调肃清政体“自以停止捐纳实官为第一要义”，拟将“京局先行裁停，外局严定期限”，进而全面归复捐纳房收捐、发照旧章。具体而言，京捐局已于上年十二月降旨之日起一律停止收捐，待相关经费奏销完竣即可正式裁撤。至于地方捐局，各省督抚务必厉行停捐，于光绪五年五月底前将各类捐

---

① 《大学士兼署管理户部事务祁寯藻奏报上年臣部奏准暂开捐筹饷例拟请行文各省遵照办理情形恭呈御览》，咸丰元年九月十一日，《宫中档奏折》，档号：406001253；端方：《变通赈捐发照疏》，王延熙、王树敏辑《皇清道咸同光奏议》卷33《户政类·荒政》，沈云龙主编《近代中国史料丛刊》第34册，台北：文海出版社，1969，第1669页。

② 阎敬铭：《道府州县四项无庸减成疏》，盛康辑《皇朝经世文续编》卷21《吏政四·铨选》，沈云龙主编《近代中国史料丛刊》第84册，第2259~2264页；《山东道监察御史孙翼谋奏请除近日流弊以求理财用人皆归实济事》，同治三年五月十五日，《军机处档折件》，档号：096374。

③ 中国第一历史档案馆编《咸丰同治两朝上谕档》第14册，广西师范大学出版社，1998，第107页。

④ 《大学士官文等奏为遵旨妥议御史袁方城密陈隐忧良法折》，同治八年九月初十日，中国第一历史档案馆、福建师范大学历史系编《清末教案》第1册，中华书局，1996，第693页。

⑤ 《清德宗实录》卷83，光绪四年十二月己丑，《清实录》第53册，中华书局，1987，第274页。

局尽数裁革，并将历年捐银收支开单报部，存余照根、空照一并缴回。待京内外各捐局全面裁停，捐监、捐贡等常捐各项统归“臣部捐纳房付库、兑收，随时核准、给照”，赈捐请奖、工程报效亦由部核实。如此，捐务“归简易而复旧制”，京库入款亦可相应加增。此一方案旋获清廷允准。[①]

此后数年，实官捐暂息，虽有开捐者，而皆限于现行常例，[②] 统归户部捐纳房核办，清朝捐务运作重回制度旧轨。迨至光绪九年（1883），海防、筹赈、筹饷等巨额财政缺口，再度迫使清廷遍开捐例，如“海防事例”“郑工事例”“秦晋赈捐”“顺直善后实官捐”等，“逐年奏展，实永无停止之时”。[③] 地方捐局随之卷土重来，至光绪中后期更有积重难返之势。例如光绪二十四年（1898）山东诸郡受灾，巡抚张汝梅奏请开捐赈济。时论以为，“无事已不能停捐矣。况加以山东灾情甚重，岂能不借捐输而以赈乎”。[④] 光绪二十六年（1900）七月，山西、陕西两省亢旱成灾，司库无款可筹，奏开实官捐输，先后领取部颁空名执照5万张，相关办捐手续俱归地方赈捐局掌理。[⑤] 同年十二月，江苏以饷源紧绌，奏请颁发文职五品以下空名执照2000张、武职500张，由劝捐局填发实收，奖册送部查核。[⑥] 可见，各省以筹办赈抚、饷需为名，大有竞开捐局之势。即便清廷于光绪二十七年（1901）、光绪三十二年（1906）发布停捐之谕，[⑦] 然捐纳既为“国费之所从出，因循未能即革”[⑧]。特别是在财政竭蹶、吏治腐败的形势下，清朝整体的捐务紊乱更不堪问。

光绪三十二年，清朝推行中央官制改革，户部改设为度支部。在新设度支部的下辖机构中，仍“暂设核捐处”，掌核各项捐输请奖事宜。其职掌不仅与户部捐纳房无二，而且在人员安排、日行公事方面，亦悉数参照捐纳房旧制。[⑨] 如光绪三十四年（1908）清廷出台“州县改选章程”，规定凡加捐及补交捐项者统由度支部核捐处核定，

① 《户部尚书景廉等奏为遵旨停止捐输并先行裁撤京捐局等事》，光绪五年正月二十一日，《军机处录副奏折》，档号：03－6531－011。

② 许大龄：《清代捐纳制度》，《明清史论集》，第58页。

③ 《论永停捐纳事》，《南洋七日报》1901年第3期，第15页。

④ 《翰林院检讨江春霖奏为停捐未能课吏太迫有碍安上全下大局敬陈管见事》，光绪二十四年八月初五日，《军机处录副奏折》，档号：03－9455－024。

⑤ 端方：《变通赈捐发照疏》，王延熙、王树敏辑《皇清道咸同光奏议》卷33《户政类·荒政》，沈云龙主编《近代中国史料丛刊》第34册，第1668～1669页。

⑥ 刘坤一：《请仿秦晋捐例敕部颁发空白执照折》，刘坤一著，陈代湘校点《刘坤一集》第3册，岳麓书社，2018，第184页。

⑦ 沈洁：《清末捐纳制度研究》，陈乐人主编《北京档案史料》（2007.1），新华出版社，2007，第208～211页。

⑧ 《论今日宜亟停捐纳》，《时报》1905年9月28日，第2版。

⑨ 《度支部奏为厘定度支部职掌事宜及员司各缺并拟添设丞参折》，上海商务印书馆编译所编《大清新法令（1901—1911）》第2卷，商务印书馆，2010，第60页。部分档案中则径称“度支部捐纳房”，参见《度支部捐纳房为请查明宗人府汉堂主事李兆麟所呈各原案相符情形等事致宗人府》，光绪三十三年十月十八日，《宗人府旧整》，中国第一历史档案馆藏，档号：06－01－001－000393－0137。

再至银库投捐，与捐纳房规制可谓如出一辙。① 清季清理财政、编订预算阶段，度支部正式将捐输列为各省“经常收入”一项中，确立其法定地位，则京部核捐处、地方捐输局等捐务管理机构更无裁汰之可能。② 综之，晚清时期，捐纳、捐输虽被视为“诸弊之宗”，却因汲取民间财富、补苴国用的财政效用而大行其道。是故，作为捐务管理机构的捐纳房、捐铜局、核捐处及地方捐局等得以相沿不废，即便几经裁革仍“视若固然”③。

结　语

清代处于由传统中国向现代中国转型的关键时期，政府机构及其运行方式在规制齐整与服务现实之间不断调适。作为“管核捐政”的专门机构，户部捐纳房是支撑清朝捐务运作的核心行政单元，其因革损益、兴衰演替折射出作为“钱粮要政”的捐纳在清朝国家财政运行中的独特地位。

有清一代在“赋有常经”④ 的不完全财政体制下，捐纳无疑为清政府平衡财政收支的一道重要防线，亦即国家财政治理的重要策略之一。清初统治者对捐纳总体持审慎态度，“必廷臣屡请，而后暂得举行”⑤。康熙以降，随着开捐的常态化，捐纳组织、章程、规制日益繁密，其复杂的运转逻辑，成为清朝创设户部捐纳房的重要契机。诚然，就生成机制而论，捐纳房并非承袭前朝，而属清朝“因事而设”的专门机构。较之明代由户部侍郎专管捐纳，户、工两部并行收捐而分歧不断的捐务管理模式⑥，清初捐务形成由户部统摄全局，不同清吏司分别对接部捐、外捐的职责分工。但“捐折色易，捐本色难……在近处捐易，在远地捐难”的捐务运行实态，促使清朝不断完善相应建制，以应对“金粟变化之经权”⑦。户部捐纳房的设立，保证了清朝中央对报捐、核捐、发照等捐纳事务的专业化与精细化管理。与此同时，捐纳房与京内外各涉捐机构并司其职，彼此统贯接榫的权责体系，亦在制度执行层面保障了各项捐例实施的一体化运作，“捐纳手续的复杂与执行的高效亦令人叹为观止”⑧。

晚清需费孔亟、捐例冗滥，捐纳制度及捐务管理机构在战时财政的催化下随之嬗

① 《度支部咨宪政编查馆停选花样州县补交捐项酌量核减文》，上海商务印书馆编译所编《大清新法令（1901—1911）》第 2 卷，第 408 ~ 409 页。

② 《度支部清理财政处档案·调查全省岁出岁入细数款目》，北京图书馆出版社影印室辑《清末民国财政史料辑刊》第 1 册，北京图书馆出版社，2007，第 190 ~ 191 页。

③ 《论今日宜亟停捐纳》，《时报》1905 年 9 月 28 日，第 2 版。

④ 程含章：《论理财书》，贺长龄辑，魏源编《皇朝经世文编》卷 26《户政一·理财上》，《魏源全集》第 14 册，岳麓书社，2004，第 531 页。

⑤ 田从典：《疏通选法疏》，贺长龄辑，魏源编《皇朝经世文编》卷 17《吏政三·铨选》，《魏源全集》第 14 册，第 115 页。

⑥ 王海妍：《试论明代捐纳制度的中央管理和稽核》，《云南民族大学学报》（哲学社会科学版）2017 年第 6 期。

⑦ 《巡视中城福建道试监察御史吕兆琳为酌剂捐纳之法事题本》，方裕谨选编《康熙年间有关捐纳御史奏章》，《历史档案》1999 年第 4 期。

⑧ 吴四伍：《清代捐纳与国家治理》，第 19 页。

变。以户部捐纳房为代表的捐务管理机构演替，映射出清后期捐纳制度运行的一个侧面。于清廷而言，开捐虽在一定程度上助益于国家“饷糈万紧”的筹饷之计，但自捐例推广、数例并行，京师与各省捐局林立的纷杂局面日渐导致捐务管理运转失序。不仅户部捐纳房事权被新设各捐局不断分割，原属国库“经制入款”的常捐财源亦被各省侵夺。[①] 即便立足于筹备京饷的京捐局，亦沦为清廷与各省争夺财源的工具，始终未能从全局角度统领捐务，由此导致地方捐局为开源而一再减价招徕，报捐者得以避重就轻，收捐官吏借端营私取巧，乃至捐纳、捐输汲取经费的补益效用愈呈“弩末”之势。正所谓以涓滴之微“明效输捐，暗亏帑项”，流弊由斯而极。[②] 同光时期，清廷屡次裁停捐章、撤销捐局，力求规复捐务管理旧制以兴利除弊。惟内忧外患加剧，“救贫急务”当前，清朝在财政上愈难摆脱其对捐纳、捐输的依赖，更无暇顾及开捐为“取财之非计”。[③] 地方捐局是以有添无减，捐务乱象已至“无可整顿”[④] 之境地。

（作者单位：中央民族大学历史文化学院）

① 如“新海防捐”自光绪十五年十一月开办至光绪二十三年三月底，部库共收银 184.49 万两，各省收银则高达 1185.43 万两，而同期户部常捐仅 2.74 万两。参见《户部及各省收捐数目》，《内政·宫廷（下）》，翁万戈辑《翁同龢文献丛编》第 5 册，上海远东出版社，2014，第 770～773 页。

② 杨毓辉：《论捐实官之害》，陈忠倚辑《皇朝经世文三编》卷 23《吏治二·吏治》，沈云龙主编《近代中国史料丛刊》第 76 册，台北：文海出版社，1973，第 362 页。

③ 《刑科给事中蒋云宽奏为敬请停止外省捐监以符旧制事》，道光二年二月初二日，《宫中档奏折》，档号：405000133。

④ 丁宝桢：《请提官运盐务征收抵拨京捐折》，光绪五年二月初八日，丁宝桢著，郭国庆、贺丽丽编校整理《丁宝桢全集》第 2 册，贵州人民出版社，2017，第 296 页。

清代热河地区乡村社会秩序建构的多维考察*

穆鉴臣

摘　要：热河地区是清代蒙地由牧区向半农半牧区、农业区转型的典型地域，其历史动因是汉族移民的不断涌入。汉族移民增多后，构成了乡村聚落的人口基础，形成了乡村社会，其地的统治秩序、基层组织、治安体系也随之发生了变化。在这一历史进程中，国家的行政权力深入了基层乡村社会。国家与社会关系呈现一种“大一统”体制下的互相连接、对立统一的景象。国家政权与乡村社会的结合，较之前代更为紧密，且国家控制始终占据着主导地位。

关键词：清朝　热河地区　乡村聚落　社会控制体系

清代热河地区大体相当于改设府州县之前的察哈尔东四旗、昭乌达盟和卓索图盟所辖范围，地处蒙古高原与中原的接合部，北连朔漠，南压区宇，战略地位十分重要。有清一代，由于多种因素的合力，流民源源不断移入热河地区开垦蒙地，形成了大量农耕村落。建构该地的乡村社会秩序，是清廷必须面对和解决的问题，亦应成为当下学界关注的课题。学者们多聚焦于热河地区的行政管理、经济发展、蒙地垦殖、社会变迁等问题的研究，对乡村社会秩序讨论的成果颇为薄弱。① 有鉴于此，本文探讨热河地区农耕村落社会的形成、乡土社会统治秩序建构、乡村社会治安体系的嬗变等问题，揭示清代行政与乡村社会对立统一的关系。

---

* 本文系国家社科基金重大项目“古代中国乡村治理与社会秩序研究”（批准号：18ZDA171）、中央高校基本科研业务费项目“东北亚五国满学学术史研究”（批准号：N2223005）的阶段性成果。

① 较有代表性的成果为：王晓辉《清代长城沿线蒙汉杂居地区的治理——以热河地区行政管理制度为中心》，《求是学刊》2018 年第 4 期；闫天灵《汉族移民与近代内蒙古社会变迁研究》，民族出版社，2004；珠飒《清代内蒙古东三盟移民研究》，博士学位论文，内蒙古大学，2005；王建革《农牧交错与结构变迁：清代内蒙古地区的农业与社会》，《中国历史地理论丛》2002 年第 3 期；王玉海《发展与变革——清代内蒙古东部由牧向农的转型》，内蒙古大学出版社，2000；王玉海《清代内蒙古农业村落的形成和特点》，《中国边疆史地研究》1992 年第 4 期；王玉海《清代内蒙古东部农村的地户》，《内蒙古社会科学》（人文社会科学版）1999 年第 1 期；王玉海《清代内蒙古东部农村的地东》，《内蒙古大学学报》1999 年第 1 期；王玉海《清代内蒙古东部农业村落的规模和布局》，《内蒙古社会科学》（汉文版）2001 年第 6 期；等等。基本廓清了清代东蒙古地区的行政治理、社会变迁、农业开发、农村社会关系等问题，但对热河地区乡村社会治理的研讨并不系统，有待深入。

一 中原移民与蒙地变迁：热河地区农耕村落社会的形成

伴随邻封移民不断涌入热河蒙地，其行政体制、社会结构、经济类型、文化面貌均发生重要变迁，完成了从游牧社会向定居社会的转型，农耕村落社会亦渐次形成。

顺治元年（1644），清朝定鼎燕京，八旗官兵及其家眷“从龙入关”，为解决其生计问题，在畿辅地区圈占旗地，未投充旗下的黎民百姓谋生无术，“相率逃徙，莫可禁遏也”①。大批近畿地区的汉民背井离乡，率先流落到东部蒙旗喀喇沁地区谋生。据天海谦三郎的统计，乾隆十七年（1752）喀喇沁左翼旗汉人佃户中，近84%的汉人佃户是因满洲贵族圈地而被迫迁徙至此的直隶人。②

顺治十二年（1655），世祖谕令“各边口内旷土，听兵垦种，不得往口外开垦牧地”③，开封禁蒙古之端，此后各朝次第颁布了一些禁令，但效果不显。其主要原因有两点：一是清朝遇上了世界大多数国家直至所谓“近现代”时期，才能出现的人口问题，加之直鲁等地灾馑不断，民食问题严重，只能默许流民前往口外就食；二是在热河南部口外长城沿线，已形成了一个较早的开发带，清廷客观上很难对热河地区进行封禁。④ 康熙七年（1668），喀喇沁旗呈请内地民人前往垦殖，朝廷允准，效果显著。康熙御制诗《口外设屯耕植聚落渐成》，篇名达意。康熙四十六年（1707），边外山东人“或行商，或力田，至数十万人之多”⑤。五十一年（1712），“山东民人往来口外垦地者，多至十万余”⑥。汉民进入蒙地之规模可窥一斑。雍正年间，推行“借地养民”之策，直鲁等省流民绵绵不绝地进入喀喇沁、土默特、翁牛特、敖汉、奈曼等地。乾隆年间，三座塔（今朝阳市）地方已成“民人众集之所”⑦。建平县之地，“雍正以后，内地贫民出口谋食者渐繁”⑧。赤峰自雍正七年（1729）设治以降，蒙旗王公自行招佃垦种，地租低廉，“关内汉人闻风移来佃耕者，络绎不绝”⑨。乾隆十二年（1747），八沟以北及塔子沟通判所辖地方，贫户络绎奔赴，垦地居住，“至二三十万之多”⑩。嘉道以降直至清末，汉地移民仍不时进入热河地区。

移民进入热河地区，迈开了农业开发的步伐，也揭开了农耕村落社会形成的序幕。

---

① 故宫博物院明清档案部编《清代档案史料丛编》第4辑，中华书局，1979，第52页。

② 〔日〕天海谦三郎：《旧热河蒙地开垦资料二则》，满铁调查局，1943，第87页。

③ 光绪《钦定大清会典事例》卷166《户部·田赋》，上海古籍出版社，2002，第673页。

④ 张士尊：《清代东北移民与社会变迁：1644～1911》，吉林人民出版社，2003，第123～126页。

⑤ 《清圣祖实录》卷230，康熙四十六年七月戊寅，中华书局，1985，第303页。

⑥ 《清圣祖实录》卷250，康熙五十一年五月壬寅，第478页。

⑦ （清）哈达清格纂《塔子沟纪略》卷1《建置》，《中国地方志集成·辽宁府县志辑》第23册，凤凰出版社，2006，第621页。

⑧ 田万生修，张滋大纂《民国建平县志》卷4《礼俗》，《中国地方志集成·辽宁府县志辑》第22册，第371页。

⑨ 孙廷弼：《赤峰县志略》，远方出版社，2014，第283页。

⑩ 《清高宗实录》卷304，乾隆十二年十二月己未，中华书局，1985，第973页。

起初，移民聚落并不多见，且规模较小。初来之汉族，“择地而居，自营村落”，后来之户“三五零居，无大村落”。[①] 乾隆初年，直、鲁、晋三省民人或经商或开垦，纷至建平之地，“汉户村落益众”[②]。土默特、喀喇沁三旗地方，乾隆初叶蒙汉杂居的村落已遍及境内。[③] 乾隆四十七年（1782），热河地方耕桑日辟，版籍日繁，承德府境有村庄206个，滦平县境有村庄133个，丰宁县境有村庄160个，平泉州境有村庄131个，赤峰县境内有村屯127个，建昌县境内有村屯82个，朝阳县境内有村屯107个。[④] 喀喇沁左旗境内塔子沟地方“本无城郭、村堡”[⑤]，时至乾隆末期，全境已分布182个村庄。[⑥] 乾隆五十五年（1790）七月，朝鲜使臣徐浩修前往热河朝觐，途经朝阳县、建昌县、平泉州，记录了三州县边外村落聚居的情况：自义州至水村子（今北票市内）此百余里间，“川野相错，村庐相望，多则为数百户，少亦过数十户，蒙汉杂居，栉比繁华”，“地无数坪之不垦，村无数里之断烟”。[⑦] 汉族移民大量聚集，披草莱、斩荆棘，从事垦荒，在蒙地上结成了大批村落。清代热河地区的乡村社会有了很大发展，村庐相望、民户稠密，俨然成为口外农耕的乐土。这种趋势随着清末蒙地放垦政策的推行而逐渐拓展，终至星罗棋布的移民村落社会。

二　设治遣官与国家控制：热河地区乡土社会统治秩序建构

木兰围场和避暑山庄的修建，使承德成为清朝塞外的政治中心，加快了关内民人进入热河地区的步伐，助推农耕村落社会的形成。为有效管理日益增多的中原移民，从雍正元年（1723）始，清廷在热河地区设治遣官，建构基层社会的行政管理秩序。

（一）内地模式：基层行政管理体制

汉民涌入热河地区之后，不可避免地冲击了当地的社会秩序，如何有效治理进入蒙地的移民，成为清廷必须思考并予以解决的问题。

1. 七厅之设

进入热河地区的流寓民人成分复杂，“其间安分营生者固多，而游手好闲、愚顽忿

① 周铁铮修，沈鸣诗等纂《民国朝阳县志》卷26《种族》，《中国地方志集成·辽宁府县志辑》第23册，第471页。

② 田万生修，张滋大纂《民国建平县志》卷4《礼俗》，《中国地方志集成·辽宁府县志辑》第22册，第371页。

③ 〔日〕天海谦三郎：《旧热河蒙地开垦资料二则》，第5页。

④ （清）和珅、梁国治：（乾隆）《钦定热河志》卷50~54《疆域二—六》，台湾商务印书馆，1986，第827~869页。

⑤ （清）哈达清格纂《塔子沟纪略》卷3《市镇》，《中国地方志集成·辽宁府县志辑》第23册，第627页。

⑥ （清）哈达清格纂《塔子沟纪略》卷2《疆域》，《中国地方志集成·辽宁府县志辑》第23册，第623~627页。

⑦ （朝鲜）徐浩修：《热河纪游》卷1《起镇江城至热河》，（韩）林基中编《燕行录全集》卷51，首尔：东国大学校出版社，2001，第403~404、413页。

戾之徒亦复不少”，“每于角口微嫌，辄敢逞凶毙命”。[①] 八沟之地的民人，“皆系北五省不守本分强悍之人，流移在彼，奸盗诈伪，无所不至”。[②] 这些流民初入蒙地后，缺少约束，时常私自入围偷猎野兽，砍伐木植，社会秩序也受其干扰。如何治理进入热河蒙地的汉民，管控移民村落社会等问题，提上议事日程。雍正元年（1723），因热河生聚日繁，“设理事同知，专管旗民词讼及命盗重情”[③]，热河厅遂立，掌旗民事务。喀喇沁地区是汉民聚集之地，最为繁杂，雍正七年十月，清廷在喀喇沁左旗设置八沟厅，添设通判一员、巡检一员。[④] 乾隆元年（1736），设四旗厅，以八沟东河通判移驻土城子，负责管理命盗案件。[⑤] 塔子沟地方事务甚繁，乾隆四年，新置塔子沟厅，设理事通判一员，管理命盗等案。[⑥] 喀喇河屯“地方辽阔，旗民杂处，事务殷繁”[⑦]，乾隆七年（1742）置喀喇河屯厅，设理事通判一员，管旗民事件。位于塔子沟厅东北境之三座塔，旗民交涉事务较为繁杂。乾隆三十九年（1774），析塔子沟厅东部地置三座塔厅。同年，直隶总督周元理奏称“塔子沟通判、八沟同知二处，幅员辽阔，案牍繁多，必须添官分理，请将蓟运河通判改为三座塔通判，分理土默特两旗、喀尔喀、库伦两旗、奈曼一旗事务”[⑧]，清廷允准，析八沟厅北境置乌兰哈达厅，设理事通判一员。[⑨]

热河七厅是一种过渡性的行政建置，其设立的直接动因无疑是妥善安置流民，有效统治由这些流民建立起来的乡村社会。权举一例以备说明，据雍正十二年（1734）理事同知张镠纂修的《八沟厅备志》所记，八沟厅管辖范围内里墟（即村落、村庄）已达252个。如此众多的汉族居住村落夹杂在盟旗之中，设置厅治予以统辖是必要之举。

2. 升府置州县

逮至乾隆中期，热河地区口内汉民聚集，出现大量的农业区与半农业区，户口繁富，人文渐起，建立正式的行政管理机构时机已臻成熟。乾隆四十三年（1778），高宗谕令直隶总督周元理等就热河地区具体更定事宜“悉心筹划，妥议具奏”[⑩]。周元理将改制方案呈上，清廷允准，除升热河厅为承德府外，其他六厅均改为州县，如改八沟厅为平泉州、喀喇河屯厅为滦平县、四旗厅为丰宁县、塔子沟厅为建昌县、乌兰哈达

① 中国第一历史档案馆、承德市文物局：《清宫热河档案》第1册，中国档案出版社，2003，第154页。
② 中国第一历史档案馆：《雍正朝汉文朱批奏折汇编》第26册，江苏古籍出版社，1991，第188页。
③ 中国第一历史档案馆、承德市文物局：《清宫热河档案》第1册，第154页。
④ 《清世宗实录》卷87，雍正七年十月戊午，第166页。
⑤ （清）和珅、梁国治：《钦定热河志》卷83《文秩》，第332～333页。
⑥ 《清高宗实录》卷112，乾隆五年三月己酉，第651页。
⑦ 中国第一历史档案馆、承德市文物局：《清宫热河档案》第2册，第87页。
⑧ 《清高宗实录》卷959，乾隆三十九年五月癸酉，第1000页。
⑨ （清）和珅、梁国治：《钦定热河志》卷83《文秩》，第333页。
⑩ 光绪《承德府志》卷10《公署·府署》，辽宁民族出版社，2006，第521页。

厅为赤峰县、三座塔厅为朝阳县。[①] 此种行政格局到了光绪年间，又起变革。光绪二年（1876），置围场厅。二十九年（1903），热河都统锡良因热河幅员辽阔，不免顾此失彼，将添官分治事宜具奏，“朝阳县改设之知府，即在县治旧所建治，名曰朝阳府”，朝阳迤东之鄂尔土板地方，“地居适中，堪以建治，拟名曰阜新县”，平泉迤东、建昌迤北之间之新邱，“新县拟即于此建治，名曰建平县”。[②] 三十四年（1908），于新开蒙旗各地方添设州县，将赤峰县升为直隶州，并添设林西、开鲁、安东三县。[③] 宣统元年（1909），划丰宁县属西北之地置隆化县。府州县的设立“表明从大小凌河、老哈河直到滦河流域广大区域已成统一的农耕世界，汉民于热河地区的身份完全合法化，热河地区行政管理制度正式确立，盟旗与州县并存的二元管理格局最终形成。”[④]

清代地方行政中一个重要的特色是，正式形成了分防制度。州县的分防，形成了佐杂分辖之制，州县之境最紧要的地区成为僚属的分防地，负责弹压、稽查。乾隆年间，县丞等佐贰官员纷纷从县城移驻乡村。“这一分防体制的形成代表着清代在县政治理中广泛存在的分权理念”，系“国家权力进入乡村社会的尝试，必定会在清代的乡村世界产生相当程度的连锁反应”，是“解读清代乡村治理模式与前代相比呈现出的特殊性之所在”。[⑤]

（二）分防协防：汛辖村庄

清代存在两套既有区别又有联系的地方控制体系：一种是代表文官管理系统的典史、巡检、县丞、主簿；另一种是代表武官管理系统的绿营兵。两者都有一定的分辖或分防区域，前者称“司”，后者称“汛”。[⑥] 热河地区的河屯协绿营兵，隶属于直隶提督，辖有左营、右营、八沟营和唐三营，主要担负缉捕、稽查等任务。为了加强口外的驻防巡逻工作，从雍正末年到乾隆二年（1737），在热河地区广泛设置分防汛和协防汛，计有 30 汛。[⑦] 后来汛数又有所增加。这些分防汛、协防讯兼辖汛地所及之村庄。兹以滦平县为例，可窥见其防守巡查之严密。乾隆四十三年，改喀喇河屯厅为滦平县，下辖 9 汛。县之四境分布着 134 个村庄。这些绿营之分防汛、协防汛设置以后，直接管辖村庄，如此便构成了星罗棋布的乡村社会控制网络。

---

① 光绪《承德府志》卷 30《职官一》，第 834～837 页。

② 中国科学院历史研究所第三所：《锡良遗稿·奏稿》第 1 册，中华书局，1959，第 316 页。

③ 《热河都统奏请添设州县》，《申报》1908 年 2 月 21 日，第 4 版。

④ 王晓辉：《清代长城沿线蒙汉杂居地区的治理——以热河地区行政管理制度为中心》，《求是学刊》2018 年第 4 期。

⑤ 胡恒：《皇权不下县？——清代县辖政区与基层社会治理》，北京师范大学出版社，2015，第 31 页。

⑥ 胡恒：《皇权不下县？——清代县辖政区与基层社会治理》，第 155 页。

⑦ （清）和珅、梁国治：《钦定热河志》卷 84《兵防》，第 342～343 页。

三　保甲立社与团练巡警：热河地区乡村社会治安体系的嬗变

清代热河地区基层乡村社会治安体系的嬗变，经历了从保甲到巡警的过程，当然这一过程非为单一直线而是多维反复演进的。

（一）稽查不法：官方基层组织乡牌保甲

在热河基层社会的治安体系中，保甲组织具有举足轻重的地位。热河地区推行保甲制的时间大略是在雍正六年（1728）。是年，热河管旗大臣拉希等人奏称，民人聚集众多，良莠不齐，“喀喇沁三旗民人应由州县设乡负、牌头，分别管理蒙古和民人等”。[①] 次年八月，署直隶古北口提督魏经国奏请在八沟地方添设通判、巡检等官，“以资化导，严饬保甲，训议稽查，勤宣上谕，以正人心，昭示法纪，以资民治。”[②] 但其具体执行情况并不清楚。乾隆十三年（1748）清廷议准，因蒙古地方民人日益繁多、贤愚难辨，令各理藩院司员、同知、通判等官，“各将所属民人，逐一稽考数目，择其善良者，立为乡长、总甲、牌头，专司稽查”；“将所属民人姓名，造成册档，并饬取具乡长、总甲、牌头各无容留匪类甘结存案”；对于贸易民人，“仍令乡长、总甲、牌头等，于年终将人口增减之数，报官查核，换给印票”。[③] 此谕令得到很好的落实。是年，钦差大臣奉命调查翁牛特右翼郡王旗境内之民人口数与地亩数，“各地区居住民人中，仅乡长、乡约、牌头等人即达二百多名”[④]。乾隆十八年（1753）正月，直隶总督方观承疏言，热河地方辽阔，垦荒就食之民散处其中，“向例设牌头、乡长、乡约约束”，其敖汉、奈曼、翁牛特、土默特等处，流寓民人归八沟、塔子沟等厅管辖，“亦设乡牌互相稽查”；并提出在口外仿行保甲之法，“应就各村烟户多寡，酌量编立，先令该管巡检挨户编查，给与门牌，仍以原设牌头领之；新来之人实有归著者，准报厅给牌居住，行迹可疑者不准容留；至蒙古界内种地民人，亦一体编次，给与门牌”。[⑤] 嘉道以降，保甲不振，致此良法美意渐为具文。金丹道暴动之后，热河盗匪“盘踞险要，蹂躏地方，势成燎原”，人心惶恐，清廷为强化对基层社会的控制，于“被贼扰害各处，督饬文武地方官认真筹办编查保甲，以期蒙汉守望相助，联合一气，不至再生

---

① 《喀喇沁右旗蒙古文档案》，档案号：505－1－35；转引自珠飒《喀喇沁札萨克衙门档案与移民史研究——以早期汉族移民管理与移民稽查制度为中心》，齐木德·道尔吉主编《蒙古史研究》第9辑，内蒙古大学出版社，2007，第220页。

② 中国第一历史档案馆、承德市文物局：《清宫热河档案》第1册，第155页。

③ 光绪《钦定大清会典事例》卷978《理藩院·户丁》，第702～703页。

④ 《管理蒙古民人交涉事务驻乌兰哈达理事司员给翁牛特多罗郡王之文》，乾隆十三年，赤峰市档案馆藏，档案号：142（1－1）；转引自梁文美《翁牛特右翼郡王旗的社会历史变迁研究》，博士学位论文，内蒙古大学，2011，第77页。

⑤ 《清高宗实录》卷430，乾隆十八年正月戊辰，第624页。

事端"[①]。光绪二十年（1894），热河所属地方官员"恪遵向例，参以时宜，重定简明章程，将门牌册式发交各属，饬令编造甲册，填换门牌，选充甲长、户长"，不久，各府厅州县"保甲均经照章查办完竣"。[②]

热河地区乡牌的基本任务是专司稽查，但仍会出现力所不逮或编排范围所不及的情况，清廷于此做了预案，"口外汛广兵单，该乡牌等均系流寓之民，且蒙古地界非营汛所辖，请令热河道属十巡检，各于所辖地方，每季巡查一次，五厅员以公出之时，于所过村庄挨次巡查"，"其有不法事件，即禀各该厅查逐，仍令热河道出巡之次，逐村抽查"[③]。需要提及的是，在这些汉族村落里，与编制保甲密切相关的是对民人户籍的管理。清廷规定，"凡来历不明之人，重责成保人，无人保结者，即令押回原籍"，"如有犯罪逃往蒙古地方行窃，并情有可疑之人，即禀明该管各官解回原籍，该管各官，于每年春秋二季，取具总甲、牌头等并无容隐甘结注册"。[④] 嘉庆十六年（1811），对敖汉旗内垦地之民做出"身份"规定，即："换给札萨克印票，该司员及州县官出示晓谕，将地亩四至数目、民人姓名籍贯，填写明晰，理事司员、地方官一体记档，互相稽查。"[⑤] 嘉庆二十二年（1817），谕令"热河各属，租种蒙古地亩民人，实在户口名册及地亩数目，各该理事司员、州县，照造详细清册一分，送都统衙门存储"[⑥]。凡此规定，与保甲之法相辅相成，共同编织起了较为严密的稽查之网。

（二）守望相助：半官方基层组织太平社

太平社是道咸年间热河地方官为维护治安、镇压起义和抵御盗匪而创设的一种半官方性质的自卫组织，通行于蒙汉之间。

道光以后，热河所属地方治安混乱不堪，盗匪、马贼、矿徒横行，各类暴动时有发生，社会秩序受到严重冲击。鉴于此，热河都统于道光十八年（1838）号令所属各州县厅在民间设立太平社，借以自卫。朝阳县因"劫掠滋横"，"一县之民皆为鱼肉"，"商民屡遭其害"，率先响应，但事属初创，应者寥寥，只"立一方之社，犹未立通邑之社也"。二十一年（1841），热河都统再次督催各属，"蒙民协济，均立太平社"，朝阳邑侯随即饬令各乡牌通行立社，"遂一倡众和，风从云集，遍朝邑二十七社次第告成"。[⑦] 每社大牌十数个，小牌二至十个不等，"有事则带队从公服务，无事归家耕耘，

① 《宫中档光绪朝奏折》第6辑，台北故宫博物院，1974，第863－864页。

② 《宫中档光绪朝奏折》第8辑，第772页。

③ 《清高宗实录》卷430，乾隆十八年正月戊辰，第624页。

④ 光绪《钦定大清会典事例》卷158《户部·户口》，第565页。

⑤ 光绪《钦定大清会典事例》卷979《理藩院·耕牧》，第710页。

⑥ 光绪《钦定大清会典事例》卷978《理落院·户丁》，第704页。

⑦ 周铁铮修，沈鸣诗等纂《民国朝阳县志》卷35《艺文》，《中国地方志集成·辽宁府县志辑》第23册，第579页。

纯粹义务。”[①] 二十三年（1843），为使“各乡民等守望相助”，各州县所立的太平社，“每社公举一人充当社长，专司巡缉。现在朝阳、平泉、建昌三州县均已举行，其赤峰、丰宁、滦平等处，也设法补立”；清廷认为“该乡民人等自顾身家，互相稽查，于缉捕甚为有益，著即饬各州县一体实力奉行。其不与蒙古毗连地方，亦著仿照章程，劝谕设立，并著萨迎阿督饬道府认真办理，总期官民协力，久而无懈”。[②] 太平社编组的基本单位是乡牌，就近将几个村落编为一社，对加强社会治安管理起了一定作用。太平社与保甲关系在档案中有明确载述：

> 保甲与太平社宜相为表里也。查各处太平社缉捕盗贼，其得力多在于临时，而保甲稽查匪徒则在平日，必须声气相同，公共协助，请饬各属示谕社会人等，如有保正、甲长查得所受户内有盗贼窝家，恐其恃众抗拒，势难擒获或查出；歇店并豆腐房有外来匪徒不服查拿，相离文武衙门较远，即就近报太平社首不动声色，齐集社勇，同往捕拿，务使有犯必获。倘社首临时推委，托故迟延，并甲长人等□□□者，一经发现获被呈告审究，即分别惩治。果能破获大盗巨窝，除查照新定社会章程，将社首人等酌量奖励外，即将保正、甲长奖赏花红，或详请给予匾额，俾知奋勉。[③]

太平社运行立有“章程”，与保甲“相为表里”，协同缉捕盗贼，保证社会治安。

（三）巡防策应：辅助性官方组织团练会

团练是一种官督绅办的地方自卫组织和兵民结合的基层武装力量。“以本处之民守本处之地，以本地之资供本地之用，有且守且耕之利，无增兵增饷之烦”[④]。咸丰十一年（1861），盛传李凤奎余部将要攻掠朝阳，“官绅商民无不危惧”，监生袁梦星倡办团练，由富户董、张、李、方四家各捐东钱万贯，组建人和练局，袁梦星等为练局总董，生员林墨翰与贡生潘进正、刘纯熙等为副董，制备抬枪、鸟铳、火药、铅丸等，以备不时之需。同治四年（1865），王钟元攻入朝阳县城，人和、义和两练局被击溃，朝阳

① 周铁铮修，沈鸣诗等纂《民国朝阳县志》卷33《纪事》，《中国地方志集成·辽宁府县志辑》第23册，第544页。

② 《清宣宗实录》卷400，道光二十三年十二月己酉，中华书局，1986，第1158页。

③ 《八沟司员衙门传来之都统文内，查看保甲则例与查捕不良之徒以及门牌样本一同传来一事》，《喀喇沁中旗档案》，档案号：504-9-798；转引自白玉双《十八至二十世纪初东部内蒙古社会变迁研究——以喀喇沁地区旗制与旗民社会为中心》，博士学位论文，内蒙古大学，2007，第35页。

④ （清）孙鼎臣：《请责成本籍人员办理团练疏》，（清）王延熙、王树敏编《皇朝道咸同光奏议》卷55《兵政类·团练》，台北：文海出版社，1969，第2817页。

地区的多数团练也因新款难筹而解散。[①] 金丹道暴动后，社会秩序愈加混乱，抢掠盗贼，层出不穷。清廷督令热河地方兴办团练，"各乡团练系二十年冬间奉到县谕转蒙前都统庆裕札饬举办，每团或数十人及百余人不等，系属蒙民合团，并不分办，以敦睦谊。每逢三八日期，会操一次。有警则鸣锣齐至，无事则归家安业。每村每日各酌派团勇数名查道巡更，以防盗贼窃发。自团练以来，地方安堵，匪徒敛迹"。[②] 光绪二十一年（1895），热河团练事宜办理已有端绪，"该都统督饬各属随时操演，认真梭巡，尤须联络声势，相互策应，以资守备"，"激励团练，劝惩兼施，期得实用而不扰民，并联络营团，认真巡防，相互策应，以壮声势"。[③] 可见，在协助官府镇压起义、抵御盗匪、保卫地方安全等方面起到了一定作用，并在特定的时期内强化了地方治安与防备力量。

（四）共保乡闾：村民自卫组织联庄会

联庄会是一种守望相助的农村自卫组织，或集数村而立，或联数乡而成，筑寨浚濠，联村为堡，故名"联庄会"，亦称"连庄会"，其主要职责是共御盗匪、保卫桑梓。会勇为各村壮丁，有事则集而成兵互卫身家，无事则归田劳作各安生业。运行经费由村民按户摊派，或按地亩征收。光绪十七年（1891），建平之地"金丹教匪倡乱，肆为邪说，互相残杀，平定以后，有识者始有联庄会之结合，或三乡至五乡不等，公推一人为社首，呈经官署发给谕牒充任，若内地之团绅然，是为乡镇社会结合之始"[④]。二十六年（1900），义和团运动蔓延及关外各地，居于建平县三道嶂子村的王清泮，"联合附近各村庄，创办联庄会"[⑤]，以资抵御蜂起之盗贼。朝阳地区治安异常混乱，"捆绑抢劫、奸淫掳掠，无恶不作，乡里无日不抢绑，无村不格斗，居然成强盗世界"，乡里秩序渐呈紊乱之状，"绅商富户会议，欲板筑土城，藉资守卫"，"乡间亦倡办连庄会社"[⑥]。邓莱峰目击时艰，为维护本村安全，"集合村众，购置火枪，壁垒拒守，所居上卧佛头沟一村得免于患。由是邻村仿效，互相结合，铧子沟联庄会遂以成立"，由于联庄会有效地防止了盗贼淫掠，"风动一时，数十里之外亦多从之者"[⑦]。联庄会在社会治安日益混

① 周铁铮修，沈鸣诗等纂《民国朝阳县志》卷33《纪事》，《中国地方志集成·辽宁府县志辑》第23册，第549～551页。

② 《宫中档光绪朝奏折》第8辑，第925页。

③ 《宫中档光绪朝奏折》第8辑，第928～929页。

④ 田万生修，张滋大纂《民国建平县志》卷4《政事》，《中国地方志集成·辽宁府县志辑》第22册，第362页。

⑤ 田万生修，张滋大纂《民国建平县志》卷7《人物》，《中国地方志集成·辽宁府县志辑》第22册，第418页。

⑥ 周铁铮修，沈鸣诗等纂《民国朝阳县志》卷33《纪事》，《中国地方志集成·辽宁府县志辑》第23册，第555页。

⑦ 周铁铮修，沈鸣诗等纂《民国朝阳县志》卷23《忠义》，《中国地方志集成·辽宁府县志辑》第23册，第443页。

乱的情况下，对保护地方治安、维护村民的生命财产安全曾起到良好的作用。

（五）防卫保安：官方基层组织巡警局

巡警局是清末新政后设立的官方基层组织。热河地区所设的巡警局，有由团练改设的，有重新组建的。清朝末年，匪乱肆行，社会动荡。光绪三十一年（1905），彰武县令周士藻改团练为警察，初设分局四处，归县节制。翌年八月，在县城设总局，划全境为五路，每路设一分局，五路分局共辖十八分区。[①] 三十二年（1906），朝阳府知府俞良臣“创办巡警，保卫治安，全境划分十区，每区设巡总一人，巡副、巡弁各若干属焉”。[②] 三十三年（1907），热河都统廷杰奏，郡街设立巡警等事宜一律办齐。[③] 朝阳、赤峰、建昌、建平、阜新、平泉州、丰宁等地均设有巡警，肩负巡查、缉捕等职责。

四　先后有序与轻重有别：热河地区乡村治理的特点与效果评说

随着汉族移民的到来及先进农业技术的输入，清代热河地区逐渐形成了一种特殊的生态地理结构——农牧交错带，并结成了星罗棋布的农村聚落，出现了与游牧时代迥异的乡村社会。

（一）热河地区的皇权下县入乡

汉族移民具有无组织性，涌入热河地区之后，势必冲击既有的社会秩序，清廷渐次采取了内地的统治模式，形成了旗民二元治理格局，逐渐将热河地区纳入直接统辖体制之内。“康熙中年，国事大定，因忆及有明之失策，莫过于放弃热河”[④]，清朝统治者于此洞若观火，朝鲜学者朴趾源的记述则更为直白：“（热河）地据险要，扼蒙古之咽喉，为塞北奥区，名虽避暑，而实天子身自防胡。”[⑤] 是故，全力经营蒙汉错居的热河地区便系理有所至、势所必然之事。在具体的历史演进中，源于清代地方行政中的分防制度，朝廷的行政权力进入了乡村社会。热河七厅及所设州县在要冲之区或繁华市镇之地，并派驻属官巡检，“作为国家机器深入地方社会最基层的设置，对保障国家法律在乡村社会的贯彻执行和维护地方秩序有重要作用”。[⑥] 同时，绿营分防汛、协防汛直接统辖村庄，编织了控制乡村社会的网络。司汛协力、政军结合，强化了清廷对

---

① （清）赵炳荣纂修《宣统彰武县志》，《中国地方志集成·辽宁府县志辑》第15册，第681页。

② 周铁铮修，沈鸣诗等纂《民国朝阳县志》卷18《法团》，《中国地方志集成·辽宁府县志辑》第23册，第411页。

③ 《清德宗实录》卷572，光绪三十三年四月戊辰，中华书局，1987，第568页。

④ 张其昀：《热河》，太平洋书店，1933，第25~26页。

⑤ （朝鲜）朴趾源：《热河日记》，上海书店出版社，1997，第112页。

⑥ 贺跃夫：《晚清县以下基层行政官署与乡村社会控制》，《中山大学学报》（社会科学版）1995年第4期。

塞外基层社会的治理。

（二）热河地区的国家控制与地方自治

学者们探讨清代乡村控制体系时，必然涉及对国家与社会关系的思考。杨念群“中层理论”、黄宗智“第三领域”、杜赞奇“文化、权力与国家”、张岩“双层统治”等，均为这种关系的学术反思性重要成果，蜚声学界。可惜的是，他们均选取内地作为考察对象，解释边疆之区特别是热河地区时就需谨慎。在热河地区乡村社会秩序建构过程中，无论是地方行政体制还是治安体系，国家力量无疑都处于主导地位。单就保甲制度而言，此种制度的执行“保证了州县政府能够顺畅地对乡村行使职权”，“将国家政权逐步伸向乡村基层社会”，[①] 实现对乡村的控制。清末新政出现的地方社会自治，只是历史洪流中的一丝微波。国家控制与社会自治之关系是在“大一统”体制下的互相连接、统一的。

（三）热河地区的乡村社会治理体系之利弊

从厅到州县、从保甲到巡警的嬗变，都与国家政策和移民北上紧密相连，其成效与弊端并存。仍以保甲为例。保甲乃“清朝统治者所推行的最为重要的基层统治体系中的一大组成部分”，“有力地帮助清朝皇帝加强对县以下基层的统治”；当历史进入社会动荡时期后，朝廷就“不能像和平时期一样解决社会问题了”。[②] 但也不能过于悲观，保甲作为一种重要的乡村社会治理的制度设计，全然成为“故事”“具文”是不太可能的。社会动乱期间，清廷再三督饬整顿保甲，使其至少在特定的时空内，仍可成为维系乡村社会治理的有效工具。再如团练，其主要职责是协助官府镇压起义、抵御盗匪、保卫地方，但充当练长、练勇常有性命之虞，一般村民不愿充任，导致一些地痞流氓、土匪恶棍和绿林之徒混迹其间。如遇盗匪劫掠时，此类人等以“民间警察”自居，或以胁迫、鞭挞手段公然索费，或将追缴财物的一半乃至全部占为己有，更有甚者，时常乘他乡不备，四处掠扰，纯然与盗匪无异。[③] 但团练因社会危机而生，分布城乡，与保甲常常彼此策应，在维持治安方面作用明显。

总的来说，从国家控制的角度审视乡村社会，清朝在基层行政治理的制度选择、对口外移民的多维管理、对乡村秩序的建构诸方面，远超前代，对乡村控制至为成功。

（作者单位：辽宁师范大学历史文化旅游学院）

① 孙海泉：《清代中叶直隶地区乡村管理体制——兼论清代国家与基层社会的关系》，《中国社会科学》2003年第3期。

② 参阅萧公权《中国乡村：19世纪的帝国控制》，张皓、张升译，九州出版社，2019，第57～70页。

③ 〔日〕柏原孝久、滨田纯一：《蒙古地志》中卷，东京：精艺出版合资会社，1919，第491～492页。

改土归流后生计方式的变化及对生态环境的影响*

——以湘西土家族地区为例

瞿州莲　葛晓朋

摘　要： 改土归流之后，清政府实施的鼓励农耕、移民等政策，引发了湘西土家族地区的生计方式转变，即由传统的农林渔采等并行方式向以农耕为主的方式转变。这导致了资源利用方式与所处生态环境的背离，诱发了森林资源遭破坏、生物品种减少、水旱灾害频发等生态后果。这一历史过程表明，生态环境蜕变的原因并不单是利用过度的问题，也与资源利用方式上的失误紧密相关联。

关键词： 改土归流　生计方式　生态环境

元明清时期，湘西土家族地区处于土司统治之下，随着清朝国内外局势变化，雍正五年（1727），清廷对湘西三大土司实施了改土归流，永顺土司设置为永顺县、龙山县，保靖土司设置为保靖县，桑植土司设置为桑植县。雍正七年（1729），清廷设立了永顺府管辖上述四县。学术界关于湘西改土归流原因、过程及社会影响研究较多，但是，改土归流之后因生计方式变化引发生态环境变化的研究较少。本文以生计方式转变为中心点，通过对湘西土家族地区推行农耕及其技术前后情况的梳理，揭示生计方式的转变对当地生态环境所产生的不良影响，意在既对改土归流研究思路有一定的展拓，又为当今政府的开发自然资源及生态灾变治理提供一些历史借鉴。

一　改土归流后湘西土家族地区农耕及其技术的推广

改土归流后，湘西土家族地区成为清政府开发的重点区，在国家政策的引导下，大批移民进入该地区开荒，这样由人口迁移而引入的汉族农耕生计方式，改变了当地原有多元生计方式。

* 本文系国家社科基金重大项目“中国土司制度通史（多卷本）”（批准号：18ZDA173）的阶段性成果。

（一）土司区人口流失与土地荒芜，为清政府实施开发提供条件

改土归流后，清政府为防土司东山再起，以生事端，对原土司家族实施安插政策。永顺土司迁往江西、保靖土司迁往辽宁、桑植土司迁往河南，加之战争造成了湘西原土司区人口流失与土地荒芜，为清政府实施开发提供条件。

改土归流之后，湘西土家族地区的人口锐减，这从以下文献记载中可以获得佐证。雍正五年，湖广总督迈柱奏："据永顺宣慰使彭肇槐呈请自愿改土为流，绘具舆图并册开土民一万九千八百六十一户，男妇九万九千三百七十名口，并称祖籍江西，愿入江西原籍。"① 又据乾隆《永顺府志》载，雍正十一年（1733）"永顺府属新编大小男妇一十一万七千三十口，内永顺县四万四千二十四口，保靖县二万八千五百一十八口，龙山县三万八千三百二十八口，桑植县六千一百六十口。"② 雍正《保靖县志》也载，雍正八年（1730），保靖县的人口"计户七千一百二十二户，计口三万零三百四十九名口。"③ 由上可知，雍正十一年，永顺和龙山合计人口为82352口，这比永顺土司改流时9.937万口，还少17018口。同样，保靖县雍正十一年比雍正八年的人口少了1831口。

与此同时，改流后新建永顺府存在大量的荒地。据乾隆《永顺府志》记载，乾隆二十三年（1758）八月，据桑植县知县钟人文查，仅该县境内的巴耳壁、寨湾二处，"土司所遗荒山一百一十余亩，为土民田一华等冒占盗卖，该县断令归公，详请召佃耕种纳租，共得租银四十余两。"④ 类似的荒山在永顺县同样存在，乾隆二十七年（1762），永顺县乍补湖山地因乡民发生争执，永顺县知县前往查办，得知："乍补湖实系土司所遗荒山，为秦民山等冒认业主，盗卖与田先等耕种。"⑤ 于是，永顺府规定府内荒山一律发放印照，否则作为土司荒地处理，"一切山场田土，经地方官查明给与印照，听民管业，久已清晰。如有山土管业而无印照者，即系土司所遗荒山为民冒占"，且规定"令各现种民人开明四至，前往查勘明白，谕令各民人认租充公，以免冒占之咎。"⑥ 即被官府视作土司荒地的土地，将收归公有，且由政府招佃耕种。

由此可见，改土归流之后，在永顺府境内原土司区存在大量人口的流失和可开垦的荒山，这为清政府开发和外籍客民大量进入湘西落籍创造了条件。

① 《湖广总督迈柱奏》，雍正五年十二月《朱批谕旨》第53册，中山大学图书馆藏本。此处所言"土民"，即下文所说的原归土司管辖的"土籍"民，也就是乾隆《永顺府志》乾隆二十五年所统计的"土苗客"。

② 乾隆《永顺府志》卷4《户口》。

③ 雍正《保靖县志》卷2《户口》。

④ 乾隆《永顺府志》卷11《檄示》。

⑤ 乾隆《永顺府志》卷11《檄示》。

⑥ 乾隆《永顺府志》卷11《檄示》。

（二）当地政府鼓励农耕、推广农耕技术

改土归流之后，清政府为了稳定统治，对永顺府实施丈量土地、蠲免赋税、鼓励垦荒、推广农耕技术等政策，这些政策一定程度上促进了当地农业生产的发展，但也使当地资源利用方式发生改变，出现与生态环境相背离的问题。

由于土司时期对土民的收税不是按土地数收取的，所以改土归流之初，清廷向永顺府征收的280两银的秋粮，或按土户均摊，或照土司旧册摊派，这造成了“无田之民，或以火坑等项尚未尽除，而有力之家隐占田亩，不输赋税”①。为此，雍正八年，朝廷下令永顺府蠲免秋粮一年，重新丈量土地、登记造册后，方可收税，并“劝谕有产之家，或祖遗或价买或招佃开垦已经成熟田地若干亩，开明四至，并将上中下田亩，价值若干之处，定限一年，自行首报，各有司给照，准其永远为业。俟一年报齐后，该有司照册分别升科，以完此粮额数，如有隐匿情弊，照例究治。”②

同时，当地政府还采取鼓励垦荒之举措发展生产。譬如，保靖县令王钦命颁布了《示劝开垦荒地》，以提供工种、奖赏等方式鼓励垦荒：“如系该民祖业自置者，勒限砍伐，自行开种。如系无立官地，有人承认开垦者，本县给予印照，即与为业。倘有穷乏无力，该乡保邻人出具素实勤谨之人，本县供给工种，俱限一年内开垦成熟。如有开垦百亩以上者，本县重加奖赏，以示鼓励。”③

另外，当地政府还颁布了系列行政命令，如雍正八年永顺府知府袁承宠发布《禁止宰杀耕牛令》，乾隆二十一年（1756）桑植县县令钟人文发布《劝民筑塘制车示》，乾隆二十五年（1760）永顺府知府张天如发布《掘壕种树示》和《挖塘养鱼示》等，积极推行汉族的农耕技术。其中，知府袁承宠发布《禁止宰杀耕牛令》规定：“杀牲饮血，宜严禁也。查土俗旧例，凡遇疾病死丧，必杀牛祭鬼。抑或互争不明之事，亦杀牛吃血。近奉禁宰耕牛严例，始易以羊。”④ 桑植县知县钟人文则推广开筑塘堰和制造水车技术，“桑邑山多田少，民间粒食惟靠山庄杂粮，而于稻田水利略焉不讲。殊不知蓄水之法，惟有开筑塘堰，装备水车，以资灌溉……应劝尔民努力兴工凿塘筑坝，各制水车，以为农功，永享乐岁之计”⑤。保靖县知县推广施肥技术，“向来刀耕火种，不用灰粪。近旧开辟广而地瘠薄，田土种植，俱不可少灰粪”⑥。在当地政府大力推动之下，这种农耕生产方式逐渐被当地人接受并得以推广，“今教之耕耘，辄欣然听信”⑦。

---

① 乾隆《永顺府志》卷首《上谕》。
② 雍正《保靖县志》卷4《艺文》。
③ 雍正《保靖县志》卷4《艺文》。
④ 乾隆《永顺府志》卷11《檄示》。
⑤ 乾隆《永顺府志》卷11《檄示》。
⑥ 同治《保靖县志》卷2《舆地志》。
⑦ 乾隆《永顺县志》卷4《风土志》。

可见，在当地政府的大力推动之下，改土归流之后，农耕技术在湘西土家族地区得以推广。

（三）大量移民迁入、毁林垦荒范围扩大

清王朝为有效控制湘西土家族地区，实施移民迁入政策。从相关史料记载看，改土归流后的三十年内，永顺府辖区内出现了规模较大的移民潮，人口增长较快。这些移民沿用固有的汉族生计方式，改变了当地既有的多元生计方式。

改土归流之后，由于外来移民大量进入改变了永顺府境内的人口结构，呈现出了土、苗、客等杂处的格局，“旧土司治者曰土籍，旧卫所辖者曰军籍，苗曰苗籍，自外县迁入来者曰客籍……客户则江西、广东及湖南、湖北各州县之民，无不有其来者，多失业无籍之徒”①。永顺府下辖四县人口变化，从乾隆《永顺府志》可以看出。现将乾隆《永顺府志》的乾隆二十五年记载的永顺府人口结构情况列表1如下。

表1　乾隆二十五年永顺府人口状况

单位：户，人

	永顺府		永顺县		龙山县		保靖县		桑植县	
	编户	人口	编户	人口	编户	人口	编户	人口	编户	人口
土苗客	85942	385165	24187	185021	18417	95117	12597	52435	20741	52592
土户	46311	220034	20346	113765	9982	50555	7952	34497	8031	21219
苗户	9440	45210	4686	25133	1364	7155	3227	12386	163	536
客户	30191	119921	9155	46123	7071	37407	1418	5552	12547	30837

资料来源：乾隆《永顺府志》卷4《户口》，原表照录。

由乾隆《永顺府志》记载可知，从雍正十一年至乾隆二十五年的27年间，整个永顺府“土籍”民（土苗客）新增268135人，其中，永顺县新增140997人，占永顺府新增人口的52.6%，增长最快；龙山县新增56789人，占永顺府新增人口的21.2%；桑植县新增46432人，占永顺府新增人口的17.3%；保靖新增23917人，占永顺府新增人口的8.9%，增长最慢。笔者在永顺青龙村调查时，当地家族中流传着“挽草为记，指手为界”“一炷香”“望眼穿”等故事。如“一炷香”即传说李氏家族刚来青龙村时，拿着一炷香跑，香燃完后所跑过的区域，就是李氏家族辖区。可见，改土归流后大量移民纷纷进入永顺府开垦落籍。

这些移民沿用内地固有农耕生计方式，毁林垦荒，种植水稻。但是，由于永顺府境内多山，农业技术推广及农田灌溉十分困难，水稻种植成效欠佳。清人郑虎文诗歌《永顺府闲述》（其二）曾经描述此种状况：“山外原无地，山头尚有田。刀耕农当锸，

① 乾隆《桑植县志》卷2《户口》。

火种野无烟。”[①] 乾隆《永顺府志》也记载：“府属多山宜种杂粮，土平水润处乃开田种稻谷，有红脚粘、桂阳粘、柳条糯诸名。”[②] 民国《永顺县风土志》也载：“田之灌溉，恒因天然之溪流，略加修理，引为沟渠，以溉农田，用筒车及水车引水者甚稀。”[③]

综上可见，大量移民的迁入，改变了湘西土家族地区对原有自然资源的利用，推动了当地农业生产的发展。

二　改土归流后湘西土家族地区生计方式的变化

改土归流前，湘西土家族传统的生计方式为农林渔采等方式并行。改土归流之后，由于当地政府大力推行农耕方式及其技术，湘西土家族的传统生计方式发生了变化，改为以农耕为主的生计方式。

（一）改土归流前湘西土家族地区的传统生计方式

改土归流之前，湘西土家族地区一直处于“蛮不出洞，汉不入境”的土司统治时期。土家族民众在长期生活过程中与所处的生态系统不断磨合，形成了一套农林渔采等并行的生计方式，维系着当地生态和自然资源的有效延续。

1. 农业生计

湘西土家族地区山地众多，且境内生态环境差异较大，经济生产水平发展也不平衡，农业种植穇子、小米、高粱、荞麦等作物，耕作方式以刀耕火种为主。

据《里耶秦简》记载，战国时期龙山里耶一带，山地种植了粟（即小米）。[④] 宋代，延种粟、豆作物。《老学庵笔记》曾载，辰、沅、靖州“蛮”（笔者注：“蛮”中有部分人为今天湘西土家族人）：“俗亦土著，外愚内黠，皆焚山而耕，所种粟豆而已。食不足则猎野兽，至烧龟蛇啖之。”[⑤] 乾隆《永顺县志》也载：“按旧土司家承，永邑山多田少，刀耕火种，食以小米、穇子为主，稻谷多仰给永定卫、大庸所两处。”“各处所种，以小米、穇子为主，不甚种稻谷，即种亦不知耕耨。”[⑥] 穇子，俗称“红稗”，是一种禾本科植物，它的子粒比黍大，比小麦小，生长在酸性土壤中。2005 年，笔者到永顺土司治所老司城调查，乡民说土司统治时专门颁发穇子、高粱、麦、荞、粟五谷执照，要求土民按执照所标栽种作物。土司的大米从外地运来，老司城有一条“无粮街”（即整条街都没有大米卖）。可见，湘西土家族地区作物以穇子、小米、高粱等为主。

① 乾隆《永顺府志》卷 11《艺文》。

② 乾隆《永顺府志》卷 10《物产》。

③ 民国《永顺县风土志》卷 25《水利》。

④ 湖南省文物考古研究所：《里耶秦简》，文物出版社，2012，第 75 页。

⑤ （宋）陆游撰，李剑雄等点校《老学庵笔记》卷 4，中华书局，1997，第 44 页。

⑥ 乾隆《永顺县志》卷 4《风土志》。

刀耕火种为当时主要的生产方式。《永顺宣慰司志》记载："其洞寨有高山峻岭，有平坦窄狭地，皆跷薄。岩多土少，刀耕火种，弃东就西，无拘旧产，旱无荫溉，涝即崩冲田地，虽有悉系靠天故。"[①]《五溪蛮图志》载："二三月，以长銎钩镰，砍伐山间树木，放火熼烬，名曰'剁砂'。俟火熄，播种粟谷。至成熟，则刈获其穗也。"[②]乾隆《永顺县志》载："荆之一隅，而山高岭峻，其土多石，全赖刀耕火种。"[③]这种生计方式在《大明一统志》中也有记录，保靖宣慰司"风俗喜食腥膻，淫祀邪鬼，刀耕火种为业"。[④]

2. 渔猎生计

改土归流之前，渔猎生产一直是湘西土家族的主要生计方式之一。这种方式不仅留存在当地的传说和地名中，而且也被记载在历史文献中。

土家族早期文化与渔猎生计有关。比如，土家族先民"廪君蛮""板楯蛮"，就是以擅长射杀"白虎"而著称，现在土家族地区仍流行"白虎"崇拜。光绪《龙山县志》记载，五代时"土人家承称其先有老蛮头吴著冲，今邑之本城洗罗、辰旗、董补、洛塔、他砂诸里，皆其世土"。[⑤]"吴著冲"系土家语，"冲"为"王"或"首领"之意；"吴著"为土家语的汉语读音，土家语本音为"禾撮"。"禾"即"围"，"撮"即"猎"，"禾撮"即"围猎"；"禾撮冲"即"率领族人围山打猎的头领"。可见，五代时期，狩猎为湘西土家族地区的生计方式。又如，原永顺土司区的龙山、永顺两地仍留存有大量的土家语地名，如龙山的"捏比车""送基湖"，汉语意思分别为"野鸟繁衍的地方""鱼类多的地方"；永顺的"朗基湖""尔苦列"，汉语意思分别为"麂子出没的地方""猴子居住的高山"。《（光绪）湖南通志》记载，唐代溪州土家族先民，经常"熏狸掘沙鼠"。[⑥]《舆地纪胜》记载，澧州（今桑植县、张家界等地）"吏征鱼户税"[⑦]。《宋史》载，乾德四年（966）"下溪州刺史田思迁亦以铜鼓、虎皮、麝脐来贡"[⑧]；这表明宋代渔业生产成为澧州主要经济来源之一。

这种生计方式一直延续到废除土司制度时期。据《永顺府志》记载："龙山深林密箐，往日皆土官围场，一草一木，不许轻取。每冬狩猎，谓之'赶仗'；先令舍把、头目等视虎所居，率数十百人用大网环之，旋砍其草，以犬惊兽，兽奔，则鸟铳标枪立毙之，无一脱者。"[⑨]这种"赶仗"（即围猎）狩猎方式至今还在湘西土家族地区流行。

① （明）彭世麒：《永顺宣慰司志》卷2，国家图书馆藏。

② （明）沈瓒编撰，（清）李涌重编，陈心传补编，伍新福校点《五溪蛮图志》，岳麓书社，2012，第71页。

③ 乾隆《永顺县志》卷3《赋役志》。

④ （明）李贤等撰《大明一统志》卷66《沔阳州·保靖军民宣慰司》，三秦出版社，1990，第1032页。

⑤ 光绪《龙山县志》卷6《土司》。

⑥ （清）李瀚章、裕禄等编撰《（光绪）湖南通志》卷末之3《杂志三》，岳麓书社，2009。

⑦ （宋）王象之撰《舆地纪胜》卷70《荆湖北路·澧州》，中华书局，1992，第2395页。

⑧ （元）脱脱等撰《宋史》卷493《西南溪峒诸蛮上》，中华书局，1985，第14175页。

⑨ 乾隆《永顺府志》卷10《风俗》。

又据乾隆《永顺县志》记载，土人“短裙椎髻，常喜渔猎，铜鼓祀神，刻木为契……喜渔猎，食𬪩[膻]，信鬼巫，病则无医……恒带刀弩长枪，性强悍猜疑，轻生好斗狠仇杀”，“永邑民俗……喜渔猎，食𬪩[膻]”。[①] 光绪《古丈坪厅志》也载：“青鱼塘民间沿河蓄鱼秧，春田既作，民间鬻（育）之以放于田，秋收后鱼至二三斤不等，而鱼之得于农家者甚多。”[②]《大明一统志》也载，永顺宣慰司“风俗击鼓祀神，渔猎养生，刻木为契，短裙椎髻，常带刀努”[③]。

3. 林业与采集生计

湘西地属武陵山区，山高林密，坡陡谷深，土家族长期与所处的生态环境磨合，形成了与之相适应的林业、采集等生计方式。

改土归流之前的湘西土家族地区，盛产楠木、油茶、桐油、茶叶、白蜡、生漆等土特产品。其中楠木，湘西是主产区之一。宋代朱辅曾在《溪蛮丛笑》中这样记载：“蛮地多楠，有极大者，刳以为船。”[④] 土司时期楠木成为朝廷的贡品。《永顺宣慰司志》记载，永顺土司境内土产的“竹木”有：“楠木、水桐木、柘木、黄连木、杉木、冬青木、水丝木、梓木等。”[⑤]《明史》也记载，正德、嘉靖年间，永顺土司彭世麒、彭明辅、彭翼南三代进贡楠木，甚至一次就进贡470根，为此，得到朝廷极高的赏赐：“（正德）十年，致仕宣慰彭世麒献大木三十，次者二百，亲督运至京，子明辅所进如之。赐敕褒谕，赏进奏人钞千贯。十三年，世麒献大楠本四百七十，子明辅亦进大木备营建。诏世麒升都指挥使，赏蟒衣三袭，仍致仕；明辅授正三品散官，赏飞鱼服三袭，赐敕奖励，仍令镇巡官，宴劳之。”[⑥] 嘉靖二十一年（1542），永顺土司曾经因采伐楠木与酉阳、保靖土司发生争执，“酉阳与永顺以采木仇杀，保靖又煽惑其间，大为地方患”[⑦]。

采集也是湘西土家族重要的生计方式之一。从土家族传统舞蹈“茅古斯”表演中，可见远古时期的土家族先民就以采集山上野葛、野蕨、野果等植物为生。受清代主流话语偏见的影响，汉文文献中将葛、蕨等不作为粮食作物而只是作为野生植物看待，甚至将它们视作赈济落后、贫穷地区民人的“救荒粮”。但是，从这些文献记载的字里行间中，仍然可以判断葛、蕨应该是湘西土家族的粮食作物之一。乾隆《永顺府志》记载：“二三月间，妇女结队负背笼往山采湖葱、竹笋，合唱山歌，答和为乐，知府骆

① 乾隆《永顺县志》卷4《风土志·习俗》。
② 光绪《古丈坪厅志》卷11《物产·渔业志略》。
③ （明）李贤等撰《大明一统志》卷66《沔阳州·永顺军民宣慰司》，第1031页。
④ 符太浩：《溪蛮丛笑研究》，贵州民族出版社，2003，第175页。
⑤ （明）彭世麒：《永顺宣慰司志》卷2，国家图书馆藏。
⑥ （清）张廷玉等撰《明史》卷310《湖广土司》，中华书局，1974，第7993页。
⑦ （清）张廷玉等撰《明史》卷310《湖广土司》，第7993页。

为香禁之。”[①] 土家人形象地称这种采集蕨、葛等野生植物的行为为“开土仓”，“葛，土人取藤练绩织布，其根为葛粉。案：土人每值凶年恒采蕨挖葛以养生”[②]。可见，当地土人在农作物收割完后，就成群结队地进山去挖葛根、蕨根和竹笋，其采集时间有两三个月之久。《苗防备览》也载：“石溪旁多小白毛竹丛生，胶葛倍形深险。”[③] 这说明山上的葛藤是苗民有意种植的，土家族地区与苗疆相邻，其生计方式相似。民国《永顺县志》将葛和蕨列为“谷之属”，就是当时湘西土家族粮食结构的反映。这些记载证明，以采集葛根和蕨根等作物为食，已是土家人的生计方式。

综上，改土归流之前，湘西土家族地区由于多山少田，粮食生产以小米、䅟子、高粱等作物为主，也种黍、荞等杂粮，同时辅以野葛、野蕨、野果等采集物，很少种稻谷。当地居民的生计方式以农业、渔猎、林业、采集等并行。

（二）改土归流后湘西土家族的生计方式

改土归流之后，清政府为发展土家族地区农业生产，实施了系列的鼓励农耕政策，通过推广汉族地区的农作物与农耕技术，促使当地传统生产结构及生计方式发生变化。

1. 推广水稻的种植

湘西土家族地区为丘陵山地形态，适合开辟种植水稻等农作物的土地资源极少。当地政府为了推进湘西原土司区农业经济的发展，主要采取如下两项举措。

其一，大力变革当地人的生产观念。譬如，永顺知府张天如颁布《挖壕种树示》，以告示的方式向当地百姓宣称，土民原有的广种杂粮的方式是落后的，倡导学习长沙汉人的种树技术：“查民间山土原须广种杂粮，为每年食用，岂知种树之利，数年以后，即可致富……然亦有明知其利而不肯种植者，本府因公下乡询之，士庶具称偷窃践踏之故。查长沙各县，凡蓄禁树本之家，具于本人地界，掘壕筑墙，牛马不得践踏，临人不得偷砍，立法最为妥当，尔等若愿种树，应照长沙式样。”[④]

其二，移植区种法、灌溉法、蓄肥法、牛耕法等汉族农耕技术。区种法是汉族地区广为推广的耕作技术，其亩产“可加常田六倍或十数倍”，其操作方法：“每田一亩，广一十五步，每步五尺，计七十五尺。每行占地一尺五寸，计分五十行。其长一十六步，每步五尺，计八十尺。”[⑤] “区种法或其他比较先进的耕作方法已经传到了武陵山区。”[⑥] 新的蓄肥技术也在农耕中加以使用，“地之肥料用桐枯、茶枯、柴薪之灰三种，

---

① 乾隆《永顺府志》卷10《风俗》。
② 民国《永顺县志》卷11《食货一·物产》。
③ 道光《苗防备览》卷8《风俗上》。
④ 乾隆《永顺府志》卷11《檄示》。
⑤ 同治《来凤县志》卷30《艺文志》。
⑥ 祝方林：《改土归流后武陵地区农民的生产安排》，《武汉科技学院学报》2007年第8期。

田则冬间杀草铺于田内，俟其腐烂为粪”[①]；且注意在不同作物的地里施用不同的肥料，“古丈坪厅之治园者所用施料，与治田者不同，独取人畜之粪，莱蔬果品俱佳，惟果品常用清水灌溉，不专用肥料”[②]。另外，还倡导推广灌溉法，桑植知县钟人文颁布的《劝民筑塘制车示》指出：“照得桑邑山多田少，民间粒食惟靠山庄杂粮，而于稻田水利略焉不讲，殊不知蓄水之法惟有开筑塘堰，制备水车以资灌溉。”[③] 同时，牛耕法也在湘西土家族地区得到应用，“高低田地皆用牛犁”，喂养的牛也较以前增多；据记载，改土归流后，龙山一带“牛厂城乡皆有”，“川贵牛只聚集，自辰常以及长沙，大半从此买去，有市自桃源者，非由此间，即由龙山贩去者”。[④] 设厂养牛，形成规模经营，龙山一带成为畜牛的重要基地。此外，农户也十分注重在农时和闲时对田间进行管理，“山农耕种杂粮，于二三月间薙草，伐木纵火焚之，冒雨锄土撒种，熟时摘穗而归。弃其总藁。种稻则五月插秧，八九月收获，山寒水冷，气候颇迟，收摘后连穗高挂屋际或树头，食则舂之，无隔宿储”[⑤]。

在当地政府的倡导下，水稻种植在永顺府管辖区内得到推广，其种植不仅分布广，而且还品种繁多。据乾隆《永顺府志》记载：“水田山县南一百里，上出泉水流灌数十里，因辟成田。”[⑥] 关天申在诗歌《邮厅秋稼》中写道：“弥望东关外，村烟杂市桥。浅深溪涧水，秀实陇头苗。谷熟腰镰刈，担盈背笼挑。驿厅堪作画，井里乐熙朝。”[⑦] 民国《永顺县志》也载：“群事翻犁插秧，芸草间有鸣金击鼓歌唱，亦古天歌遗意然。”[⑧] 当地民人不仅将水稻种植在沿河地带和坪坝上，而且还将水稻种植在许多高山上和溪谷中，据记载，龙山县境八面山的山顶，“间夷地做町畦，引潭水灌之，以艺稻禾”，而其半山腰“亦多沃土，可种莳，民居数十家”，溪河两岸也是“左右方田”。[⑨] 农耕生产得到全面推广，农耕成为高山和低地民人的主要农事活动。此外，水稻品种也增多，如前已述及的“府属多山宜种杂粮，土平水润处乃开田种稻谷，有红脚粘、桂阳粘、柳条糯诸名……案：县属今有马尾粘、龙须粘、青粘、麻粘、高脚糯、矮脚糯、九月糯、百日早、黄瓜早诸名”[⑩]。

随着移民的大量涌入以及当地政府的大力推行农耕，湘西土家族地区土地资源得到了充分的开发，“土民善种，寒星散地、田边地角、篱边沟侧、悬崖隙土，亦必广种

---

① 光绪《古丈坪厅志》卷11《物产·田志》。
② 光绪《古丈坪厅志》卷11《物产·田志》。
③ 乾隆《永顺府志》卷11《檄示》。
④ 同治《来凤县志》卷28《风俗志》。
⑤ 乾隆《永顺府志》卷10《风俗》。
⑥ 乾隆《永顺府志》卷2《山水》。
⑦ 乾隆《永顺县志》卷4《艺文志·诗歌》。
⑧ 民国《永顺县志》卷6《地理六·风俗》。
⑨ 光绪《龙山县志》卷3《山水》。
⑩ 民国《永顺县志》卷11《食货一·物产》。

荞麦、苞谷、草烟、粟、菽、蔬菜、瓜果之类，寸土不使闲，惜土如金也”①。

2. 推广高产旱地作物的种植

改土归流之后，当地政府在湘西地区开始推广高产旱地作物的种植，如玉米、甘薯和高粱等。

在当地政府的推动之下，从中美洲引进的玉米、甘薯等外来作物，在湘西土家族地区也逐步获得推广，这从湘西方志中可以得到佐证。湘西方志将玉米、甘薯等旱地作物作为“谷之属”加以记载，现列表2如下。

表2 永顺府属四县“谷”作物一览

地方志	永顺县	龙山县	保靖县	桑植县
雍正九年《保靖县志》			稻、黍、麦、荞、菽、粱、秫、芝麻	
乾隆十年《永顺县志》	稻、黍、麦、荞、菽、粱、秫、芝麻、穇子			
乾隆五十八年《永顺府志》	稻、高粱、粟、荞、豆、穇子、苞谷、芝麻	稻、高粱、粟、荞、豆、穇子、苞谷、芝麻	稻、高粱、粟、荞、豆、穇子、苞谷、芝麻	稻、高粱、粟、荞、豆、穇子、苞谷、芝麻
嘉庆二十三年《龙山县志》		稻、粱、粟、麦、稷、菽、玉蜀黍（俗名玉米、苞谷）、脂麻（俗作芝麻）		
同治十年《保靖县志》			杭稻、糯稻、粱、粟、麦、黍、菽、玉蜀黍、脂麻、藷蕷［薯蓣］（山药）、甘薯、芋	
同治十一年《桑植县志》				稻、陆秫、苞谷、麦、芝麻、产子（籽）
同治十二年《永顺府志》	稻、高粱、粟、荞、豆、穇子、苞谷、芝麻、甘薯	稻、高粱、粟、荞、豆、穇子、苞谷、芝麻、甘薯	稻、高粱、粟、荞、豆、穇子、苞谷、芝麻、甘薯	稻、高粱、粟、荞、豆、穇子、苞谷、芝麻、甘薯
同治十三年《永顺县志》	稻、荞、麦、豆、芝麻、穇子、黍、粟、秫			
光绪四年《龙山县志》		玉蜀黍、甘薯		
民国十九年《永顺县志》	稻、旱谷、杭、粱、麦、荞、芝麻、苞谷、产子（籽）、豆、甘薯、蕨、葛			

① 乾隆《永顺府志》卷4《赋役》。

从表 2 可见，玉米、甘薯在湘西地区的推广种植呈现出如下几个特征。

一是，改土归流初期，即雍正至乾隆初期，清政府主要以推行水稻种植为主。从雍正九年《保靖县志》和乾隆十年《永顺县志》记载，可见永顺县、保靖县除了水稻之外，其他均是湘西地区传统农作物，而湘西地区传统农作物蕨、葛在民国之前的方志中没有列入“谷之属”，而是列入“药类”或“蔬菜类”。水稻被列入了“谷之属”之首位，此后其位置始终没有发生改变。

二是，大约乾隆后期，湘西土家族地区开始推行玉米种植。据乾隆五十八年《永顺府志》记载，“包谷，土名玉米”，列在“谷之属”中，在“杂粮中所产最广”。[①] 此后地位逐步提高，尤其龙山县、桑植县玉米栽种推广较快。同治十一年，苞谷在桑植县“谷之属”中位居第三；光绪四年，龙山县玉米位居第一，“玉蜀黍，俗名包谷，邑属山县，土物多宜此，山居穷民赖以济食。”[②]

三是，同治时期，湘西土家族地区才开始推行甘薯种植。因为与永顺县、保靖县相邻的凤凰县，据道光《凤凰厅志》记载，其“谷之属”中还没有甘薯，只有“秔稻、糯稻、黍、麦、菽、粟、玉蜀黍、脂麻（俗作芝麻）”[③]。从同治时期方志记载来看，有两个方面值得注意：其一是，甘薯在同治《永顺府志》的“谷之属”中排在末尾，这表明甘薯种植才开始推行，栽种不广；其二是，由于湘西土家族地区各县地理条件有差异，甘薯在各县推行种植情况也就不一，“甘薯，俗名红薯，龙山、桑植多种以备岁荒，永顺、保靖间有之”[④]。其中龙山县甘薯栽种最为普遍，光绪《龙山县志》的“谷之属”仅列了“玉蜀黍、甘薯”，且载甘薯“邑穷民赖其济食，与包谷同”。[⑤] 而同治《永顺县志》的“谷之属”中却没有列入甘薯，同时也没有苞谷，直到民国时期，甘薯和苞谷才列入了《永顺县志》的“谷之属”中，且排位靠后。这说明这两种作物在永顺县栽种不广。

此外，相关史志中也有关于玉米的记载，如乾隆《沅州府志》记载：“近时楚中遍艺之，凡土司新辟者，省民率人居，垦山为陇，列植相望。岁收子捣米而炊，以充常食，米汁浓厚，饲豕易肥。近水者舟运出粜，市酤者购以酿酒，且有碾碎滤汁为粉，搓揉滤汤成索以入馔者。水乡岁歉亦升斗易之以救荒，盖为利多矣。”[⑥] 乾隆《辰州府志》也载：“今辰州旧邑新厅，居民相继垦山为陇，争种之以代米。”[⑦] 乾隆初年《楚南苗志·谷种》中载，苞谷“苗疆山土宜之，所在多有，而永顺、龙山、桑植、永定

① 乾隆《永顺府志》卷 10《物产》。
② 光绪《龙山县志》卷 12《物产》。
③ 道光《凤凰厅志》卷 18《物产》。
④ 同治《永顺府志》卷 10《物产续编》。
⑤ 光绪《龙山县志》卷 12《物产》。
⑥ 乾隆《沅州府志》卷 23《物产》。
⑦ 乾隆《辰州府志》卷 15《物产》。

一带，播种尤广，连仓累囤，舂杵炊饭，以充日食，且可酿酒，及售于城市”①。

由上可知，改土归流之后，在当地政府主导下，湘西土家族地区的开发，其深度、广度及力度都是空前的。农耕逐渐成为湘西的主导生产方式，狩猎和采集退为农耕的附属，这种生计方式打破了湘西土家族地区传统的多元经济结构，导致了严重生态后果。

三　生计方式的变化破坏湘西土家族地区的生态环境

生产与生态始终是耦合运行的，如果二者之间协调性遭到了破坏，必然带来生态环境的恶化，人类生存环境将无法稳定延续。改土归流后，湘西土家族地区的生态灾变就是如此导致的。新引入的农耕方式，打破了当地原有的传统多元生计方式，且难与当地生态环境相适应。由农耕引发的大规模拓荒、伐木、竭泽活动，必然破坏当地的自然资源，引发水土大量流失，造成生态灾变，严重制约了湘西土家族地区农业生产发展。

（一）森林资源遭到破坏

改土归流后，湘西土家族地区的森林资源变化极为明显，其中突出表现就是珍贵树木数量的减少。由于森林植被对生态系统的平衡具有保护作用，一旦森林资源遭到破坏，地表抗流水侵蚀的能力就会随之减弱，水土流失等生态灾害必然频发，其破坏程度也必然加剧。

土司时期，森林资源比较丰富，“峰尖岭畔准其耕种，平原处荆棘漫塞，不许开垦，土司之法，所以守险而戒敌也”②。改土归流之后，大面积地垦荒以推广农耕，毁掉了大量的森林资源，林木资源日渐稀少。比如，黄杨木是珍贵树种，在各类文献中均有记载，如乾隆《永顺府志》载：“有水旱二种，水者无用，旱者可制盘匜……近皆不可多得。”③ 楠木，湘西地区是主产区之一，也是土司呈送朝廷的贡品。前述《明史》记载，永顺宣慰使彭世麒一次进贡楠木 470 根。乾隆《辰州府志》曾记载：“楠，谓之交让木，其名甚多……旧日各厅邑最多，以采伐者众，今则深山穷谷不数见，亦鲜有香者。”④ 乾隆《永顺府志》也载，楠木有白楠、香楠，“明时修辰州府署、辰州府学，永、保、酉阳诸司皆献大楠木数百株……今府属希有，积岁砍划良材尽矣”；又载“取用者多，山渐童而薪亦渐贵矣”⑤。民国《永顺县志》载“楠，有白楠、香楠，

① （清）段汝霖撰《楚南苗志》卷 1《谷种》，乾隆二十三年（1758）。

② 同治《保靖县志》卷 12《艺文志·杂识》。

③ 乾隆《永顺府志》卷 10《物产》。

④ 乾隆《辰州府志》卷 16《物产考》。原湘西土司归属辰州管辖。

⑤ 乾隆《永顺府志》卷 10《物产》。

积年砍伐良材几尽”；“自是官山楠木无遗种矣”。[①] 今天楠木成为国家林木的珍稀品种，已被列为《国家重点保护野生植物名录》（Ⅱ级）中。

（二）生物品种减少

改土归流之后，由于湘西地区生态环境变化，致使生物品种呈现急剧下降趋势，有的生物甚至已经绝迹，这直接影响了湘西土家族地区生物种类的多样化特性。

生物物种变迁轨迹，可以从湘西地方志中《物产志》及族谱记载中得到反映。据明代《永顺宣慰司志》记载，永顺土司境内土产中“禽兽”有：“虎、豹、狸、野猫、野猪、茨猪、貛、豺狼、山牛、山羊、兔、麂、獐、黄鼠狼、穿山甲等。”[②] 雍正《保靖县志》也载，保靖当时的“兽类”主要有“虎、豹、麂、獐、猴、猿、狸、獭、刺猪、野猫、田猪”；穿山甲被列入了“介类”。[③] 可见，土司时期湘西地区是虎、豹、豺、穿山甲等很多动物的栖息地，目前这些动物在湘西地区已经几乎绝迹了，穿山甲目前已被我国列为《国家重点保护野生动物》中的一级保护动物。

另外，湘西地区的族谱等民间文献，也有关于生态环境的相关记录，如《桑植向氏族谱》和鹤峰《甄氏族谱》，[④] 就反映了改土归流前后桑植县及其周边环境的变迁情况，兹摘录两则如下。

《桑植向氏族谱》记载，康熙时期：“草木畅茂，荒郊旷野，道路俱系羊肠小径，崎岖多险，兽蹄鸟迹，交错于道。山则有熊、豕、鹿、豺狼、虎、豹诸兽，成群作队，或若其性。水则有双鳞、石鲫，举网即得，其味脆美而甘。”[⑤]

鹤峰《甄氏族谱》中有关康熙时期的生物记载，不仅与《桑植向氏族谱》极为相同，而且还记录了乾隆时期的生态情况：“（康熙时期）时而持枪入山，则兽物在所必获……其间小鸟若竹鸡、白雉鸡、野鸡、锦鸡、上宿鸡、土香鸡，真有取之不尽，用之不竭之概……至乾隆年间，始种苞谷。于是开铁厂者来矣，烧石灰者至焉。众来斯土，斧斤伐之，可以为美乎，叠已青山为之一扫光矣。禽兽逃匿，鱼鳖罄焉。追忆昔日，入山射猎之日，临渊捕鱼之时，取之不尽，用之不竭，不可复得矣。而外来各处人民，挈妻负子，佃地种田，植苞谷者，接踵而来。山之巅，水之涯，昔日禽兽窠巢，今皆为膏腴之所。”[⑥] 从上述记载可知，生态环境的变化是导致动植物种类减少或者灭

---

① 民国《永顺县志》卷11《食货一·物产》。

② （明）彭世麒：《永顺宣慰司志》卷2。

③ 雍正《保靖县志》卷2《物产》。

④ 明清时期，甄氏受湖北土家族容美土司管辖，与桑植土家族向氏土司相邻；甄氏和向氏均受桑植九溪卫麻寮千户所管辖。

⑤ 向邦柱：《桑植向氏族谱·山羊隘沿革纪略》，张家界市政协学习文史委员会编《张家界土司史话》（《张家界文史》第15辑），2007，第333页。

⑥ 甄学贤：《甄氏族谱序·山羊隘沿革纪略》，《容美土司史料汇编》（内部资料），中共鹤峰县委统战部县史志编纂办公室、中共五峰县委统战部县民族工作办公室编印，1984，第490～491页。

绝的直接原因。由于每种生物与所处的生态环境经历长期的磨合而形成了自己的生态位，因此，一旦生态位受到挤压或者干扰，生物生存就遭到巨大威胁，甚至是毁灭性的灾难。然而，当地政府的倡导开发导致生物栖身环境改变，无法支撑生物的繁衍生息。也就是说不合理的人类活动是造成湘西地区生态环境变化的主要原因。

（三）水旱灾害频发

相关史志记载表明，改土归流之后，整个湘西土家族地区生态灾害的类型逐渐多样化，尤其是水旱灾害，其爆发频率逐渐升高，这不仅对农业生产造成极大的破坏，而且还严重地威胁民人的生存环境。

湘西土家族地区属于亚热带季风区，地形属于典型的喀斯特地貌，是水旱灾害的高发区。由于喀斯特地形之地表土壤干燥而坚硬，土质却疏松，地下溶洞、暗河众多，蓄水性能差，水资源容易下渗，抗风化与抗流水侵蚀的能力较弱。加之，湘西地区又属于丘陵山地形态，山高坡陡，垂直落差较大，民人稍有不慎，采取不合适的生计方式，便会触动当地生态的脆弱环节，就会诱发水土流失。譬如，改土归流后，湘西土家族地区大力推广种植的水稻和玉米，均是不太适宜该地区的作物。玉米之所以得到推广，是由于它具有在沙质山地土壤中生长，且耐涝耐旱、稳定高产的特性，当地政府将其作为解决耕地不足、粮食匮乏的一种“救荒物”加以推种。然而，玉米种植过程中对土壤的翻动，容易导致地表土层松动，而且玉米虽然是一种高秆作物，但是其枝叶小而窄，对地表的遮蔽作用不大。同样，水稻种植需要将大量平地、山坡、湿地、林地等开垦成水田，种植过程中的开沟引水、砌田坎，以及锄草、施肥等农事活动，不仅扰动了土层，造成土质疏松，而且引起土壤表层硬化，因此，一旦遇到强降水，极易导致水土流失或泥石流等自然灾害的发生。据乾隆《永顺府志》载，乾隆二年（1737）六月，“桑植大水冲去先农坛，十三年六月五日大雨，水涨，沿河漫溢，东城冈等处泥沙壅没水田二百八十余顷”①。民国《永顺县志》载：“数十年来，水旱频仍，饥馑荐臻，富者席丰履厚，依然无恙。惟此贫民，终岁勤动，不足供一家餐飧，或入山采蕨挖葛漉粉，以饱饥肠，良可浩叹。”② 光绪《古丈坪厅志》也记载，古丈水旱灾害较为频发，且旱灾比水灾更为严重，“盖厅境山多田少，水易涨退，被冲之田，水退迅速，仍无大害；即有受害，亦因山势高下隔阂，平地泽农甚少，非逼近四溪河者亦无大害，故水灾频记而赈贷无闻。至旱则杂粮不收，民食已固，桐茶亦害，民用困竭，害不止于稻谷歉收，故历年遇旱，必平粜借谷地方”③。

总之，改土归流之后，当地政府大力推广种植水稻、玉米等不太适宜湘西土家族

① 乾隆《永顺府志》卷12《杂记》。

② 民国《永顺县志》卷36《杂事》。

③ 光绪《古丈坪厅志》卷12《祥灾·灾变祸难考异》。

地区的作物，致使该地区传统生计方式发生改变，进而诱发水土流失等自然灾害。

结 语

湘西土家族地区属于丘陵山区，地形高低悬殊，农业生产受自然条件的制约，呈现出地带性差异，因此，在改土归流前湘西土家族地区形成了农林渔采并存的生计方式。改土归流之后，当地政府大力推行农垦政策，推广不适宜当地生态环境的生计方式，这便造成了生计方式与所处生态环境的背离，导致了生态环境的恶化，自然灾害频发，其影响一直延续至今。这一历史过程表明，生态环境的恶化并不单是对自然资源利用过度的问题，也与对自然资源利用的方式不当紧密相关。

（作者单位：吉首大学人文学院）

清代贵州科举考场述论

毛晓阳　金　甦

摘　要：贵州在清代为科举小省，在各级各类科举考场的建造方面，同样处于追赶者的地位。清代贵州乡试贡院的号舍数量少，只有不到5000间；全省各州县建造的县试考棚也只有6座，在全国仅多于甘肃、台湾两省。不过，清代贵州的学政试院却有14座，其数量和空间分布率在全国都处于中等偏上水平。与全国其他地方一样，清代贵州各类科举考场的建造和维修，也都有众多官绅参与其中，这充分体现了清代科举考场"以公益求公平"的核心特质。

关键词：清代　贵州　科举考场　以公益求公平

贵州是中国西南边陲省份，少数民族分布广泛，历史上受儒家文化影响较晚。在科举选才方面，贵州籍考生先后被要求奔赴湖广、云南贡院参加乡试，直到明嘉靖十六年（1537）才获准在本省举行乡试。① 清朝建立后，贵州乡试的录取名额屡经调整，至乾隆九年（1744）定为40名，清末捐输广额后增至50名。据统计，明代贵州共考中了109名进士、1720名举人，清代则考中了621名进士、6000余名举人。②

按照清代的科名层级，清代科举制度可分为三大级（童试—生员、乡试—举人、殿试—进士）、七小级（童试：县试、府试、院试；乡试：科试、乡试；殿试：会试、殿试）。与此前历代不同，清代每一级别的科举考试都出现了与之对应的科举考场，即童生县试对应于县试考棚，童生府试、院试和生员岁试、科试均对应于学政试院，个别地方的府试还建有专门的府试考棚，乡会试对应于各省贡院（会试以顺天乡试贡院为考场），殿试对应于太和殿（1789年以后为保和殿）。不过，由于乡会试和岁试、科试均为每三年各举行一次，考试周期相对较长，导致科举考场的利用率较低，无形中抬高了建造成本，因而较低级别的考试，不一定都建有专门考场，往往借用官署、孔庙、书院或佛道寺观搭盖临时性的考场。

① 乾隆《贵州通志》卷26《选举志》，《景印文渊阁四库全书》第572册，台湾商务印书馆，1985，第2页。

② 庞思纯：《明清贵州七百进士》，贵州人民出版社，2005，第2、6页。

有关清代贵州的科举考场，目前虽然已经发表了一些科研成果，[①] 但对清代贵州科举考场的总体和深度则都还有所不足，依然有继续探究的必要。

一　清代贵州乡试贡院

贵州乡试独立开科，始于明嘉靖十六年丁酉科。此前嘉靖十四年（1535），巡按贵州监察御史王杏上奏，贵州建省后“设学校养士历百五十余年，文教茂往昔十倍”，应该准许其独立举行乡试，使考生不再“就试云南，苦于道路”；他还同时指出，建造贵州乡试贡院的选址、经费条件都已经成熟：一是在贵筑县城“度地得西南隅甚胜，可以营建”；二是估算“需金二千四百有奇”，此项费用“检藩贮羡缗可办”。[②] 在得到朝廷准许后，王杏主持建造了贵州贡院。这也是明代全国最晚建造的乡试贡院。从《嘉靖贵州通志》卷首所绘《省城图》来看，贵州贡院位于省城的西南方向。此时贵州贡院的建筑规制为：“中为明远楼、至公堂，后为天监堂。堂之东西为誊录、受卷、弥封、对读四所。堂之后为内帘，有门，扁曰‘桂香深处’，有堂，扁曰‘文衡’。左右列屋，为考官阅卷之所。至公堂左为监临，右为提调、为监试，前为文场。场之前为门三重，供给所在三门外，而延会、搜检、巡绰则又居于‘天开文运’门内之左右。”[③] 据查，各类文献中均未见有贡院号舍数量的记载，不过礼部核议王杏奏折时曾提及，当时贵州乡试“每科应试之士数逾七百”，并提到“今于应试七百人之中取原定解额二十一人，则贵州一省自可成录”[④]；另外，康熙十一年（1672）题准扩建贡院时，也曾提及“增弥封、誊录、受卷等所官员房舍及士子号舍七百余间”[⑤]。由此可以推知，当时贵州贡院的号舍数量当不少于700间。

清朝建立后，由于贵州贡院在明末“毁于贼”，为此，贵州巡抚赵廷臣于顺治十六年（1659），将其移建于省城布政使司公署之左。此后，贵州贡院先后在康熙十一年、雍正六年（1728）、嘉庆十二年（1807）、道光八年（1828）、道光十一年（1831）、道光二十四年（1844）多次进行修复或扩建。至咸丰初年，贵州贡院除头门、龙门、明远楼、至公堂、监临署、玉尺楼，以及弥封、誊录、对读、收掌四所和内外巡绰等各

① 对贵州乡试贡院的研究主要有：刘隆民《大十字上消失的明代贡院》，《贵阳文史》2013年第3期；王力《明清贵州贡院的使用与维修》，《贵州文史丛刊》2015年第1期。对贵州兴义府试院的研究主要有：易奎香《兴义府试院的前世今生》，《文化月刊》2012年第9期；王彬彬《兴义府试院独特的历史文化风采》，《贵州民族报》2013年7月26日，第C04版；莫吉照《兴义府试院探析》，《长江丛刊》2018年第1期。

② （明）吴维岳：《贡院碑记》，乾隆《贵州通志》卷41《艺文志》，《景印文渊阁四库全书》第572册，第426页。

③ 《嘉靖贵州通志》卷5《公署志》，《天一阁藏明代方志选刊续编》第68册，上海书店，1990，第631～632页。按，据《道光贵阳府志》（一）卷43，明代贵州贡院的“天开文运门”在清代被改为“文运天开坊”。

④ 《嘉靖贵州通志》卷5《公署志》，《天一阁藏明代方志选刊续编》第68册，第638页。

⑤ 乾隆《贵州通志》卷9《营建志》，《景印文渊阁四库全书》第571册，第225页。

类建筑外，还以“文运天开坊”为轴，其左、其右、其内共有5个大小不等的号舍区域，分别建有225、378、2907、1385、36间号舍，合计为4931间。[①] 这个数量，相对于全国之冠的江南贡院的2.064万间号舍（约1867年建造）[②]，显然少了很多。

各省贡院的号舍数量是应试人数的直接反映，结合其乡试定额则可以粗略分析同一省份的生员，在不同历史时期乡试中的竞争的激烈程度。明代嘉靖十六年初建贵州贡院时，号舍数量约为700间，全省乡试录取定额为21名，录取率约为3%。清代乾隆以后，贵州乡试录取定额基本固定为40名。据李世愉的研究，乾隆元年（1736）工科给事中曹一士，曾根据雍正十三年（1735）乙卯科各省乡试录取情况，建议朝廷调整部分省份的乡试中额，其中提及顺天、贵州、广西、四川乡试“不及百人而中一人”，即乾隆初年贵州乡试的录取比例只略高于1%。[③] 而在道光年间，贵州贡院号舍已经增加到了4931间，粗略计算其录取率仅略高于0.8%。这说明，清代贵州乡试的竞争较之明代更为激烈，同时也说明清代贵州乡试的竞争日趋激烈。

明清时期，各省贡院的修建经费均可从国库报销，贵州贡院也不例外。如顺治十六年的移建，康熙十一年、雍正六年、嘉庆十二年的维修与扩建，经费均来自政府财政。不过，尽管相关文献的记载极为简略，我们依然可以发现，清代贵州贡院的修建具有民间公益元素。正如王力所指出的，1828年、1831年两次维修贵州贡院，都曾向士绅或僚属发动募捐。[④] 尤其是由贵州学政许乃普主持的道光八年贡院的扩建活动，他向“阖省绅士”发起募款，所完成的修建项目不仅“增号舍一千三百八十五间”，而且还“买就近民房建监试、提调各公所”[⑤]，工程相当巨大，说明当时募集到的钱款必定很多。

光绪三十一年（1905）停止科举后，贵州贡院先是在其中设置师范传习所，两年后改巡警总局，次年再改建为巡警道署及警务公所，后来又改建为法政学堂及劝工局。另据刘隆民回忆，光绪三十年（1904）根据清政府指令，在贵州贡院北部建立了贵州警察学校（又称警政学堂），招收35岁以下士子入学，课程分为补习科、必修科、随意科，其中补习科包括伦理、生理、历史、地理、数学、国文；必修科包括宪法、行政法、刑法、民法、商法、刑事诉讼法、民事诉讼法、国际公法、国际私法、条约操作；随意科包括测绘、理化、日语。学生的毕业证上印有慈禧的半身像。[⑥] 光绪三十三

---

① 《道光贵阳府志》（一）卷43《学校略下》，《中国地方志集成·贵州府县志辑》第12册，巴蜀书社，2006，第619~621页。按，《中国地方志集成》著录该志版本为“道光”，但该志卷首序文中所署日期为“咸丰二年”，故其版本当作“咸丰”，下同。

② 《同治续纂江宁府志》卷7《建置志》，《中国地方志集成·江苏府县志辑》第2册，江苏古籍出版社，1991，第62页。

③ 李世愉：《清代科举中额的分配原则及政策导向》，《社会科学战线》2013年第3期。

④ 王力：《明清贵州贡院的使用与维修》，《贵州文史丛刊》2015年第1期。

⑤ 《民国贵州通志》（一）卷2《建置志》，《中国地方志集成·贵州府县志辑》第6册，第236页。

⑥ 刘隆民：《大十字上消失的明代贡院》，《贵阳文史》2013年第3期。

年（1907）该校停办后，又在贡院西北部设立了贵州官立法政学堂，学生有官班和绅班两种。至民国二年（1913），该校被改为贵州公立法政专门学校，学制为预科一年、正科三年，学习内容主要有《大清会典》《大清律列》《法学通论》《国际法学》等。1928 年，时任贵州省省长周西成将贵州公立法政专门学校并入贵州大学；不久贡院南部改建为贵州警察厅。此外，贡院原址还建起了民众教育馆。1939 年 2 月，贵阳遭日军轰炸，贵州贡院被全部炸毁。

二　清代贵州的学政试院

（一）试院与清代学政制度

学政试院的建造始于明代。随着提学制度的发展，明代地方府州县儒学文武新生的录取、岁科试生员的考核定等，均逐渐交由各省提学最后裁定。提学全称“提督学政”；官员任职提学时，因本职官衔不同而称谓有所差别。其中由监察御史任职提学者，称提学御史，多行于南北两直隶；由各省按察使司副使、佥事任职提学者，则称提学副使、提学佥事，合称为提学道，主要行于 13 个行省。① 在此过程中，明代提学主导的“科举必由学校”的制度最终形成。为了方便生童就近赴考，明代除了在各省省城设立提学公署外，在省内其他府州，则根据学风盛衰，按照“道里适中”原则设置提学行署。最初时，一般以各府州所建之布政分司、按察分司衙署兼作提学行署，后来专设提学行署，且渐成定制。

明代并非每个府州都设立提学行署，而是若干府州合设一提学行署。如江苏苏州府，明宣德间昆山知县罗永年，在宋代范文穆公（即范成大）石湖书院旧址上建成了巡抚行台，后来被用作“提学御史校试苏、松两郡之所”②。甚至有些省份大多数府州没有建造提学行署，生童只能赴有试院处考试。如贵州省，仅正德二年（1507）由提学副使毛科在贵阳府主持建造了贵州提学分司，其建筑大致有“大门、仪门、廊庑、前厅、穿堂、后堂、轩室以至书办庖厨之所，颇为周备”③，其他府州则只有平越府由本地乡宦樊师孔“致仕归后，辄舍居宅为本郡试院”④。这种情形在清代初年依然延续，如四川全省分为 4 道，每道设一学政试院，全省各府州之生童分别在这 4 个试院应试。其中，遵义府在雍正六年划归贵州省之前的很长一段时间里，其所辖的 1 个州 4 个县

① 王庆成：《清代学政官制之变化》，《清史研究》2008 年第 1 期。

② 《中国方志丛书·光绪昆新两县续修合志》卷 3《官署》，台北：成文出版社，1970，第 58 页。

③ （明）毛科：《兴建贵州提学分司记》，《民国贵州通志》（一）卷 2《建置志》，《中国地方志集成·贵州府县志辑》第 6 册，第 216 页。

④ （清）瞿鸿锡：《清还樊氏余基记》，《光绪平越直隶州志》卷 10《建置志》，《中国地方志集成·贵州府县志辑》第 26 册，第 145 页。

的生童，都是“岁科试俱各助棚费，就棚考试，始往夔州，继重庆”①。又如贵州黎平府每逢岁科试，生童“皆赴镇远府合棚应试”，其原因是黎平府“只辖永从一县，仅府县两学，生童无几”②。

清初延续明制，直省提学依然分提学御史和提学道两种，或称提督学院与提督学道。顺治、康熙年间，为了进一步推动科举考试的公平性发展、提升提学的专业水准、减少地方督抚对提学工作的干扰，各省提学逐渐由从本省的布政使、按察使分司等地方官员中派任，改为从翰詹六部科道等中央官员中选任；并且雍正四年还规定“各省学政，一体俱为学院”。各省学政的俸禄也改为由中央统一规定，由地方财政支付。乾隆三十四年（1769）确定，各省学政原定养廉银多寡不等，应行调整，其中直隶、江苏、安徽、陕西、甘肃、山东、山西、福建、云南原为4000两，湖南原定3600两，应保持不变；河南、广东、浙江3个省减少为4000两；江西、广西、四川、贵州、湖北增加至3200两。③

与明代一样，清代提学主持院试时，最初也是在其衙署搭盖棚场进行考试。如康熙二十二年（1683）台湾被清朝统一后，设福建省台湾府，因远隔重洋，福建学政难以亲临岛上主持岁科试，因而由台厦道代为行使学政职责。当时，台厦道公署“由大门而仪门，而厅事，扁曰‘敬事堂’。堂之右，为斋阁，为驻宅，其前为校士文场”④，也就是利用仪门和敬事堂中间的空地来搭盖棚场。又如贵州仁怀直隶厅，在未建造试院之前，“每值试事，辄于署之东隅，蕞尔数楹，湫隘不称”，令人感叹难以“进退群材，上副作人之雅化”。⑤ 为了使考试更为公平、规范，各府州厅逐渐在修建学政行署时，规划号舍区域，或在原有衙署内部或旁边添建号舍。因此，清代学政行署往往也被称为试院或考棚，有些则直接称为“贡院”。如乾隆二年（1737），巡台御史单德谟建议，在台湾府城建造考棚，乾隆帝在批复中便同时用了“考棚”和“试院”两个词语：“向因台湾应试人少，故未建立考棚；今人文日盛，生童众多，非复畴昔之比”，为了不再因考试而“亵慢”圣庙，同时也为了严密“关防”，乾隆帝要求福建督抚“转饬地方有司，相度地方情形，修造试院”。⑥ 台湾学政试院不仅被最高统治者同时称为“考棚”和“试院”，而且在地方志中还被称为“校士衙”和“贡院”，如在乾隆六年（1741）和乾隆二十五年（1760）修纂的两部台湾府志，其中的绘图中都被标

① 《中国方志丛书·道光遵义府志》卷24《学校志三》，台北：成文出版社，1968，第526页。

② 《光绪黎平府志》卷4《学校志上》，《中国地方志集成·贵州府县志辑》第18册，第367页。

③ （清）素尔讷：《钦定学政全书》卷8《学政事宜》，台北：文海出版社，1968，第177、184页。

④ 《康熙台湾府志》卷2《规制志·衙署》，《台湾文献史料丛刊》第1辑，台湾大通书局，2009，第30页。

⑤ （清）陈沄：《考棚碑记》，《光绪增修仁怀厅志》卷7《艺文志》，《中国地方志集成·贵州府县志辑》第38册，第264页。

⑥ 《清高宗实录》卷53，乾隆二年十二月下。

注为“校士衙”①，而在乾隆十六年（1751）版《乾隆重修台湾县志》之绘图中则被标注为“贡院”②。

据查，清代及民国各类地方志，截至科举停废，全国推行乡试的19个行省，合计所辖的304个府和直隶州、厅，一共建造了248座学政试院，空间分布比率高达81.58%。另外，地处东北的奉天府、锦州府，也由奉天府丞吕文樱分别在雍正十一年（1733）和雍正十二年（1734）募捐建造了学政试院，③合计全国学政试院共为250座，参见表1。

表1　清代学政试院一览

单位：座

省份	明代	顺治	康熙	雍正	乾隆	嘉庆	道光	咸丰	同治	光绪	不详	合计
四川	3	0	3	2	2	1	3	0	1	0	4	19
直隶	6	0	1	1	3	0	0	0	0	1	6	18
山西	7	0	1	3	0	0	1	0	0	0	4	16
湖南	1	0	5	2	4	1	0	0	0	0	2	15
广东	1	0	3	5	2	0	0	0	1	1	2	15
安徽	2	2	4	5	0	0	0	1	0	0	0	14
江西	2	1	7	0	3	0	0	0	0	0	1	14
云南	0	0	2	1	0	0	3	0	0	2	6	14
贵州	2	0	2	2	1	1	2	0	0	1	3	14
山东	2	0	1	1	5	0	1	0	0	0	3	13
河南	5	0	1	3	0	0	0	0	0	0	4	13
广西	0	0	2	1	3	1	1	0	0	1	3	12
陕西	5	0	0	1	0	0	0	0	0	0	6	12
甘肃	0	0	0	2	1	0	0	0	1	0	8	12
江苏	4	1	3	2	0	0	0	0	1	0	0	11
浙江	8	0	2	0	0	0	0	0	0	0	1	11
福建	2	0	0	0	4	0	0	0	0	0	5	11

① 《乾隆重修福建台湾府志》卷首《绘图》,《台湾文献丛刊》第74种，台湾银行经济研究室，1961，第4页；《乾隆续修台湾府志》卷首《台湾县图》,《台湾文献丛刊》第121种，台湾银行经济研究室，1962，第4页。

② 《乾隆重修台湾县志》卷首《城池图》,《台湾文献丛刊》第113种，台湾银行经济研究室，1962，第4页。

③ （清）魏定国：《奉政大夫例授朝议大夫奉天府府丞提督学政西园吕公墓志铭》,《乾隆汾州府志》卷32《艺文志》,《中国地方志集成·山西府县志辑》第27册，凤凰出版社，2005，第509页；（清）吕耀曾：《奉天试院记》,《钦定盛京通志》卷127《艺文志》,《景印文渊阁四库全书》第503册，第593页；《中国方志丛书·民国锦县志》卷8《教育志》，台北：成文出版社，1974，第447页。

续表

省份	明代	顺治	康熙	雍正	乾隆	嘉庆	道光	咸丰	同治	光绪	不详	合计
湖北	3	0	1	1	4	0	0	0	0	0	2	11
台湾	0	0	0	0	1	0	0	0	0	2	0	3
奉锦	0	0	0	2	0	0	0	0	0	0	0	2
合计	53	4	38	34	33	4	11	1	4	8	60	250

资料来源：本表为笔者据《中国方志丛书》《中国地方志集成》等各类地方志所记载的各省学政试院数量制作而成。

（二）清代贵州学政试院的文献记载与数量统计

据《光绪黎平府志》记载，清初贵州学政循明旧制，以按察使司副使、佥事充任，称提学道。康熙四十一年（1702），贵州、广西两省合设学院，称为“提督贵州、广西两省学政”，4年后两省才又各自设学政，提督贵州学政“驻会城，巡试各属”。① 不过，据《清圣祖实录》和《清秘述闻》记载，贵州首任提督学院为江南青浦人张豫章，康熙二十七年（1688）探花，康熙四十一年以编修出任；广西首任提督学院为靳让，康熙十八年（1679）进士，康熙四十二年（1703）以御史出任。②

比较而言，清代贵州各府、直隶州的升格与降级较为频繁。截至光绪三十一年科举停废之前，全省共有12个府、3个直隶厅③、1个直隶州。按照清代中后期形成的每个府州设一座学政试院的配置惯例，此时贵州的16个府级行政区划本应该建造了16座学政试院。不过，据光绪十二年（1886）贵州学政杨文莹《平越重建试院记》，当时全

① 《光绪黎平府志》卷4《学校志上》，《中国地方志集成·贵州府县志辑》第38册，第368页。

② （清）法式善：《清秘述闻》卷12《学政类四》，中华书局，1982，第382、374页。

③ 赵尔巽等撰《清史稿》卷75《地理志二十二》（中华书局，1977，第2352页）载为“直隶厅三”，不过正文部分仅列出了1个直隶厅即松桃直隶厅。这主要是因为仁怀、普安直隶厅在光绪三十四年（1908）被降格为散厅，并分别改名为赤水厅和盘州厅，分别归入遵义府、兴义府管辖。故清朝灭亡之前，贵州省实际上只有1个直隶厅即松桃直隶厅，此时全省府级行政区划单位合计为14个，即12个府、1个直隶厅、1个直隶州。

省共有 13 座学政试院："黔之试院，上下游凡十有三，最峨敞者铜仁，朴坚则兴义，自余以次降，而莫陋于思南。"① 杨文莹没有说明这 13 座学政试院，分别属于哪 13 个府州厅。据乾隆《贵州通志》，乾隆年间贵州全境共设有 9 处学政公署或行署，分别位于贵阳府、安顺府、镇远府、思南府、黎平府、大定府、南笼府［嘉庆二年（1797）改名兴义府］、遵义府、平越府［嘉庆三年（1798）降为直隶州］。② 而《民国贵州通志》则仅载有 10 座学政试院，分别位于贵阳府、安顺府、镇远府、思南府、黎平府、大定府、兴义府、遵义府、平越直隶州、都匀府，③ 较杨文莹所说的 13 座试院还少了 3 座。

进一步查阅各府州厅地方志，我们发现，科举停废之前贵州学政试院共为 14 座，分别位于贵阳府、安顺府、镇远府、思南府、黎平府、大定府、兴义府、遵义府、都匀府、平越直隶州九府一州，以及石阡府、铜仁府和仁怀直隶厅、普安直隶厅两府两直隶厅。清代一直未建造学政试院的是思州府和松桃直隶厅。杨文莹在光绪十二年未及写入《平越重建试院记》中的应该是仁怀直隶厅试院，它建成于光绪十五年（1889）。清代贵州学政试院的兴建与维修情况参见表 2。

表 2　清代贵州学政试院一览

地名	始建年份	修建规模与经费	备注
贵阳府	明弘治十八年（1505）	明弘治十八年，提学副使毛科建提学道署； 顺治十七年（1660），佥事赵泰改建于城南隅； 康熙二十五年（1686），佥事袁时中、毕忠言先后主持迁建于粮驿道旧址； 雍正六年（1728）迁建于府城南门内； 道光年间，龙门以内东西文场及大堂之东边文场，合计建有座号 1585 个； 光绪三十三年改为提学使司署	《道光贵阳府志》（一）卷 35《宫室图记》；《民国贵州通志》卷 2《建置志》
平越直隶州	明末	乡宦万历戊午举人、云南布政使樊师孔捐住宅为试院； 咸丰中燬于"贼"，光绪十二年，知州杨兆麒重修	《光绪平越直隶州志》卷 10《建置志》
大定府	康熙四十三年（1704）	康熙四十三年以府署暂作考棚，学政张豫章题为"考棚"； 乾隆四十四年（1779）"移文庙于学院坝，始以其地为考棚"； 知府王绪昆于道光十三年（1833）、知府姚柬之于二十二年（1842）先后重修，共有座号 1025 个	《道光大定府志》卷 21《治地志三》

① （清）杨文莹：《平越重建试院记》，《光绪平越直隶州志》卷 10《建置志》，《中国地方志集成·贵州府县志辑》第 26 册，第 144 页。

② 乾隆《贵州通志》卷 8《营建志·公署》，《景印文渊阁四库全书》第 571 册，第 139～150 页。

③ 《民国贵州通志》（一）卷 2《建置志·公署公所·清》，《中国地方志集成·贵州府县志辑》第 6 册，第 234～267 页。按，其中兴义府试院只在记载兴义府训导署时顺带提及，该通志没有单独为其设置条目。

续表

地名	始建年份	修建规模与经费	备注
遵义府	康熙四十六年（1707）	清初先后拨附夔州府及重庆府考棚； 康熙七年（1668）呈请学政按临，以奉裁之道署为考棚； 康熙四十六年，知府王元弼改建分司署为学政行署[①]； 嘉庆二十一年（1816），知府赵遵律拓建，东西文场能容千七八百人； 光绪三十三年改设遵义协镇署	《道光遵义府志》卷24《学校志》； 《民国续遵义府志》卷3《公署》
兴义府	雍正九年（1731）	雍正九年，巡抚张广泗、知府黄世文创建于府署右侧，后两次移建； 道光二十一年（1841），知府张锳移建于城内经历署右侧，共费银3.08万余两	《咸丰兴义府志》卷20《学校志》；《宣统兴义府志》卷20《学校志》
黎平府	雍正十一年（1733）	雍正十一年，巡抚张广泗、知府滕文炯题准颁帑银800两并士民捐助建造，东西号房各9间，桌凳俱用石条加木，新号房7间； 嘉庆五年（1800），知府富坤、知县崔本倡捐重修； 道光七年（1827），知府刘绍琯、知县刘嗣矩倡捐重修	《光绪黎平府志》卷4《学校志上》
思南府	未详[②]	初为流寓乡官郑氏私宅，后属于官；有东西号舍各5间； 乾隆四十六年（1781），知府胡邦盛、安化知县熊爵勋募捐修整； 道光四年（1824），知府张元俊"捐俸三百金"，"添建号舍五大楹"； 道光九年（1829），知府陈熙倡捐添建"号舍十三楹"； 光绪二十四年（1898）新建于城东； 光绪三十一年停试后，厅堂号舍尽行圮毁，仅存斋房10余间	《道光思南府续志》卷5《学校门》； 《民国贵州通志》卷2《建置志》
镇远府	乾隆六年（1741）[③]以前	在府城内	《乾隆贵州通志》卷8《营建志·公署》
都匀府	清中叶	清中叶始建试院，岁科连试； 咸丰八年（1858）"毁于乱"，知府吴德容先后设临时学政行署于荔波、独山及平舟司，举行府县考试； 同治四年（1865），学政黎培敬试于独山州试院； 光绪元年（1875），知府罗应旒修复； 民国时期改设县议会	《民国都匀县志稿》卷9《官署》
安顺府	嘉庆九年（1804）	旧以府城内西南驿馆充试院； 嘉庆九年"以游击署为督学行署"； 道光二十六年（1846），知府朱德玑捐廉购买屋基，添修座号50间； 道光二十九年（1849），知府常恩捐廉倡捐扩建各类房屋113间、东西号房69间	《咸丰安顺府志》卷18《公署志》

续表

地名	始建年份	修建规模与经费	备注
普安直隶厅④	道光十五年（1835）	道光十五年，绅民捐建； 同治七年（1868），兴义府陷于“贼”，学政调其五属生童于普安厅考试，同知吴宗兰乃与绅民筹款重建号舍20余间； 光绪六年（1880），同知俞渭复增修号舍6区，号桌120张，号凳140条，号板40块	《光绪普安直隶厅志》卷7《营建志》
石阡府	道光二十一年（1841）	向无考棚，每逢岁科试附于思南府考棚； 道光二十一年知府宋庆常将书院改修考棚； 同治四年毁于战乱，仅存其半；同治五年（1866）调赴铜仁府考棚，同治七年修复； 光绪三十年，改设董事会	《民国石阡县志》卷7《学校志》
铜仁府	未详⑤	试院在贵州全省最为“峨敞”	《光绪平越直隶州志》卷10《建置志》
仁怀直隶厅⑥	光绪十五年（1889）	光绪十五年，仁怀厅同知陈沄倡捐9900余缗，改建邑绅充公房宅为考棚，东西号舍各7楹	《光绪增修仁怀厅志》卷7《艺文志》

注：①遵义知府王元弼改建学政行署的年份，道光府志载为康熙四十二年至四十六年（1703～1707），而民国府志则载为康熙三十四年（1695）。不过，道光府志之职官志将王元弼的任职年份系于康熙四十九年（1710）署理知府郭祯之后，与康熙四十二年改建学政行署的记载不符。

②思南府最初以“乡官郑氏寓宅”为学政试院，先后于乾隆四十六年（1781）、道光四年（1824）、道光九年（1829）重修、扩建，可知其最早不晚于乾隆四十六年。见《道光思南府续志》卷5《学校门》，《中国地方志集成·贵州府县志辑》第46册，第174页。

③乾隆六年（1741）版《乾隆贵州通志》载镇远府督学行署“在府城内”，可知其建造年代不晚于乾隆六年。见《乾隆贵州通志》（一）卷8《营建志·公署》，《中国地方志集成·贵州府县志辑》第4册，第144页。

④普安直隶厅，清初为普安州，属安顺府。雍正五年（1727）改属南笼府，嘉庆二年（1797）后属兴义府。嘉庆十四年（1809）普安州升为直隶州，两年后改为直隶厅。至光绪三十四年因与兴义府普安县同名，改名盘州厅，属兴义府。见赵尔巽等撰《清史稿》卷75《地理志·贵州》，第2367页。

⑤据查，道光四年版《道光铜仁府志》卷3《营建志·公所》未记载学政试院，可知其建造年份当不早于道光四年。

⑥仁怀直隶厅，原为雍正八年（1730）所设之仁怀厅，乾隆四十一年（1776）升直隶厅，光绪三十四年降为厅，改名赤水厅，属遵义府。赵尔巽等撰《清史稿》卷75《地理志·贵州》，第2363页。仁怀直隶厅与普安直隶厅的存续时间，分别为132年和99年，且降为散厅是在废科举之后，故本文将其科举考场级别列为学政试院。

（三）清代贵州学政试院特征分析

作为边疆省份，贵州文教的发展较全国其他省份具有一定的差距，读书应试者数量较少，导致国家给予各府州县官学的录取名额相对较少，从而反过来限制了当地士子求学应试的积极性。清代贵州学政试院的建造过程，大致能反映了贵州科举与文教的发展脉络。

1. 部分府州厅从附试于他府试院到独立建造试院

清代初年，贵州作为边疆省份，少数民族众多，人文不兴，很多地处偏远且应试人数较少的府州，无法独立设置提学行署，因而采取因地制宜的政策，形成了“前赴别府，合棚就考”的定例。这一制度安排虽然节省了政府承办考试的成本，免除了贵州学政在省内各地奔波按试之苦，但考生却不得不多花长途赴考的差旅费和食宿费，甚至还要经受对山川险阻或遭遇抢劫等旅途意外。如遵义府生童，在该府于雍正六年被划归贵州省管辖之前，都是被调到四川重庆府参加岁科试，“裹粮千里，三载两试，山行险阻，蜀道青天，匪徒直废时失业已也”①，经济和身体的双重压力，令众多考生裹足不前。

随着清朝社会日益稳定，经济不断发展，人口逐渐繁衍，尤其是康熙五十一年（1712）会试分省录取制度实行之后，贵州士子的读书应试热情大为提升，文风蒸蒸日上，很多原本未设学政试院的府州，逐渐呈请建造试院。如黎平府在清初仅辖有永从一县，全府仅有两所儒学，考生人数较少，因而被安排附试于镇远府试院。雍正三年（1725），原属湖南的五开、铜鼓二卫划归黎平府管辖，并于两年后改为开泰、锦屏二县，同时湖南靖州天柱县又被划入黎平府，从而使黎平府增加到一府四县，共5所儒学，童试考生的人数增加到两三千人。“士子等踊跃共捐”筹集经费，黎平府计划独立建造试院；时任贵州学政晏斯盛也表示赞同，认为黎平府独立建造试院，符合清代学政“按府考校”的定例；为此，时任贵州巡抚的张广泗奏请朝廷指令。礼部在核准之后，也提出了“仰恳圣恩，准照所请，在于黎平府另行设棚考试”的处理意见。② 黎平府此举获雍正许允。同期题请独立建造试院的还有南笼府。南笼府最初为康熙二十五年设立的南笼厅，雍正五年（1727）升格为南笼府，所辖州县增加到3个县1个州1个厅，经巡抚张广泗的呈请，也被准许捐建试院，不必再远赴安顺府学政试院附试。③地方志明确记载，曾附试于其他试院的府州厅共有6个，参见表3。

表3　清代贵州各府州厅附试其他试院情况一览

府州厅名	所附试院	自建试院时间	备注
遵义府	四川夔州府、重庆府	康熙四十六年	《道光遵义府志》卷24《学校志三》
黎平府	镇远府	雍正十一年	《光绪黎平府志》卷4《学校志上》
南笼府（兴义府）	安顺府	雍正九年	《咸丰兴义府志》卷20《学校志》
都匀府	平越府（平越直隶州）	清中叶	《民国都匀县志稿》卷9《官署》
普安直隶厅	安顺府、兴义府	道光十五年	《光绪普安直隶厅志》卷7《营建志》
石阡府	思南府	道光二十一年	《民国石阡县志》卷7《学校志》

2. 学政衙署及试院的地址常有迁移

由于各方面的原因，贵州有5座府州厅学政衙署及其试院，在建成之后曾发生选

① 《道光遵义府志》卷7《公署》，《中国地方志集成·贵州府县志辑》第32册，第161页。

② 《光绪黎平府志》卷4《学校志上》，《中国地方志集成·贵州府县志辑》第17册，第367页。

③ （清）张广泗：《请建试院疏》，《咸丰兴义府志》卷20《学校志》，《中国地方志集成·贵州府县志辑》第28册，第252页。

址变化。(1)贵阳府提学公署，顺治十七年，提学佥事赵焘建于“城南隅”；康熙二十二年，提学佥事袁时中将其“迁于粮驿道旧址”；雍正六年“题请建今地”，也就是“府城南门内”。[①] (2)兴义府试院，初建于雍正九年，位于府署右侧，后来先被迁至东门外，再被迁至城东北；道光二十一年，知府张锳认为其过于低矮简陋，于是将原试院改建为先农坛，而另于城内经历署右侧建造新试院。[②] (3)安顺府试院，“旧以府城内西南驿馆充”，嘉庆初年“以游击署为督学行署，在城正北”。[③] (4)思南府试院，本为“流寓乡官私宅，后属于官”，改建为试院，在“小水关内”；[④] 光绪二十四年“新建于城东”[⑤]。(5)大定府“贡院”，康熙四十三年“以府署暂应考棚”，乾隆四十四年“移文庙于学院坝，始以其地为考棚”，位于府城南门大街。[⑥]

3. 学政试院的修建体现教育公益属性

与贵州乡试贡院一样，清代贵州的学政试院的修建，同样得益于官绅商富的捐助。尽管有些府州厅因文献记载较为简略，我们无法得知其学政试院的修建经费来源，不过但依然有不少地方志透露了相关信息。总体来说，清代贵州各地官绅商富捐资修建学政试院的形式，主要有两种，即倡捐与摊捐。倡捐是指由地方官或乡绅发动的募捐。文献中有较明确记载的有以下7个府州厅的试院。(1)黎平府：雍正十年(1732)，黎平知府滕文炯通过贵州巡抚张广泗向朝廷申请建造学政试院，被准“颁帑银八百两，并士民捐助”，次年建成了包括“东西号房各九间、新号房七(间)”的试院；嘉庆五年，知府富坤、知县崔本“倡捐修”；道光七年，知府刘绍琯、知县刘嗣矩“倡捐重修”。[⑦] (2)兴义府：雍正九年创建，其经费出自“士子等踊跃共捐”；道光二十一年，张锳任兴义知府，“倡捐得白金三万有奇，迁建试院，都计得屋二百有九间”。[⑧] (3)思南府：最初以“乡官郑氏私宅”为试院，乾隆四十六年重修，其经费是由知府胡邦盛和安化县知县熊爵勋“倡募各学”；道光四年添建“号舍五大楹”，经费来自知府张元俊“捐俸三百金”；道光九年添建“号舍十三楹”，其经费来自知府陈熙“倡公项钱三百千，并募府县四属暨石阡、龙泉童生钱一千一百八十千文”[⑨]；这三次试院修建的经费，均主要由捐资筹集。(4)安顺府：道光二十六年，知府朱德璲“以坐号少，捐银交杨春发等构买屋基，添修坐号五十间”，这次主要是由官员捐资；三年后，知府常恩发现号舍依然不敷使用，且“正堂湫隘”，于是“复捐廉”，并且“谕各属捐输”，广购基址，

① 《道光贵阳府志》(一)卷35《宫室图记》，《中国地方志集成·贵州府县志辑》第12册，第508页。
② 《宣统兴义府志》卷20《学校志》，清宣统元年铅印本。
③ 《咸丰安顺府志》卷18《公署》，《中国地方志集成·贵州府县志辑》第41册，第221页。
④ 《道光思南府续志》卷5《学校门》，《中国地方志集成·贵州府县志辑》第46册，第174页。
⑤ 《民国贵州通志》卷2《建置志》，《中国地方志集成·贵州府县志辑》第6册，第264页。
⑥ 《道光大定府志》卷21《治地志三》，《中国地方志集成·贵州府县志辑》第48册，第329~330页。
⑦ 《光绪黎平府志》卷4《学校志上》，《中国地方志集成·贵州府县志辑》第17册，第367页。
⑧ 《咸丰兴义府志》卷20《学校志》，《中国地方志集成·贵州府县志辑》第28册，第251页。
⑨ 《道光思南府续志》卷5《学校门》，《中国地方志集成·贵州府县志辑》第46册，第174~175页。

添修正房、对厅、大花厅、大堂、龙门、仪门、辕门等各类房屋113间、东西号房69间，[①] 这次则是官绅共同捐资。（5）普安直隶厅：始建于道光十五年，为时任普安直隶厅同知"率绅民择基于南坛山捐修"[②]。（6）仁怀直隶厅：创建于光绪十五年，系同治八年（1869）同知敖京友倡之于先、光绪十四年同知陈沄"因邑绅归公故宅而拓之"于后，前后历时7年最终建成，整个工程总共"计费九千九百余缗"，其来源为"沄捐薄俸以为之倡，余皆邦人士所乐输而致者"。[③]（7）遵义府：为了使本府生童不再"富者艰于跋涉，贫者更苦于措资，千里往还，多致裹足"，康熙四十六年由经历王士伟等"劝捐督修"，并由千总段启倖"复捐甬壁外地"，[④] 建成学政试院。

摊捐是指官绅商议用附加田税的方式筹集经费。目前只发现都匀府试院存在摊捐情形。该试院始建于"有清中叶"，咸丰八年"毁于乱"，因战乱原因，此后知府吴德容先后于荔波县、独山州及平舟司设临时学政行署，举行都匀府岁科试。光绪元年（1875），知府罗应旒着手修复府城学政试院，其经费筹集方式即摊捐："檄各属户收谷者，按纳钱二枚，共榷金三千有奇。"[⑤] 摊捐介于捐输与摊派之间，尽管和倡捐一样也是由地方官与士绅商议后决定的，但由于与"违制妄取"一样，都增加了田税征收比例，因而对于地方官来说，存在被人检举告发的风险。

4. 学政试院的修建体现了官绅的合作

与清代其他省份的学政试院一样，贵州各府州厅学政试院的修建，也得益于地方官与当地士绅的通力合作。地方官往往是修建学政试院的积极推动者，而当地士绅则是修建经费的捐助者和修建工程的承担者。以兴义府试院为例，道光二十一年的重修，便是由知府张锳全力推动，相关乡绅鼎力支持，最终得以大功告成的。首先，张锳担任兴义知府后，发现"旧试院在城外，居民寡少，兼无旅店。士子就试，悉寓城中，风雨往来，多苦跋涉。且号舍不满五百，垣墉卑陋，关防弗竣"，而且建成已经五十多年，房屋多已朽坏，于是决定"卜地别构"。其次，张锳采取措施募捐移建试院的经费，他向本府所辖贞丰州、兴义县、普安县、安南县以及普安直隶厅的地方官发出书信，要求他们"劝士民输资"，并以身作则带头捐银1000两，最终合计得到捐款"白金三万八百余两"。再次，张锳和众人一起选定试院新地址，即"旧东门内经历署右、书院左"，用捐款购买民宅"十余区"。又次，张锳选择合适人选督建试院，这些"廉能官绅"主要包括"教授郭超凡、拔贡生桑滋、岁贡生张万春等"。最后，张锳撰写了《捐修试院详稿》和《修竣试院详稿》、《试院岁修经费详稿》，向云贵总督、贵州巡抚

① 《咸丰安顺府志》卷18《公署》，《中国地方志集成·贵州府县志辑》第41册，第221页。

② 《中国方志丛书·光绪普安直隶厅志》卷7《营建志》，台北：成文出版社，1975，第305页。

③ （清）陈沄：《考棚碑记》，《光绪增修仁怀厅志》卷7《艺文志》，《中国地方志集成·贵州府县志辑》第38册，第264页。

④ 《中国方志丛书·道光遵义府志》卷24《学校志三》，第527页。

⑤ 《民国都匀县志稿》卷9《官署》，《中国地方志集成·贵州府县志辑》第23册，第99页。

进行汇报，并请其代向朝廷申请对相关捐资者与督建者给予嘉奖，“加级、予衔有差”①。正是在张锳的积极规划下，兴义府试院成为“规模宏阔甲天下”的学政行署与院试考场。

5. 学政试院兼具书院的育才功能

为了使学政试院不遭人为破坏，清代各地在建成试院后多订立章程，禁止非考试期间将试院借为他用。不过，由于公费难筹，有些地方也通融考虑，平时则令试院兼作书院，使其同时承担了育才与选才的双重职能。如遵义府，康熙四十四年（1705）将贵州按察使分司衙署，改建为提督学院行署后，除了府试、院试时期作为考场外，“平时府县官课士，亦在是焉”；不少遵义地方官积极参与育才活动，其中典型代表如知府赵文源，“课三书院生童，往往在东西两场阅各生文稿，如题者褒之，否则为之指示，娓娓不倦，俨师之课弟，终日无惰容”，使得本地文风“日寖优长”；其他人如知府余上华、知县张济辉“添课诗字”，知县任胜、赵文伟也曾“加课诗文”。② 又如兴义府试院建成之后，除了供知府、学政举行县试（兴义府无附郭县，有府辖地）、府试、院试外，“平时课书院士子，擢其尤秀出者，读书其中，延名师童刺史翚课之”，知府张锳也“时过从，亲为讲论，如是者有年”；在试院中读书的学生纷纷“选拔而贡于朝，捷乡闱而联翩以去”，这令张锳不由得感叹“试院拓，关防密，而后真才出”。③

三　清代贵州的县试考棚

县试是清代最低级别的科举考试。清代县试考棚的出现，意味着科举考场防弊制度补上了最后一环。据统计，清代全国共建造了413座县试考棚。其中，目前尚无法确定者有两项：一是目前无法确定湖南岳州府华容县是否在明代已建成了用于县试的试院④；二是目前尚无法确定37座考棚的创建年代。除此两项之外，其余375座考棚全部建成于乾隆至光绪年间。其中，乾隆年间建成的44座，占比10.7%；嘉庆年间78座，占比18.9%；道光年间150座，占比36.3%；咸丰年间17座，占比4.1%；同治年间42座，占比10.2%；光绪年间44座，占比10.7%。从平均每年新建县试考棚的数量来看，道光年间新建者最多，平均每年5座；接着依次为同治3.23座，嘉庆3.12座，咸丰1.55座，光绪1.47座，而乾隆年间则为0.73座。在清代科举制存续期间，从清代第一座县试考棚即湖南安化县“明伦堂考棚”，在乾隆十四年（1749）建成开始，到清代最后一座县试考棚即贵州镇远府天柱县“文昌考棚”，于光绪二十七年（1901）建成，在153年间平均每年建造县试考棚2.7座。

---

① 《咸丰兴义府志》卷20《学校志》，《中国地方志集成·贵州府县志辑》第28册，第252页。
② 《民国贵州通志》卷2《建置志》，《中国地方志集成·贵州府县志辑》第6册，第251页。
③ 《咸丰兴义府志》卷20《学校志》，《中国地方志集成·贵州府县志辑》第28册，第251页。
④ 《中国方志丛书·光绪华容县志》卷5《学校志》，台北：成文出版社，1975，第139页。

作为一个科举小省，清代贵州建成的县试考棚也相对较少，仅有7座，主要分布于贵阳、遵义、都匀、镇远4个府，参见表4。

表4 清代贵州县试考棚一览

地名	创建时间	修建规模与经费	备注
遵义府绥阳县	道光十七年（1837）	道光十七年，知县李毓馨募建新添书院，其中附建左右考棚16间； 同治初年毁于“贼”； 民国年间尽为民居	《道光遵义府志》卷24《学校志三》； 《民国绥阳县志》卷2《营建下》
贵阳府贵定县	道光十九年（1839）	道光十九年，知县俞汝本劝本县乡绅王仁溥捐资修建考棚，两廊号舍各7间	《民国贵定县志稿·学校志》
遵义府桐梓县	道光二十年（1840）	道光二十年，知县甘雨施新建鼎山书院于明伦堂之左；前有坊，额曰“论秀书升”；再下为考试棚号，东西各5楹；外为龙门、为甬墙	《民国桐梓县志》卷13《文教志》
都匀府独山州	道光二十七年（1847）	道光二十七年，邑廪生张万春、增生张馥春、监生张咏春兄弟捐资1080两，建造考棚，可编座号530余个； 同治四年，知州吴德容增修大堂、龙门、头门及号舍； 光绪末年改为高初等小学校	《民国独山县志》卷19《学校志》
都匀府麻哈州	同治十三年（1874）	同治十三年，修复三台书院，兼为州试考棚； 光绪三十二年（1906），三台书院改为学堂	《民国麻江县志》卷7《营建志》
镇远府黄平州	光绪十九年（1893）	光绪十九年，知州瞿鸿锡委派绅士张政、周之冕等“筹募捐款，修复书院，并建考棚”； 光绪三十一年将书院考棚改为高等及初等小学堂	《民国黄平县志》卷10《书院》
镇远府天柱县	光绪二十七年（1901）	光绪二十七年，于文昌宫兴修奎阁，左右考棚各5间	《光绪续修天柱县志》卷2《营建志》

与全国其他州县一样，对于是否有必要为县试建造专用考场，不少贵州士绅同样颇多质疑。如道光十九年贵阳府贵定县捐建考棚时，便出现了多种不同的声音：“贵定以外县，学使者并不按临，何以必设考棚？或曰：殆以饰观也。或又曰：县试士子不多，扃署门试之足矣。考棚可不设。”这种质疑声，应当是贵州大多数州县没有建造县试考棚的主要原因。不过，面对各种反对的声音，贵定知县俞汝本却态度坚决，认为县试考棚不可不建。其理由有三。一是贵定县是云贵两省通衢，每年公差押解犯人、滇黔押运兵饷都要经过县城，如果在县衙中设置临时县试考场，很难不受其影响。二是县衙空间狭窄，无法胜任临时考场之职责：“县署卑狭，地不能容，人皆露处，争燥湿，较宽狭，不成事体”。三是县衙缺少考桌、考凳等考试基础用具，考生负担过重：“诸童就试，自负以来，试毕又负之以去，排挤喧哗，劳苦万状”；而且县试不只有头场而已，“招覆初、二场亦然”。① 为此，俞汝本首先捐资打造了100张考桌，堆放于县

① （清）俞汝本：《新建贵定考棚碑记》，《中国地方志集成·道光贵阳府志》（三）《余编》卷10《文征十》，第167页。

署，“堆积两廊，大堂充满，无置足处，以动都人”；接着顺水推舟，接受本县乡绅王仁溥的捐助，在文昌宫前建造考棚，前后仅历时2个多月便告成功。

与学政试院一样，清代贵州6座县试考棚的建成，除了得益于地方官的积极推动外，更离不开各州县士绅的慷慨捐助。如贵定县考棚，便是由本县乡绅王仁溥独力捐资建造的，而县人宋樽文、陶曙升则“各捐田以为岁修之费”①。又如镇远府黄平州知州瞿鸿锡，在光绪十九年委托绅士张政、周之冕等“筹募捐款，修复书院，并建考棚”②。而都匀府独山州考棚，则是由廪生张万春、增生张馥春、监生张咏春兄弟三人“奉其父命”，合力捐资建造，共耗费白银1080两；同时他们还捐资购置田产，每年收租用于“经理修葺”。③

当然，贵州作为边远省份，各地州县不仅文教发展稍显落后，赋税收入也不及长江中下游各府州县。在建造县试考棚的过程中，也会将考棚与县中其他文教类公共建筑如文昌宫、书院等相结合，以便节省经费。如贵定县考棚便有部分建筑与文昌宫结合：“大堂就文昌宫之中庭为之，龙门即魁星阁，头门即文昌宫之外门。”④ 与贵定县一样，清代全国最后建成的县试考棚——天柱县“文昌考棚”，也是利用了文昌宫内的部分建筑，光绪二十七年在文昌宫内兴修奎阁，便以之“兼为试士考棚”。⑤ 有些县试考棚则与书院结合在一起。如遵义府绥阳县知县李毓馨，在道光十七年募捐建造了新添书院，除了大门、二门、上舍等房舍外，还有“左右考棚十六间”⑥。同府桐梓县也在道光二十年，由知县甘雨施主持建造了鼎山书院，并在书院之前建造“论秀书升”坊、龙门及“考试棚号东西各五楹”⑦；这座考棚没有属于自己的大堂等建筑，应该即是借书院至道堂作为考棚大堂。都匀府麻哈州于同治十三年修复三台书院，“即为州试考棚”⑧。

结　语

尽管作为清代的科举小省，贵州在乡试录取定额和进士中式人数等方面，均落后于全国其他省份，但是在科举考场建设方面，贵州却不甘人后。据统计，清代贵州各府州厅学政试院的普及率为87.5%，在全国排名第9位，仅落后于江西、安徽、山东、陕西、福建、江苏、浙江、湖北8个省份，超过了河南、湖南、直隶、广西、广东、

① 《中国地方志集成·道光贵阳府志》（一）卷43《学校略下》，第621页。

② 《民国黄平县志》卷10《教育志·书院》，《中国地方志集成·贵州府县志辑》第21册，第269页。

③ 《民国独山县志》卷19《学校志》，《中国地方志集成·贵州府县志辑》第23册，第467页。

④ 《民国贵定县志稿·学校志》，《中国地方志集成·贵州府县志辑》第27册，第24页。

⑤ 《光绪续修天柱县志》卷2《营建志》，《中国地方志集成·贵州府县志辑》第22册，第178页。

⑥ 《中国方志丛书·道光遵义府志》卷24《学校志三》，第532页。

⑦ 《中国方志丛书·民国桐梓县志》卷13《文教志》，台北：成文出版社，1967，第229页。

⑧ 《中国方志丛书·民国麻江县志》卷7《营建志》，台北：成文出版社，1968，第213页。

四川、云南、山西、甘肃、台湾 10 个省份。在绝对数量方面，清代科举制存续时期，贵州 16 个府州厅共建造了 14 座学政试院，在全国仅次于四川（19 座）、直隶（18 座）、山西（16 座）、广东（15 座）、湖南（15 座），与江西、安徽、云南并列第 6 位，超过了山东、河南、陕西、广西、甘肃、福建、江苏、浙江、湖北、台湾 10 个省份。这在一定程度上体现了清代贵州官绅商富对科举文化建设的重视，他们积极从事科举考场建设，不仅希望减轻考生长途跋涉奔赴其他府州考棚应试的经济负担，而且也希望通过建造专门的考场推动本地科举发展，提升文教水平。虽然清代贵州各地州县建造的县试考棚只有 6 座，且并非全部是专用考场，在全国各省中仅比甘肃多了 3 座，比台湾多了 4 座，但是同样体现了清代中后期贵州基层地方社会，对科举最低级别的县试考试场规建设的重视。如果不是科举停废，贵州的县试考棚必定会日益增多。作为清代西南边疆省份，贵州已经摆脱了明代以前的文化落后省份地位，日渐融入了中国传统儒家文化的大一统中。另外，值得强调的是，无论是乡试贡院、院试试院，还是县试考棚，清代贵州各类科举考场的建造和维修，都离不开官绅商富的大力捐助，这与清代其他省份科举考场建造活动中所体现的“以公益求公平”的教育公益特征完全一致。

（作者单位：闽江学院）

同光年间关于随棚录遗的争论

曾志平

摘　要： 清廷定例，录遗于乡试前举行。咸同年间，各省大规模捐广学额后，录遗旧章带来号舍不敷等诸多问题。同光年间，顺天学政钱宝廉针对新情况提出随棚录遗新章，御史孙凤翔则认为随棚录遗徒增流弊。礼部决定，除直隶遵行随棚录遗外，其余各省由学政酌量办理。四川推行随棚录遗，江西则部分推行随棚录遗，而多数大中省份维持录遗旧章。随棚录遗新章遇冷的缘由在于：第一，随棚录遗不适合少数省份；第二，随棚录遗新章欠完善；第三，学政不愿为难士子；第四，学政不知变通。争论结束后，各省乡试管理困难以及士习文风遭到破坏等问题继续存在。随棚录遗的争论是咸丰以后科场变迁下的新旧之争，一定程度上反映了晚清官场的因循疲玩之风。

关键词： 同光年间　捐广学额　随棚录遗　学政

录遗是清代士子在科试以外获取参加乡试资格的重要途径。同光年间对于录遗的具体方式有过一番争论。据《清德宗实录》，光绪元年（1875）谕内阁："御史孙凤翔奏，乡试科举录遗，请仍照历届酌量变通，并请仍照乡试前向章办理各折片，着礼部议奏。"① 该上谕中，"乡试科举录遗，请仍照历届酌量变通"上承同治十二年（1873）张绪楷请定乡试应试人数的奏折；② 然而，"并请仍照乡试前向章办理"则既无法在《清穆宗实录》中找到前因，也无法在《清德宗实录》中看到后果。事实上，"并请仍照乡试前向章办理"涉及随棚录遗的争论。探究随棚录遗的争论，有助于认识清代录遗状况的变迁，并可通过学政等相关官员的态度及能力，窥探晚清政治风气。有关乡试录遗人数研究中，有论者对孙凤翔辩驳张绪楷的奏折有所提及。③ 有关乡试录遗制度研究中，有学者对录遗制度做了初步梳理，但并未关注到同光年间随棚录遗的争论。④ 有鉴于此，本文根据中国第一历史档案馆馆藏档案、《申报》等相关史料，详细梳理随

① 《清德宗实录》卷3，光绪元年正月甲寅。

② 《清穆宗实录》卷358，同治十二年十月戊戌。

③ 曾志平：《清代乡试应试人数考》，《清史论丛》2021年第2辑（总第42辑），社会科学文献出版社，2021。

④ 李世愉、胡平：《中国科举制度通史·清代卷》，上海人民出版社，2015，第62～71页；刘希伟：《清代教育考试中的几个概念辨正》，《教育研究》2019年第4期。

棚录遗争论的来龙去脉，以期对晚清科举史研究、政治史研究有所裨益。

一　顺天学政钱宝廉奏请随棚录遗

同治以前，清廷乡试前录遗的定例推行已久。“凡丁忧、事故、游学、告病未与科考及科考未取志切观光者，原有录遗入场之例”①，即各学政科试各属完毕后，于乡试前夕，对上述之士录遗。清廷之所以如此规定，缘由就在于各地文风不同。“文风之高下，不特各省难齐，即一省之中，亦不能画一，原应通融计算……各省学臣应于录遗时，亦视其文风之高下，中数之多寡，通盘计算，慎选录送”②，因此，各学政于科试时，仅是录取一二等生员及三等前列者，逮至录遗，各学政方能根据全省情况，通盘计算人数。如此，文风不同地区的士子，便根据各自科举实力获得参加乡试的名额。

乾隆八年（1743），浙江学政彭启丰曾提议辽远州县应改随棚录遗，旋即遭到礼部驳回，未曾引起波澜。彭启丰认为：“每科除附近府属仍到省录遗外，其辽远者于科试生童发案后，就近接试遗才、大收。其不录者庶免跋涉至省，空劳往返，至丁忧起复、游学回籍之生为数无多，仍许临场补考，是亦体恤士子之一端。”③ 礼部驳文曰：“至录科额数，各省学臣现奉谕旨‘每中一名额取百名之例’，钦遵办理在案。是考录遗才，必俟科试全毕后，令各郡诸生齐集省会，通盘计算，斟酌去取，以符中一取百之定例，庶无滥溢。若如该学政所请，辽远府属于科试生童后就近接试遗才、大收，恐去取多寡于通省合算之处转难办理。”④ 礼部以随棚录遗人数难以核算为由，否决了彭启丰的提议。

值得注意的是，同治以前，尽管清廷长期执行乡试前录遗的定例，但奉天是特例。咸丰十年（1860），奉天府丞兼学政汪元方指出，吉林等地距省过远，“若俟科场之年赴省录遗后再进京乡试，寒儒力有不及，难免遇试向隅。查此间科考后向□随棚录遗，臣亦照旧办理”⑤。不过，奉天与各直省毕竟不同，奉天府丞管理奉天、吉林、黑龙江三地考试事务，奉天、吉林、黑龙江三地在顺天贡院参加乡试，因此，奉天为一特例，各省难以与之相提并论。

同治十三年（1874），刑部右侍郎顺天学政钱宝廉指出，原有的录遗旧章存在问题：

① 索尔讷等：《钦定学政全书》卷36，《续修四库全书》第828册，上海古籍出版社，2002，第706页。

② 索尔讷等：《钦定学政全书》卷36，《续修四库全书》第828册，第706页。

③ 彭启丰：《奏为敬陈请定辽远州县随棚录遗并严郡县沉搁词讼处分等管见事》，乾隆八年十月初一日，中国第一历史档案馆藏，档案号：04-01-38-0062-041。

④ 三泰：《题为议奏浙江学政条奏辽远州县随棚录遗等事》，乾隆八年十二月初六日，中国第一历史档案馆藏，档案号：02-01-005-022762-0009。

⑤ 汪元方：《奏报科试完竣随棚录遗等事》，咸丰十年六月十三日，中国第一历史档案馆藏，档案号：03-4531-033。原稿完全无法辨认的字，一律用□标注；原稿模糊不清，但尚有些许笔画的，凭上下文意推断的字，用［］标注；根据上下文推测出的遗漏之字，用〈〉标注。

窃查乡试之年，士子未膺科举者，率皆先期月余赴省考遗，由学臣分别弃取，录送入场，历因号舍敷余，观光志切，往往从宽录取，相沿既久，视为因然，间有一二摈弃者，则士类羞称，几于不齿。军兴以后，捐输加广学额及停科并案补进之生人数积众，号舍不敷，办理诸形竭蹶。即如去年顺天乡试添建三千号尚且不敷，复将腾录号所腾挪应用，似此年甚一年，伊于何底。自非于录遗之时，严加厘剔，不足以示限制，然考核之严，固所以遵功令，而变通之善，亦在于体人情。

查士子赴省之远，或百里或数百里，甚有至千余里。而又须先期齐集，川资旅食所费较多，每于亲邻族友中百计张罗，冀博三年之一试。而乃以句疵遭摒，号满见遗。不特同辈贻议，乡里窃诮，即其馆东馆徒亦皆有鄙夷之态。是以前之称贷固不能偿，以后之谋生亦几难得。往往有抑郁无聊因之毕命者，不然则故里羞归，他乡潦倒矣。又不然则聚集多人，拥署拦舆，要乞监临收送矣，处之不善，即酿事端，此固法所不能惩而情之真可悯也。[①]

钱宝廉折中主要有两个要点。第一，学政往往在录遗旧章所规定之外从宽录取，甚至沿袭成为录遗之惯例。钱氏指出了清代录遗的弊端。清廷对乡试应试人数有严格规定；然而，嘉庆以后，学政往往放松录遗限制；咸丰以后，录遗尤其松懈。[②] 第二，军兴以后，应试人数剧增，导致号舍严重不敷、士子号满见遗后聚众闹事等诸多问题。钱氏的这一看法非常有针对性。咸同年间，清廷因捐输而大幅加增各地学额，不仅直隶获得较大数额，而且其他省份亦是如此，如江南地区几乎所有州县都获得了捐广学额，[③] 在录遗旧章下，其结果便是同光时期各省乡试应试人数暴涨，进而导致科场管理困难。

钱宝廉针对乡试面临的新情况，提议变通录遗旧章，采用随棚录遗的新办法：

今欲于寒儒、科举两得其宜，计惟有随棚录遗之法。拟请于各省学臣科试之年，咨由各督抚府尹，先将贡院号数查明存案，遵照各省中额名数，于出棚之时，分别大中小学，随棚考试，酌量录取，以为正案，仍于正案之外，合生员贡监再加考遗一场，酌取若干名，迨不得逾中额之数。其丁忧、患病、游学不及随棚应考者，人数无多，报明存案，俟学臣回省之后，汇齐录遗。所有录遗日期拟于七

① 《顺天学政钱奏考遗士子赴省艰难拟请量为变通折子》，（上海）《申报》第 752 号，同治十三年（1874）八月二十九日，第 4 ~5 版。

② 曾志平：《清代乡试应试人数考》，《清史论丛》2021 年第 2 辑。

③ 梁志平：《咸同年间江南地区的捐广学额活动》，《求索》2012 年第 4 期。

月下旬酌量一日以为永远定期。即于贡院内统考一场，不准逾时补考，亦不准另案补取，以杜弊端。至随棚录科不取之生监，应停其乡试，无庸届时赴省，以免跋涉。

盖诸生散居各处，而于本属考棚无甚远者。其至也近止一二日，无艰难不给之虞，其归也多至数千人，无窘辱难堪之状。当学政考试之时，既不能从宽滥送，即监临入闱之日，亦不至聚众要求。且乡试人多，最易滋事，省城少此数千人，予地方亦可期安谧。而主考、同考等官校阅从容，亦当不至匆忙草率，似于求才恤士之方，不无便益。至各省贡监等生，有由国子监录科者，其如何酌定限制之处，应一并请旨饬部核议，以期妥善而重科场。①

钱宝廉指出，可在各府科试结束之后，旋即随棚录遗。随棚录遗的核心是根据贡院号舍数量、各省中额及大中小学限定录遗人数；随棚录遗后，不取之生监不容许再次赴省。钱氏提出随棚录遗的出发点与彭启丰已有不同，彭启丰仅仅是体恤路途遥远的士子，钱氏则有多方考虑。钱氏认为，随棚录遗有诸多便利。其一，体恤士子。其二，方便学政；录遗旧章下，学政往往从宽录送；而在新章下，学政只须根据贡院号舍数量等标准录遗，无须从宽滥送。其三，方便监临、主考。其四，确保省城及地方安宁。

钱氏的出发点是为各方考虑，然而，钱氏的奏折存在诸多问题。无论是根据贡院号舍数量等标准来确定录遗人数，还是不容许不取之生监再次赴省，都将损害不少士子的利益，势必会遭到士子的反对。至于究竟如何划定各大中小学的录遗人数，钱氏的意见相对于彭启丰已有进步，但仍欠细致考虑，无疑会给各省学政带来操作上的难度。

钱宝廉随棚录遗的提议获得朝廷同意。《清德宗实录》对同意钱宝廉奏折一事无记载，但据《申报》载，有些学政曾提及礼部的决议，如陕甘学政吴大澂称："窃臣前〈接〉准礼部札，知议覆顺天学政钱宝廉奏考遗士子量为变通一折，于同治十三年九月十五日奉旨：依议，钦此。"②

二　御史孙凤翔反对随棚录遗

钱宝廉的奏折获得同意后，御史孙凤翔旋即提出反对意见。孙凤翔指出："礼部议覆顺天学政钱宝廉奏请科试随棚录遗一折，虽为恤寒儒、便科举起见，然究不如向章

① 《顺天学政钱奏考遗士子赴省艰难拟请量为变通折子》，（上海）《申报》第752号，同治十三年八月二十九日，第4~5版。

② 《（陕甘学政吴）又奏乡试录遗请照向章办理折子》，（上海）《申报》第1063号，光绪元年（1875）九月十五日，第4~5版。

统归乡试前录遗较为妥善，盖其中数弊〈存〉焉。”其后，孙凤翔便详细列举了随棚录遗的弊病：

> 各省文风高下不同，各府州县亦然，往往有县同而文风不惟不同，且甚悬绝者，以故各省考遗录送，有一县取至数百人者，有一县不过数十人者，并有一县仅数人者，缘向来乡试前录遗，系阖省通考，其去取但论文风，不论府州县学之大有小。今若随棚录［遗］酌取若干，是文风虽有高下，断无一县录至数百人，一县仅录数人之理，此不免有屈抑宽滥之不平。弊一。
>
> 随棚录遗距科考甚近，录遗之人即科考甫经被黜之人，若强为录取，势必滥竽充数，若慨行屏弃，则距乡试之期远或年余，近亦数月，安知其学业不与时俱进，而顾先摒之场屋之外，殊无以示鼓舞。弊二。
>
> 且患病、丁忧、游学不及随棚应考者，人数多寡，碍难预定。既云考遗一场，不得逾额，将尽数取足乎？抑悬额待人乎？将来回省录遗人数，或众或寡，佳卷或少或多，皆不能不以额数迁就。弊三。
>
> 至谓士子赴省须先期齐集川资旅食所费较多，不知录遗在乡试之前，与在科考之后同一需时，同一资费，未见其此胜于彼，且赴省考遗者，其川资皆统乡试而计，岂有预料考遗不取而令川资不足之理。若随棚录遗，则断无预计科考不取而多备录遗川资之理。弊四。
>
> 况随棚录〈遗〉距乡试之期尚远，外省士子被黜者，势必纷纷来都。顺天号舍本无赢余，又将何以应之。即令国子监届时严加去取，而被黜士子徒劳跋涉，更难为情，尤非所以体恤寒士。弊五。
>
> 至于原折所称遭摒见遗，处之不善，即酿事端，诚势所不免。然在省在府遭摒见遗，同一抑郁无聊，初无彼此之殊。又谓随棚考遗，被遗士子其归也多至数千人，无窘辱难堪之状。夫一府被遗何至有数千人之多。如果被遗人多，即不至窘辱，则一府之人又岂能多于通省乎。是随棚录遗徒多流弊，相应请旨饬下部臣暨各省学政，乡试遗录仍照乡试前录遗向章办理。①

孙凤翔一一驳斥了钱宝廉的意见。孙氏的奏折大都辩驳有据，可谓切中肯綮，尤其是指出随棚录遗的人数难以划定。然而，孙氏的奏折不免有失偏颇。孙氏过于强调随棚录遗的缺点，却对录遗旧章的诸多缺点避而不谈。奏折通篇都在批评随棚录遗，未能吸纳随棚录遗的优点而对录遗旧章提出修改、完善意见，便直接选择回归录遗

① 《（孙凤翔）又奏科试录遗请饬仍照向章乡试前录遗夹片》，（上海）《申报》第888号，光绪元年二月十六日，第5版。

旧章。

孙凤翔上奏后，上谕令礼部议奏，但《清德宗实录》并无相应下文的记载。据《申报》载，有些学政曾提及礼部的决议，如翰林院编修、山西学政谢维藩称："窃臣接准礼部来文，内开：议覆御史孙凤翔奏乡试科举录遗请仍照历届酌量变通办理一折。除顺天府乡试录科应仍照上年奏准之案办理外，各省情形不同，请旨饬下各省学政，就该省地方察看情形奏明办理。奉旨：依议，钦此。"① 由此可知礼部议覆为：除顺天府继续按照随棚录遗办理外，其他省份由各省学政根据该省的实际情况酌量办理。

三　各省学政对于随棚录遗的态度

（一）个别省份学政支持随棚录遗

礼部要求各学政酌量办理的决定下发后，有些学政申明同意随棚录遗。如翰林院编修、四川学政张之洞称："臣详加体察，随棚录遗于川省情形约有数便。"随后，张之洞详细列举了具体的便利：

> 川省辽阔，寒士旅费艰难，取录有名者，可俟乡闱期近再行赴省。便一。
>
> 川省人情浮动好事，免致多人早聚省城，闲荡生事。便二。
>
> 川省积弊，录遗一场，大率代替，十无一真。缘七月中旬以前，本生到者寥寥。若竟听其假冒，殊非政体。若必核实，则须待下旬开棚，又难赶办。今随棚收录者，皆系本生，补者有限，开棚可缓。责令本生入场，不准代替，法令可行，积弊可除。便三。
>
> 川省录遗生监一万余人，向来七月初旬开棚。考核册送已极忽促，布政司卷局造册序卷十分繁冗，每届迭次来文，催促急如星火。今将随棚收录者，六月内造册预送，则卷局诸事从容，不致怆惶错乱。便四。②

通过张之洞的奏折可知，四川省录遗早已是弊窦丛生，惜积习相沿，没有学政予以整顿，随棚录遗正好解决了诸多弊端。不过，张之洞亦指出，钱宝廉原有奏折存在漏洞：

> 惟随棚未取者不准补录一条，则悬揣号舍，录送多少，均属为难，诚有如该

① 《山西学政谢奏为山西省乡试录遗仍照旧章办理折子》，（上海）《申报》第969号，光绪元年五月二十二日，第4版。

② 《（四川学政张）又奏为川省随棚录遗夹片》，（上海）《申报》第1150号，光绪元年十二月二十六日，第5版。

御史所虑者。窃谓变通录遗，本为士子体恤，莫若准令不取者如志切观光仍许到省补录，考期临时酌定，则一切毫无窒碍。回省总计人数若少，尽可从宽。号舍不敷，摒亦无怨。如此办法，既可以恤寒畯、省事端、除积弊，兼免公事迫促，于川省情形实为存利无弊。此次在川北接到部文，试办数棚，宣敷德意，士类欢欣。回省于录遗场，复加体察，舆论佥同。所有酌量川省应准随棚录遗，并准补录情形，谨附片具奏。①

张之洞指出，应当在随棚录遗的同时，允许随棚录遗不取者再次赴省，学政在省城录遗时根据号舍数量确定录遗人数，如此一来，川省积弊可除，又可体恤士子、省事端。张之洞既保留了钱宝廉通过随棚录遗限定录遗人数的主旨，又修补了其漏洞，可谓非常高明的处理方式。

此外，江西有部分区域同意推行随棚录遗。如光禄寺卿、江西学政许庚身称：

除南安、宁都、南昌业据该府州禀覆士子情愿随棚录遗，暂照新章办理外，余俟各属覆齐后，由臣详察情形奏明请旨。②

许庚身称，江西南安、宁都、南昌同意随棚录遗，其他府州则尚需等待回复齐整后，再视情况奏明。因史料所限，许庚身随后的奏折内容不详。

除四川、江西外，台湾推行了随棚录遗。台湾省，光绪十五年（1889），台湾巡抚兼管学政的刘铭传称："本年恭遇恩科，除考列等第生员以岁作科外，仍各随棚录取遗才，届时一并起送入闱乡试。"③ 从"仍"字可知，台湾推行随棚录遗已有先例，但不知台湾的这一先例从何时实施。

尽管台湾推行了随棚录遗，但是，有几点值得注意。其一，台湾可能在钱宝廉上奏以前就已推行随棚录遗。光绪十一年（1885），台湾方建省。按照规定，台湾此前的科举事务本应由福建学政管辖，然而，因台湾往返不便，台湾学政事务长期由台湾道兼管。因此，台湾可能与奉天类似，在同治以前就已长期实行随棚录遗。其二，台湾具有特殊性。台湾远隔海洋，与各直省情况有别，该地学政、士子的态度无法与各直省学政、士子的态度相提并论。

① 《（四川学政张）又奏为川省随棚录遗夹片》，（上海）《申报》第1150号，光绪元年十二月二十六日，第5版。

② 《（学臣许）又奏为随棚录遗各府州县分别办理夹片》，（上海）《申报》第1056号，光绪元年九月初七日，第3～4版。

③ 《台抚兼学政刘奏为台南北一律考试完竣折》，（上海）《申报》第5867号，光绪十五年（1889）七月二十三日，第11版。

（二）多数省份学政不支持随棚录遗

诸多省份不同意推行随棚录遗，有些省份学政曾试行随棚录遗，最后仍否决了该新章。如湖南省，翰林院编修、学政顾云臣称："乃兹考辰州遗才，较上届到省之数不及三分之一，附考之乾州厅并无一人投考，似此必不以为便者多。其永、沅、靖［随］棚亦可想见……臣悉心斟酌，应［请］仍照向章于省垣乡试前录遗较为妥协……所有遵查湘省录遗情形拟请仍照历届章程办理。"① 湖北省，翰林院编修、学政王文在称："臣前奉到随棚录遗新章，当于考试宜昌、荆门、襄阳、郧阳、安陆各属时遵照办理，该属或止百余人或止数十人，将来赴省录遗者仍当不少……臣细察情形似仍以遵□旧章为妥。"②

有些省份的学政态度谨慎，但其后仍否决了随棚录遗之新章。如河南省，翰林院编修、学政费延厘称："本年接试开、归、陈、许四属……现饬该四属正案未取各生，亦到省录遗……查得各属有距省远至七八百里者……臣再当博采舆论，如佥称随棚录科为便，俟报岁考事峻再行其奏办理。"③ 费延厘虽没有尊奉随棚录遗，但留有余地，称将博采舆论后再行办理。数月后，费氏上报称："臣拟于科考时除正案外，有因字句疵累正案未取而文理稍顺者，仍于乡试前再行录遗。"④ 费延厘经过慎重考虑，主张维持乡试前录遗的旧章。

其他省份学政直截了当反对随棚录遗。山西省，翰林院编修、学政谢维藩称："所有山西以后乡试录遗，拟请仍照旧章办理。"⑤ 浙江省，兵部左侍郎、学政胡瑞澜称："臣查看情形，拟请仍照向章于乡试前录遗，通核乡试人数，凭文录送，较为妥善。"⑥ 山东省，翰林院侍读、学政黄体芳称："所有乡试录科，仍可循照向章在省办理，无庸随棚带考。"⑦ 陕甘两省，翰林院编修、陕甘学政吴大澂称："应请仍照向章于乡试前录遗，尚无窒碍之处。"⑧ 光绪元年，陕甘分闱，不过，是年仍由陕甘学政负责陕甘两省

① 《湖南学政顾奏为遵旨察看情形请将随棚钱遗改照向章折子》，（上海）《申报》第 989 号，光绪元年六月十七日，第 3～4 版。

② 《（湖北学政王）又奏为乡试录遗仍遵照旧章夹片》，（上海）《申报》第 1037 号，光绪元年八月十四日，第 4 版。

③ 《河南学政费奏陈科考随棚录遗情形折子》，（上海）《申报》第 954 号，光绪元年五月初五日，第 5 版。

④ 《（河南学政费）又奏拟于科考正案未取而文理稍顺者再行录遗夹片》，（上海）《申报》第 1037 号，光绪元年八月十四日，第 4 版。

⑤ 《山西学政谢奏为山西省乡试录遗仍照旧章办理折子》，（上海）《申报》第 969 号，光绪元年五月二十二日，第 4 版。

⑥ 《浙江学政胡奏为随棚录遗流弊甚多请照向章办理折子》，（上海）《申报》第 997 号，光绪元年六月二十六日，第 5 版。

⑦ 《（山东学政黄）又奏东省录科请仍照向章办理夹片》，（上海）《申报》第 1014 号，光绪元年七月十七日，第 5 版。

⑧ 《（陕甘学政吴）又奏乡试录遗请照向章办理折子》，（上海）《申报》第 1063 号，光绪元年九月十五日，第 4～5 版。

的学政事务，光绪二年（1876），清廷始分派陕西学政和甘肃学政。安徽省，内阁学士、学政祁世长指出："随棚录科似不若仍照旧章为妥。"① 江苏省，右春坊右庶子、学政林天龄称："经臣详加询察，似可无庸无张。"②

有些省份缺乏学政回复的折子，但仍能推断该省学政的态度。如福建省，詹事府少詹事、学政冯誉骥奏报，福建通省岁试完竣，"臣现在行文调取各属士子来省录遗"③。显然，冯誉骥仍然执行录遗旧章。

四　随棚录遗遇冷之原因及影响

多数大中省份维持旧章，不同意随棚录遗。除直隶继续遵照随棚录遗新章外，四川推行随棚录遗，江西则部分推行随棚录遗，而河南、陕西、甘肃、湖北、湖南、江苏、安徽、浙江、山东、山西、福建 11 个省均反对随棚录遗。反对随棚录遗的 11 个省中，湖北、湖南、江苏、安徽、浙江、福建均为科举大省，河南、陕西、甘肃、山东、山西则为科举中省。广东、广西、云南、贵州 4 个省因史料所限，未能搜集到各学政的奏折。广西、云南、贵州为科举小省，其意见无关紧要，仅剩一科举中省广东的意见未知。

随棚录遗是钱宝廉为应对新情况提出的新办法，多数省份却仍然选择录遗旧章。随棚录遗新章遇冷，其缘由较为复杂。

第一，随棚录遗新章对山西及陕西、甘肃不适用。钱宝廉提出随棚录遗的原因之一是顺天贡院号舍紧张，然而，陕西、甘肃、山西并不存在号舍紧张的情况。山西学政谢维藩称："臣查山西乡试历来人数不多，号舍有余，向无拥挤之患，与顺天人多号少情形不同。"④ 陕甘学政吴大澂称："惟陕甘两省现既分闱，号舍尚宽，考录遗才亦无须遇从严极……盖陕甘各府州县距省较远者不下二三千重，寒士艰于资斧，即正案所取亦多不赴秋闱，学殖荒浅之人往往无意进取，其赴省录遗者大多文理明通，尚可从宽录送，量为推广。与各省士子纷纷见遗者，情形迥不相同。"⑤

第二，随棚录遗新章欠完善。江浙皖鄂豫等省学政，均提及随棚录遗的漏洞。浙江学政胡瑞澜称："若科试随棚录遗，去乡试日期远者年余，近亦数月，所取各生未必

① 祁世长：《奏报金陵录科完竣并察看随棚录科情形事》，光绪元年九月二十九日，中国第一历史档案馆藏，档案号：03－7176－092。

② 《江苏学政林奏为本届恩科考录遗才竣事并陈毋庸议改随棚录科折子》，（上海）《申报》第 1096 号，光绪元年十月廿三日，第 4 版。

③ 《福建学政冯奏为通省岁试完竣折子》，（上海）《申报》第 1071 号，光绪元年九月二十三日，第 3 版。

④ 《山西学政谢奏为山西省乡试录遗仍照旧章办理折子》，（上海）《申报》第 969 号，光绪元年五月二十二日，第 4 版。

⑤ 《（陕甘学政吴）又奏乡试录遗请照向章办理折子》，（上海）《申报》第 1063 号，光绪元年九月十五日，第 4～5 版。

俱赴乡试，而志切观光者转未免向隅，人数多寡难以预定，办理殊多窒碍。”① 湖北学政王文在称：“是人数之多寡，必俟省城录科时，方能通盘计算。”② 河南学政费延厘称：“其仍被摒者，或距乡试之期尚远，辄以志切观光，临场又纷纷求补。”③ 安徽学政祁世长称：“即录取之时，亦恐不免先严后宽。盖各属科试未周，正案人数既难预定，若不从严甄录，将来号舍必至不敷。而最后科试之处，势不得不宽为录送，滥竽充数。”④ 江苏学政林天龄称：“且随棚徒增一场，其人数之多寡，既难预核，而文风之高下，未免强齐，弃取之间，转无凭准。”⑤ 可见，各省学政所指出的问题与孙凤翔奏折所提类似，即存在人数难以划定等问题。

第三，学政不愿为难士子。湖北、湖南等省曾试行随棚录遗，然而效果却并不理想，士子大都不配合随棚录遗。河南学政经过具实考察舆情后放弃了随棚录遗，可见河南士子亦不愿随棚录遗。湖北、湖南、河南等省学政，均尊重士子的意见，按照录遗旧章执行。学政不愿为难士子的缘由复杂，如江苏学政林天龄就指出其中的部分原因：“至下次人数或果增多，惟在考录时详加校阅，固不必过涉苛刻，以阻寒畯之观光。”⑥ 林天龄认为，不应为难贫寒士子。《申报》刊载的《书邸抄后》一文亦洞彻事理，该文认为：

> 夫以士子之终身言之，固愿岁岁皆开乡科，伊等亦愿科科皆入与试。何也，不中式于前科，或可望中式于今岁，此固人人之常情也。今学政先存一贡院号舍不敷之见，严于科举，严于录遗，是士子先不得与乡试矣，安望中乎……而且伊等得与乡试，中与不中，各自安命。若使录遗过严，伊等不得乡试，必将谓学政刻薄也，为学政者，又何必居此刻薄之名乎。
>
> 若以士子目前之事言之，大都贫寒者居多。其恪守卧碑者，仅以训蒙为事。若科举不得，而录遗又不得，则皮相之东人必以先生为无能而另延与试必得之士，彼贫寒者又将何以为糊口养家之计乎。为学政者，代念及此，虽欲屏弃而亦将有

① 《浙江学政胡奏为随棚录遗流弊甚多请照向章办理折子》，（上海）《申报》第997号，光绪元年六月二十六日，第5版。

② 《（湖北学政王）又奏为乡试录遗仍遵照旧章夹片》，（上海）《申报》第1037号，光绪元年八月十四日，第4版。

③ 《（河南学政费）又奏拟于科考正案未取而文理稍顺者再行录遗夹片》，（上海）《申报》第1037号，光绪元年八月十四日，第4版。

④ 祁世长：《奏报金陵录科完竣并察看随棚录科情形事》，光绪元年九月二十九日，中国第一历史档案馆藏，档案号：03－7176－092。

⑤ 《江苏学政林奏为本届恩科考录遗才竣事并陈毋庸议改随棚录科折子》，（上海）《申报》第1096号，光绪元年十月廿三日，第4版。

⑥ 《江苏学政林奏为本届恩科考录遗才竣事并陈毋庸议改随棚录科折子》，（上海）《申报》第1096号，光绪元年十月廿三日，第4版。

所不忍也。[①]

该文主要有两个要点：其一，士子入闱愿望迫切，学政何必阻挠士子；其二，士子如若录遗不取则生存艰难，学政于心何忍。该文切中肯綮。录遗宽松的惯例执行已久。钱宝廉随棚录遗的核心便是限定录遗人数，如若将乡试前录遗改为随棚录遗，原来录遗宽松的惯例将会发生改变，不少士子将因此失去入场机会，因此，诸多士子纷纷抵制随棚录遗。在反对声音过大的背景下，学政自然不愿得罪大多数的士子。同时，今日之学政，即昨日之士子，学政大多经历了艰辛的科举之路，且同样出身贫寒，故也不愿为难士子。

第四，学政不知变通。多数省份学政否决了随棚录遗新章，并不意味着随棚录遗新章对各省毫无益处。事实上，诸多省份同样受到捐广学额的影响，以致也存在应试人数剧增、号舍不敷等问题，如江苏学政林天龄便指出："臣查江南录遗向以号舍不敷，应试人数过多，率多从严核扣。"[②] 同治年间，河南新增号舍两三千间，湖北增添号舍 3000 余间，浙江新建号舍 2273 间，福建新增号舍 535 间；[③] 与此同时，湖南也增添号舍 1400 余间[④]。有些省份则认为没有号舍不敷的问题，如山东学政黄体芳称："查东省号舍自同治庚午科添建［后］，人数虽众，尚无壅挤之虞。"[⑤] 此前山东即因号舍不敷而增添号舍，黄体芳焉能保证山东此后无号舍壅挤之虞。真正无号舍拥挤之患的，只有陕西、甘肃、山西这几个西北省份。

在随棚录遗新章有利于整顿科场弊病的情况下，各省学政依旧选择录遗旧章，一定程度上是受到晚清官场因循疲玩之风的影响。清朝官场向来依例办事，这一方式有利于政务运作的稳定，但也造成因循疲玩之风。逮至同光年间，因循疲玩之风的负面影响益发明显，随棚录遗的争论不过是同光年间诸多新旧争论的缩影。

此次争论中，虽然随棚录遗新章的确存在问题，但并非不能实行的真正原因，各省学政依例办事、不知变通才是其中最大的窒碍。在录遗旧章下，各省学政仅需依照惯例办事即可，无须耗费过多心力。如若将录遗旧章改为随棚录遗新章，各省学政不仅需要制定相应的实施细则，而且还须修补随棚录遗新章的漏洞，此差事无疑具有难度。相对于御史孙凤翔，各省学政是新章实际的执行者，更需要变通能力。而各省学政如林天龄、祁世长、王文在、顾云臣、费延厘、胡瑞澜、黄体芳等能力平平，在晚

---

① 《书邸抄后》，（上海）《申报》第 889 号，光绪元年二月十七日，第 1 版。

② 《江苏学政林奏为本届恩科考录遗才竣事并陈毋庸议改随棚录科折子》，（上海）《申报》第 1096 号，光绪元年十月廿三日，第 4 版。

③ 李润等：《钦定科场条例》卷 28《贡院》，岳麓书社，2020，第 489～491 页。

④ 光绪《湖南通志》卷 67《学校志六·贡院》，台湾华文书局，1967 年影印本，第 1550 页。

⑤ 《（山东学政黄）又奏东省录科请仍照向章办理夹片》，（上海）《申报》第 1014 号，光绪元年七月十七日，第 5 版。

清政坛亦未有其他突出政绩。因此，江浙皖鲁等省学政直接否决随棚录遗新章，选择更易操作的录遗旧章，而湖北、湖南及河南学政虽有意尝试随棚录遗新章，但终因受录遗旧章束缚，未能提出修补意见，故在士子反对下便放弃了随棚录遗新章。

相反，四川学政张之洞与其他省份学政形成鲜明对比。张之洞之前，四川与其他省份类似，积习相沿，存在诸多弊病。张之洞不仅大胆采用了随棚录遗新章，而且还指出随棚录遗的漏洞，并提出了修改完善意见。他修订后的随棚录遗新章，有利于整顿川省科场积弊，得到了士子支持。实则各省学政如若仿照张之洞的办法，允许随棚录遗不取之生监再次赴省，便可兼具录遗旧章和新章的优点。从张之洞不受录遗旧章束缚、善于变通的表现，亦可窥见他在近代史上能占据重要位置的些许原因。

正因多数省份学政拘泥于录遗旧章规制，随棚录遗新章才会遇冷，各省原有问题也才会继续存在。在录遗旧章下，各省乡试规模非常庞大、人数居高不下。光绪年间，如江南乡试人数长期维持在2万名上下，浙江乡试人数长期维持在1.3万名上下，湖北乡试人数维持在1万名上下。[①] 各省乡试规模庞大、人数居高不下，导致诸多问题产生。

其一，号舍管理困难。有些省份官府不得不再次扩建号舍。光绪年间，如湖北再次扩建号舍约800间，湖南再次扩建号舍约2000间。[②] 福建、山东亦再次扩建号舍。[③] 有些省份官府则搭建诸多临时号舍，而临时号舍则较难管理，如光绪十四年（1888），镇江士子吉城在日记中写道："上、下江合计二万三千人，平江府南总门一带新搭席号数百间，往来甚觉狭隘，以致挤毙多人。"[④]

其二，士习文风遭到破坏。河南学政费延厘承认："臣按试时，讯之本省人士，知道光年间乡试入场人数不过一万左右，及上届已至一万六千余户，岁试一周，新进又添二千左右。非文风之今胜于昔也，寔缘捐输广额进数日多。若录遗一宽，皆思幸进，号舍终有不敷之患。"[⑤] 费氏指出，捐广学额后，诸多无真才实学者混入乡试，若录遗一宽，士风将进一步下滑。江苏学政林天龄亦指出："亦不宜概与宽收，以容菲材之幸进。"[⑥] 惜费氏、林氏放弃了随棚录遗，依旧按照录遗旧章从宽录取。钱宝廉所提随棚录遗的核心便是根据号舍数量等标准限定录遗人数，使得学政"不能从宽滥送"。钱宝廉已有通过随棚录遗规范士习文风之意图。事实上，清廷对录遗标准和士习文风的关

① 曾志平：《清代乡试应试人数考》，《清史论丛》2021年第2辑。

② 《鄂省添设号舍》，（上海）《申报》第1282号，光绪二年闰五月初九日，第2版；《广厦胪欢》，（上海）《申报》第7500号，光绪二十年（1894）二月初五日，第2版；光绪《湖南通志》卷67《学校志六·贡院》，第1550页。

③ 徐世博：《清代贡院号舍添建活动考论》，《近代史研究》2021年第6期。

④ 吉城著，吉家林整理《吉城日记》，凤凰出版社，2018，第43页。

⑤ 《河南学政费奏陈科考随棚录遗情形折子》，（上海）《申报》第954号，光绪元年五月初五日，第5版。

⑥ 《江苏学政林奏为本届恩科考录遗才竣事并陈毋庸议改随棚录科折子》，（上海）《申报》第1096号，光绪元年十月廿三日，第4版。

系有明确表态。钱宝廉上折之前，同治十二年，张绪楷曾上折请求限定乡试应试人数，上谕称：

> 近来国子监及各省学政录送太滥，不独号舍不敷，且人怀幸进之心，于士习文风大有关系。嗣后，顺天及各省乡试录送人数，应如何严定限制用昭核实之处，着该部议奏。……寻礼部奏，嗣后，国子监及各省学政录科，应查照例定名数，严加考试，不得滥送。①

上谕指出，录送太滥影响士习文风。礼部根据上谕，要求国子监及各地学政应根据例定名数，严于录科。遗憾的是，该谕旨在孙凤翔反对下被束之高阁，② 钱宝廉的奏折又被多数省份学政否决，以致士习文风每况愈下。

结　论

随棚录遗的争论，是咸丰以后科场情况变迁下的新旧之争，一定程度上反映了晚清官场的因循疲玩之风。咸同年间，各省大规模捐广学额，录遗旧章带来号舍不敷等诸多问题。在新形势下，钱宝廉提出随棚录遗的新办法，而御史及多数省份学政受录遗旧章的束缚，对此不知变通，或是直接否决，或是稍作尝试后放弃。正因如此，录遗新旧章争论结束后，各省乡试管理困难以及士习文风遭到破坏等问题才得以继续存在。

（作者单位：东莞理工学院）

① 《清穆宗实录》卷 358，同治十二年十月戊戌。

② 曾志平：《清代乡试应试人数考》，《清史论丛》2021 年第 2 辑。

章学诚思想中经史意蕴新探

林存阳

摘　要：在乾嘉学术的发展历程中，章学诚以其对史的孜孜探求和思索，呈现出鲜明的学术个性。通过结撰《文史通义》《校雠通义》等，他以史为枢纽，建构起一套对历史的贯通性认识，并对经史关系、经史与道的关系等提出新见解。在章学诚看来，史乃由专人掌管记载国家制度因革损益实迹，并体现先王之道的载体；经史子集四部之分，是后人对学术源流的误解，而论其根源，四者实为一体，或者说史可包含经子集，即史贯四部。章学诚之所以另辟治学门径，以史学为志业，固然想借此辨章学术、考镜源流，著述成一家之言，纠时代学术风气之偏弊，但更为重要的是，他认为史与道密切相关，治史的旨归在于彰明先圣、周孔之道。此一思想取向，表明他在治学门径上与同时代学者存在差异。不过，章学诚的由史明道，与戴震、钱大昕等学人的通经明道，亦有相通之处。正是他们的共同努力，才促成了乾嘉学术与乾嘉学派的定型，并将清初以来“以经学济理学之穷”之学术思潮推向新的境地。

关键词：章学诚　六经皆史　史贯四部　由史明道

在乾嘉学术的演进中，章学诚以其对史的孜孜探求，展现出鲜明的学术个性，亦彰显出与同时代学者在治学门径上的差异。章学诚的学问看似乾嘉学术朴实考经证史主潮流的“异调”，然就其为学内涵来看，仍是此一时期学术的有机组成部分，只是其所从事的研究，较之侧重于考订、考据者，更具历史视野、思辨思维和经世意识。

由于不喜为制举文，章学诚在科举路上颇为蹭蹬，曾肄业国子监，直到乾隆四十二年（1777）40岁，才中顺天乡试举人，翌年成进士。然而，他自忖迂疏，不敢入仕，所以此后未进入官场，而以作幕、主讲书院奔走四方，孜孜于学问以终老。据章学诚自称，二十岁即乾隆二十二年（1757），是其为学取向的转折点：20岁以前，“性绝騃滞，读书日不过三二百言，犹不能久识；为文字，虚字多不当理”；20岁之后，则“駸駸向长，纵览群书，于经训未见领会，而史部之书，乍接于目，便似夙所攻习然者，其中利病得失，随口能举，举而辄当”。此一转变，就连章学诚自己也觉得“不类出于一人”，然而，他又很自信地认为，这恰恰体现了他的“独异”之处。[①] 也正因为找到了自己感兴趣、性之所近的治学领域和用力点，章学诚此后40余年遂倾精力和心血于研史之学问，结撰为《文史通义》《校雠通义》等，提出了诸多关于史著、方志编撰，尤其是历史认识等方面的新见解。不过，在走出一条自己做学问之路的同时，章学诚也每每感到与其他学人的格格不入，如在国子监时，即颇遭冷遇，落落寡合，甚至被“视为怪物，诧为异类”[②]；与戴震、汪中、袁枚论学不合，多致批评；[③] 与孙星衍、洪亮吉、阮元等亦有龃龉，认为他们与自己的“路数绝不相如入”，虽然相识多年，共事编纂《史籍考》等，但“至今不知鄙为何许人矣”。[④]

可以说，自信与落寞，一直与章学诚的学术生涯相伴随。然而，也正是在以其他学者作参照下，在自己苦心孤诣的探究下，章学诚遂以史为枢纽，独辟致思蹊径，建构起一套对历史的贯通认识，并对经史关系、经史与道的关系提出新见解。本文就此略抒管窥，敬请方家教正。

一　史贯四部的认识论

章学诚致力于史的探究，得益于家学之熏陶。其祖父如璋，嗜好史学，尤喜读司马光《资治通鉴》。其父镳，亦尝病唐宋野史、小说、传记虽然可以辅正史，然文多芜漫，因以意节之，抄成《江表志》等10余种书。受此影响，章学诚年16岁，随父居官署应城时，曾取《左传》删节事实。然而，章镳先生认为，编年之书若仍用编年删节，则无所取裁，不如用纪传体，更能见其分合。在此一思路的启发下，章学诚乃着意于纪传之史。此后，他曾用三年时间，借助胥吏抄录《春秋》内外传及衰周战国子史，以意区分，编为纪表志传百余卷，然被业师柯绍庚呵责而终止。尽管未能成书，经此尝试，章学诚却形成了新的想法，如他认为“诸史于纪表志传之外更当立图，列传于《儒林》《文苑》之外更当立史官传”[⑤]，等等。之后，他不惜“典衣质被”，购买“班、马而下，欧、宋以前”之史部书籍十六七种，颇下一番功夫；而于28岁时得见

① 章学诚：《家书六》，章学诚著，仓修良编注《文史通义新编新注》下册，商务印书馆，2017，第824~825页。

② 章学诚：《与族孙汝楠论学书》，章学诚著，仓修良编注《文史通义新编新注》下册，第802页。

③ 胡适先生曾说：“先生（章学诚——引者注）对于同时的三个名人，戴震，汪中，袁枚，皆不佩服，皆深有贬辞。但先生对戴震，尚时有很诚恳的赞语；对汪中，也深赞其文学；独对袁枚，则始终存一种深恶痛绝的态度……先生之攻戴震，尚不失为诤友；其攻汪中，已近于好胜忌名；至其攻袁枚，则完全是以‘卫道’自居了！”《章实斋年谱》，安徽教育出版社，1999，第148页。又瞿兑之先生说：“戴东原与章实斋尝以论修志事意见不合，至于丑诋。观《文史通义》可见。此犹曰学术之争。然史识本非东原所长，古人云君子不以己所能者愧人，实斋之使气亦可已而不已者。至实斋与汪容甫议论龃龉，几欲挥刃（见洪稚存怀人诗），则更败兴之尤矣。”瞿兑之：《戴东原与章实斋》，《杶庐所闻录·养和室随笔》，辽宁教育出版社，1997，第75页。

④ 章学诚：《与朱少白书》，章学诚著，仓修良编注《文史通义新编新注》下册，第788~789页。

⑤ 章学诚：《家书六》，章学诚著，仓修良编注《文史通义新编新注》下册，第824页。

刘知幾《史通》，认识更大受启发。

乾隆三十一年（1766），29 岁的章学诚在致族孙章汝楠函中，谈到对史书的体会，他觉得“二十一家义例不纯，体要多舛”，所以想整体考察其中的得失利病，“约为科律，作书数篇，讨论笔削大旨”，[①] 只是因应科举、教授生徒，而未能集中精力着手此事。即此可见，这时的章学诚，其之于史，已由少年时的兴趣，转向欲将其作为认真研究和思索的对象。而这一有志于治史著书意向的确立，遂促成了他 35 岁开始撰写《文史通义》，并在参与撰修方志、编撰《史籍考》和《续资治通鉴长编》等过程中展现出对史的独到见解。

章学诚曾说，自己于史学，“盖有天授”，并自信“发凡起例，多为后世开山”，如“史学义例，校雠心法，则皆前人从未言及，亦未有可以标著之名”。因此，他不屑于“时人以补苴襞绩见长，考订名物为务，小学音画为名”，而“必欲自为著述”，即使被“一时通人所弃置而弗道”亦不顾。[②] 而相较于前代史家，他认为自己所从事的《文史通义》之主要取向，就在于“上探班、刘，溯源官礼；下该《雕龙》《史通》，甄别名实，品藻流别”[③]。在为邵晋涵所作的别传中，他更是表示：“史学不求家法，则贪奇嗜琐，但知日务增华，不过千年，将恐大地不足容架阁矣”，“决断去取，各自成家，无取方圆求备，惟冀有当于《春秋》经世，庶几先王之志焉”。[④] 故而，他不认同别人将其拟之于刘知幾，强调“刘言史法，吾言史意；刘议馆局纂修，吾议一家著述，截然两途，不相入也”[⑤]；“郑樵有史识而未有史学；曾巩具史学而不具史法；刘知幾得史法而不得史意，此予《文史通义》所为作也”[⑥]。也就是说，在章学诚看来，著史不唯要有识、学、法，更关键的是要能得其意。

何谓“史意”？章学诚未直接阐说，但观其在《答客问上》中的一番话，则可得其大要。其言曰：“史之大原本乎《春秋》，《春秋》之义昭乎笔削。笔削之义，不仅事具始末、文成规矩已也。以夫子义则窃取之旨观之，固将纲纪天人，推明大道，所以通古今之变而成一家之言者，必有详人之所略，异人之所同，重人之所轻，而忽人之所谨，绳墨之所不可得拘，类例之所不可得而泥，而后微茫杪忽之际有以独断于一心。及其书之成也，自然可以参天地而质鬼神，契前修而俟后圣，此家学之所以可贵也。”[⑦] 基于此一旨趣，他认为“获麟以后，迁、固极著作之能，向、歆尽条别之理，史家所谓规矩方圆之至也”，此后，刘知幾、曾巩、郑樵虽然各有一定的不足，但“能

① 章学诚：《与族孙汝楠论学书》，章学诚著，仓修良编注《文史通义新编新注》下册，第 802 页。
② 章学诚：《家书二》，章学诚著，仓修良编注《文史通义新编新注》下册，第 818 页。
③ 章学诚：《与严冬友侍读》，章学诚著，仓修良编注《文史通义新编新注》下册，第 707 页。
④ 章学诚：《邵与桐别传》，《章学诚遗书》，文物出版社，1985，第 177 页。
⑤ 章学诚：《家书二》，章学诚著，仓修良编注《文史通义新编新注》下册，第 818 页。
⑥ 章学诚：《〈和州志 · 志隅〉自叙》，章学诚著，仓修良编注《文史通义新编新注》下册，第 888 页。
⑦ 章学诚：《答客问上》，章学诚著，仓修良编注《文史通义新编新注》上册，第 252 页。

推古人大体”，其他诸人则“有似于史而非史，有似于学而非学尔”。[①]

为了深切体悟和承继自孔子、司马迁、班固、刘向、刘歆一脉的“规矩方圆”，章学诚在肯定刘知幾所强调的史家应具备才、学、识之外，又特别提出“史德”的重要性。他指出，史之所贵在于义，所具者事，所凭者文，“非识无以断其义，非才无以善其文，非学无以练其事”。以此而论，那些视记诵为学、辞采为才、击断为识者，则不是良史。更为重要的是，即使具备了才、学、识，也须知史德，方能尽其理。所谓“德”，即“著书者之心术也”。历史上之所以出现一些秽史，其根原就在于著史者心术不正。为避免此弊，章学诚强调：“欲为良史者，当慎辨于天人之际，尽其天而不益以人也。”这是因为，“史之义出于天，而史之文不能不借人力以成之”，而文非气不立、非情不得，然若做不到气平、情正，则会走向激、骄、溺、偏，从而“似公而实逞于私，似天而实蔽于人，发为文辞，至于害义而违道”，也就不能权衡得失是非、正确把握盛衰消息了。因此，“心术不可不慎也”。[②]

那么，何谓“史”呢？在《史释》一文中，章学诚做了如下解释。他认为，《周官》府史之史，与内史、外史、太史、小史、御史之史相通，“皆守掌故而以法存先王之道也”。其区别在于，府史之史，乃“庶人在官供书役者”；而五史则是卿、大夫、士所掌图书、纪载、命令、法式之事。尽管两者身份、职掌不同，但所存掌故，实为“国家之制度所存，亦即尧、舜以来因革损益之实迹也”。也就是说，“史”乃由专人掌管记载国家制度因革损益实迹，并体现先王之道的载体。不过，章学诚还指出，不唯先圣遗言需要体悟、诵读，“时王之制度”亦须讲求，只有“必求当代典章以切于人伦日用，必求官司掌故而通于经术精微”，然后“学为实事而文非空言，所谓有体必有用也”。[③] 此一古与今相关联、观照、贯通的思想，既体现出章学诚对“史”的动态定位，亦体现出他治史何以贵通的意趣所在。

尤可注意的是，章学诚还提出一个重要观念，即“盈天地间，凡涉著作之林，皆是史学”。在致孙星衍函中，章学诚对此有所说明。他认为，“六经特圣人取此六种之史以垂训者耳。子集诸家，其源皆出于史，末流忘所自出，自生分别，故于天地之间，别为一种不可收拾、不可部次之物，不得不分四种门户矣”。[④] 也就是说，在章学诚看来，经史子集四部之分，是后人对学术源流的误解，而论其根原，四者实为一体，或者说史可包含经、子、集。

观章学诚相关言论，即可见其做出此一判断的缘由所在。如论经，他认为“六经之文，皆周公之旧典，以其出于官守，而皆为宪章，故述之而无所用作”，当时并没以

① 章学诚：《〈和州志·志隅〉自叙》，章学诚著，仓修良编注《文史通义新编新注》下册，第888页。
② 章学诚：《史德》，章学诚著，仓修良编注《文史通义新编新注》上册，第265～266页。
③ 章学诚：《史释》，章学诚著，仓修良编注《文史通义新编新注》上册，第270～271页。
④ 章学诚：《报孙渊如书》，章学诚著，仓修良编注《文史通义新编新注》下册，第722页。

“私意标目，强配经名，以炫后人之耳目”。只是因“官守失传，而世儒习业”，才“尊奉而称经”，出现“六经”之名。他还强调，经之有六，“著于《礼记》，标于《庄子》，损为五而不可，增为七而不能，所以为常道也”，至于《论语》《孝经》《尔雅》，并非六经之本体，乃传体，可以与六经相为表里，但不能与其并列，因为“经为主，而传为附，不易之理也”。当然，作此区别，不是要评其优劣，因为“官司典常为经，而师儒讲习为传，其体判然有别”。以此而论，后世著录之法，或称“七经”“九经”“十三经”等，若从“纪甲乙部次”来说固无不可，但若以之“标题命义，自为著作”，就是不知本了。[①] 又，其论经史，认为“经史者，古人所以求道之资，而非所以名其学也”，无论经师传授还是史学世家，都需根据“资之所习近而勉其力之所能为”，然后竭毕生精力而成书，自然于道有当。不然的话，先树一经史标准，“仰而企之，俯而就之”，斤斤于必有当于一得，然后想以其学出名，“则是徒见世人所尊奉，而我从而徇其聪明智力焉”，这样是无当于道的。理想的做法是，要能“内得诸心，上通乎道，古人精微由我而阐，后学津逮自我而开，将以有功斯世而不欲苟以名传”。[②]

关于众所熟知、习以为常的“文集”，章学诚亦颇为不满。他指出，古时朝有典谟、官存法令，并未有人自为书、家存一说者，自治、学分途，周秦诸子之学，专门传业，也未尝有参差庞杂之文。然而，自西汉起，文章渐富，著作始衰，至晋挚虞创为《文章流别集》，学者遂聚古人之作，别标为“别集”，故而“文集”之名实仿于晋代，此后，“应酬牵率之作，决科俳优之文，亦泛滥横裂而争附别集之名”。南朝阮孝绪撰《七录》，分经典、纪传、子兵、文集、技术、佛、道七类，而成为唐人经、史、子、集之权舆，故而集部著录实仿于萧梁。在章学诚看来，“古学源流，至此为一变”。此一嬗变，虽说因于“时势”，但章学诚认为失去了《周官》之遗法。所以他感慨道：“呜呼！著作衰而有文集，典故穷而有类书，学者贪于简阅之易而不知实学之衰，狃于易成之名而不知大道之散。”[③] 又，其论文、史关系曰：“辞章记诵，非古人所专重，而才识之士，必以史学为归。为古文辞而不深于史，即无由溯源六艺而得其宗。”[④]

在参与毕沅主持编纂的《史籍考》过程中，章学诚更是对史与经、子、集的密切联系做了阐释。《史籍考》草创之时，章学诚曾作有《论修史籍考要略》一文，详细阐述了修书缘由及编撰体例，体例凡十五条，其中第六至第八条为“经部宜通”“子部宜择”“集部宜裁”。关于“经部宜通”，他强调，古时没有经、史的分别，不唯《尚书》《春秋》，六艺皆为史官职掌，后世因其为圣训，所以予以尊崇，“初非以其体用

① 章学诚著，叶瑛校注《校雠通义校注》（附于《文史通义校注》下册；以下省略）卷3《汉志六艺第十三》，中华书局，2014，第1189～1190页。

② 章学诚：《与朱沧湄中翰论学书》，章学诚著，仓修良编注《文史通义新编新注》下册，第710～711页。

③ 章学诚：《文集》，章学诚著，仓修良编注《文史通义新编新注》上册，第319页。

④ 章学诚：《报黄大俞先生》，章学诚著，仓修良编注《文史通义新编新注》下册，第634页。

不入史也”。经部之所以越来越浩繁，乃因诸儒之训诂、解义、音训愈益增多。然就实而论，六艺就是诸史的根源，所以不能将两者分离。如《春秋》之《国语》、《书》部之《逸周书》诸解等，皆与古昔史记相为出入，有必要加以采用。“子部宜择”，是因为诸子书多与史部相表里，“如《官图》《月令》《地圆》诸篇之鸿文巨典，《储说》《谏篇》之排列记载，实于史部例有专门”，有必要择要采入。至于“集部宜裁”，尽管自汉魏以降渐失古人专门之业之意，然鉴于其中“传记志状之撰，书事纪述之文，其所取用，反较古人文集征实为多”，所以也应选用。[①] 即此来看，《史籍考》所录，已非仅仅局限于史部一门，而是还实有“取多用宏，包经而兼采子集”[②] 的宏大气象。

此后，在谢启昆续纂《史籍考》时，章学诚又作《史考释例》，对史部与经、子、集部的密切关系，做了进一步的申说。关于经、史，他认为史有律历志，而卦气通于律历，所以《易》之支流通于史，其他如《诗》《书》与史部艺文志，《礼》与史部职官志、礼仪志，等等，亦莫不相通，所以“六经流别，为史部所不得不收者也”。关于子、史，他认为，战国时期诸子“自摭其所见所闻所传闻者笔之于书”，司马迁、吕不韦等撰述虽称为诸子家言，“实亦史之流别”，总体来看，子、史相通者十之有九。关于集、史，他认为，唐以前子史著述专家，立言与记事不入于集，而辞章诗赋遂擅集之称；唐以后子、史不专家，文集遂有论议、传记，“彼虽自命为文”，但实可视为“集中之史”，所以别集通于史。至于总集，亦与史家相互出入。此外，章学诚还强调：“古无史学，其以史见长者，大抵深于《春秋》者也……马、班、陈氏不作，而史学衰，于是史书有专部，而所部之书，转有不尽出于史学者矣。”总之，在他看来，“史离经而子集又自为部次，于是史于群籍画分三隅之一焉，此其言乎统合为著录也。若专门考订为一家书，则史部所通，不可拘于三隅之一也。史不拘三隅之一，固为类例之所通。然由其类例深思相通之故，亦可隐识古人未立史部之初意焉”。[③]

章学诚曾说：“君子之学，贵辟风气而不贵趋风气也。盖既曰风气，无论所主是非，皆已演成流习，而谐众以为低昂，不复有性情之自得矣……天下事凡风气所趋，虽善必有其弊。君子经世之学，但当相弊而救其偏。”[④] 此一反思，虽因辨冯景《淮南子洪保》而发，但也恰可体现他对当时主流学术风气的不认同。在与王念孙的交流中，他更是直接表示：“近日考订之学，正患不求其义，而执形迹之末，铢黍较量，小有同异，即嚣然纷争，而不知古人之真不在是也。”[⑤] 既然考订之学不能体现“古人之真”，那又如何去求“古人之真”之所在呢？章学诚 20 岁之后的 40 余年里，殚精竭虑、孜

---

① 章学诚：《论修史籍考要略》，章学诚著，仓修良编注《文史通义新编新注》上册，第 433 ~ 434 页。

② 章学诚：《报孙渊如书》，章学诚著，仓修良编注《文史通义新编新注》下册，第 722 页。

③ 章学诚：《史考释例》，章学诚著，仓修良编注《文史通义新编新注》上册，第 439 ~ 440 页。

④ 章学诚：《〈淮南子洪保〉辨》，章学诚著，仓修良编注《文史通义新编新注》上册，第 381 ~ 382 页。

⑤ 章学诚：《〈说文字原〉课本书后》，章学诚著，仓修良编注《文史通义新编新注》下册，第 580 页。

孜探求的“史”学，就是他破解此一奥秘和辟风气、救流习之偏的新体悟和创获。由其对“史”的解读，以及以史融通经、子、集的取向来看，他的“史”学研究，显然与汉代以降的史书编纂以及同时代学者的考史之作异趣，这也正是他提出“盈天地间，凡涉著作之林，皆是史学”和“六经皆史”的独特意义所在。

二　由史明道的经世观

章学诚以“史”学为志业，固然因己性情之所近，但亦有感于时代学术风气之偏弊，另辟学问门径，借以辨章学术、考镜源流，著述成一家之言；而更为重要的是，他认为“史”与“道”密切相关，治“史”的旨归就在于彰明圣人之道。

在《校雠通义》中，章学诚开首即立《原道》一篇，对“道”做了揭示。他认为，由结绳之治变而为书契，乃古圣人鉴于“理大物博，不可殚也”，不得已而借之明“百官以治，万民以察”之用，以“宣幽隐而达形名”。在他看来，圣人既立官分守，法从而产生，故法具于官；书为法的载体，官守其书；因书而诞生学、业，师传之，而弟子习之。所以，官、守、学、业“皆出于一，而天下以同文为治”，私门则无著述文字。正因如此，官守的分职，亦即群书的部次，别无著录之法，所以后世文字“必溯源于六艺”。章学诚指出，六艺并非孔子之书，而是“《周官》之旧典”，因为《易》掌太卜、《书》藏外史、《礼》在宗伯、《乐》隶司乐、《诗》领于太师、《春秋》存乎国史；孔子之所以说“述而不作”，就是“明乎官司失守，而师弟子之传业，于是判焉”。本此认识，他认为秦朝“以吏为师”尚有官、守、学、业合一之意，而汉代刘歆《七略》的“辑略”，“最为明道之要”，此篇虽不可见，但仅就其他篇来看，亦可体现其“深明乎古人官师合一之道，而有以知乎私门初无著述之故也”。尤可注意的是，章学诚强调：“由刘氏之旨，以博求古今之载籍，则著录部次，辨章流别，将以折衷六艺，宣明大道，不徒为加以纪数之需，亦已明矣。”[①] 由此不难看出，章学诚所从事的校雠之业、所要探究的校雠之义，并非校订文字、比勘事实、考辨年月等，而是欲通过对六艺载籍的通贯性厘析，以宣明蕴含于其中的圣人大道。

在《文史通义》中，章学诚亦撰有《原道》三篇，对“道”进行了更为详细的探讨。首先，他指出，“道之大原出于天”，自从天地生人，就有了道，只是尚未显现；其后，“三人居室”，道因之而显，然还不明显；及至人愈益繁衍，由什伍而至百千，一室不能容，不得不“部别班分”，道遂显著；至于仁义忠孝之名目、刑政礼乐之制度，都是不得已而后起的。基于对人类社会的发展与道的呈现的考察，章学诚得出一个认识：“道者，非圣人智力之所能为，皆其事势自然，渐形渐著，不得已而出之，故曰‘天’也……道者，万事万物之所以然，而非万事万物之当然也。”在他看来，道无

① 章学诚著，叶瑛校注《校雠通义校注》卷1《原道第一》，第1108～1109页。

所为而自然，故《易》称“一阴一阳之谓道”，圣人则有所见而不得不然，所以，圣人可以体道，但并非与道同体。就历史而言，伏羲、轩辕、尧、舜皆因“时会使然”，后法于前之道，渐形而渐著，至周公而集前圣治统之大成，孔子又尽周公之道，以明立教之极，“周公集成之功在前王，而夫子明教之功在万世”，所以，若欲知“道”，关键就在必须知“周、孔之所以为周、孔”。①

其次，辨析了道、器关系。章学诚认为，道不离器，就像影不能离形，六经皆器，世人可据以思不可见之道，而非如后世儒者因尊奉而视为“载道之书”。在他看来，道自形于“三人居室”，然后大备于周公、孔子，而百家杂出，诸子纷纷各言其道，并思以其道易天下，道遂因人而异名。孔子之所以表彰六艺，乃在“存周公之旧典”，彰明政教典章、人伦日用，立人道之极，而非徒托空言，立儒道之极。儒家者流并未真正领悟，“舍天下事物人伦日用，而守六籍以言道”，这在章学诚看来，实则“不可与言夫道矣”。②

最后，强调六艺并重以明道。章学诚认为，古者道寓于器，官师合一，士之所学非国家典章即有司故事，所以得之也易；后儒则即器求道，有师无官，须通过训诂而得，所以较难，甚者专攻一经之隅曲，更难窥圣人之道。有鉴于此，他强调应六艺并重，不可只专守一经；为得古人之全体，则需训诂章句、疏解义理、考求名物三者兼而用之，“以萃聚之力补遥溯之功”，而义理不可空言，需博学以实之、文章以达之，三者合一，“庶几周、孔之道虽远，不啻累译而通矣”。当然，章学诚也意识到，随着时代的推移，如何明道，也不能拘执。为此，他主张道备于《六经》，其义蕴之匿于前者，可以通过章句训诂发明之；而事变之出于后者，《六经》不能言，则需“约《六经》之旨而随时撰述以究大道也”。③

除以上专篇论道外，章学诚其他言论亦多有涉及者。如其为朱筠50岁生日作的“屏风题辞”，引述朱筠之说，称“有意于文，未有能至焉者；不为难易，而惟其是，庶几古人辞达之义矣……而其要乃在于闻道。不于道而于文，将有求一言之是而不可得者”，并评论道：“由先生之言，读先生之书，而究其先后之所得，庶几古人知命之旨乎！”④ 显然，他是认同朱筠对于文、道关系的观点的。在致朱沧湄论学书中，他亦强调，文章学问无论偏全平奇，能为所当然，又知其所以然，皆是道；学术不分大小，皆期于明道，“学术当然，皆下学之器也；中有所以然者，皆上达之道也”。如果将学术与道区分开，另以“道学”为名，称之为道，则是有道而无器。器拘于迹而不能相通，道则无所不通，所以，他主张“君子即器以明道，将以立乎其大也”。基于此，章

① 章学诚：《原道上》，章学诚著，仓修良编注《文史通义新编新注》上册，第94～98页。

② 章学诚：《原道中》，章学诚著，仓修良编注《文史通义新编新注》上册，第100～102页。

③ 章学诚：《原道下》，章学诚著，仓修良编注《文史通义新编新注》上册，第103～105页。

④ 章学诚：《朱先生五十初度屏风题辞》，《章学诚遗书》，第230页。

学诚指出，“道非必袭天人、性命、诚正、治平，如宋人之别以道学为名，始谓之道”。而在他看来，做学问并不是要为了名，如果能“经经史纬，出入百家”，虽然途辙不同，皆可期于明道。[①] 在《说林》中，他又论及道与学的关系，说：“道，公也；学，私也。君子学以致其道，将尽人以达于天也。”所谓“人”，指聪明才力；所谓“天”，指中正平直，本于自然之公者。[②] 也就是说，君子为学以致其道，就是通过发挥自己的聪明才力，以达到“本于自然之公”的中正平直境界。

而观《文史通义》中《易教》《书教》《诗教》《礼教》《经解》诸文，更可见章学诚对经史关系及经史与道关系认知的一体性。大要而言，他持如下观点：六艺本无经名，乃孔门弟子首先以六经指称，意为“以先王政教典章纲维天下”，而探其源，“古之所谓经，乃三代盛时，典章法度见于政教行事之实，而非圣人有意作为文字以传后世”，后世著录者因文字繁多，又并非皆与纲纪相关，遂取先圣之微言、羽翼群经者，一概称之为经，其实“强半皆古人之所谓传”；[③] 古人未尝离事言理，所以六经皆先王得位行道，经纬世宙之迹，亦即先王之政典，与史同科；《易》以天道而切人事，《春秋》以人事而协天道；六艺并立，《乐》亡而入于《诗》《礼》，《书》亡而入于《春秋》；道体无所不该，而六艺足以尽之；礼之所包甚广，而官典为其大纲；《易》之抑阴扶阳，《春秋》之防微杜渐，皆以经礼为折中；等等。由此可见，章学诚之所以要强调“六经皆史”，并非贬低六经，以史学取代之，或视经学为史料，而是想通过对体现先王之政典的《易》《书》《诗》《礼》《乐》《春秋》的源流、类例，以体悟先圣、周孔之道。而这正是他强烈批评后儒过度尊崇经、泛化经，实则晦经、未得古人之真的原因所在；同时也正是其彰显倾力辨析史书著录、重史德、探史意的归旨所在。

由以上章学诚的思想取向，我们就不难理解他为什么要对一些学术现象提出批评了。如在《答客问下》中，他指出：“今之学者，以谓天下之道，在乎较量名数之异同，辨别音训之当否，如斯而已矣；是何异观坐井之天，测坳堂之水，而遂欲穷六合之运度，量四海之波涛，以谓可尽载！”[④] 在与沈在廷论学书中，他认为，服虔、郑玄之训诂，韩愈、欧阳修之文辞，周敦颐、二程之义理，“出奴入主，不胜纷纷”，然不过“道中之一事”，实“未窥道之全量”。在他看来，“道不远人，即万事万物之所以然也；道无定体，即如文之无难无易，惟其是也”，所以，想于学有进，“必先端于道”。同文中，他还对考订、辞章、义理作了辨析，认为考订主于学、辞章主于才、义理主于识，三者虽说是三门，然大要有二，即学与文，而理不虚立，行于二者之中，

① 章学诚：《与朱沧湄中翰论学书》，章学诚著，仓修良编注《文史通义新编新注》下册，第709～710页。
② 章学诚：《说林》，章学诚著，仓修良编注《文史通义新编新注》上册，第221页。
③ 章学诚：《经解上》，章学诚著，仓修良编注《文史通义新编新注》上册，第76～77页。
④ 章学诚：《答客问下》，章学诚著，仓修良编注《文史通义新编新注》上册，第259页。

“学资博览，须兼阅历，文贵发明，亦期用世，斯可进于道矣”。① 与章汝楠论学书中，也表达了类似意思。他指出，“学问之途，有流有别，尚考证者薄词章，索义理者略征实，随其性之所近，而各标独得”，但是，如果存门户之见，互相讥讽，那么，义理就会入于虚无，考证成为糟粕，文章也就成了玩物。如何避免此类弊病呢？他提出一方法：“考证即以实此义理，而文章乃所以达之之具。”② 换句话说，就是应将考证、义理、文章结合起来。正是基于这样一种认识，章学诚遂对宋儒道学提出批评。在他看来，无论记诵之学还是文辞之才，都不能不以斯道为宗主，然其流弊则忘所自，宋儒认为溺于器而不知道，所以起而争之，“欲使人舍器而言道”。对于宋儒的做法，章学诚颇不以为然，觉得“宋儒之意，似见疾在脏腑，遂欲并脏腑而去之。将求性天，乃薄记诵而厌辞章，何以异乎”？③ 又，其在《家书五》中批评宋儒道学之不足，曰：“第其流弊，则于学问、文章、经济、事功之外，别见有所谓‘道’耳。以‘道’名学，而外轻经济事功，内轻学问文章，则守陋自是，枵腹空谈性天，无怪通儒耻言宋学矣。”④ 在为周震荣《四书释理》所作序中，他也批评宋儒说理之弊，曰：“宋儒专门说理，天人性命，理气精微，辨别渺茫，推求铢黍，能发前人所未发矣。然离经而各自为书，至于异同之争，门户之别，后生末学，各守一典，而不能相通，于是流弊滋多，而六经简明易直，古人因事寓理之旨，不可得而知矣……义理不切事情，则玄虚缥缈，愈支愈离，而曲学横议，异端邪说，皆得乘间而入，几何不以明经之业而乱经耶。”⑤ 由此可见其对宋儒理学的批评态度。

章学诚对戴震的评价，更可见其于一时学风之反思。在与沈在廷论学书中，章学诚一方面肯定戴震的考订与发挥“文笔清坚，足以达其所见”；另一方面则指出，传记文字非其所长，纂修志乘也非其所能解，如果不涉猎这些倒也无伤大雅，但他“强作解事，动成窒戾，此则不善趋避而昧于交相为功之业者也”。由此，章学诚对当时学人竞趋考订，虽然肯定其知求实而不蹈于虚，胜于“掉虚文而不复知实学”者，但也指出这些趋风气者“多非心得”。⑥ 而在《朱陆》《书〈朱陆〉篇后》两文中，章学诚更是对戴震做了集中评论。前文通过辨析朱陆两派之间的门户之争，达至两点：一则指出“宋儒有朱、陆，千古不可合之同异，亦千古不可无之同异也”，两家末流自以为能承朱、陆之学，互相诟詈，或勉强为之解纷、调停两可，实则不得要领，专己守残，

---

① 章学诚：《答沈枫墀论学》，章学诚著，仓修良编注《文史通义新编新注》下册，第 713 ~ 715 页。按：在上朱珪书中，章学诚亦表示：“史学不明，经师即伏、孔实薄，只是得半之道。《通义》所争，但求古人大体，初不知有经史门户之见也。”（《上朱中堂世叔》，《章学诚遗书》，第 315 页）

② 章学诚：《与族孙汝楠论学书》，章学诚著，仓修良编注《文史通义新编新注》下册，第 801 页。

③ 章学诚：《原道下》，章学诚著，仓修良编注《文史通义新编新注》上册，第 105 页。

④ 章学诚：《家书五》，章学诚著，仓修良编注《文史通义新编新注》下册，第 823 页。

⑤ 章学诚：《〈四书释理〉序》，章学诚著，仓修良编注《文史通义新编新注》下册，第 536 ~ 537 页。

⑥ 章学诚：《答沈枫墀论学》，章学诚著，仓修良编注《文史通义新编新注》下册，第 716 页。

不仅“攻陆、王者未尝得朱之近似，即伪陆、王以攻真陆、王”，而且攻朱者亦仅窃陆、王之形似；二则重点批评了攻朱子之学者中，即有“朱子之数传而后起者”。章学诚所说的“朱子之数传而后起者”，乃暗指戴震。所谓“朱子之数传”，指一传黄干、蔡沈，二传真德秀、魏了翁、黄震、王应麟，三传金履祥、许谦，四传宋濂、王祎，五传顾炎武、阎若璩。在章学诚看来，这些传朱子之学者，皆能“服古通经，学求其是”，而非专己守残、空言性命。然而，戴震承其后，尽管“学百倍于陆、王之末流，思更深于朱门之从学”，然“慧过于识而气荡乎志”，却与朱子为难，大加诟病，则忘其所自，饮水而忘源。更为严重的是，“习闻口舌之间，肆然排诋而无忌惮”，很多听者以为“是人而有是言”，亦随之而攻朱子。其实，他们未必真的厌恶朱子，只是“惧其不类于是人，即不得为通人”。[①] 由此来看，章学诚不满于戴震的：一是其学源出朱子而诟病朱子，二是他肆无忌惮的口谈造成了很不好的影响。而在时隔十余年所撰的后文中，章学诚更是态度明确地对戴震进行了评判。他先是点出此前之所以作《朱陆》，乃因“戴君学问，深见古人大体，不愧一代巨儒，而心术未醇，颇为近日学者之患”，须要正之。戴震去世之后，既有对其“横肆骂詈者”，也有称誉其为“孟子后一人”者，章学诚认为前者不足为戴震累，后者则“不免为戴所愚”，皆非论定之评，所以再度撰文表达自己的看法。扼要而言，章学诚认为戴震，“深通训诂，究于名物制度，而得其所以然，将以明道……著《论性》《原善》诸篇，于天人理气，实有发前人所未发”，是其学之长，这也是当时学者并非真懂戴震的方面。然而，戴震不仅自尊所业、自是所见，且于“史学义例，古文法度，实无所解，而久游江湖，耻其有所不知，往往强为解事，应人之求，又不安于习故，妄矜独断”，甚至“丑诋朱子，至斥为悖谬，诋以妄作”，则由未害于义，渐趋自欺、欺人，乃至“害义伤教”，不唯有伤厚道、“谬妄”而且还“得罪于名教”。[②] 章学诚对戴震的这些评价，尽管肯定了其学问有所长，然总体而言，是对他的否定。而他之所以屡屡以戴震为批评对象，很大的可能是缘于戴震在当时为人所尊、交游颇广、影响很大，批评戴震，实际上是对当时主流学风的抨击。

章学诚对当时主流学风所不满者，主要有如下表现。在致汪辉祖书中，他感慨道：“近日学者风气，征实太多，发挥太少，有如桑蚕食叶而不能抽丝。”[③] 又，在与邵晋涵书中指出：“后起之士，能为古文词者，绝无其人，则竹头木屑之伪学误之也。”并以铜、釜为喻，认为学问、文章“要知炊黍芼羹之用，所谓道也”，然“风尚所趋，但知聚铜，不解铸釜；其下焉者，则沙砾粪土，亦曰聚之而已”。[④] 在《原学下》中，他亦

① 章学诚：《朱陆》，章学诚著，仓修良编注《文史通义新编新注》上册，第 126 ~ 129 页。

② 章学诚：《书〈朱陆〉篇后》，章学诚著，仓修良编注《文史通义新编新注》上册，第 132 ~ 133 页。

③ 章学诚：《与汪龙庄书》，章学诚著，仓修良编注《文史通义新编新注》下册，第 694 页。

④ 章学诚：《与邵二云书》，章学诚著，仓修良编注《文史通义新编新注》下册，第 678 页。

指出："诸子百家之患，起于思而不学；世儒之患，起于学而不思。"由此以观，他认为骛博者终身敝精劳神以徇而不思博何所取，擅文者终身苦心焦思以构之而不思文何所用，以及言义理者虽似能思而不知虚悬无当于道，皆属于"知其然而不知所以然"。[①]关于功力与学问之辨，也体现出章学诚的治学取向。在他看来，博学强识固然是儒者应具有的能力，但为学更贵博而能约。比如，南宋学者王应麟，"搜罗摘抉，穷幽极微"，于经传子史、名物制数，皆能贯穿旁骛，发先儒所未备，所纂辑诸书对学林贡献大且影响深远。然而，章学诚认为，王应麟之书，可称之为纂辑、求知之功力，但还称不上著述、成家之学术。联系到其所处时代，章学诚指出，很多学人之所以疲精劳神于经传子史而终身于学无所得，原因就在于宗仰王应麟，"误执求知之功力以为学即在是"，这犹如将秫黍称为酒。为此，章学诚强调："学与功力，实相似而不同。"[②] 当然，功力也不可忽视，而理想的状态是，"功力所施，须与精神意趣相为融洽"[③]。凡此，皆或显或隐地体现了章学诚对所处时代学风的不认同，尽管其论说未必皆当，却也着实揭示出当时学人存在的一些问题或偏弊。也正因不取于同时代学者治学之方式和意趣，章学诚遂别辟途径，毅然致力于"史"之探索，建构起自己的学问统系，借以彰阐先圣之道。

结　语

嘉庆五年（1800），也就是在去世的前一年，章学诚写了一篇《浙东学术》，对自己的学问统系做了一个夫子自道式的总结。此文不唯对"浙东之学"的嬗变做了高屋建瓴的勾勒，而且还提出如下几方面重要认识。其一，为学应有宗主，但不可存门户之见。章学诚以清初顾炎武、黄宗羲两位大儒为例，认为顾炎武为学宗朱子，被世人推尊为"开国儒宗"，其学代表了浙西之学，特点为"尚博雅"；黄宗羲则上宗王阳明、刘宗周，下开万斯大、斯同兄弟经史之学，其学代表了浙东之学，特点为"贵专家"。两者尽管各有所宗，但并未像讲学专家那样持门户之见，而能互相推服、不相非诋，所以"浙东、浙西道并行而不悖也"。基于此，他遂强调："学者不可无宗主，而必不可有门户。"其二，学问应切于人事。章学诚认为，天人性命之学，不能靠空言，而应关切现实人事。他指出，宋学之所以被讥讽，原因就在于欲尊德性而以空言义理为功；朱、陆异同之辨，之所以干戈纷纶，称为"千古桎梏之府""千古荆棘之林"，原因也就在于"惟腾空言而不切于人事"。观之往代，则正相反，"三代学术，知有史而不知经，切人事也"。在章学诚看来，后人之所以贵经术，"以其即三代之史耳"。可惜的是，近儒谈经，却好像于人事之外，别有所谓义理，显然与传统相背。有鉴于此，

① 章学诚：《原学下》，章学诚著，仓修良编注《文史通义新编新注》上册，第 112 页。

② 章学诚：《博约中》，章学诚著，仓修良编注《文史通义新编新注》上册，第 117 页。

③ 章学诚：《家书四》，章学诚著，仓修良编注《文史通义新编新注》下册，第 822 页。

他认为浙东之学"言性命者必究于史"，是其卓异之处。其三，史学所以经世。章学诚引孔子之言"我欲托之空言，不如见诸行事之深切著明也"，认为"此《春秋》之所以经世也"；又，说司马迁本董仲舒天人性命之说而为经世之书。他之所以做此强调，就在于要表明自己如下观点："知史学之本于《春秋》，知《春秋》之将以经世，则知性命无可空言，而讲学者必有事事……史学所以经世，固非空言著述也。"① 由此内在逻辑，我们就不难理解章学诚坚执以"史"为学、屡屡强调"六经皆史"、孜孜矻矻于史学研究的深层意涵了，其在《家书三》中所表达的"马、班之史，韩、欧之文，程、朱之理，陆、王之学，萃合以成一子之书……吾于史学，贵其著述成家，不取方圆求备，有同类纂"②，正可与此相观照、印证。

纵观章学诚一生，其在为学之路尤其是在思想探索的征途中，可谓一踽踽独行者，亦是一个孤独的求道者。尽管落落寡合，也不免有世态炎凉之感，章学诚却未气馁，更没趋附世人所好之学，而是坚守自己的学问理想，借由对"史"之意义的追寻，去阐扬圣人经世之道。在他看来，"经师授受，章句训诂，史学原因，笔削义例，皆为道体所该"，故学问所争，在"道"在"是"，而不是以之作为博名取誉的工具，更不能以学之一隅分门别户、互相攻诋。经过不断地苦思冥索，他体悟出治学之关键，乃在"学贵专门，识须坚定，皆是卓然自立，不可稍有游移……用功不同，同期于道；学以致道，犹荷担以趋远程"③。基于此，他更是觅得为学宗主，以为"若必选人而宗之，周、孔乃无遗憾矣"④。以此相观照，也就不难理解他强调"六经皆史"、"辨章学术，考镜源流"、六艺皆先王政典、"史学所以经世"，以及"所贵君子之学术，为能持世而救偏"⑤ 的旨趣所在了。

值得指出的是，虽然章学诚认为自己的为学路数，与同时学人格格不入，但从当时的学术整体来看，其实亦有相通之处。如戴震、钱大昕、王鸣盛、焦循、阮元等学者，皆认为道在六经，通经可以明道；而章学诚也认为六经（六艺）很重要，通过对其中典章制度的源流辨析，则可以彰显圣人之道。其差别在于，戴震等人明道的入手在于借助训诂、小学等方法，而章学诚则更强调以"史"学的方式明道；至于"道"的内涵，两者在理解上略有不同。尽管如此，他们的这些努力，共同促成了乾嘉学术与乾嘉学派的定型，并将清初以来"以经学济理学之穷"学术思潮推向新的境地。从某种意义上来说，这也是"一致而百虑，殊途而同归"。嘉道时期的礼学大家胡培翚曾论经、史、文之于"明道"的关系，曰："夫经者，制行之准，然非寻章摘句之谓，必

---

① 章学诚：《浙东学术》，章学诚著，仓修良编注《文史通义新编新注》上册，第121～122页。

② 章学诚：《家书三》，章学诚著，仓修良编注《文史通义新编新注》下册，第820页。

③ 章学诚：《家书四》，章学诚著，仓修良编注《文史通义新编新注》下册，第822页。

④ 章学诚：《师说》，章学诚著，仓修良编注《文史通义新编新注》上册，第336页。

⑤ 章学诚：《原学下》，章学诚著，仓修良编注《文史通义新编新注》上册，第112页。

体验乎圣贤修己治人之道，以淑身心，而求为约，先求为博。史者，经世之资，然非一知半解之谓，必参究乎古今因革损益之宜，以裕猷为，而识其大，勿识其小。至文也者，本经史所得，发为词章，达则润色鸿业，穷亦修辞明道，岂区区以帖括争能哉！"① 观此可知，章学诚所倡导的史学思想，亦可谓其道不孤矣。

（作者单位：中国社会科学院古代史研究所）

① 胡培翚：《研六室文抄补遗·惜阴书院别诸生文》，《绩溪胡氏丛书》本，清光绪四年（1878）世泽楼重刻本，第1页b～2页a。

地域文化资源与常州学派的兴起

王　豪

摘　要： 在对常州学派成因问题的研究中，现有研究成果多注重宗族因素，而对地域文化因素着墨较少。本文通过梳理前人较少关注的地方文献，着重考察常州学派兴起所依托的地域文化资源，由此可以看出，常州存在一种自晚明以来一脉相承的地域文化传统，常州地域文化传统在清代的延续与发展，为常州学派的兴起提供了有力的保障。清代常州士人不仅将重视道义、忠义、名节的东林遗风，转换为一种积极投身功名、参与政治的态度，而且还延续、发扬了地域学术中经学与经世并重的学风。正是这种地域文化传统为常州学派的学术风格积淀了独特底色。

关键词： 常州学派　地域文化　东林学风

作为清代学术最为重要的学术流派之一，常州学派在形成过程中，其地域文化底色发挥至关重要的作用。自宋代以后，常州的社会经济就异常发达，社会经济的发达既推动了社会风俗的进步，也带动了文化的繁荣。在经历了元、明两代的发展之后，清代常州已形成了高度发达且具有自身特性的地域文化传统。这种文化传统的形成，既有历史的不断积淀，也有地方士人的主动引导和形塑。概言之，常州地域文化传统，因常州士人在科举考试中的卓越成绩而得到有力保障，同时透过强有力的宗族势力和众多的地方书院而得以传播、延续。常州地域文化的不断凸显，使得常州士人具备了相当自觉的地域认同感与归属感。常州的地域文化赋予了常州学者相近的身份选择、价值追求、思维方式，进一步为常州学派的形成奠定了基础。以往学者从社会文化的角度分析常州学派的成因时，往往更多注重宗族因素，对地域文化着墨较少，① 但宗族

① 关于常州学派研究较有代表性的成果，如〔美〕艾尔曼《经学、政治和宗族——中华帝国晚期常州今文学派研究》（赵刚译，江苏人民出版社，1998）、蔡长林《常州庄氏学术新论》（博士学位论文，台湾大学中国文学研究所，1999）等，在探讨常州学派的兴起之因时，大多将目光集中于宗族因素上，对于地域文化仅做一背景介绍，未予以重点关注。其他与本文论题相关的研究成果，如〔日〕大谷敏夫《扬州、常州学术考：学术与社会的关联》［「揚州・常州学術考：その社会的関連」，〔日〕小野和子编《明清时代的政治与社会》（『明清時代の政治と社会』），京都大学人文科学研究所，1983］一文，则更多关注江南地区文化的共性；曹虹《论清代江南文化圈中的常州学风》［《南京大学学报》（哲学・人文科学・社会科学版）1996 年第 1 期］主要探讨的是常州学派兴起以后的地域学术文化的特征，皆与本文旨趣相异。

的学术文化传统是和地域文化传统紧密相连的，只有真正厘清了地域文化传统，尤其是地域文化核心的学术文化传统，才能真正把握常州学派兴起在文化层面的动因。有鉴于此，本文拟借助前人较少利用的地方文献，对常州学派兴起所依托的地域文化资源略作梳理，不当之处，尚祈大雅指正。

一　常州地域文化传统演变之脉络

就文化历史整体而言，常州文化的发展和地方经济的发展相始终，两晋之际的永嘉南渡，是一个重要的节点。虽然常州士人往往将泰伯、季札视为常州地域文化的源头，但在两晋之前，常州在社会经济上处于边缘地位，在地域文化上亦是如此。永嘉南渡以后，江南经济逐步走向繁荣，常州文化也逐渐兴盛起。南北朝时期，迁居于常州的萧氏家族产生了齐、梁二代十余位君主。如萧统等帝王贵胄饱读经史，又提倡文学、玄学，在常州形成了所谓的“齐梁之风”。到了唐宋时期，常州的社会经济已十分繁荣，文化也已十分发达，在陆游看来，宋代常州已是“儒风蔚然为东南冠”[①] 的文化重镇。但由于常州地处江南冲要，自汉代以后就兵燹不断，易代之际，往往人口离散。元灭宋时，常州更是惨遭屠城。在元代以前，常州的社会结构并不稳定，一直没有形成具有连贯性的文化传统，也缺乏能够在学术文化领域发挥引领作用的人物。当常州士人追溯地域学术文化历史时，常常把苏轼、杨时等曾寓居常州的历史人物纳入自身的文化传统中，视为常州文化的标志性人物，原因亦在于此。

除了五牧薛氏、前黄杨氏等几个家族外，毗陵唐氏、庄氏，西营刘氏、汤氏，段庄钱氏等常州重要的宗族的始祖，也均是在元明两代定居常州的。这些宗族，最初有的以务农、经商为本，如庄存与所出自的毗陵庄氏家族，在元代由其八世祖秀九公自金坛迁至常州；有的由军功起家，比如，刘逢禄所出自的西营刘氏家族，其始祖刘真随朱元璋在元末起兵，后统兵驻防武进西营。最初，这些宗族基本上都没有学术背景，也缺乏文化领导力，但到明朝中后期，常州各大宗族的子弟，如唐氏家族的唐顺之，薛氏家族的薛应旂，庄氏家族的庄廷臣、庄起元，刘氏家族的刘纯仁，钱氏家族的钱一本，等等，纷纷在科举考试中接连高中，以学术闻名于世，成为常州地域学术文化的领导者。也就是从这时开始，常州开始形成具有自身特色的学术文化传统，这个学术文化传统随着宗族势力的发展一直延续到清代。

常州学术文化传统的形成，有两个方面的原因。

其一，得益于地方士人的有意塑造。在明代中后期，常州士人开始频繁编纂地方志、地方贤达传记合集，构建地域学术文化谱系。比如，唐鹤徵所纂《万历武进县志》就特别关注地方人物，详细考证地方人物事迹，希望“读者如见乎其人，景行思齐，

---

① 陆游：《渭南文集》卷18《常州开河记》，《陆游集》第5册，中华书局，1976，第2147页。

所由切矣”[①]。毛宪所撰的《毗陵正学编》，为自宋代杨时、邹浩、周孚先、周恭先至明初的谢应芳等12位出自常州府，或者曾在常州寓居的学术名人立传，分述各人之学行，并以此作为地域学术之正脉。欧阳东凤所撰的《晋陵先贤传》，则为表彰常州地方“名实萃然、彪炳百代”的先贤而作，该书收录了先秦以迄明代的常州地方贤达69人，其中既有以学术著称者，又有以忠义、气节闻名者，目的在于引导地方风俗，希望地方人士能够以此传中之人物为楷模，进而“憬然思、跃然起”[②]。类似的著作还有在明代后期被多次增修的《毗陵人品记》，其所收人物远超上述两书，凡是在学行、仕宦上有可称道之处的常州士人，均予以收录。该书不仅为表彰品德高尚的先贤而作，也为形塑地域文化传统、引导地方风俗而作，因为在作者看来，当时人若读此书，“未有以此品人，不以此律己，以此范俗，不以此教家者”[③]。这些整合地域文化传统、旨在教化地方士人的著作，是常州文化传统形成的一个关键。

其二，也得益于地域学术精英的崛起。在明中叶以前，虽然常州也出现过类似邹浩、周孚先、周恭先、谢应芳这样的理学家，但就学术思想的深度以及学术影响力而言，他们都不能算作第一流的学者。明代中叶以后，随着唐顺之、薛应旂，以及此后的钱一本、孙慎行等人的崛起，情况就大不相同了。唐顺之既是明代古文运动的重要倡导者，同时又是明代中后期重要的学问家、思想家，还是嘉靖时期的抗倭名将。《明史》称他“于学无所不窥。自天文、乐律、地理、兵法、弧矢、勾股、壬奇、禽乙，莫不究极原委。尽取古今载籍，剖裂补缀，区分部居，为《左》《右》《文》《武》《儒》《稗》六编传于世，学者不能测其奥也”[④]。唐顺之在学术上主张调和程朱陆王，同时注重经世之学，精通天文、地理、历算、兵法等。在王学大盛、学者侈谈心性的嘉靖时期，唐顺之可称得上一位独具个性且一枝独秀的学术人物。不仅如此，唐顺之的儿子唐鹤徵与东林学派的领袖顾宪成为挚友，他的孙女婿孙慎行亦是东林学派的重要成员，唐氏讲朱陆调和、经世致用，这些都直接影响了东林学派，因此后来学者将他视为常州学者的典范与常州学术的先驱。如李兆洛即称：“吾乡自荆川先生以治经治史，发之于文章，实之于躬行，赫然为学者宗。”[⑤] 薛应旂与唐顺之类似，他也是明代中后期崛起的重要学者。薛应旂学兼经史，亦主张兼通程朱陆王，学行并重。他曾因弹劾严嵩而被排挤，后主讲白鹿洞书院，东林学派核心人物的顾宪成、顾允成、孙慎

① 唐鹤徵：《万历武进县志序》，孙琬、王德茂修，李兆洛、周仪暐纂《道光武进阳湖合志》卷首，道光二十三年刊本。

② 欧阳东凤：《〈晋陵先贤传〉题词》，常州市图书馆编，杨印民、石剑点校《常州人物传记史料四种》，凤凰出版社，2015，第95、96页。

③ 吴亮：《〈增修毗陵人品记〉序》，常州市图书馆编，王继宗点校《毗陵人品记》，凤凰出版社，2013，第3页。

④ 张廷玉等撰《明史》卷205《唐顺之传》，中华书局，1974，第5424页。

⑤ 李兆洛：《养一斋文集》卷10《陶氏复园记》，《清代诗文集汇编》第493册，上海古籍出版社，2010，第147页。

行，均曾问学于薛应旂，受其影响颇深。也正因如此，黄宗羲才把他视为东林学派的先驱，称“东林之学，顾导源于此”[①]。

孙慎行、钱一本是明末东林学派的重要成员，两人延续了唐顺之、薛应旂在学术文化领域所取得的成绩，他们讲学于武进之龙城等书院，与讲学于无锡东林书院的顾宪成、高攀龙等人遥相呼应，使东林之学、之行名冠天下，同时也使常州隐然成为全国学术文化中心。众所周知，顾宪成、高攀龙是东林学派的核心人物，但孙慎行、钱一本在东林学派中扮演的角色亦不可轻视。在东林学派之内，相较于顾宪成、高攀龙，钱一本、孙慎行在学术上贡献颇多。钱一本在明末王学独重本体的时代下，强调功夫论的重要性，深得黄宗羲的赞许，称其“深中学者之病”[②]。孙慎行针对朱陆异同，论格物穷理、论人心道心，亦多精妙之论，他是东林学派集大成式的关键人物。如黄宗羲所言，“东林之学，泾阳导其源，景逸始入细，至先生而集其成”[③]，他对于东林学派的重要性不言而喻。

清代常州文化，大体而言，和明代文化是一个的整体，一以贯之。和扬州等地不同，常州士民在清兵南下的过程中未作激烈抵抗，即在西营刘氏家族刘光斗的带领下归顺清廷，因此，作为常州地域文化主要载体的各大宗族，都得以平稳地过渡到清代，这是清代常州学术文化得以延续晚明传统且继续发展的重要原因。另外，由于在道义的层面上认可清廷取代明朝的合法性，常州各大宗族在清朝建立伊始，就积极参与清廷举办的科举考试，并且在清代前中期的科举考试中，取得了相当可观的成绩。[④] 常州士人在科举考试中的卓越表现，是常州文化发展的重要保障，同时也能激发常州士人的地域认同感与地域文化的自豪感。为彰显地域文化传统，清代常州地方志，尤其是武进的地方志，在康熙、乾隆、道光年间数次重修，频率远超前代，所谓“志之义，为一乡劝”[⑤]，这些地方志的纂修，无一不是希望地方士人能够铭记地域文化传统，并

---

① 黄宗羲著，沈芝盈点校《明儒学案》上册，中华书局，1985，第592页。

② 黄宗羲著，沈芝盈点校《明儒学案》下册，第1437页。

③ 黄宗羲著，沈芝盈点校《明儒学案》下册，第1450页。

④ 如近代史家沈云龙即认为：“有清一代，江南各省之科名，谈者每侈言苏州之盛，实则常州之学术与科名，均盛极一时，鲜有能与之抗衡者。”参见沈云龙《常州科名之盛》，《近代史事与人物》，台北：自由太平洋文化事业公司，1965，第43页。这一观点并非无据。顺治四年（1647）丁亥科是清廷占据江南后举办的第一次科举考试，该科状元即为常州吕氏家族的吕宫。自顺治四年至顺治十八年（1661），清廷共举办了7次科举考试，常州共有75人高中进士，平均每科人数在10人以上。随着清廷统治为汉族士大夫所接受，参与科举者渐多，竞争也日趋激烈。康、雍、乾三朝，常州每科中进士的平均人数有所下降，但整体学术素养仍维持在较高的水平。以乾隆一代为例，常州出现了2位状元、4位榜眼、3位探花。另外，通过朝考而进入翰林院者亦所在多有，乾隆丙戌前后，曾出现庄存与、钱维城等16人同时在翰林院读书、任职的情况。以上内容可参见赵熙鸿原编，刘汉卿、钱济世、庄柱续编，汤成烈等校补《增续毗陵科第考》，常州市图书馆编，杨欣、朱煜点校《常州科举史料三种》，凤凰出版社，2015。

⑤ 王德茂：《道光武进阳湖合志序》，孙琬、王德茂修，李兆洛、周仪玮纂《道光武进阳湖合志》卷首。

以此为行事、为学之标准。[①] 不仅如此，常州士人如钱人麟、汤修业、汤敬业、臧庸、赵怀玉、李兆洛、薛子衡等人，还积极整理、刊刻前代地方人物的相关文献，为地方贤达立传设祠。[②] 其中，唐顺之、薛应旂以及东林学派的孙慎行、钱一本，尤其为清代常州地方士人所重视，成为地域文化的重要符号。

二　常州的地域文化精神

章太炎、刘师培分别在《清儒》《南北学派不同论》等文中谈及常州学派兴起的问题时，曾提出著名的“文人说经”说；他们认为，位于太湖之滨的常州与苏州等地类似，民风“佚丽”，当地士人受爱慕浮华的文人习气的熏染，在“汉学”兴起的背景下，附庸风雅，故而投身于“西汉”的“微言大义”之学。[③] 这一说法，至今仍是常州学派成因最有力的解释之一，但若具体审视常州地域文化之传统，则可以发现，章太炎、刘师培等人对常州地域文化传统的理解，显然与常州地方士人的自我认知存在较大的差异。常州的文化传统中，道义、忠义、名节是相当重要的关键词。在常州士人看来，当地“有泰伯、季子之遗风，自古高节所兴，由克逊以立风俗，君子尚义，庸庶厚庞”[④]。他们认为，当地风俗质朴，和江南其他地域的爱慕浮华之风有异。明代万历年间，曾任常州知府的欧阳东凤为《毗陵先贤传》题词时，特意为常州辩护，将常州比作“东南邹鲁”。他说：“传称，大江之南，其人轻心易侈。而晋陵亦江以南也，荐绅先生以及布衣韦带之士，独以名节自卫，以道义相追逐，彬彬质有其文，为东南邹鲁。”[⑤] 清代常州士人左辅的看法与之类似，他也强调，在嘉道以前“常郡民多愿朴，俗颇勤生，虽界居苏、扬之间，未染浮靡之习”[⑥]。

对于道义、忠义、名节，明清两代常州士人极力加以提倡，尤其注重发掘此方面的地域文化资源。宋末刘师勇、姚訔、陈炤在常州抵抗元军至死不屈的事迹，尤为明儒所称道。明人胡华书强调：

---

① 如《光绪武进阳湖县志》所称，该书希望“有志之士阅此书者，必当思已往、励将来，躬行而实践之”。见吴康寿《光绪武进阳湖县志序》，《光绪武进阳湖县志》卷首，《中国地方志集成·江苏府县志辑》第37册，江苏古籍出版社，1991，第4页。

② 如李兆洛、赵怀玉辑录《毗陵经籍志》于常州学人之著述多有采录。见《光绪武阳志余》卷7《经籍》，《中国地方志集成·江苏府县志辑》第38册，第389页。另如乾隆壬午，钱人麟于常州忠义祠旁建祠，祀唐以来之节烈凡一百五十九人。见周中孚撰《郑堂读书记》卷23，“毗陵节烈前编一卷后编一卷”条，中华书局，1993。

③ 如章太炎指出，“大湖之滨，苏、常、松江、大仓诸邑，其民佚丽。自晚明以来，憙为文辞比兴，饮食会同，以博依相问难，故好浏览而无纪纲，其流风遍江之南北”，“文士既已熙荡自喜，又耻不习经典，于是有常州今文之学，务为瑰意眇辞，以便文士”。参见章太炎《清儒》，章太炎著，朱维铮点校《章太炎全集》第3册，上海人民出版社，2015，第156页。

④ 胡华书：《毗陵忠义祠录》，常州市图书馆编，杨印民、石剑点校《常州人物传记史料四种》，第5页。

⑤ 欧阳东凤：《〈晋陵先贤传〉题词》，常州市图书馆编，杨印民、石剑点校《常州人物传记史料四种》，第96页。

⑥ 左辅：《念宛斋文稿》卷8《禁灯公呈》，《清代诗文集汇编》第430册，第268页。

毗陵，古常郡也。而城以忠义名，天下所无也，而吾常有焉。常之忠义，前此犹未显也，至宋之末，始大显焉……满城忠义，信古今天下所无，而仅一见于吾常也。①

明人候位书也着重指出：

忠义也者，人心之天理也。在常郡，宋有人焉。其事以之祠者也，崇其人也；录也者，传其事也……斯录也，斯祠也，其人尚矣，其事备矣，传之天下后世，将不有慨然兴感于斯者乎?②

不仅明士人如此，清代士人亦是如此，如康熙年间纂修的《康熙常州府志》在论及常州的文化传统时，就是从此一角度立论的。该书作者从历代典籍中寻找相关的评价，凸显常州地方重视道义、忠义、名节的地域文化传统。作者引左思《吴都赋》称常州，“由克让以立风俗，轻脱躧于千乘，士有坚贞之说，俗有节概之风”；引应劭《风俗记》称常州“人颇淳厚，燕集不丰”；引葛邲《贡院记》称常州“秀而多文，愿而循理”；引《隋书·地理志》称常州“君子尚义，庸众厚厖”；最后总结说，“吾常前代之风俗可以概见，至于明而士子益敦气节、尚廉耻，入我朝而不变”③，将清代常州的地域文化与前代连贯起来。不仅如此，作者还将明代常州士人，尤其是东林诸人的事迹整合进常州重视道义、忠义、名节的文化传统之内，作者认为：

忠节素著于毗陵，故宋末有满城忠义之谣，迄今祠祀者班班可考，逮有明三百年，其间舍生取义，凛凛于易储、大礼、红丸、挺击、移宫、阉祸、改革诸大事者不可枚举，尝思宋之季以徐道明、莫谦之一羽士淄流且能抗节以死，而明末市贩、细民如欧敬竹、石士凤者毅然殉国，况乎明大义、持大节如李忠毅、缪文贞、王忠烈、金忠节、刘忠毅、马文肃、龚舍人诸先生乎?④

虽然道义、忠义、名节是儒家尤其是宋明理学家最为看重的精神特质，本身并没有什么特异之处，但是这些行为品质和地方人物的事迹联系起来之后，就被打上了独特的地域印记。清代常州士人赵怀玉甚至认为，“毗陵于天下不过一隅，而与天下人争

① 胡华书：《毗陵忠义祠录》，常州市图书馆编，杨印民、石剑点校《常州人物传记史料四种》，第5页。

② 候位书：《〈刊忠义祠录〉跋》，常州市图书馆编，杨印民、石剑点校《常州人物传记史料四种》，第8页。

③ 《康熙常州府志》卷9《风俗》，《中国地方志集成·江苏府县志辑》第36册，第183页。

④ 《康熙常州府志》卷9《风俗》，《中国地方志集成·江苏府县志辑》第36册，第183页。

气数者实出九州之上”①。当地方士人反复以道义、忠义、名节为特征标榜地域文化时，当地民众就会在无形之中受其影响，将之作为自身的价值观念与行事标准。如毗陵庄氏在其家训中就反复申述说：

> 臣子当国家无事之时，固当尽言尽职、为国为民，不为肥身营家之计。至于临利害、遇事变，死生存亡、间不容发，盟金石而不渝，炳日星而有曜，方得谓之忠贞。若依阿取容，无独立不惧之节；持禄养安，无公尔忘私之心，则平日读书何为?②

西营刘氏家族在编纂族谱时亦格外指出：

> 谱之作以敬宗收族，而吾先世之勋名、气节，载在疏传、序记、碑志者，代不乏人，实足辉耀史乘，使子孙读之而勃然兴、景然慕。③

由于东林诸人的事迹距清代最近，而且往往与清代常州士人存在直接或者间接的宗亲关系，因此清代常州士人在提倡道义、忠义、名节时，最为看重的就是晚明东林诸人勇于匡正人主之过、打击阉党小人、抗节不屈、激议时政的事迹。康熙三十三年(1694)，东林书院复修完工时，常州士人邵长蘅即提出要以东林先贤为榜样，他特意提出：

> 夫书院固讲学之肆也，肆而不居，与无肆同，居焉而非其人，人焉而不事事，与不居同。是故士之居是肆也，必圣贤以为规矩，师友以为∇锯刀削，孝悌忠信以为材，廉耻以为绳尺，而身以为器，以祈底于成。④

江阴士人陈鼎在为自己的著作《东林列传》作序时，亦着重彰显东林党人之名节，他认为东林讲学之风是明代志节之士远超前代的关键原因，如其所言：

> 非东林诸君子讲明圣学，阐发义理，激扬廉耻，乌能视国如家，视君如父，趋义如流，视死如归，踵相接而肩相摩耶?⑤

① 赵怀玉：《亦有生斋文集》卷2《〈碧血录〉序》，《清代诗文集汇编》第419册，第542页。

② 庄怡孙等纂修《毗陵庄氏族谱》卷19《训诫》，光绪元年刊本，第3页。

③ 刘锡祜：《西营刘氏家谱序》，刘翊宸等纂修《西营刘氏家谱》卷首，光绪二年刊本。

④ 邵长蘅：《青门簏稿》卷13《重修东林书院碑记》，《清代诗文集汇编》第145册，第284页。

⑤ 陈鼎：《东林列传自序》，《东林列传》，广陵书社，2007，第2页。

作为东林诸贤后裔的常州各宗族子弟，十分注重保存、传衍东林之精神。如艾尔曼所言，庄氏、刘氏家族确实吸收并保存了东林精神。他们既在家训中宣扬道义、忠义、名节精神，还在族谱中对族中先人如庄廷臣、刘纯仁等帮助、营救东林党人的事迹进行着重表彰。但东林精神在清代，并非为庄、刘两大家族所独有，这些事迹是地方士人共有的历史记忆和文化资源。庄存与、庄培因的舅舅钱人麟，是东林党人钱一本的后人，他“孜孜缵绪，搜罗先泽帙而藏之，故于前明事尤极淹贯，于东林诸君子虽一琐事必穷析源流，言之亹亹不倦”①。作为东林党人孙慎行的后人，孙星衍之父亦“以敬宗收族为念，乃购得文介公（孙慎行——引者注）殿试卷及祖先手泽器物藏于家，又为忠臣无后者立忠愍、烈愍诸祠，捐田备祀事”②。他们延续东林道义、忠义、名节精神的自觉性，较庄、刘两家更为强烈，这其实也能够说明东林精神的影响，在清代常州是广泛存在的。相较于章太炎、刘师培所言爱慕浮华、民风佚丽的文化风气，显然由东林党人所承载的道义、忠义、名节精神更能代表常州文化的传统，也更能影响常州学人的治学旨趣。

与道义、忠义、名节息息相关的，是士大夫强烈的政治主体意识、抗争精神，以及对儒家道德伦理与政治理想的坚守。常州士人虽然十分看重东林精神，重视道义、忠义、名节的地域文化传统，但是康熙、雍正、乾隆三代帝王屡屡以圣主、明君自居，他们自认为得理学之真传，牢牢掌握着话语权，否定臣属非议时政、匡正人君之过在道义上的正当性。东林学派所发起的党社运动，在清代帝王看来，也并非为了维护名节、彰显忠义。如雍正帝就认为，“好为朋党者，不过冀其攀援、扶植、缓急可恃，而不知其无益也。徒自逆天悖义、以陷于诛绝之罪”③。在君主以圣人自居、乾纲独断的压力下，清代常州士人不可能效仿明末东林党人自发结成党社，通过讲学书院的方式来抨击时政，以践行道义精神。明代士大夫彰显政治主体意识、抗争精神的上述方式，在清代，常州士人如想效仿无疑就需要冒相当大的风险。

压力不仅来自外部，常州各大宗族在明清鼎革之际的表现，也给自身带来了不小的压力。各宗族中虽然不乏在易代之际反抗、殉节或守节者，如毗陵庄氏家族的庄保生，西营刘氏家族的刘永祚，段庄钱氏家族的钱霖，前黄杨氏家族的杨廷鉴，毗陵唐氏家族的唐宇昭、唐宇量，等等，这些人的事迹在各宗族的族谱中都被浓墨重彩地予以表彰，但常州各大宗族，对清廷以异族入主这一事实，并没有完全抗拒、彻底排斥。在上述宗族成员抵抗清廷的同时，也有部分宗族成员与清廷保有合作的态度。诸如西营刘氏家族的刘光斗，应清廷之诏安抚常州；毗陵庄氏家族的庄应会，也应清廷之诏安抚江西。在清廷最初举办的数次科举考试中，常州各大宗族的子弟积极应试并且高

① 钱维城：《茶山文钞》卷12《先考铸庵府君行状》，《清代诗文集汇编》第346册，第710页。

② 孙星衍：《〈孙氏谱记〉序》，孙冀先等纂修《毗陵孙氏家乘》卷首，道光十二年刊本，第9页。

③ 清世宗：《御制诗文集》卷5《朋党论》，《清代诗文集汇编》第240册，第224页。

中者亦不在少数，如毗陵庄氏家族的庄同生、庄朝生，西营刘氏家族的刘履旋、刘汉卿，前黄杨氏家族的杨廷锦，等等。与清廷合作的态度，使常州的宗族势力在清代前中期科举考试中获益颇多，并且奠定了其在地方政治领域中的优势。但在鼎革之初就投身于异族新朝政治活动中的做法，似乎和崇尚东林道义、忠义、名节的常州地域文化传统不相协调，和以民族为本位的忠君爱国观念亦不相符。

由于有上述压力存在，清代常州士人对东林精神的继承，既有所选择也有所变通。总体而言，顾炎武、王夫之、吕留良等坚持不仕的明代遗民，将“华夷之别”视为道义中的重中之重；与之不同，清代常州士人则更加关注“天命人心之去留”，他们选择接受“天命转移”这一既成事实，认可清朝取代明朝在道义上的合法性和合理性，愿意接受“勤政爱民”的清朝君主的统治。正如钱人麟之子钱维城指出的那样：“圣人于嬗代之际无所私利，惟审于天命人心之去留，以定兴亡之运，而立纲常之极。”①

在上述理念的基础上，清代常州士人将东林党人强烈的政治主体意识、批判精神，转换为积极的政治参与意识与经世观念。② 在他们看来，既然“天命”已然转移，清朝取代明朝在道义上合法、合理，那么投身科举仕途而非隐匿不出，就是延续和彰显地域文化传统中重视道义、忠义、名节精神的正确方式。如观庄赵氏家族的赵熙鸿所言，“士不必以科名重，而科名未始不足重。士道德、勋业、节义、文章炳史册而耀桑梓者，皆科第中人也”③。清代常州士人认为，通过获取科举功名，积极参与政治，在吏治、民生上有所成就，对忠义、名节的追求亦可以实现。清代常州士人“以道事君”的方式不再是东林党人的直言规谏甚至以身殉国的激烈方式，而是采取一种温和的“借经言政”的方式，他们通过对经学大义的发挥，委婉地表达自身的政治观点。上述延续和践行地域文化精神的方式，从民族节义的角度而言，有因小失大之嫌，颇有可商榷、指摘之处，但对常州士人自身而言，这种方式缓解了地域文化传统在政治高压下的不适，以及与投身新朝行为之间的矛盾。重视道义、忠义、名节的地域文化精神，虽有所走样，但在清代常州士人那里并未丧失。这从他们在讲论经义时屡屡强调“圣人之于臣，惟愿其弼直，不愿其面从”④、“自古圣哲之君必皆贤人为之师友”⑤、“君不敬其臣，非礼也”⑥、“朝廷取士，其徒曰和其声以鸣国家之盛而已哉？盖将以用之

① 钱维城：《茶山文钞》卷10《御制书明崇祯甲申纪年事后恭跋》，《清代诗文集汇编》第346册，第691页。

② 比如，刘光斗，西营刘氏家谱中即突出其经世爱民的一面，当时士民多陷大狱，而刘光斗“多所救免”，刘氏后人认为其有“大节”。参见刘翊宸等纂修《西营刘氏家谱》卷8《讱韦刘先生传》。再比如，庄应会，毗陵庄氏家谱中亦强调其经世爱民的一面，认为他对于陷狱中的士民，“秉心仁恕，多所平反，所赖全活甚众”。参见庄怡孙等纂修《毗陵庄氏族谱》卷29《少司寇素鹤庄公传》一文。

③ 赵熙鸿：《增续毗陵科第考序》，常州市图书馆编，杨欣、朱煜点校《常州科举史料三种》，第1页。

④ 杨椿：《孟邻堂文钞》卷1《经义折子》，《清代诗文集汇编》第238册，第17页。

⑤ 杨椿：《孟邻堂文钞》卷5《克明俊德说》，《清代诗文集汇编》第238册，第84页。

⑥ 杨椿：《孟邻堂文钞》卷5《君使臣以礼说》，《清代诗文集汇编》第238册，第86页。

也”[①]、能服天下之心者“非独任其事者为之也”[②]、“君有天下，不能无待于臣”[③]、“以天道临之，可贬天子”[④] 等的政治态度中可见一斑。

三　常州的地域学术传统及其特征

清代常州士人不仅继承了东林党人注重道义、忠义、名节的精神，而且还继承了东林党人的学术传统，积极从事于经史实学与经世之学的研究，给自身的政治参与意识和独立精神披上了一层学术的外衣。在提倡道义、忠义、名节的文化传统背景下，常州逐步形成了一种相对深厚的学术传统。如《康熙常州府志》所言：

> 杨龟山（杨时——引者注，下同）先生，东南学者推为程氏正宗，寓吾常十有八年，讲道城东书堂，四方之士云集。其时邹道乡（邹浩）先生抱疴家居，龟山即卧内就见之，与周伯忱兄弟（周孚先、周恭先）逾相友善，由是喻、尤、李、蒋先后相师而理学之传遂盛。至于明顾、高两先生振起东林之席，然嗣是道南一祠侑食者，遂不无是非同异之见。要之崇儒重道，历世久远而不逾，皆士林所亟取也。[⑤]

近人柳诒徵亦言：

> 有清一代，常州之学术文艺，弁冕南服。即气节事功，亦荦荦可指数。然予以谓明代常州之人文，殆尤跨越清世，祧余姚而开东林，轩天震地，为国脉人纪道统之枢纽者，毗陵也。方山（薛应旂）、荆川（唐顺之），并峙嘉隆中。荆川之学尤博，事功尤伟，当时学者莫之并。亦越数百年，伟人长德，世固不乏，语其轨辙，与荆川俪敌者，犹难其选。呜呼盛矣！[⑥]

综合上面两则引文可知，常州的学术文化传统由宋代杨时和常州地方的邹浩、周孚先、周恭先兄弟奠基，他们赋予了常州学术最初的理学底色。但真正将常州学术文化传统发扬光大的是晚明东林诸人，而东林之学实际上又导源于唐顺之、薛应旂。因此，从唐顺之、薛应旂到东林学派的兴起，是常州学术文化走向繁盛的关键阶段。在

① 钱维城：《茶山文钞》卷3《己卯科江西乡试录序》，《清代诗文集汇编》第346册，第608页。
② 钱维城：《茶山文钞》卷7《伊尹论》，《清代诗文集汇编》第346册，第660页。
③ 庄存与：《系辞传论》，清光绪八年阳湖庄氏刊本，第37页。
④ 庄存与撰，辛智慧笺《春秋正辞笺》，中华书局，2020，第27页。
⑤ 《康熙常州府志》卷9《风俗》，《中国地方志集成·江苏府县志辑》第36册，第183页。
⑥ 柳诒徵：《〈唐荆川年谱〉序》，柳诒徵著，罗炳良等整理《柳诒徵文集》第8卷，商务印书馆，2018，第358页。

晚明王学大盛、王学末流空谈心性、束书不观的时代背景下，常州学术有三个特点尤其值得关注。

其一，强调程朱与陆王并重。晚明的常州学人，无论是较早的唐顺之、薛应旂，还是后来的东林诸人，其实都受王学思想的影响甚深。唐顺之、薛应旂二人在黄宗羲所作的《明儒学案》中都被视为王学之后裔，而归于“南中王门学案”中，其王学背景自不待言。东林诸人与王学之关系，历来争议甚多，但如孙慎行提倡“慎独”，主张“人心道心，非有两项心也”，反对“气质之性”与“义理之性”为二；[①] 钱一本主张“圣学率性”，主张“心”为天、地、人“三才”之主宰，反对“遍物之知为格物”[②]。这些观点显然与主张“性即理”的程朱一派相悖，而更近于主张“心即理”的陆王一派。但上述常州学人，尤其是东林诸人，在思想倾向上与明末大盛的王学左派，并不完全相同，他们屡屡借鉴程朱一派的重视格物致知的思想观念，来纠正王学末流束书不观的流弊。他们反对单纯以“悟”为学。如孙慎行强调，“学问思辨行，时时用力”[③]；钱一本主张学问“不从格上起程，俱歧路也”[④]；均呈现出明显地兼采程朱的倾向。

其二，强调德性与事功并重。在理学的熏陶与浸润下，晚明常州学人都十分注重德行的养成与修炼，但他们也同样看重事功与践履的必要性，强调本体与“工夫”并重。在观念层面上，唐顺之以“力行”为倡，主张“力行一路，乃是一帖救急良方”[⑤]；薛应旂认为“学”与“行”非为二事，强调“古之学者，知即为行，事即为学”[⑥]；孙慎行主张，“吾道需实行是善”[⑦]；钱一本亦主张，“学不在践履处求，皆空谈也”[⑧]。他们均将躬行实践视为学问之基。在具体的事功层面上，唐顺之主持抗倭事务，孙慎行、钱一本反对阉党、抨击时政，亦皆有可称道之处。

其三，理学、经史、经世并重。受理学影响颇深的晚明常州学者，不乏讨论心性义理问题的语录体著作，如唐顺之所编之《诸儒语要》、薛应旂的《薛子庸语》、钱一本的《黾记》、孙慎行的《元晏斋困思钞》等；但常州学者除了依据理学的核心文本“四书”编纂、撰写语录体著作，阐发性理之道外，亦注重经史之学的研究。如唐顺之所著《史纂左编》《史纂右编》，其中《史纂右编》采历代名臣言论，“古来崇论宏议、切于事情、可资法戒者，菁华略备”[⑨]；《史纂左编》则采历代君臣事迹，“其意欲取千

---

① 黄宗羲著，沈芝盈点校《明儒学案》下册，第1456、1465页。

② 黄宗羲著，沈芝盈点校《明儒学案》下册，第1438、1439页。

③ 黄宗羲著，沈芝盈点校《明儒学案》下册，第1468页。

④ 黄宗羲著，沈芝盈点校《明儒学案》下册，第1441页。

⑤ 黄宗羲著，沈芝盈点校《明儒学案》上册，第602页。

⑥ 黄宗羲著，沈芝盈点校《明儒学案》上册，第592页。

⑦ 黄宗羲著，沈芝盈点校《明儒学案》下册，第1462页。

⑧ 黄宗羲著，沈芝盈点校《明儒学案》下册，第1440页。

⑨ 《光绪武阳志余》卷7《经籍》，《中国地方志集成·江苏府县志辑》第38册，第311页。

古兴衰治乱之大者，切著其所以然”①。薛应旂所编著之《宋元资治通鉴》意为续司马光《资治通鉴》，为总结宋元时期的政治得失而作，旨趣与唐顺之《史纂左编》《右编》类似。孙慎行、钱一本两人则精通《易》学，孙氏所著《周易古本》一书，考释爻变大旨；钱氏则有《象钞》等书，精研《易》学象数之说。对于直接关乎现实的实用知识，常州学人也有涉猎。如唐顺之所著《武编》一书分前后二集，综述行军打仗所需阵法、器用、火药以至于料敌、攻坚等各类知识，十分具有现实价值。

概而言之，常州地域学术兴起之初，以东林诸人为代表的晚明常州学人，讲求朱陆调和，讲求德性与事功并重，讲求理学与经史、经世并重，正是为调和理学内部的矛盾，针对晚明的政治危机以及王学末流的弊病与困境而发的。而在学术上倡导朱陆调和，进而由陆返朱，注重经史之学与经世之学的研究，其实也代表着清初学术的主要特征与发展趋向。故而如钱穆所言，“明清之际，学者流风余韵，犹往往沿东林”②，“清初学术新趋，由东林开其端”③。可以说，以东林学术为代表的晚明学术，直接影响了清代学术的走向。

清初常州学术的发展，也大体延续了晚明常州学者所开辟的方向。朱陆调和的学术理念，以及由陆王返向程朱的趋向，在清初常州颇为流行。在明清易代之初，讲求理学颇为著名的常州学者有马负图，其“潜心理学，务期实用，娄东陆世仪、关中李颙主毗陵讲席，负图与语，悉印合……每语人为学之要在治心，一以朱子为法”④。恽日初、恽本初兄弟，他们既倾心程朱理学，又以王学大师刘宗周为师，推重其“慎独”之学，常州学者多宗之。康熙时期，邵长蘅工于诗文，与王士祯等人交善，同时他亦讲理学，主张朱陆调和。到了雍乾之际，又有蒋汾功，其治学亦具有理学色彩，治经邃于孟子，而不肆意阐发，不同于一般讲求性理的理学家，庄存与、庄培因兄弟曾师事之。此外，另有是镜，亦活跃于雍乾之际，他以讲明程朱之学为志，曾与戴震反复辩论理学问题，也较为著名。

清初常州学者也十分注重经世之学，由虚返实的学术趋向在常州十分盛行。如明清易代之初的蔡所性，“博览载籍，凡天文、律历、皇极、洪范、壬奇之属，不由师傅，皆穷其奥隐。与恽日初、杨瑀、马负图友善，娄东陆世仪重其人”⑤。吴光，“厌帖括，究心经济，务为有用之学”⑥。朱二采既“明性道之学”，又注重经世之学，“自律历、礼乐、学校、贡举、田赋、兵制以至救荒、弥盗、河漕之得失，古今之盛衰，靡

① 《光绪武阳志余》卷7《经籍》，《中国地方志集成·江苏府县志辑》第38册，第295页。

② 钱穆：《中国近三百年学术史》，九州出版社，2011，第7页。

③ 钱穆：《中国近三百年学术史》，第11页。

④ 乾隆《武进县志》卷10《儒林》，故宫博物院编《故宫珍本丛刊》第90册，海南出版社，2001，第338页。

⑤ 乾隆《武进县志》卷10《儒林》，故宫博物院编《故宫珍本丛刊》第90册，第339页。

⑥ 张惟骧等撰，蒋维乔等补《清代毗陵名人小传稿》，周骏富辑《清代传记丛刊》第197册，台湾明文书局，1975，第23页。

不贯穿于胸臆而一发之于文辞……虽博大未及亭林、梨洲，而守先待后，隐以自任”[①]。陈玉璂“凡天文、地志、兵刑、礼乐、河渠、役赋诸大事莫不讲求”[②]。龚廷历“好读书，类编天文、舆地、诸子百家书数百卷”[③]。顾秉信，宗尚刘宗周“慎独”之学，同时受马负图及来常讲学的清初学术大师陆世仪、李颙的影响而倾心于经世之学，“凡历象、方舆、农田、水利、漕运、兵防，悉贯通焉”[④]。此后，又有恽鹤生、孙应榴师徒，他们受颜李学派的影响，亦以经世之学为归，倡导实行、实用之学。此外，毗陵庄氏家族的庄绛，也兼通经史之学与经世之学，他“生平肆力于古，参订经史，凡天文、疆索、九流、百家之书靡勿贯穿，尤明于国家掌故”[⑤]。西营刘氏家族的刘≈同样兼修经史之学与经世之学，其“嗜古、喜著书”，著有“《古学录》《经济汇编》《博物典要》《左国史汉钞》”[⑥] 等书。

以考据、训诂为核心的经史之学，是清代学术的主流。对此，清初常州学者亦多有贡献，他们有着明显的由义理转向经史的倾向。其中如易代之初的杨瑀、杨玾兄弟，“穷探经史，多所论著，昆山顾炎武尝称为高士”[⑦]。康熙时期，以经学著称的常州学者有臧琳，他“深明两汉之学”，治学“一以研经、考古为务”，主张“不识字何以读书，不通训诂何以明经”[⑧]，考据学大师阎若璩、钱大昕等人均对其称赞有加。此外，郑环亦是雍乾之际以经学考据著称的常州学者，他“治经善析疑义，每补前贤所未及，尝合汉学宋学而折衷之，绝不立门户之见”[⑨]，其教授乡里多年，弟子众多，虽在外声名不显，但在常州影响很大。杨方达，亦颇多经学著述。杨椿、杨述曾父子精通经史之学；其中，杨椿参与纂修明史多年，与黄宗羲弟子万斯同关系紧密，在经书辨伪、史书编纂方面多有独到见解；其子杨述曾继承其学，亦明于经史之学。

就经学考据方面而言，清初常州学人其实已经引其端绪。如龚廷历之《稽古订讹》，“首摘《周礼》郑注之可疑及后人引用误解《周礼》之文者，次解释《仪礼》，次论朱子《孝经》刊误之失及诸家解经之谬”[⑩]，是一本具有一定反宋学特质的考据学著作。在小学方面，庄氏族人庄履丰、庄鼎铉共同撰有《古音骈字续编》，“于秦汉以前古音颇有考证”[⑪]；钱氏家族的钱人麟《声音图谱》亦多论及古韵韵法之类；两书在

① 张惟骧等撰，蒋维乔等补《清代毗陵名人小传稿》，周骏富辑《清代传记丛刊》第197册，第35页。

② 张惟骧等撰，蒋维乔等补《清代毗陵名人小传稿》，周骏富辑《清代传记丛刊》第197册，第45页。

③ 张惟骧等撰，蒋维乔等补《清代毗陵名人小传稿》，周骏富辑《清代传记丛刊》第197册，第37页。

④ 张惟骧等撰，蒋维乔等补《清代毗陵名人小传稿》，周骏富辑《清代传记丛刊》第197册，第68页。

⑤ 庄怡孙等纂修《毗陵庄氏族谱》卷28《庄绛传》，第18页。

⑥ 刘翊宸等纂修《西营刘氏家谱》卷8《浴虞刘先生传》。

⑦ 孙琬、王德茂修，李兆洛、周仪玮纂《道光武进阳湖合志》卷26《儒林》。

⑧ 杨方达：《臧先生琳传》，钱仪吉纂《碑传集》卷131，中华书局，1993，第3924页。

⑨ 左辅：《念宛斋文钞》卷4《扬州府甘泉县训导东里郑先生行状》，《清代诗文集汇编》第430册，第189页。

⑩ 《光绪武阳志余》卷7《经籍》，《中国地方志集成·江苏府县志辑》第38册，第287页。

⑪ 《光绪武阳志余》卷7《经籍》，第288页。

音韵小学领域均有其贡献。臧琳之《经义杂记》一书，“考究诸经，深有取于汉儒之说”[①]；该书以汉学为倡，远在东吴惠氏之前。前黄杨氏家族的杨椿，在经学考据上亦著述颇丰，他著有《尚书考》一书，对于《尚书》今古文异同以及伪《古文尚书》问题多有讨论；[②] 所著《诗经释辨》一书，“录《毛诗序传》，兼采三家异同”[③]，并对古注也多有辑录；另有《周礼订疑》一书，详述《周礼》所论与《周易》《尚书》《诗经》等书不合之处，进而疑《周礼》非周公所作。[④] 这些著作均是经学辨伪方面的力作。

在乾嘉常州学派最引人瞩目的《春秋》学领域，清初常州学者亦早有涉猎。如恽鹤生作《春秋属辞比事说》六卷，抄行而未刊，“比次经文，各分门目，曰改元，曰时月，曰即位，曰朝聘，曰会盟，曰侵伐，曰迁国……凡三十类”[⑤]，重点探讨《春秋》属辞比事的类例，与庄存与《春秋正辞》一书在体例上十分相似。薛宫所撰《春秋论略》一书，其称“《易》《书》《诗》《礼》诸家各有传注，学者不难探索而喻，独《春秋》寓褒贬于一字之中，定赏罚于一言之内，且有同一字一言而在此则为褒，在彼则为贬，于此以示赏，于彼则以示罚者，辞微旨远”，故而作者会通《左传》、《公羊传》、《穀梁传》及胡安国《春秋传》，求《春秋》褒贬之书法，进而考其异同、补其缺略；又著《春秋执中》一书，“于圣人笔削之意，洞若观火”。[⑥]《春秋执中》和庄存与《春秋正辞》一书在旨趣上亦有近似之处。杨方达《春秋义补注》一书之主旨以及经文，皆以《公羊》为本，摒弃《左传》之说，亦具有浓厚的公羊学特征。[⑦] 这些著述，无疑为常州学派《春秋》学研究的展开打下了坚实的基础。

结　语

从地域文化发展的整体状况可以看出，常州学派并非无源之水、无本之木。常州地域文化中重视道义、忠义、名节的文化传统，在清代发展成为一种积极的政治参与意识。明代重视经史实学与经世之学的常州地域学术传统，在清初继续发展，为乾嘉时期常州学派的兴起做了很好的铺垫。常州学派的经世意识，并非仅仅依靠外界政治、社会环境变动的刺激而产生，亦受地域学术文化一以贯之的传统所浸润。艾尔曼认为，东林学派的经世精神和经史实学在明清易代后，“为士人一度冷淡”[⑧]，仅仅残存于庄、

① 臧琳：《经义杂记》，《续修四库全书》第172册，上海古籍出版社，2002，第39页。
② 《光绪武阳志余》卷7《经籍》，《中国地方志集成·江苏府县志辑》第38册，第331页。
③ 《光绪武阳志余》卷7《经籍》，《中国地方志集成·江苏府县志辑》第38册，第335页。
④ 《光绪武阳志余》卷7《经籍》，《中国地方志集成·江苏府县志辑》第38册，第341页。
⑤ 《光绪武阳志余》卷7《经籍》，《中国地方志集成·江苏府县志辑》第38册，第345页。
⑥ 《光绪武阳志余》卷7《经籍》，《中国地方志集成·江苏府县志辑》第38册，第345页。
⑦ 《光绪武阳志余》卷7《经籍》，《中国地方志集成·江苏府县志辑》第38册，第346页。
⑧ 〔美〕艾尔曼：《经学、政治和宗族——中华帝国晚期常州今文学派研究》，赵刚译，第48页。

刘两大宗族的记忆和意识中，只有到了乾隆晚期经由庄存与的提倡方才复活，这种观点显然与事实多有不符之处。

清初常州学术发展趋势和清代整体学术发展趋势大体上是吻合的。常州地域学术并非在受考据学思潮影响后才生发的，也并非在常州学派产生后才汇入清代学术主流之中的，而是从一开始就是清代学术主流的一部分。清初常州学者不仅在学术研究的主要内容和方向上与清初学术主流大体一致，而且还与清初学术大师顾炎武、黄宗羲、万斯同、陆世仪、李颙、朱彝尊、阎若璩等人保持着密切的联系。常州学派并非兴起于考据学衰退之后，也不是考据学变异而来的异端，常州学派的开山祖庄存与跟惠栋、戴震等人活跃于同一时代，其学术思想和考据学主旨一样，是在清初的经史实学兴盛的背景之下由学术环境孕育而生的。常州之学与苏州之学、徽州之学、扬州之学在时序上并不存在一种继承的关系，它们之间存在的更多是一种并行发展而又互相促进、相互影响的关系。研究常州学派时，既应在纵向上梳理它与清初学术的继承关系，也要在横向上考察它与考据学之间的互动关系。

（作者单位：中国社会科学院近代史研究所）

“酬德”与“安民”之间：清政府在天津德租界划立过程中的取舍

彭丽娟

摘　要：1895 年，德国以“助收辽地”有功为由，向清政府提出在天津划立租界。清政府为表示“酬劳之意”很快同意。双方划定租界之后，因德国出价太低，遭到当地绅民的坚决抵制。一方面是德国挟收辽之功步步紧逼，另一方面是小民可怜且民情激愤，两难之下，清政府不得不“由官筹款”，对让地百姓进行贴补。贴补总额共约 12 万两白银，财政拮据的清政府多方凑拨，才筹足贴补银。

关键词：天津租界　《天津德国租界合同》　中德交涉

1860 年，英法联军攻进北京后，英法俄三国与清政府分别签订《北京条约》。《中英北京条约》议定：“大清大皇帝允以天津郡城海口作为通商之埠，凡有英民人等至此居住贸易，均照经准各条所开各口章程比例，画一无别。”① 天津通商开埠、划地立界的序幕就此拉开。此后两年内，英法美三国先后在天津划立租界。②

1861 年，中德建立外交关系，此后两国关系不断升温。1879 年，德国驻津领事穆麟德（Paul Georg von Möllendorff）为方便德国人在天津的商贸活动，向清政府提出租用海河河岸六船位置用于停船。这是德国第一次提出在天津租地的要求，虽最终并未获得心仪的河岸位置，但通过援引上海章程获得在租界区任意停船的权利。甲午战后，中德关系的发展因德国与法俄两国共同干涉日本归还辽地而达到顶峰。在辽东半岛尚未交还中国之前，德国驻华公使绅珂（Freiherr Schenck zu Schweinsberg）就遵照德国政府的指令，向总理衙门提出照会，要求在天津开辟专管租界，以扩展德国在当地的商务。1895 年 10 月 30 日，津海关道盛宣怀、天津道李岷琛与德国驻天津领事司艮德（Baron Albert Evan Edwin Reinhold Freiherr von Seckendorff）签订《天津德国租界合同》③，天

① 王铁崖编《中外旧约章汇编》第 1 册，生活·读书·新知三联书店，1957，第 145 页。

② 美国驻津领事以来华美国商人屈指可数为由，将租界中房产、地亩并归招商局管理；1880 年又以日后有权恢复行政管理权为前提归还租界，由天津海关代管。林京志：《天津租界档案史料选》，《历史档案》1984 年第 1 期。

③ 北洋通商大臣王文韶致总理衙门《咨送订立天津德国租界合同由》，《外交档案》，台北：中研院近代史研究所藏，档案号：01-18-049-02-019。

津德国租界正式设立。

关于天津德租界的设立，目前国内外学术界已有一些研究成果。如俞志厚、辛公显的《天津德租界概况》、杨大辛的《天津德租界小史》、魏锡林的《漫谈当年天津德租界》等文章，都关注了天津德租界的划立与归还、管理机构与市政建设等情况，但失之过简。[①] 培高德（Cord Eberspächer）的《平等的殖民主义？1895—1897 年的天津德国租界谈判》（Colonialism on Equal Terms? Negotiating the German Concession in Tianjin 1895 - 1897）一文，则描述了天津德租界从条约谈判到租界实际移交的过程，并注意到迁坟让地一事在交涉中所起的作用。[②] 然而，作为一场中外交涉活动，清政府在天津德租界划立过程中的态度如何，牵涉其中的百姓又有怎样的举动？清政府又是如何处理的？这些问题在既有研究中都未受到关注，也有进一步探讨的必要。由此，本文拟在前人研究的基础上论述：当德国要求在天津设立租界时，清政府与百姓对此的态度如何；德国人与百姓发生矛盾时，清政府又是如何应对的。希望在此基础上，能深化对清末中外交往中官民关系的认识。

一 德请立界与中方官民的态度

德国作为后起的资本主义国家，对中国的渗透较英法等国要晚一些。1871 年德国统一之后，与中国的关系日益密切。甲午战后，清廷被迫割地赔款，德俄法等列强居间调停，希望通过介入中日谈判攫取利益。对此，德国外交大臣马沙尔男爵（Adolf Marschall von Bieberstein）曾明确表示，德国参加干涉并不是无条件的，而是会“向中国要求土地作为适当的补偿”[③]。于是，当日本在列强的压力下声明放弃辽东半岛之后不久，德国驻华公使绅珂就于光绪二十一年闰五月初九日（1895 年 7 月 1 日）照会总理衙门，希望在天津、汉口两处通商口岸设立德国租界，“作为代索辽东之酬劳”[④]。对于德国提出划界的请求，清廷似乎并未感到意外，也没有任何惶恐。总理衙门“当即允准”[⑤]。由此可以推测，或许在干涉还辽之前，清政府就已经对德国有了相关的许诺。提出照会 4 天之后，绅珂进一步要求总理衙门咨行南北洋通商大臣及湖广总督转饬地

---

① 中国人民政治协商会议天津市委员会文史资料研究委员会编《天津文史资料选辑》第 25 辑，天津人民出版社，1983，第 151 ~ 163 页；中国人民政治协商会议、天津市河西区委员会文史资料委员会编《河西文史资料选辑》第 1 辑，1996，第 108 ~ 112、108 ~ 112 页。

② Cord Eberspächer, “Colonialism on Equal Terms? Negotiating the German Concession in Tianjin 1895 - 1897,” in Treaty Ports in Modern China International Symposium in School of Humanities, University of Bristol, 7 - 8 July 2011.

③ 孙瑞芹译《德国外交文件有关中国交涉史料选译》第 1 卷，商务印书馆，1960，第 87 页。

④ 北洋通商大臣王文韶致总理衙门《德国买地一事拟由津海关道持平作价请示遵行由》，《外交档案》，台北：中研院近代史研究所藏，档案号：01 - 18 - 049 - 02 - 007。

⑤ 北洋通商大臣王文韶致总理衙门《德国买地一事拟由津海关道持平作价请示遵行由》，《外交档案》，台北：中研院近代史研究所藏，档案号：01 - 18 - 049 - 02 - 007。

方官与德国领事官选定地界，并要求“中国人住家赔偿亦由中国官襄办”[①]。对此，总理衙门也随即照办。就天津而言，总理衙门委派随办洋务候选道伍廷芳会同津海关道盛宣怀、天津道李岷琛、直隶候补道黄建筦等人，在天津英法租界之外踏勘地址，准备划界。

尽管总理衙门很快就同意了德国请设天津租界的要求，但这并不代表在清政府内部就没有反对的声音。具体办理此事的随办洋务候选道伍廷芳，就曾委婉地表达了反对意见。而北洋通商大臣王文韶应该也赞同他的意见，否则就不会替其传达信件了。六月十四日（8 月 4 日），伍廷芳托王文韶致函总理衙门，内称，租界的设立“本为条约所无”；中国自开海禁以来与英法等国签有约章，承诺外人可在通商口岸租地盖房；但鉴于外人性情与华民不同，恐华洋杂处易生事端，所以由地方官勘定地界，任便外人在通商口岸承领地段、造屋而居，才形成租界；德国现在以助收辽地讨清廷酬谢，请给地以新添租界，虽然师出有名，但如果与中国订有条约的 10 余国都援引“利益均沾”的条款，请清廷立定租界，到时“与之则不胜其与，却之又恐另生枝节，谓轻此而重彼”，将会带来很大的麻烦。他建议清廷仿照上海英美合界的办法，设立公共租界，让各国洋商“均居其间”，这样就不会出现“租界愈多”的局面，一则不至于“多生事端”，二则可以“免他国觊觎之心”。不过，伍廷芳也承认，现在德国划定天津租界一事既已成定局，只得照办，别无他法。[②]

伍廷芳的看法只代表个别地方官员的意见，从六月十八日（8 月 8 日）总理衙门的回复中，我们可以体察到清廷中枢的想法。总理衙门认为，在天津设立英法美三国租界时，其他国家并未来争，此次德国因干涉还辽有功请立租界作为酬谢，“他国更难援以为请”[③]。由此可以看出，清廷对于划立德国租界是有心理准备的。

对于德国开辟天津租界的要求，目前没有发现关于民众看法的资料，所以我们无法直接对民众的态度展开分析。不过，1895 年 8 月 5 日《申报》的一篇文章，为我们提供了侧面了解民众态度的线索。《申报》报道了“德人拟由杏花村以下三井洋行起至靳庄止，将沿河地段永远承租”的情况，并特地指出，在此处划定租界“难处颇多，迁坟问题犹重”。[④] 因为此处不仅有民宅、会馆公地，还有“闽粤义茔约共数十亩，尸棺多至二千四百余具，无血食者二千具”；土地情况复杂，问题比较麻烦；更为棘手的是，该地块如果划为租界，界内居民就需要迁居，然而“梁家园营门以内并无宽阔之

① 德国公使绅珂致总署《天津德国租界请咨行北洋选定全地作为中国官用飞国再商赔偿地价由》，《外交档案》，台北：中研院近代史研究所藏，档案号：01－18－049－02－008。

② 以上引文出自北洋通商大臣王文韶致总理衙门《伍道整顿德国租界一禀咨呈查核由》，《外交档案》，台北：中研院近代史研究所藏，档案号：01－18－049－02－005。

③ 总理衙门致北洋通商大臣王文韶《德国所请租界应即拨地照办绘图声复由》，《外交档案》，台北：中研院近代史研究所藏，档案号：01－18－049－02－006。

④ 《详述新辟租界事》，《申报》1895 年 8 月 5 日，第 2 版。

地可购抵”，这可能也会遭到百姓的抵制。由此文章认为：清政府既不能“违德人之请”，又不能不顾及福建、广东两地的商民舆论压力，所以事情可能会非常棘手。①

从这篇报道中我们可以看出，德国划界在百姓中的阻力主要来自两方面：一是原本居住在该地段内的百姓，他们迁居比较困难，所以会反对；二是闽粤会馆，该会馆在这里不仅有公地，而且还有坟地数十亩，在传统社会，大规模迁坟的难度无疑是非常大的，所以也会反对。可以料见，闽粤会馆之迁坟问题将会是天津德租界划立所面临的主要矛盾。由此可知，舆论界认为天津德租界的划立会遭到当地绅民的抵制。

二 官方定界与百姓“以死相拼”

天津德租界划立的具体办理人有津海关道盛宣怀、天津道李岷琛、直隶候补道黄建筦、随办洋务候选道伍廷芳，清廷责令此 4 人会同署理德国在津事务领事罗百禄共同负责的办理。

因为总理衙门态度明确，所以双方的定界进展非常顺利。双方很快就议定了租界的四至：北由杏花村之下仁记洋行南边道路外起，南至小刘庄之北庄外止，东至海河，西至海大道东界。② 这一范围包括美租界。美国所立租界，北从仁记洋行起，南至闽粤浙等省义地，东临海河，西至海大道东界。1862 年美租界设立时，因驻华公使蒲安臣极力反对租界制度，加之恰逢南北战争，美国政府无暇东顾，所以驻津美领事以来华美国商人屈指可数为由，将租界中房产、地亩并归招商局管理，1880 年又函托天津海关代管。鉴于美国对天津租界多年失于管理的情形，德国在议定天津租界时，即有意吞并美租界。如此划立后的德租界，紧邻英租界，且占有更为狭长的停船河岸。

不过，在这一范围内的浙江官栈、浙江义园、闽粤浙等省义地、闽粤会馆空地等，均不在可租范围内。清廷仅仅同意了留闽粤浙等省义地西边数丈、南边二丈、闽粤会馆空地数丈范围，供德国修建界内马路。另外，对于界内绅民的数千坟冢，双方议定，德国人不能自行移动，应照旧存留。“该坟如有子孙情愿自己起除改葬，德国商人应给葬费银两”③。对地段内房地价一事，双方议定按照该处房地时价分别定价，并拟将闽粤浙等省义地、河淤“持平作价”。至此，双方谈判大体进行顺利，合同的主体内容也商议妥当，并于六月份议出合同的底稿。④

然而，到了六月份，原本平静顺利的划界工作却突生波澜。一是因为美国反对德

① 《详述新辟租界事》，《申报》1895 年 8 月 5 日，第 2 版。

② 北洋通商大臣王文韶致总理衙门《德国买地一事拟由津海关道持平作价请示遵行由》，《外交档案》，台北：中研院近代史研究所藏，档案号：01－18－049－02－007。

③ 总理衙门致德国公使绅珂《函复天津议设德租碍难促办希饬领事相机妥商定议由》，《外交档案》，台北：中研院近代史研究所藏，档案号：01－18－049－02－016。

④ 总理衙门致德国公使绅珂《函复天津议设德租碍难促办希饬领事相机妥商定议由》，《外交档案》，台北：中研院近代史研究所藏，档案号：01－18－049－02－016。

租界的四至范围。六月初十日（7月31日），美国驻华公使田贝（Charles Denby）照会李鸿章，要求"无论现欲将原拨美国租界让与何国，立即停止"[①]。田贝的声明，意在不允许清廷将天津美国租界划给德国订立租界。二是德国人推翻了此前议定的条款。七月初一日（8月20日），此前请假两个半月回国的德国驻津领事司艮德假满返津，接办天津德国租界交涉之事。司艮德对既定条款并不满意，遂以美国出面认领天津美租界为由，要求重议条款，试图为德国政府争取最大的利益。

司艮德提出的新要求有三点。第一，先定地价，再订合同。对于界内土地，德国出价每亩银75两。第二，扩大租界范围，"会馆公地一概不能剔除"[②]，以弥补美国出认租界的损失，并起购置闽粤浙等省义茔余地之议。第三，欲将坟墓限期一概迁让。司艮德的态度非常强硬，要求限期办妥。

对司艮德的新要求，清政府尽可能予以满足。双方最先确定了第二点，即议定了租界的新范围。新议定的德租界四至为："北自闽粤会馆义地北边之道路起，此路从海河西边直通海大道东边止；东界河边；南界由小刘庄之北庄外起，迤顺小路之边直至海大道东边止；西界海大道东边止。"[③] 双方约定，暂时将美租界一段——北自仁记洋行南边道路外起，南至闽粤浙等省义地——留出缓商。如果中国不将此地给他国作为租界，仍归中国管辖。

然而，界内绅民坚决反对交地交房。界内土地主要是翰林院编修华学澜、郎中李士铭及何刘两位乡绅的地产。其中李士铭的菜园地一百数十亩，"坚不允让"；华学澜的地也将近百亩，除坟地不让外，"余地尚可随众"。面对清政府的催促，他们都托词说，"让地一事因族大人多，关系重大，须与家族妥商后才敢定议"。他们的态度影响了普通民众，民众多持观望心态，不愿意立刻交地。闽粤会馆董事也不肯废弃百数十年来的两省义举，拒绝卖地。闽粤会馆河边淤地并未升科，[④] 天津府县官员无法强使其出售，只可由地主酌量定价。会馆董事索价甚高，"岁租每年需价四千两，永租需价八万两"。浙江义园的淤滩定价，地主也唯闽粤会馆是从，含糊其词。地界因不经绅民意愿得以迅速划定，但土地私有，地主很大程度上掌握着土地的售卖权。与交地相比，界内居民更不愿交房。此处的居民都是此前英法设立租界之时迁移至此的，已安居乐业10年之久。听闻因为新立德国租界让他们搬迁，"该地户等动众百十妇女以死相

① 林京志：《天津租界档案史料选》，《历史档案》1984年第1期。

② 总理衙门致德国公使绅珂《函复天津议设德租碍难促办希饬领事相机妥商定议由》，《外交档案》，台北：中研院近代史研究所藏，档案号：01-18-049-02-016。

③ 北洋通商大臣王文韶致总理衙门《咨送订立天津德国租界合同由》，《外交档案》，台北：中研院近代史研究所藏，档案号：01-18-049-02-019。

④ 升科，又名起科。清代田赋制度规定，凡开垦荒地免税满一定年限后（水田6年，旱田10年），开始课税，按照普通田地收税条例征收钱粮；并规定升科的地亩：水田一般是一亩以上，旱田二亩以上。

拼”①。面对这种情况，天津府县官员亦不敢轻易行动，以免激发出更大的事端。

最为棘手的是界内义茔的搬迁。德国租用之地包括闽粤浙等省义茔共数十亩，绅民深恐“所得地价不敷迁棺另葬之费”②，加上传统的尊宗敬祖、入土为安的观念，百姓对于迁坟是“坚执不允”的。对于让地让房，绅民尽管反对，但有商量的余地，其反对的主要原因是定价太低。对于迁坟，百姓“坚执不允”的态度，让清政府无计可施。最终，德国人也不得不妥协，将这一要求改为：德国日后修筑界内马路时，凡是于修路有碍之坟墓，都坚令迁移。这也遭到了百姓的反对。无奈之下，德国继续退让，决定界内坟地，“可迁则迁，实在不愿迁移者，马路设法稍让”③。

三 “筹款贴补”：“酬德”压力下清政府的“安民”之策

德国人提出的新要求，置清政府于两难之中。一方面，清政府深知德国这次要求建立天津租界是“索谢”之意，他们既不肯“照核定价值给价”，又“不容稍宽时日”。在酬谢德国的压力下，清政府希望天津租界的事情能够“速结”，以“符酬谢之意”。另一方面，清政府也明白，德国出价实在太低，无法妥善安置迁出绅民。当时紫竹林附近一带房地价，因英法美三国设立租界、商务日盛而日贵一日。恰好又有美国副领事丁家立（Charles Daniel Tenney）以“每亩价银三百五十两”购买了界内李姓园地一段，界内百姓均将其“指为时价”，甚至有人“每房地基一亩索价银七百两”。对此，天津地方官认为，划界补偿的房地价必须“较时价有盈无绌”，才能使当地百姓“安心让地”。④ 就事情进展来看，天津地方官与当地绅民多次协商，希望稍从核减，但当地百姓以不愿出售为由予以拒绝。事情毫无进展。

面对这种两难局面，盛宣怀、李岷琛等地方官员建议，如果“德国不能照核定价值付给，可否将不敷之款”由中方“另行详办，以期速结，而符酬谢之意”。他们提议，按照该处房地时价，分别等差酌拟一定价格，并将闽粤浙等省义地、河淤持平作价。也就是说：第一，议定房价地价时，不再“逐户计论”，这样会导致“分呶不定”，而是划分几个等级进行赔偿。第二，考虑到德国租地所愿支付的费用不足，差价则由清政府筹款补足。⑤ 七月二十日（9月8日），北洋通商大臣王文韶将这些建议转达总理衙门。由此可见，在“酬谢”德国的压力之下，为了让百姓“安心让地”，具

① 北洋通商大臣王文韶致总理衙门《德国买地一事拟由津海关道持平作价请示遵行由》，《外交档案》，台北：中研院近代史研究所藏，档案号：01-18-049-02-007。

② 《详述新辟租界事》，《申报》1895年8月5日，第2版。

③ 北洋通商大臣王文韶致总理衙门《咨送订立天津德国租界合同由》，《外交档案》，台北：中研院近代史研究所藏，档案号：01-18-049-02-019。

④ 北洋通商大臣王文韶致总理衙门《德国买地一事拟由津海关道持平作价请示遵行由》，《外交档案》，台北：中研院近代史研究所藏，档案号：01-18-049-02-007。

⑤ 北洋通商大臣王文韶致总理衙：《德国买地一事拟由津海关道持平作价请示遵行由》，《外交档案》，台北：中研院近代史研究所藏，档案号：01-18-049-02-007。

体负责办理的官员提出了由朝廷出面筹款安抚百姓的建议。

与此同时，德国驻华公使绅珂也明白与百姓交涉的困难，提出将德国租界的范围划为"官用飞地"，以求问题的解决。他指出，根据德国驻天津领事的调查，界内的百姓不仅将地价抬得过高，而且也不愿意把地交给外国人，他们愿意将地交给清政府。他说德国无力与界内的中国百姓"逐一商赔"，因此提出由天津府县官员将现划定的德国租界全部选地，作为中国"官用飞地"，由中国政府收用，再由中德两国所派官员进行具体商定赔偿价格。议定后，中国将地租交给德国办理，并将地亩转交德国管理。①

七月二十七日（9月15日），总理衙门回复王文韶，同意了由政府贴补差价的办法。"如德国以价昂不能照议筹款弥补，诚亦不得不出于此"②。两天后，总理衙门照复绅珂，表示同意他提出的以"官用飞地"议价划地的办法，不过希望德国多给清政府些时间，因为"此项房地、河淤虽经官收用，展转亦必需时，过事抑勒，必致激众生事，将来益难措手"③。

由此，天津租界议定地亩由中国官方代为接收，德国不愿照时价付给的差价，也由中国弥补，议定诸多事宜的重担一下子落到清廷头上。

此后，在德国公使和驻津领事不断催办之下，九月十三日（10月30日）双方签订正式的《天津德国租界合同》，津海关道盛宣怀、天津道李岷琛与司艮德分别画押。合同共17款，主要内容为有3个方面。其一，所划定的范围及不可租部分。载明租界北界紧邻美租界，东临海河，西至海大道，南至小刘庄，占地900余亩；④ 规定界内浙江官栈、浙江义园、闽粤浙等省义地，均不在可租范围之内。其二，绅民坟茔迁留。德国同意不必移动闽粤浙等省义地、浙江义园，且允许民众祭扫。其他坟墓可按绅民意愿自行处理，德国给愿意起迁者每棺一两改葬银。对于有碍于日后修造马路的坟墓，议定由中国官员令坟主迁移；若坟主实在不愿迁移，马路则设法稍让。其三，补偿价格。订明租界内各地不论坐落何处，每亩均按75两给价；租用之地，德国政府按年每亩向中国完纳钱粮制钱1000文；租界内各房售卖价，由中国官员与德国官员各派委员会商；商定交价后，限令绅民3个月内迁移他处居住，德国给每户搬家费银10两。此外，该条约第9款还强调，"租界内各房地，系德国国家向中国国家租定。所有售卖房

① 德国公使绅珂致总理衙门《天津德国租界请咨行北洋选定全地作为中国官用飞国再商赔偿地价由》，《外交档案》，台北：中研院近代史研究所藏，档案号：01-18-049-02-008。

② 总理衙门致北洋通商大臣王文韶《德国租界均照来咨办理并抄德使照会知照由》，《外交档案》，台北：中研院近代史研究所藏，档案号：01-18-049-02-009。

③ 总理衙门致德国公使绅珂《天津办理租界一事务须多宽日时方可赞成由》，《外交档案》，台北：中研院近代史研究所藏，档案号：01-18-049-02-011。

④ "计所租之地，在天津紫竹林各国租界迤南土围墙内外及减河南北，共地九百余亩。"参见北洋大臣荣禄致总理衙门《办理天津德国租界筹垫各款请咨部拨给由》，《外交档案》，台北：中研院近代史研究所藏，档案号：01-18-049-03-014。

地各事，如有不愿售卖者，中国官须劝令售卖”①。

至此，天津德租界划立过程中的绝大多数问题的解决任务，已经落到了清政府的头上。

四 核定房地价与筹款垫付

中德双方签订租界合同之后，天津府县官员即开始缮发告示晓谕居民，立定界石划定范围，酌定地亩房屋价。根据此前的商定，租界内的土地和房屋价格，由津海关道、天津道派员会同德国官员分别估价。

就土地而言，清政府根据当时“近河者时价较优，近海大道者时价较次”的标准，将界内土地分为两类，即自海河河堤起向西，60 丈以内为沿河地；60 丈以外，为沿海大道地。这两类土地又各分为 6 等，一共确定了 6 等 12 项地价。② 根据 1895 年 12 月 1 日王文韶的报告，可知当时的地价分等如表 1 所示。

表 1 1895 年清政府拟定的德租界内土地等级、价格一览

等级	地亩类型	沿海河者	沿海大道者
一	庄台高地	240 两/亩	200 两/亩
二	未经筑垫之高地	200 两/亩	160 两/亩
三	田园地	150 两/亩	100 两/亩
四		120 两/亩	80 两/亩
五	洼地	100 两/亩	80 两/亩
六	水坑地	60 两/亩	40 两/亩

资料出处：《德国设立租界择定地址抄稿咨呈由》（1895 年 12 月 1 日），《外交档案》，台北：中研院近代史研究所藏，档案号：01－18－049－02－022。

1861 年天津法租界划地时，在沿海河河岸的地方，每亩给价 60 两，其中一半付给该地原主，另一半则存收于领事署留作以后法租界建设之用；不在河沿处的地方，则每亩给银 30 两。③ 34 年后的 1895 年德国划地时，每亩给价 75 两，如果单看数字，似乎比法国给价高，但实际上却远远低于时价。从表 1 中清政府的土地分等来看，75 两只能购买当时最次等的土地。

天津地方官员深知，绅民不会为每亩 75 两的给价让出地亩，出于答谢德国干涉还辽之义，以及尽快了结天津德国租界划立事，故向总理衙门提议并获准由中方筹措差

① 北洋通商大臣王文韶致总理衙门《咨送订立天津德国租界合同由》，《外交档案》，台北：中研院近代史研究所藏，档案号：01－18－049－02－019。

② 北洋通商大臣王文韶致总理衙门《德国设立租界择定地址抄稿咨呈由》（1895 年 12 月 1 日），《外交档案》，台北：中研院近代史研究所藏，档案号：01－18－049－02－022。

③ 王铁崖编《中外旧约章汇编》第 1 册，第 158 页。

价。根据租界合同载明的地价，按每亩 75 两给付，李岷琛估算中方“筹垫之数将及七八万两”[①]。

土地估计完毕之后，天津府县官员开始着手查明房数、估定房价的工作。从 1895 年 12 月立定界石，到 1896 年 5 月，历经半年时间，李岷琛与天津府县官员才完成上述工作，具体见表 2。

表 2　1896 年天津府县官员查明的房数及估定的房价一览

房间类型	房间数（间）	每间估价（两）	总价（两）
砖灰瓦房	180	80	14400
砖灰草房	514.5	42	21609
土草房	499	30	14970
总计	1193.5		50979

资料出处：《德国设立租界择定地址抄稿咨呈由》（1895 年 12 月 1 日），《外交档案》，台北：中研院近代史研究所藏，档案号：01-18-049-02-022。

按照《天津德国租界合同》的规定，德国租界内房屋的价格，由中国官员与德国官员各派委员会商。所以中方在估价之后，于 1896 年 5 月将清册呈送德国驻津领事署。但因为司艮德请假回国，德国外交部调派驻厦门的领事樊德礼（Ch. Feindel）署理天津租界事务。李岷琛只得将查估的明确的界内房间数目及其估价账簿，函送至樊德礼处。清政府认为：“紫竹林一带房地价值日益昂贵”，“以上房价均系一再酌减，核实估计”，考虑到“当此人多地窄之处，百物腾贵之时，择地营居，事事不易。若再照原估议减民力，既苦不逮官力，亦有时而穷刻下”，所以李岷琛“剀切致函”德国领事，“务请照估付价”。可是，直到年末，德国方面都没有给清政府相关回复，此事就此搁置。[②]

这一搁置就是一年多。1897 年 6 月，德国署理天津领事艾思文（Dr. jur. Rudolf Eiswaldt）“欲缴价受地”，他表示，在减河以北可租的土地“约有二百五十亩，现拟将银一万八千七百五十两送呈贵道查收，作为租减河以北之地价”，另愿意支付“租减河北所有之房价”，“银三万五千两”[③]。对于房价，李岷琛反驳称，房价本已“从减估计，来函只肯付银三万五千两，此事甚有为难，民间须照估价付给，不能少领。中国国家于地价内，业已代为弥补，为数甚巨，更不能于房价内再有贴赔”。他要求德国人

① 北洋通商大臣王文韶致总理衙门《办理天津德国租界情形由》，《外交档案》，台北：中研院近代史研究所藏，档案号：01-18-049-02-025。

② 北洋通商大臣王文韶致总理衙门《办理天津德国租界情形由》，《外交档案》，台北：中研院近代史研究所藏，档案号：01-18-049-02-025。

③《德国署领事艾思文来函》，见北洋通商大臣王文韶致总理衙门《德国在津开办租界情形由》，《外交档案》，台北：中研院近代史研究所藏，档案号：01-18-049-03-004。

照付“银五万九百七十九两”①。对此，德方做了一定的让步，7月19日，德国“将应付价银函送到道”，“所有减河以北，民间房价、地价及搬家费、津贴银两、租费钱文均已一律给领清楚”。②

在减河以北的房地赔付中，清政府对土地“二百五十余亩，贴补银一万六千两”，“房屋一千七百数十间，贴补银一万三千七百余两”；支付“迁费银四千二百余两、闽粤义冢贴费银七千两”；也就是说，连同其他杂项开支，清政府“共垫给银四万六千八百余两”。③ 到了1898年，减河以南的土地也需要支付补贴银。据估算，“总计前后贴补房地、迁移各费及一切杂用共约需银十二万两”，因为需要“按期筹还洋债”，天津海关实在无力支付补贴，因此请求总理衙门转咨户部，“筹拨银十二万两作为办理德国租界之用”。④

对此，户部上奏称：津海关道此前在汇丰洋行有“存银七万三千六百六十四两六钱，除划拨董军粮台三万两尚未扣回外，实存四万三千六百六十四两六钱”，“拟将此款全数拨给”；再由天津支应局于“动用银四万六千三百三十五两四钱”；两处计共筹银约9万两，尚短银3万两，“暂由北洋设法挪垫。俟董军粮台裁撤前拨银三万两，在于该营领粮缴价内扣回，即将北洋垫款归还，统计凑拨银十二万两”。⑤

至此，关于德国划立天津租界中补贴百姓房地价的款项总算有了着落。

结　语

1895年德国向清政府要求在天津设立租界，并得到清政府的同意。因为德国有“助收辽地之功”，所以清政府面对德国的要求，很快应允，以表“酬劳之意”。在这一交涉中，双方原本就是不对等的，所以并没有复杂的交涉过程。

不过，恰恰由于这种不对等，让事情有了另一层面的研究价值。在德国请立租界伊始时，清政府就明确指出“德国议开租界原系索谢中国之意”，所以为“符酬谢本意”，对德国的要求视为“必办”之事。⑥ 正是因清政府持“必办”的态度，在这一过

① 《复德国领事函》，见北洋通商大臣王文韶致总理衙门《德国在津开办租界情形由》，《外交档案》，台北：中研院近代史研究所藏，档案号：01-18-049-03-004。

② 北洋通商大臣王文韶致总理衙门《德国租界已妥办了结由》，《外交档案》，台北：中研院近代史研究所藏，档案号：01-18-049-03-013。

③ 北洋大臣荣禄致总理衙门《办理天津德国租界筹垫各款请咨部拨给由》，《外交档案》，台北：中研院近代史研究所藏，档案号：01-18-049-03-014。

④ 北洋大臣荣禄致总理衙门《办理天津德国租界筹垫各款请咨部拨给由》，《外交档案》，台北：中研院近代史研究所藏，档案号：01-18-049-03-014。

⑤ 总署户部会奏《议覆直督奏拨贴补天津德租界垫款一折奉朱批依议钦此》，《外交档案》，台北：中研院近代史研究所藏，档案号：01-18-049-03-019。

⑥ 北洋通商大臣王文韶致总理衙门《德国在津开办租界情形由》，《外交档案》，台北：中研院近代史研究所藏，档案号：01-18-049-03-004。

程中，德方才“屡以收回辽地为词，得步进步，遇事苛求”[①]，清政府则只能步步退让。在租界划立问题上，清政府对德国的退让，就意味着对百姓利益的损害，这就引起了双方的对立，并将自身置于两难之中。在别无选择之下，清政府只得选择官办筹款，共贴补银12万两。这对于财政困难的清政府来说，属实不易，也从侧面反映出清政府被新时期外交规则裹挟而有无力应付之感。

（作者单位：山东师范大学历史文化学院）

① 北洋通商大臣王文韶致总理衙门《德国租界已妥办了结由》，《外交档案》，台北：中研院近代史研究所藏，档案号：01－18－049－03－013。

文献研究

《镇番遗事历鉴》之环境史料价值探析

成赛男

摘　要：《镇番遗事历鉴》是一部记载明代至民国时期甘肃民勤地区的环境变迁的私修编年体志书，时间跨度达500余年，内容丰富，史料价值突出，尤其是其中所载西北地区环境变迁史料，弥足珍贵，可惜目前学界利用者尚少。笔者认为，在《镇番遗事历鉴》基础上，结合清代实录、档案、正史与官修方志资料，可以建立较为客观的民勤地区环境变迁的数据库，为研究西北地区过去500多年气候变化与环境变迁，提供良好的基础性史料。

关键词：《镇番遗事历鉴》　环境史　民勤地区

我国丰富而多样的历史文献记载，为环境史研究奠定了基础，提供了便利。然而，相对于经济文化发达、史料丰富的东部地区，西北地区则因历史、经济等因素而资料少，时间跨度长、记载资料具有连续性的环境史史料，则更为少见。《镇番遗事历鉴》是一部私人编纂的记载甘肃民勤地区自然与社会方面情况的史志性文献，是研究地方社会经济与环境变迁的重要资料，目前学界对其利用尚少。笔者期望能利用《镇番遗事历鉴》中灾害与环境变迁记载，考察我国西北地区历史上的气候与环境变化情况，为此，便结合多种来源资料，对本书的灾害记载和多元环境史料进行严谨考辨。

对各类历史文献中所涉及的气候、环境信息的利用与辨析，前辈学者已经实践了多种重要的方法。如葛全胜、张丕远利用数学模型方法对历史文献中的气候信息进行了宏观评价，他们认为，一般而言，官方记载的内容准确度高于私人笔札，私人笔札的准确度又高于地方志。[①] 满志敏等提出了“4个优先”原则，即原始优先、校勘优先、价值优先和互相参照，来对此类资料进行整理使用；[②] 并指出，随着时间和区域的变化，旱涝分布的资料系统会出现差异问题[③]。此外，杨煜达对清代档案资料中的气象

① 葛全胜、张丕远：《历史文献中气候信息的评介》，《地理学报》第45卷第1期，1990。

② 满志敏：《中国历史时期气候变化研究》，山东教育出版社，2009，第32页。

③ 满志敏：《历史旱涝灾害资料分布问题的研究》，《历史地理》第16辑，上海人民出版社，1999。

资料的系统偏差及检验问题进行了深入研究。① 上述这些研究成果及其方法为本文提供了有价值的借鉴。

本文就《镇番遗事历鉴》中长达几百年的环境变迁信息的记载特点进行深入分析，并将其与明清时期的正史、档案、实录、官修方志等资料进行对比分析，系统讨论该书在灾害书写及环境史料方面所具有的价值，为后期西北地区环境变迁研究提供史料支撑。

一 《镇番遗事历鉴》简介

《镇番遗事历鉴》（后文简称《历鉴》）是一部以编年为体例，记述自明朝洪武三年（1370）起，迄中华民国二十五年（1936）止，包含了传统志之地理、行政、军事、经济、风俗、人物、杂记等诸多内容的地方志书，全书共12卷，仿《资治通鉴》例，广搜旧记，结撰编辑，内容包罗万象，史料丰富。该书主要作者为谢树森，原名谢播远，字建唐，号晴桥，别号螺川，清嘉庆四年（1799）生，同治九年（1870）殁。谢广恩为谢树森之孙，《历鉴》中晚清民国部分为其所续。

李玉寿先生于20世纪80年代初发现了《历鉴》手稿，经过长期努力，对其进行了整理校订，于2000年由香港天马图书有限公司首次出版，惜流传范围较小。此后，刘润和对该书进行系统校注，2022年12月，由文物出版社出版了《镇番遗事历鉴校补》②，希望通过校补和再版，使这部内容丰富、价值颇高的私修地方志书得到学界更多的关注和利用。

《历鉴》一书，对民勤一地之社会、经济、文化、军事乃至环境变迁，具有丰富而连续的记载，并保留了不少已遗失的私人编纂史料中的记载。相对于史料丰富的东部地区，西北地区的文献体量整体而言偏少，关于一个局部地区的环境变迁的连续性记载则更为难得。《历鉴》对民勤地区明代至民国时期环境变迁有连续而翔实的记载，其中留存的多样化的环境史史料，价值颇高，异常珍贵，可为深入研究我国西北干旱半干旱地区社会变迁与环境演变提供不可多得的基础性资料。

李玉寿、吴疆等学者最早提及《历鉴》的史料价值。③ 近年，此书逐渐进入更多学者的视野。如潘春辉教授认为，该书记录了“明清以来在人类活动作用和影响下民勤生态环境的演变史”④；其文章引用《历鉴》中有关水环境、虎灾以及风沙灾害的几则史料，认为民勤地区生态环境的恶化是西北地区生态变迁的缩影，但没有做更深入的考察。刘兴成、任长幸《明初至民国（1368—1937）民勤地区盐池分布与变迁——以〈镇

① 杨煜达：《清代档案中气象资料的系统偏差及检验方法研究——以云南为中心》，《历史地理》第16辑，上海人民出版社，1999。

② （清）谢树森等编撰，刘润和校注《镇番遗事历鉴校补》，文物出版社，2022。

③ 吴疆：《一部研究西北地方史的重要著作——〈镇番遗事历鉴〉介绍》，《图书与情报》1990年第2期。

④ 潘春辉：《西北生态变迁之见证——〈镇番遗事历鉴〉及其史料价值》，雷闻、张国才主编《交流与融合：隋唐河西文化与丝路文明学术研讨会论文集》，中西书局，2020，第63页。

番遗事历鉴〉为中心》[①] 一文，系统利用了《历鉴》中的与盐湖相关的史料，分析了民勤地区盐池的变迁趋势及其原因。就整体而言，学界对这部文献的深入研究和系统利用尚少。

二 《镇番遗事历鉴》中环境信息的记载特点

上文已言明，《历鉴》体例特殊，系事于年，内容丰富。谢广恩在“补序”中指出：“吾祖（谢树森）经年不懈，广收旧记，博采群书，凡可寓目者，莫不穷究深讨，详加校勘。”[②] 谢树森尝曰：“《历鉴》虽不足博大雅一览，然所取之事，皆本前记，稍不敢附会穿凿。”[③] 可见，谢树森在编撰此书前是本着有据可查的严谨态度来搜集材料的。从正文看，全书不但引证了正史、官修方志，而且还引用了不少地方文人的笔记、宗谱、杂录、诗赋等，其中不少珍贵的私人编纂史料目前已经不存于世。

谢树森编撰《历鉴》之初“参诸稗官野史”，后谢广恩对此进行删减、增补，此两位编撰者的意图，对《历鉴》中历史上的环境变迁信息记载的真实、完备与详略程度有直接影响。那么该书对社会环境及各种灾害情形的记载是否真实？对灾害记载是否详细？其可靠程度究竟如何？

谢广恩在对《历鉴》进行增补和评论时，以“广恩补记”与“广恩谨按”为标记。谢树森卒于同治九年，但咸丰末年就有“广恩补记”，而自同治元年开始的行文中，便不见此类用语，推测自同治元年起的内容，皆为谢广恩所续。对比同治前后《历鉴》的体例、内容，则基本保持一致。

甘肃民勤地区，属于大陆性沙漠气候，寒冷干燥、降水稀少、昼夜温差大，干旱、大风、沙尘、冰雹、霜冻等都会给当地农牧业造成重要影响。[④] 通读全文可知，在编撰《历鉴》过程中，作者对事关民生的灾害情形非常重视，因此各种类型的灾害，都在其记录范围内，如水、旱、寒、雹、沙、风、虫、地震、疫灾等都记录在内，甚至还有极端高温引发的农业歉收的记录。尽可能收集各类影响民生的环境事件和气候异常事件，是谢树森的编纂意图之一。谢广恩对《历鉴》的删减、增补，则体现出与其祖一脉相承的编撰思路，他非但不会删去关于自然灾害的记载，而且还会对遗漏的灾情进行补记，如“雍正二年：广恩补记，据《奥区杂记》，是年春，大雪，气温寒极，马匹倒毙者三百二十一匹”。[⑤]

除了对灾害类型记载较为全面外，对灾害事件的记录也尽可能完备，如《历鉴》

---

① 刘兴成、任长幸：《明初至民国（1368—1937）民勤地区盐池分布与变迁——以〈镇番遗事历鉴〉为中心》，《盐业史研究》2017 年第 3 期。

② （清）谢树森、谢广恩等著，李玉寿校订《镇番遗事历鉴》，香港天马图书有限公司，2000，补序。

③ （清）谢树森、谢广恩等著，李玉寿校订《镇番遗事历鉴》，补序。

④ 王荣：《民勤县气候及主要农业气象灾害分析》，《农业灾害研究》2020 年第 5 期。

⑤ （清）谢树森、谢广恩等著，李玉寿校订《镇番遗事历鉴》，第 264 页。

对不少灾害事件与天气情形的记录，其详细程度远超正史和官修方志等文献。对异常天气现象的描写，能够精确到所发生的时刻，如对一次典型的沙尘暴天气的描述："康熙三十四年（1695），夏五月十三日午时，飓风骤起，天地昏霾，降黄土，攒积寸许。树木多折，危房亦有坍塌者。牧人牲畜，损失甚巨。"① 而对一年之中所发生的灾害性天气、气候的记载，也并非简单地一笔带过，而是能够体现年内的变化。以乾隆五十年（1785）为例，"秋霜早侵，秋禾罗害。沿河湿地，糜谷居多，霜后未实已枯，收获甚微。……冬多飓风，飞沙蔽日，漫天混沌。交腊后稍转，然元日一过，又复卷土重来，三月不息"②。可见，当年除了秋季霜灾外，在冬季还发生了严重的沙尘暴。

这种对年内气候变化过程的详细记录，同样能从谢广恩所增补部分找到，如："嘉庆六年（1801），四月降雹，继以阴寒，春麦委顿……迨月中，始渐温暖，田亩初具萌发之象。八月中秋，……继之以暴雨滂沱……九月，黑霜降，苑圃果蔬，尽成污漫。是年大馑。"③ 可见前后两位编撰者的编撰思路基本一致。

尤其值得称道的是，对异常天气，无论致灾与否，两位作者都非常敏感，对此作着重记载。由于民勤地处西北干旱半干旱区，连续降水非常难得，故《历鉴》对当地夏秋季节连续性降水，无论成灾与否，都会记录。如洪武二十六年（1393）载："八月，淫雨霏霏，延绵四十一天，迄九月初方霁。牧民承其泽。"④ 又如，光绪二十七年（1901）载："七月，柳林湖淫雨绵绵，逾旬不息。民畏水患，乃集资设二坛。"⑤

除了天气、气候，《历鉴》还密切关注各类环境要素的变化，文中有不少对民勤周边自然景观及其变化的细致描写。如："宣德九年（1434），武山旧有灵泉……山脚下潴水成潭。沿溪东流，一路长堤千里，杨柳叠碧。" 广恩谨按："幼时随父兄登苏武山……苏泉已渐干涸。"⑥ 又如道光二年（1822）："镇番沙碛卤湿，沿边墙垣，随筑随倾，难以修葺。今西北边墙，半属沙淤，不能恃为险阻……至于东南边墙，沙淤渺无形迹……且红崖堡东边外如乱沙窝、苦豆墩，昔属域外，今大半开垦，居民稠密，不减内地。沿东而下，移丘换段，迤逦直达柳林湖，耕凿率以为常。至于角禽逐兽，采沙米、桦豆等物，尚有至二、三百里外者。……冬，气温遽升。十一月，红沙堡一桃树开花。"⑦ 诸如此类的自然景观记载，能为我们客观地考察民勤地区自然环境变迁提供依据，是西北地区记载自然环境变迁的珍贵史料。

纵观《历鉴》长达560多年的史料记载，两位编撰在对自然环境及灾害事件的记

① （清）谢树森、谢广恩等著，李玉寿校订《镇番遗事历鉴》，第242页。
② （清）谢树森、谢广恩等著，李玉寿校订《镇番遗事历鉴》，第335页。
③ （清）谢树森、谢广恩等著，李玉寿校订《镇番遗事历鉴》，第361页。
④ （清）谢树森、谢广恩等著，李玉寿校订《镇番遗事历鉴》，第6页。
⑤ （清）谢树森、谢广恩等著，李玉寿校订《镇番遗事历鉴》，第470页。
⑥ （清）谢树森、谢广恩等著，李玉寿校订《镇番遗事历鉴》，第15页。
⑦ （清）谢树森、谢广恩等著，李玉寿校订《镇番遗事历鉴》，第393页。

载上没有大的差异，都具有灾害种类齐全、记录完备、过程详细、自然环境信息丰富等特点。

三 《镇番遗事历鉴》中灾害记载与其他来源史料的对比分析

为了更客观、系统的考辨该书中关于水旱灾害等记载，笔者尽可能搜集多元化的史料，以《历鉴》为主，辅以正史、实录、档案及官修地方史志等文献，建立了“民勤地区环境气候信息数据库”。主要利用的文献资料如下：正史、实录、《甘肃生态环境珍档录（清代至民国）》[①]、《清代奏折汇编——农业·环境卷》[②] 等。此外，还重点利用了《甘肃省历史气候文献资料（公元前—1949 年）》[③]、《中国三千年气象记录总集》（增订本）[④]，以及袁林所著《西北灾荒史》[⑤] 等。其中，《甘肃省历史气候文献资料（公元前—1949 年）》中的史料，摘抄自历代史、志、档案，基本为原文摘录。实际上该书对历代正史和官修方志中相关资料的搜集最为系统，而所收的档案资料则主要是民国时期的档案，而非明清时期。袁林所著《西北灾荒史》，是西北灾害研究的权威性著作，无论是史料考订还是对明清实录、档案的利用，都非常全面。

从《历鉴》自洪武三年起迄民国二十五年止，共 560 多年的记载中，共提取环境、气候信息 248 条。根据具体内容，将这些信息分为以下几大类：（1）天气、气候信息：有阴晴冷暖、霜、雪、雨、雹、风、沙等；（2）环境信息：动植物种类及其分布，泉、河水情与形态，风沙状态等；（3）社会信息：农牧业丰歉、水利建设、水利纷争、灾害赈济、物价腾跌、祈雨仪式、垦殖情形、城堡迁废等；（4）灾害信息：水、旱、霜、虫、雹、疫、地震等不同灾害类型及灾情。其中，与天气、气候相关的灾害记录，共计 90 余条，包含了对当地具有重要影响的各种致灾天气、气候类型。此外，还有近 160 条内容丰富且记载详细的地方社会环境演变信息。但有近 20 个年份仅提到“饥馑”没有提及原因，根据民勤地区的自然地理条件和社会经济状况推测，除兵灾等特殊灾种外，此地的饥荒通常与水旱灾害密切相关。可见，《历鉴》俨然一部民勤明清时期的关乎民生的内容丰富、所载无巨细、具有突出史料价值的社会发展史著作。

由于《历鉴》对民勤一地社会情形与环境演变状况记载甚为详细，若想以多源史料分析其可靠性，则只能就灾害记录信息进行对比分析，因为此一类信息，其他文献也最有可能记录在卷。下文即依据数据库中具有不同资料来源的灾害记载，对自《历

① 张蕊兰主编，甘肃省档案馆编《甘肃生态环境珍档录（清代至民国）》，甘肃文化出版社，2013。

② 葛全胜主编，中国科学院地理科学与资源研究所、中国第一历史档案馆《清代奏折汇编——农业·环境》，商务印书馆，2005。

③ 董安祥、权天平：《甘肃省历史气候文献资料（公元前—1949 年）》，干旱减灾系统工程研究项目组，1992。

④ 张德二：《中国三千年气象记录总集》（增订本），凤凰出版社、江苏教育出版社，2013。

⑤ 袁林：《西北灾荒史》，甘肃人民出版社，1994。

鉴》中所提取的环境史料的可靠性进行深入分析。

从现有资料，如明代正史、实录和官修地方志中，仅得7条有关民勤灾害的直接记录。其中有2条史料与《历鉴》中的记载相似，但没有《历鉴》记载得那么详细；另外5条记录则不见载于《历鉴》。从《历鉴》中共提取39条民勤地区天气、气候灾害资料，除上文所言的2条得到官方文献的印证之外，其余37条资料很难找到其他资料佐证。究其原因，大概是当时民勤的开发以军屯卫所为主，区域开发程度有限，无论是官修方志还是正史、实录，都难见到与此地直接相关的灾害记载。

清代中期以后，民勤地区得到更大的开发，相关灾害记载也随之增多。以正史、实录、档案为一类材料，官修方志为一类资料，将之与《历鉴》就灾害记录做对比，得出以下三种情况：其一是《历鉴》所记载的灾害信息，其他两类资料不录；其二是《历鉴》所载的灾害信息得到其他两类资料的佐证；其三是《历鉴》所载的灾害信息与其他两类资料矛盾。

首先，《历鉴》记载了许多其他两类资料缺载的灾害信息。自清顺治元年（1644）至民国二十五年，《历鉴》所载与天气、气候等自然因素相关的民勤地区灾害信息，共计73条；正史、实录与官修地方志直接记录民勤地区灾害信息的史料则不足20条。本文所谓的“直接记录民勤地区”是指不含武威或甘肃这样更大范围的灾害信息。由此可见，《历鉴》编撰者旨在反映民勤一地社会环境的变迁情形，广征博引多种官私史料，因此所载内容也较其他资料则更为丰富。这也正体现了该书所录内容多为其他史志资料所不载的特点，在环境史料方面，《历鉴》具有珍贵的学术价值。

其次，《历鉴》所载内容得到其他两类资料的直接或间接印证。此类灾害信息也近20条。通常，若有其他资料直接佐证的灾害情形，《历鉴》记载得更加详细。以康熙四十一年（1702）雹灾为例，《道光重修镇番县志》卷10记载：“六月大冰雹。”①《历鉴》则记载：“六月初六日，早间天晴，户有晒衣之俗，家妇竞相出衾服。方三刻，西天有云翻滚而来，急急焉，有排山倒海之势，俄即冰雹下矣。初，粒大如豆，屋盖叮叮然。继则渐巨，殆其极，差比鸡卵，掷地嘭嘭，而楼屋古尘纷落，似有不克承接之险。幸而短暂，人畜勉保，然田禾被灾甚烈。”② 此外，《历鉴》中还有部分被其他两类资料间接印证的记载。以光绪三十四年（1908）为例，《甘肃省历史气候文献资料（公元前—1949年）》记载“甘肃旱”③；《历鉴》则记载曰，民勤“大旱……设坛祈雨”④。两相印证，则可知《历鉴》的记载较为可靠。

① 《道光重修镇番县志》卷10《祥异》，《中国地方志集成·甘肃府县志辑》第43册，江苏古籍出版社，2002年影印本，第273页。

② （清）谢树森、谢广恩等著，李玉寿校订《镇番遗事历鉴》，第245页。

③ 董安祥、权天平：《甘肃省历史气候文献资料（公元前—1949年）》，干旱减灾系统工程研究项目组，1992，第139页。

④ （清）谢树森、谢广恩等著，李玉寿校订《镇番遗事历鉴》，第476页。

最后，《历鉴》所载的灾害信息与其他两类资料所记存在矛盾。这类灾害信息主要为以下两条史料，需要具体分析。

其一，乾隆二十一年（1756），《清高宗实录》记载："十一月：赈贷甘肃皋兰……镇番等二十六厅州县本年水、雹灾民籽粮。"① 《历鉴》则记载："是秋大旱，秋禾被灾甚巨，草场如洗，牧人多叹息之声。……冬无雪。"② 上述两条记载，灾情种类不同，那是否时间上有先后呢？清朝顺治年间，报灾制度逐渐完善、规范："夏灾限六月终，秋灾限九月终。"③ 然而，甘肃气候寒冷，节候晚于内地，六月下旬才开始夏收，因此，报灾制度与内地有差异，如乾隆七年（1742）规定，甘肃报灾"夏灾不出七月半，秋灾不出十月半"④。可见，当年《清高宗实录》记载的十一月灾情信息，应包含了民勤秋灾情况。那么，民勤当年究竟是水（雹）灾，还是旱灾，是史料记载讹误，还是多种灾害并发，似乎需要更多证据。

其二，乾隆三十九年（1774），《历鉴》记载："五月，邑内乌鸦蚁集，几成横灾……七月，多热风，麦莠浸湮，以水浇地为甚。刈麦之季，又复阴雨连绵，延时误期，徒致收获锐减。县民有缓征之请，未准，道有怨声。"⑤ 《清史稿》则载"八月，镇番旱"⑥。那么，乾隆三十九年民勤地区究竟是水灾还是旱灾？查阅《清高宗实录》，乾隆四十年（1775）记载："七月，蠲免甘肃皋兰、武威、镇番、宁朔、灵州、平罗等六州县并沙泥州判三十九年分水灾、旱灾额赋。并豁免镇番、平罗二县水冲沙淤地一百六十六顷九十亩有奇额赋。"⑦ 可见，当年民勤确实是遭受水灾，《历鉴》记载无误。然而，《清高宗实录》记载当年豁免水灾额赋，而《历鉴》却记载"缓征之请"并未获准。那究竟情况如何？查阅前后几年《清高宗实录》之记载，发现乾隆四十六年（1781）暴露的"甘肃捏灾冒赈案"⑧，早在乾隆三十九年时，就已经影响到地方官员的灾情奏报和灾后救济。据此认为，《历鉴》记载相较正史、实录更为客观地反映了当年的受灾始末，具有较高的可靠性。

乾隆高度重视灾害奏报，即位之初，就发布"严谨地方官匿灾谕"，力图破除雍正年间形成的"匿灾""讳灾"陋习。⑨ 乾隆四十六年，甘肃布政使王廷赞奏报甘肃大

---

① 《清高宗实录》卷526，乾隆二十一年十一月丁未。

② （清）谢树森、谢广恩等著，李玉寿校订《镇番遗事历鉴》，第314页。

③ 《清世祖实录》卷79，顺治十年十一月辛亥。

④ 葛全胜主编，中国科学院地理科学与资源研究所、中国第一历史档案馆《清代奏折汇编——农业·环境》，第64页。

⑤ （清）谢树森、谢广恩等著，李玉寿校订《镇番遗事历鉴》，第325页。

⑥ 赵尔巽等撰《清史稿》卷18《灾异》。

⑦ 《清高宗实录》卷987，乾隆四十一年七月乙巳。

⑧ 岳维宗：《乾隆间甘肃"监粮冒赈"贪污案》，《兰州学刊》1981年第4期。

⑨ 李光伟：《康熙天坛祈雨的历史书写与史实考析——兼论康熙雍正灾异观念演变及其影响》，《清史研究》2022年第1期。

旱。当年，甘肃发生苏四十三为首的河州起义，和珅、阿桂等上奏“连遇阴雨”，围剿“贼匪”行动因此受困，这与甘肃地方官所奏“连年大旱”情形迥异，于是乾隆决心彻查，甘肃历年捏灾舞弊才得以揭露。由于该案持续时间长、牵涉范围广、侵蚀钱粮数额巨大，被后人称为“清朝第一大贪污案”。由此可见，由于缺乏利益因素，地方性的私人著述对自然灾害的记录，具有较高的可靠性。

综上，《历鉴》所载诸事集中于民勤一地，而正史、实录、官修方志等史料所载，直接关于民勤一地的内容较少，因此《历鉴》中不少与环境相关的记录无法得到其他史料的佐证。但在各种类型史料皆有记录的情况下，《历鉴》记载的情况则明显更加详细。而当不同史料记载相抵牾时，《历鉴》的记载也具有较高的可靠性。可见，虽然正史、实录、档案、方志与私人编撰的各种类文献资料，都不可避免地存在疏漏、错误，互补、互勘后才能得到更客观的认识。

结　语

《镇番遗事历鉴》是一部体例特殊的私人编撰的编年体志书，记载了民勤地区长达560余年的社会发展历程，广征博引、详略得当，堪称研究西北地方史的珍贵史料。尤其值得称道的是，《历鉴》记载了许多他志所不载的天气、气候、灾害、植被、地貌、水利等诸多社会环境变迁的信息，内容丰富且多元，在西北地区史料相对有限的情况下，更具有突出的史料价值。

《历鉴》虽由两位作者编撰而成，内容跨度长达560余年，但记载体例保持一致。其所载环境史料具有如下特点。第一，内容丰富：记录了对民生具有影响的各种类型天气、气候灾害，以及丰富的自然环境变迁现象。第二，描写细致：对各种自然环境要素的记录非常细致，不仅致灾与否都会记载，而且有较明确的时间信息，史料精度较高，为考察年内和年际气候变化与环境变迁提供依据。第三，可靠性较高：与同时期多种类型历史文献相比，《历鉴》显示出所记内容具有较高的可靠性，是关于民勤一地不可多得的地方变迁史志文献。

总之，笔者认为《历鉴》记载内容广博、细致，较为可靠，以《历鉴》为基础，综合利用清代实录、档案与正史、官修方志等资料建立民勤地区环境变迁的数据库，可为考察西北地区过去560多年气候变化与环境变迁提供资料支撑。

（作者单位：中国社会科学院古代史研究所）

《春泉闻见录》作者刘寿眉考*

元　伟　胡丽娜

摘　要：《春泉闻见录》是清代乾嘉时期宝坻文人刘寿眉的笔记，长久以来乏人关注，对作者刘寿眉亦无考。事实上，《春泉闻见录》中有诸多内证可以考定作者生年和大致生平，进而廓清诸家书志著录之失；同时，参合方志文献与《春泉闻见录》记载，亦可考索刘寿眉之家世亲族。《春泉闻见录》带有鲜明的纪实性和自述色彩，此类笔记的研究价值应该受到重视。

关键词：《春泉闻见录》　刘寿眉　宝坻

《春泉闻见录》（下文简称《闻见录》）是乾嘉时期文人刘寿眉所撰的一本笔记，长期以来关注者寥寥。作者刘寿眉，除却笔记有记载外，亦无相关史料可资详考。学界提及此书，大多著录简略。如宁稼雨在《中国文言小说总目提要》及石昌渝主编《中国古代小说总目·文言卷》、朱一玄、宁稼雨、陈桂声编著《中国古代小说总目提要》中所撰《春泉闻见录》词条，称此书"未见著录"，"（刘寿眉）其人未详"。① 司马朝军比宁氏等人稍进一步，其著《续修四库全书杂家类提要》记："刘寿眉，字春泉，顺天宝坻（今属天津）人。生卒年及事迹均不详。约生活于乾隆、嘉庆时期。"② 《续修四库全书总目提要》子部的《春泉闻见录》条（由司马朝军、王献松撰写）云："刘寿眉，字春泉，顺天宝坻人。生活于乾隆、嘉庆间，其余生平不详。"③ 姚继荣《清代历史笔记论丛》将《春泉闻见录》作者生年考定为1750年，且称作者生平事迹

* 本文系国家社会科学基金青年项目"乾嘉笔记与乾嘉文人生活研究"（项目编号：21CZW027）的阶段性成果。关于《春泉闻见录》作者：宁稼雨著录为"刘寿昌"（宁稼雨：《中国文言小说总目提要》，齐鲁书社，1996，第420页）；《清史稿艺文志及补编》"艺文三"著录："《春泉闻见录》四卷，刘寿昌撰。"（章钰等编，武作成补编《清史稿艺文志及补编（附索引）》上册，中华书局，1982，第567页）。未知何据，很可能是讹"眉"为"昌"。笔者查得清华大学图书馆藏有清嘉庆刻本，委托清华大学王晨博士帮忙查看，知该本系巾箱本，分为春、夏、秋、冬四函，题"渠阳刘寿眉春泉氏撰"。本文今从"刘寿眉"说。

① 宁稼雨：《中国文言小说总目提要》，第420页；石昌渝主编《中国古代小说总目·文言卷》，山西教育出版社，2004，第45页；朱一玄、宁稼雨、陈桂声编著《中国古代小说总目提要》，人民文学出版社，2005，第402页。

② 司马朝军：《续修四库全书杂家类提要》，商务印书馆，2013，第401页。

③ 《续修四库全书总目提要》子部，上海古籍出版社，2015，第577页。

不详。[①]

实际上，刘寿眉其人尚有可考空间。《春泉闻见录》是一部清代带有鲜明的“实录”和“自叙”色彩的旗人笔记，其中所载，多可与史志互证。论者未能对笔记进行全面深入阅读、考析，以致著录不详，乃至出现疏失，殊为遗憾。关于刘寿眉所在的宝坻刘氏，杨国奎《湖广巡抚刘殿衡》《刘巡抚家族墓地》二文[②]、天津问津书院所编的内部发行版《春泉闻见录》前言[③]，都引述或提到了丰台《刘氏家谱》，但笔者至今未见此家谱，只能依据《春泉闻见录》所载，并参合相关史志，尽可能地对刘寿眉之生平与家世作出考索。

一　生卒年

已经有学者据笔记内容推算出刘寿眉大致生年。如姚继荣《清代历史笔记论丛》注曰“刘寿眉（1750？—　）”[④]，应是据嘉庆庚申年（1800）刘寿眉自序所言“今年逾杖家”所作推测的。古时称男子 50 岁为“杖家之年”，“逾杖家”即年过 50 岁，以此推算，生年在 1750 年前后。任广玉对刘寿眉略作考证，称作者“大概生于乾隆十五年（1750）”[⑤]。然而这一结论疏漏颇多。下面试析之。

刘寿眉于嘉庆五年（1800）所撰自序，是考证其生年最直接的证据。为了方便后文论述，兹摘引如下：

> 余自六岁从母读四子书，九岁随父任赴吴，十岁始就傅，十五岁父解组，遂荒业。十九岁又随任赴越，即经理家政。……今年逾杖家，徒惭老大，闲居日久，病渐散去。偶忆生平闻见，随笔录出，藉以消遣。事取真切，言戒妄诞。……乡劭任春闱入都，见而乐之，阅年，手钞一册，欲质名贤。……任曰：“叔于《闻见》中寓警惕讽劝之旨，若秘而不宣，是不屑与世证可否，使后之子孙昧吾叔不学而能之美，将谓有所蹈袭，而启其猜疑之心，不自勉力，而阻其好学之志矣。”余闻之汗颜，自述数语以冠其首。嘉庆庚申三月既望，渠阳刘寿眉春泉氏识于京邸迎晖轩。[⑥]

① 姚继荣：《清代历史笔记论丛》，民族出版社，2014，第 252 ~ 253 页。

② 于增会主编，政协天津市宁河县委员会编《宁河名人》，天津人民出版社，2002，第 669、672 页。

③ 天津问津书院所编，任广玉整理、标点《春泉闻见录・前言》，《问津》第 7 期（总第 91 期），内部发行，2020，第 3 页。

④ 姚继荣：《清代历史笔记论丛》，第 252 页。

⑤ 天津问津书院所编，任广玉整理、标点《春泉闻见录・前言》，《问津》第 7 期（总第 91 期），第 1 页。

⑥ 刘寿眉：《春泉闻见录》，《续修四库全书》第 1177 册，清嘉庆五年刻本，上海古籍出版社，2002 年影印，第 523 页。

以往学者多根据“今年逾杖家”推断出刘寿眉生于1750年之前，其实，细阅《闻见录》所载内容，可推知刘寿眉的精确生年。学者们忽略了自序中的“阅年”这一时间标识以及诸多内证。“阅年”，表明从“杖家”之龄到作序之时，已经过去了一段时间；诸多内证，则如第100则记：

> 乾隆己巳年，先子以忧归里，余方四岁，嬉游其所。①

乾隆己巳年是1749年，这一年刘寿眉的父亲丁忧归家，作者时年4岁。据古人记龄的惯例推算，刘寿眉的生年应在1746年，即乾隆十一年，这一时间尚有其他佐证。仍引第100则：

> 又二年，余亦读书于此。②

以时间推之，“又二年”即作者6岁，始读书。这与刘寿眉自序所记“余自六岁从母读四子书”亦相合。又，《闻见录》第7则记载：

> 乾隆甲戌，先大人选吴松。③

乾隆甲戌年为1754年，这一年作者父亲始宦游吴松。而作者自序又称自己“九岁随父任赴吴”，减去作者年龄时间差，亦可得出作者生年在1746年。再者，自序称“十九岁又随任赴越”，而《闻见录》第29、78则都提到，作者于乾隆二十九年（1764）随父赴浙，减去时间差，亦可推知作者生年在1746年。因此这一结论可以定谳了。

而卒年则不好遽断。目前仅能从笔记所记事件的最晚时间推知，刘寿眉于嘉庆五年（1800）春三月尚在世。

二　生平事迹

刘寿眉之生平事迹，《闻见录》自序已作简单勾勒，但还不完整。笔者经过梳理，认为作者之生平大致以乾隆三十六年（1771）为界，分为前后两个阶段。

乾隆三十六年之前，也就是刘寿眉26岁之前，主要是在读书和随父宦游。9岁以前从母读“四子”书，家中嘉荫轩是其读书处。9岁至15岁（1754～1760）随父赴

---

① 刘寿眉：《春泉闻见录》，《续修四库全书》第1177册，第577页。

② 刘寿眉：《春泉闻见录》，《续修四库全书》第1177册，第577页。

③ 刘寿眉：《春泉闻见录》，《续修四库全书》第1177册，第526页。

吴，即《闻见录》第100则所记："先子宦吴松，举家之任。"①《闻见录》对这段时间经历的记载，多围绕父亲的见闻而展开，所经之地计有昆山、瓜洲、淮徐、南汇、京口、浒墅关、由闸、靖江等，还有对居所、逆旅、官署见闻，以及与苏州府、松江府等地人交往的记录，内容以狐鬼怪异事件为主。

而《闻见录》对19岁至26岁（1764～1771）再次随父赴越后的记述，则以作者自己的行踪见闻为主。有游历广闻的，如游览宁邑（今台州府宁海县）长洋岭等名胜；有搜奇志怪的，如记录旅途怪异、龙卷风、鬼隶勾魂、狐祟、尸变、台风、奇人异士等；有观民察俗的，如第23则记述宁邑之穷民私采贩盐现象、男风现象和宁邑方言土音；有重要历史事件转录的，如王伦作乱事、海盗、蛤蟆瘟等。

乾隆三十六年随父北归后，刘寿眉的行迹行踪，也可从《闻见录》里探寻到。

据《闻见录》可知，刘寿眉的原配为陈氏，随刘寿眉居浙时因痨病去世，直至北归时才归葬祖茔。《闻见录》第86则云：

> 余原配陈氏，性情和顺，颇克妇道。结缡三载，痨疾而终。时随任宁邑，未能归柩，即厝公廨斋右。庚寅（1770）季春，余送赴省路，由绍兴乘乌篷船……迨辛卯冬（1771）归葬先茔，余事事亲理。②

而后长达八年（1771～1778）左右的时间里，刘寿眉都在京师北城指挥、平遥人郝敬斋处做幕宾，佐理政务，也协助办理一些讼狱。如《闻见录》第42则云："余佐理八载，主宾如一日。"③ 第47则："余在指挥幕，亲办此案。"④ 都是指这段时间的经历。后又与郝敬斋之子郝徕峰有交往。《闻见录》记有不少山西故事，应该就是这段时间的耳目见闻。做幕期间，刘寿眉曾在京师崇文门外手帕胡同居住（第33则），与在京亲友交往过从。乾隆三十九年（1774）也曾应京兆试，但是遗憾落榜。

从乾隆四十三年到五十三年（1778～1788），刘寿眉先后在山东的夏津县、鱼台县做"宰"，应该是县令或县丞一类官职。《闻见录》第65则记："丙申至戊申，余宰夏津、鱼台。"⑤ 然笔者遍检乾隆《夏津县志》及民国《夏津县志续编》、光绪《鱼台县志》，未见著录有刘姓知县或者县丞，或系失载。

而在此之后，刘寿眉便长期居住京城了。不论是《闻见录》第61则记述乾隆己酉年（1789）旌表堂兄之女，第58则记载乾隆壬子年（1792）宛平县的姑丈王翼曾遇鬼

① 刘寿眉：《春泉闻见录》，《续修四库全书》第1177册，第577页。
② 刘寿眉：《春泉闻见录》，《续修四库全书》第1177册，第563页。
③ 刘寿眉：《春泉闻见录》，《续修四库全书》第1177册，第542页。
④ 刘寿眉：《春泉闻见录》，《续修四库全书》第1177册，第545页。
⑤ 刘寿眉：《春泉闻见录》，《续修四库全书》第1177册，第553页。

事，还是第74则提到自己乾隆甲寅年（1794）入都，以及刘耆德跋语述及嘉庆戊午年（1798）秋至第二年春在京与刘寿眉相处时的见闻，李鼎元序和刘寿眉自序所称嘉庆庚申年《闻见录》成书之事，都断断续续、零零散散地折射出刘寿眉中老年时期的生活场景。

此外，《闻见录》还屡屡提到宝坻家中书斋——嘉荫轩，如第100则载述甚详，知此轩为刘寿眉祖辈、父辈和自己读书的地方。中年以后刘寿眉居住京邸，家中书斋又唤作“迎晖轩”。《闻见录》现存的嘉庆刻本，正是刘氏迎晖轩自刻的。

此外，《闻见录》还记述了刘寿眉在不同时期与江浙友人、宝坻同乡人、京师友人、家中仆人等交往相处的细节，以及诸多生活见闻，给读者展示出一个功名不显、日常奔波而又颇富文人意趣的作者形象。

三 家世

现存清嘉庆五年刻本《春泉闻见录》卷首题“渠阳刘寿眉春泉氏撰”。“渠阳”乃宝坻旧称，清代属于直隶顺天府，在今天津北部。刘寿眉虽然声名不显，但刘氏却是当地望族，向来分汉、旗两籍，刘寿眉即属于汉军镶白旗。《闻见录》记述了家族亲友的事迹，下面笔记就参合方志文献，摭其要者进行考述。

《闻见录》卷1第4则记曰：“自高、曾以来，控制闽浙西蜀，兼三抚楚北，相继数十年，宅第甲于一邑。乡人呼之曰刘府。”① 可知其高祖、曾祖两代曾做过总督、巡抚一类官员。查《钦定八旗通志》可知，刘寿眉所说的高祖、曾祖应是刘兆麒、刘殿衡。《钦定八旗通志》卷210《人物志·大臣传》之刘兆麒传：

> 刘兆麒，汉军镶白旗人。顺治七年由官学生授秘书院编修，洊迁宗人府启心郎。十八年十月，迁都察院左副都御史；十二月，授湖广巡抚。……（康熙）七年，擢四川总督……八年三月，补闽浙总督。……十二年三月，京察以任总督，后未著勤勉，照才力不及例，降二级调用。十三年十月，授直隶援剿提督，缺，寻裁。十四年正月，补崇明提督……二十二年，疏报守备柴桂芳等剿贼……兆麒所报不实，应降二级调用，得旨削去加级纪录，以旗员补用。寻补黑龙江总管。三十一年（1692），以母老乞解任，从之。四十七年（1708）六月卒，年八十。②

又，《四川通志》卷31“总督”条载：

---

① 刘寿眉：《春泉闻见录》，《续修四库全书》第1177册，第524页。

② 《钦定八旗通志》，《景印文渊阁四库全书》本。

刘兆麒，直隶宝坻人，康熙十年以兵部侍郎兼副都御史任，旋奉裁。①

据上述记载可推知，刘兆麒在世时间为崇祯二年到康熙四十七年（1629～1708）。历任秘书院编修、左副都御史、湖广巡抚、四川总督、闽浙总督等职。刘兆麒之子刘殿衡，《钦定八旗通志》同卷也有记载：

子殿衡，康熙二十二年由荫生授兵部员外郎，二十四年迁刑部郎中，二十六年转直隶井陉道，寻调甘肃西宁道。三十七年二月，部推广东按察使。……十二月，授江苏布政使。……四十三年三月，擢湖广巡抚。……四十七年，丁父忧……五十年，复任湖广巡抚。……五十六年……十二月卒于官，年六十有二。②

可推知刘殿衡在世时间为顺治十三年到康熙五十六年（1656～1717）。历任兵部员外郎、刑部郎中、广东按察使、江苏布政使，后两任湖广巡抚。刘兆麒、刘殿衡之籍贯、履历，与刘寿眉所言“控制闽浙西蜀，兼三抚楚北，相继数十年”十分相合。另外，乾隆十年（1745）编纂的《乾隆宝坻县志》也为之提供了佐证，该志卷9《选举志·例贡》下列有“刘兆麒”，注曰：“入旗籍。授秘书院编修，历升湖广巡抚、川湖浙闽总督兼兵部尚书。”③

又据《乾隆宝坻县志》之“乡贤”条记载，刘殿衡并非刘兆麒的亲生子，而是胞兄刘兆麟的第三子，过继给刘兆麒承嗣的：

麒初无子，麟以叔子殿衡嗣后。殿衡仕亦至巡抚、副都御史，赠本生父如其官。父荷谕祭，兄弟并祀乡贤。④

而刘兆麟才名早著，顺治十八年（1661）便中了进士。由于当时胞弟刘兆麒已“隶禁旅，供事内廷”，迁左副都御史，于是刘兆麟放弃了仕途，留在家里侍奉双亲。后刘兆麒显贵，刘氏数代悉受荫封。张大受（1660～1723）为刘殿衡所撰《副都御史刘公墓志铭》曰：

公讳殿衡，字玉伯，居顺天宝坻县五世矣。曾祖讳国祯、祖讳世则，俱以父讳兆麒贵，赠光禄大夫、总督浙江福建、兵部尚书、都察院右副都御史。……公

① 《四川通志》，《景印文渊阁四库全书》本。

② 《钦定八旗通志》，《景印文渊阁四库全书》本。

③ 《中国方志丛书·乾隆宝坻县志》，民国六年石印本，台北：成文出版社，1969年影印，第452页。

④ 《中国方志丛书·乾隆宝坻县志》，第562页。

以副都御史加五级恩授光禄大夫，夫人张氏，浙江嘉兴知府思齐女，诰封一品夫人。[①]

明确交代了宝坻刘氏的起源。也有学者提到“宝坻刘家，始祖刘信在明嘉靖年间，由江苏省沛县迁至丰台镇（今宁河区）”[②]。而《乾隆宝坻县志》“貤（有简体）荫”“恩荫”条下也详列了刘氏几代荫封名录：

刘信。以曾孙兆麒贵，赠光禄大夫、兵部尚书兼都察院右副都御史，配李氏，赠夫人。

刘国正[③]。以孙兆麒贵，赠光禄大夫、兵部尚书兼都察院右副都御史，配褚氏，继王氏，俱赠夫人。

刘世则。以子兆麒贵，封光禄大夫、兵部尚书兼都察院右副都御史，配鲁氏，封太夫人。

刘兆麟。以本生子殿衡贵，贻赠光禄大夫、巡抚湖广兼都察院右副都御史，配单氏，赠夫人。

刘殿衡。系父兆麒一品恩荫，历官湖广巡抚兼都察院右副都御史，有传。

刘鹤龄。系伯父殿衡恩荫，升兵部职方司郎中，授山东莱州知府。[④]

刘鹤龄是刘殿衡下一代，容后文再论。刘殿衡尚有其他叔伯兄弟。《乾隆宝坻县志》卷9《选举志·贡荐》下列有刘殿飏、刘殿玑、刘殿邦、刘殿璋4人：

刘殿飏，候选知县，有传。

刘殿玑，入旗籍，授中书，历升员外。

刘殿邦，历任苏松粮道，附传。

刘殿璋，入旗籍，候选知县。[⑤]

从名字来看，都是“殿”字辈，很可能是叔伯兄弟关系。《乾隆宝坻县志》之“政绩”条下记刘殿邦：

---

① 《中国方志丛书·乾隆宝坻县志》，第956、963页。

② 陈兆军、阮洪臣：《科举世家“李半朝”》，天津古籍出版社，2019，第174～175页。

③ 笔者案：此处改祯为正，避清世宗讳。

④ 《中国方志丛书·乾隆宝坻县志》，第471、474、475页。

⑤ 《中国方志丛书·乾隆宝坻县志》，第452、456页。

(殿衡)仲兄殿邦,字安侯,英华卓荦,累官至苏松粮道,署布政使。圣祖亦曾书“一州之表”四字赐之,以为一门盛事云。①

可知刘殿邦是刘殿衡仲兄。又,《乾隆宝坻县志》之“耆英”条下记刘殿飏:

刘殿飏,字元公,兆麟子也。次殿邦。次殿衡。衡继兆麒,后以荫起。邦亦由贡就铨。飏独不仕。②

可知刘殿飏、刘殿邦、刘殿衡是刘兆麟之子。长子刘殿飏继承先君之志,养志不仕。而刘殿玑、刘殿璋为刘兆麒之子,《新中国出土墓志》之《上海 天津》卷收录了《清诰封光禄大夫兵部尚书都察院右副都御史加从一品善征刘公(世则)墓志铭》,该铭文详细列出了刘正则的子辈(“兆”字辈)、孙辈(“殿”字辈)和“长门”曾孙辈:

子二:长兆麟……次兆麒……

孙五:长殿飏……次殿邦……麟出。次殿衡……亦麟出,继麒后。次殿玑……次殿璋……麒出。

曾孙六:应诏、宠诏、遇诏……飏出。宸诏……廷诏……丹诏……邦出。③

据此可知,刘殿玑和刘殿璋是刘殿衡过继给刘兆麒之后出生的。又可知,刘兆麟的嫡孙辈以“诏”字论辈。遗憾的是,刘殿衡、刘殿玑和刘殿璋的后代没有交代,只有刘殿衡的后人是有史志、碑铭文献记载的。张大受《副都御史刘公墓志铭》记:

公子庶吉士嵩龄奔赴武昌,扶柩归宝坻……男子三,长即吉士嵩龄。④

《乾隆宝坻县志》“乡举”条下又记:

刘嵩龄,入旗籍,康熙戊子,见甲科。⑤

卷9《选举志》“甲科”条下列“刘嵩龄”,注云:

① 《中国方志丛书·乾隆宝坻县志》,第590页。

② 《中国方志丛书·乾隆宝坻县志》,第601页。

③ 《新中国出土墓志·上海 天津》(下),文物出版社,2009,第202页。

④ 《中国方志丛书·乾隆宝坻县志》,第956、963页。

⑤ 《中国方志丛书·乾隆宝坻县志》,第433页。

入旗籍，康熙癸巳进士，以翰林院迁御史，历任四川永宁道。[①]

可见刘嵩龄为刘殿衡长子。刘嵩龄字山祝，号向南，康熙四十七年举人，康熙五十二年（1713）进士，曾官四川永宁道。另，前文在引述刘氏一门荫封时曾提到“刘鹤龄”，说他“系伯父殿衡恩荫”，升兵部职方司郎中，授山东莱州知府。《乾隆莱州府志》卷6“莱州府知府”条下记：“刘鹤龄，镶白旗，荫生，（雍正）八年任。”[②] 既称刘殿衡为“伯父”，而殿衡在胞兄弟中最幼，故刘鹤龄应非刘兆麟嫡孙，应是刘殿玑或刘殿璋的后人。与刘兆麟嫡孙辈以“诏”字论辈不同，刘兆麒的嫡孙辈以“龄”字论。

综合以上文献记载，从前引《闻见录》“高、曾以来”一段文字推之，刘寿眉系刘殿衡的曾孙辈，也就是宝坻丰台刘氏的第八世。但由于《乾隆宝坻县志》编纂于乾隆十年，未及记录刘嵩龄（第六世）以下族辈；光绪十二年（1886）刊行的《（光绪）顺天府志》也没有相关记载。故刘嵩龄至刘寿眉三代间的世系失考。我们只能从《闻见录》的零散记录来推测。

《闻见录》提到了“叔祖山年公”“叔祖汾年公”“王父”。第77则记：

叔祖山年公，天性聪明。初就傅时，凡师所授经书，过目不忘。十岁能文，或以古书示之，咸若夙读。年十八成进士，由太史迁永宁观察。[③]

考《四川通志》，其“修志姓氏”条载：“四川分巡永宁道按察使司参议加一级，臣刘嵩龄，镶白旗，癸巳（1713）进士。”[④] 知刘寿眉所谓“山年公”，即刘嵩龄。据“年十八成进士”，可推知刘嵩龄的生年在康熙三十五年（1696）。

又，《闻见录》第98则记：

叔祖汾年公知福建安溪县，携眷赴任……[⑤]

前文已述及，刘殿衡有三子，刘嵩龄居长，故此“汾年公”应该是另外两子之一，然姓字未知。笔者查检《乾隆宝坻县志》卷9《选举志》载“刘懋龄”：

---

① 《中国方志丛书·乾隆宝坻县志》，第427页。

② 《乾隆莱州府志》，《中国地方志集成·山东府县志辑》第44册，清乾隆五年刻本，凤凰出版社，2004年影印，第127页。

③ 刘寿眉：《春泉闻见录》，《续修四库全书》第1177册，第558页。

④ 《四川通志》，《景印文渊阁四库全书》本。

⑤ 刘寿眉：《春泉闻见录》，《续修四库全书》第1177册，第576页。

> 刘懋龄，授安溪知县。为前任偿逋，资其家人。回籍值朱一贵倡乱，运需造器，克期无误。又招降贼党郑鉴，城邑以安。劳绩甚著。①

又，乾隆二十二年（1757）刊行的《乾隆安溪县志》卷5《职官·知县》下也列有“刘懋龄”一人：

> 刘懋龄，宝坻人，监生，（康熙）五十七年任。②

这无疑就是刘寿眉笔下的“叔祖汾年公”了，为刘嵩龄的两位胞弟之一（排行未知），康熙五十七年（1718）到福建安溪县赴任，在任期间扶弱平乱，多有政声。

“王父”是作者对祖父的尊称，在《闻见录》中出现了4次，但都没有透露具体信息。只有第100则记述家中的“嘉荫轩”时，说是祖父与叔祖山年公、父亲曾经读书的地方。可见祖父一辈曾日夕伴读，感情很好。

再来看刘寿眉的父辈。由于刘寿眉长年随父亲宦游，所以《闻见录》记述父亲事迹最多，共计22则。虽未写名字，却明确提到了父亲的生平事迹和居官履历。如第9则记述父亲梦见中式第38名后来应验的故事，其中讲道：

> 先大人屡困场屋，雍正十年（1732）壬子秋闱后，即旋里嗣，同母归宁，盖恐不售而先去也。……王父曰：“汝与同曾连芳副榜，岂尚未知耶?”同曾者，乃山年公之长子也。③

知刘父雍正十年（1732）举于乡。笔者查《乾隆宝坻县志》卷9《选举志》，有两个人可能性很大。一是刘毓道。卷9“乡举”条列：“刘毓道，雍正壬子。”④ 其又见于《畿辅通志》卷66《举人》之“雍正壬子科”下：“刘毓道，宝坻。”⑤ 二是刘翥。《乾隆宝坻县志》卷9“拔副”条下列：“刘翥。雍正壬子副贡，授青浦县丞。”⑥ 《（光绪）顺天府志》亦沿袭这一记载，卷118《举人表》于“（雍正）十年壬子”条下列：“刘翥，副，青浦县丞。”⑦

---

① 《中国方志丛书·乾隆宝坻县志》，第459页。

② 《乾隆安溪县志》，《中国地方志集成·福建府县志辑27》，清乾隆二十二年刻本，上海书店出版社，2000年影印，第513页。

③ 刘寿眉：《春泉闻见录》，《续修四库全书》第1177册，第527～528页。

④ 《中国方志丛书·乾隆宝坻县志》，第434页。

⑤ 《畿辅通志》，《景印文渊阁四库全书》本。

⑥ 《中国方志丛书·乾隆宝坻县志》，第447页。

⑦ 《（光绪）顺天府志》，《续修四库全书》第686册，光绪十二年刻本，台北：成文出版社，1969年影印，第468页。

然而与刘嵩龄长子刘同曾“连芳”副榜的是刘翥。《乾隆宝坻县志》卷9记载，刘同曾与刘翥同列“拔副”：“刘同曾，入旗籍，雍正癸卯副贡。”① 可见刘翥才是刘寿眉的父亲。刘寿眉“王父”所言“连芳”，应是指刘同曾在前（雍正元年，1723）而刘翥在后，前后连捷的意思。

另外，《乾隆宝坻县志》记载刘翥“授青浦县丞”，也可与《闻见录》相互印证。从《闻见录》可以窥见刘父大致经历。如中举之前曾居住在京师，雍正九年（1731）八月十九日亲历了一次大地震（第68则）。铨选赴任吴、松之前，就已在苏州浒墅关（乾隆八年，1743；见第29则）和扬州由闸关（第45则）任职，专司榷务。乾隆十九年（1754），选官吴、松（见第7、16、29、43则），刘寿眉随父前往。此后辗转于江苏多地，计有昆山（第13则）、淮徐道（第15则）、南汇（第19、50、84则）等。正如《闻见录》第14则所说，“先大人仕江苏，每奉差于江之南北”。乾隆二十九年（1764）赴浙江任职（第29、78则），宰宁邑（第21、23、24、25、26、29、51、95则）。乾隆三十六年（1771）自浙北归，刘寿眉亦随其北归（第27、29、86、105则），结束了江浙宦游生涯。

刘翥在雍正十年中举之后、乾隆十九年选任吴、松之前的仕宦记录，也有地方志可证。如《乾隆宝坻县志》记载其“授青浦县丞”；《光绪青浦县志》卷13《职官表》也将“刘翥”系于“县丞”之下，只不过光绪志将任职时间和籍贯记错了，分别记成了“乾隆十二年”和“陕西宝鸡人”。②

在任青浦县丞之前，刘翥就曾署理昆山知县，即《闻见录》所言“先大人宰昆山”（第13则）。笔者查阅《同治苏州府志》，其卷56《职官五》下“昆山县知县”条列：“刘翥。宝坻人。副榜。”③ 卷57于“乾隆七年”条下又记：“三月，新阳令蔡书绅任。十月，刘翥署。十二月，吴韬任。”④

刘翥乾隆十九年选任吴、松，当任南汇县丞。此事见《光绪南汇县志》卷10，《官司志·县丞》赫然列曰：“刘翥，直隶宝坻人，乾隆十九年任。”⑤ 至乾隆二十四年（1759），署理南汇知县，即《闻见录》第19则记“乾隆己卯年秋，先大人摄南汇篆，督理海塘”。

关于刘翥在浙江的仕宦经历，《闻见录》记载其乾隆二十九年赴浙，“宰宁海”，但是《光绪宁海县志》之《职官志》并未记载，只是在卷12《列女·胡女传》中，提及刘翥曾为守节而死的胡女次韵赋诗：

① 《中国方志丛书·乾隆宝坻县志》，第447页。

② 《中国方志丛书·光绪青浦县志》，清光绪五年刊本，台北：成文出版社，1969年影印，第509页。

③ 《同治苏州府志》，《中国地方志集成·江苏府县志辑》第8册，清光绪九年刻本，江苏古籍出版社，1991年影印，第553页。

④ 《同治苏州府志》，《中国地方志集成·江苏府县志辑》第8册，第578页。

⑤ 《中国方志丛书·光绪南汇县志》，民国十六年重印本，成文出版社，1969年影印，第740页。

> 宁波守梁徽诗一首。杭人孔衍佑诗二首。县尹刘翥和孔衍佑原韵一首。分府周承芳步前韵十首……①

刘翥一生大部分时间都在做县丞，偶尔署理知县，也曾辞官解绶，② 仕途可谓一波三折。

此外，《闻见录》中提及的刘氏同辈还有从兄刘云从、堂兄刘少穆和不具名之从姊三人，俱无考。晚辈则有为《闻见录》撰跋的侄子刘耆德。跋语称嘉庆戊午年秋试到庚申年春之间，在京城与叔刘寿眉有过相处。《（光绪）顺天府志》卷118《举人表》于“嘉庆三年戊午”条下列“刘耆德”；③《国朝畿辅诗传》卷55也载：“刘耆德。耆德号竹西，宝坻人，嘉庆三年举人。”④ 刘寿眉自序称其“乡劭侄”，知其字乡劭。生平大略如此。

综合以上考察，可梳理出已知宝坻丰台刘氏世系，如下图。

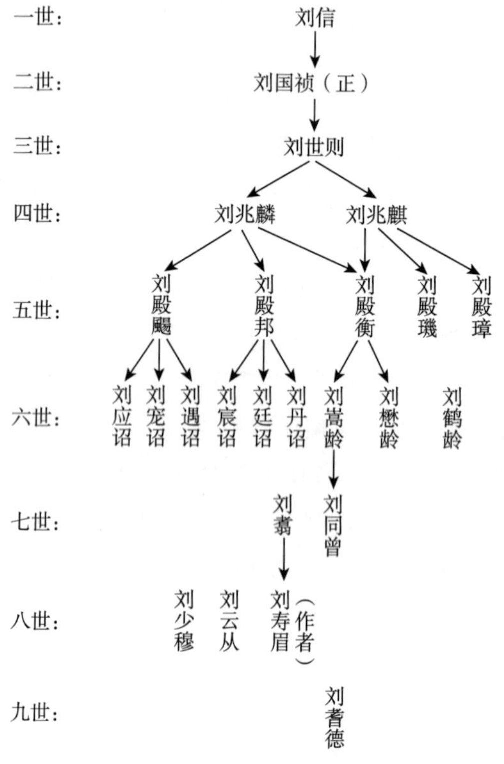

宝坻丰台刘氏世系图

① 《中国方志丛书·光绪宁海县志》，清光绪二十八年刊本，成文出版社，1969年影印，第1168页。

② 刘寿眉自序称“十五岁父解组”，据刘寿眉生年可以推知其15岁时为乾隆二十五年（1760），可见刘翥摄篆南汇县后不久即辞官。

③ 《（光绪）顺天府志》，《续修四库全书》第686册，第471页。

④ 陶梁编《国朝畿辅诗传》，道光十九年（1839）红豆树馆刻本。

此世系图也与《闻见录》第7则所记“余家自始祖四传至高祖，分旗汉两籍”相合——从一世刘信到四世刘兆麒（高祖），正好4代。刘氏祖茔在《乾隆宝坻县志》中也有记载，其卷10《封表·冢墓》记：“刘大司马墓。在县东南丰台镇之西一里许，为兵部尚书讳兆麒之阡。谕祭碑文，亦见《艺文志》。”①

此外，《闻见录》还提及刘氏亲族，如其母出身丰润曹氏：“余外家曹氏乃丰润望族。”② 也提到了“外王母”和“母舅”。事实上，刘寿眉祖上即与丰润曹氏有过联姻，乃姻亲世家，由此与《红楼梦》作者曹雪芹的家世产生了重要关联。限于本文主题及篇幅，这一问题容笔者另撰文申述。

《闻见录》提到的外甥，同时也是序作者的李鼎元（1749～1812），字味堂、和叔，号墨庄，四川绵州人。乾隆四十三年进士，因出使琉球而知名，撰有《使琉球记》。李鼎元与从兄李调元（1734～1803）、胞弟李骥元（1745～1799）合称“绵州三李”，都是乾嘉时期的知名文人。

余　论

似《春泉闻见录》这类著作，以往都被视作志怪杂事类笔记，很少注意到它的史料价值。但从本文的考证来看，《春泉闻见录》具有鲜明的纪实性、自述性色彩，与《四库全书总目提要》批评的那些诬漫失真、荒怪不经的小说言迥然不同。作者自序称此书“事取真切，言戒妄诞”，刘耆德跋称“事记其实”，李鼎元序称此书“乃述其生平所历之境与所闻之言，既不同乎干宝搜神，又迥别于黄州谈鬼，盖笔之以传信也”，看来并非虚言。这类笔记，在以《四库全书总目提要》为代表的传统学术体系中，属于子部的“小说家类”或者“杂家类”，常常表现为考辩论说、杂纂类编、缀辑杂事、记录见闻等，虽然有裨补学问、劝诫教化和广闻资治的意义和价值，但是水平参差不齐，长期以来受到学者批评。随着新文化史研究、微观史研究的兴起，古代笔记因其独特的个人化视角、精神生活书写和私人记录性质，得到了研究者的重视，笔记研究也成为近年来的研究热点，这也提醒我们要更新观念，重新审视古代笔记的研究价值。本文囿于学力，或许还存在不周之处，敬祈方家指正。

附记：清华大学王晨博士帮助查阅清华大学图书馆藏清嘉庆刻本《春泉闻见录》，谨致谢忱！

（作者单位：河北师范大学文学院；河北师范大学初等教育系）

① 《中国方志丛书·乾隆宝坻县志》，第485页。

② 刘寿眉：《春泉闻见录》，《续修四库全书》第1177册，第527页。

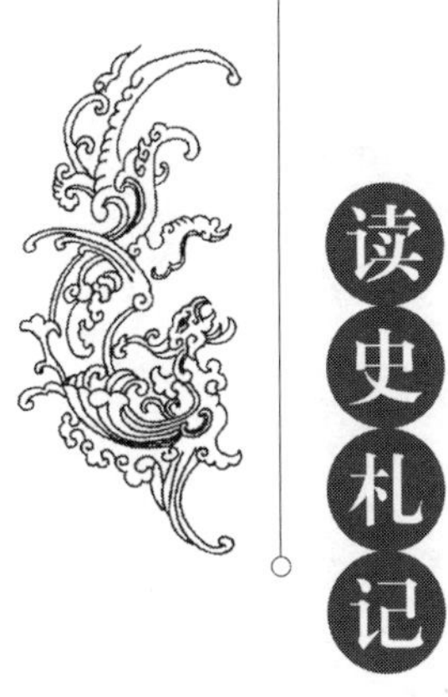

读史札记

罗卜藏丹津叛乱诸事考辨

王　航

从明季到清初，蒙古和硕特部在“持教法王”固始汗势力的影响下一直把控着青藏高原地区的政治走向。和硕特部虽与清廷交好，但教法之争与固始汗子孙间的冲突，使得青藏高原的政治局势并不安稳，也因此给了一直觊觎和硕特部权势的准噶尔部以可乘之机，建立75年（1642－1717年）的蒙古和硕特汗国最终被准噶尔部攻灭。准噶尔部侵入西藏，致使生灵涂炭。清廷为安抚和硕特部以实现“平准安藏”的目的，曾许诺将从固始汗后代中择贤者继承其先祖的权益，恢复和硕特汗国。但随着西藏管理体制的变化和青海各首领职权的变动，清廷的诺言成了一纸空文。满怀“复国”希望的固始汗幼孙、亲王罗卜藏丹津在康雍两朝交替之际密谋反清。从雍正元年（1723）十月清军出塞，到雍正二年（1724）二月平叛战争结束，罗卜藏丹津武装反清叛乱仅4个月便宣告失败。罗卜藏丹津叛乱被平定是青海历史上社会与国家间权利博弈的典型体现，也是影响清政府对西北民族制定何种政策以及对青海地区采取何种治理模式的重大事件。清朝平定叛乱后，积极对青藏地区实行了一系列政策，使青海湟水流域的汉族社会在政治、经济、社会、文化结构上发生了巨大变化，促进了统一多民族国家的稳定与发展。针对这一历史事件，学界已有一定数量的研究成果，但关于罗卜藏丹津叛乱的具体时间、所耗的兵力与军费、罗卜藏丹津的最终结局等关键问题则鲜有涉及。本文将对这些问题加以考证。

一　罗卜藏丹津叛乱时间考

关于罗卜藏丹津举行反清会盟的时间，魏源《圣武记》载：罗卜藏丹津“于雍正元年夏，诱诸部盟于察罕托罗海”①。班布尔汗《最后的可汗——蒙古帝国余晖》更明确地称：“1723年8月末，罗卜藏丹津在青海察罕托罗海举行会盟，相约各部台吉、各寺庙活佛、主持等共同反清。”② 原其所自，疑为《清世宗实录》卷10所载条文：

① 魏源：《圣武记》卷3《外藩》，中华书局，1984，第139页。

② 班布尔汗：《最后的可汗——蒙古帝国余晖》，中国社会出版社，2009，第329页。

命往青海侍郎常寿摺奏：臣于七月二十二日抵亲王罗卜藏丹津驻牧之沙拉图地方，恭宣谕上曰：令伊等兄弟，罢兵和睦。据罗卜藏丹津诉称，戴青和硕齐察罕丹津、额尔得尼厄尔克托克托奈欲霸占招地，捏言我遣使准噶尔，欲同策妄阿喇布坦背叛，以为谗害，是以众台吉等不服，会盟兴兵。并备言戴青和硕齐等过恶，拟于数日起程渡河，与决胜负。臣察其情形，势难和好。后据察罕丹津诉称，罗卜藏丹津兴兵逐额尔得尼厄尔克托克托奈于内地，今勒令众台吉聚兵于巴尔托罗海处，意欲独占西招青海地方，其兵大约不过一万二三千名，其党率多勒从，若渡河前来，定即力拒等语。[①]

这是侍郎常寿于雍正元年八月所奏内容，记载的事情却要早于这个时间。此时，罗卜藏丹津已经准备渡过黄河攻打额尔德尼额尔克托克托鼐，而额尔德尼正是因为不赴会盟，不附罗卜藏丹津，才遭到攻击的，故会盟时间不可以条文所载时间为准，当早于八月。另据《清史编年》“雍正元年六月十五日”条载：

时罗卜藏丹津以青海、西藏本系和硕特蒙古部属，而己为顾实汗嫡孙，乃阴约准噶尔部策妄阿拉布坦为援，觊复先人旧业，命所属各仍旧号，不得复称朝廷封爵，而自称“达赖浑台吉”以统之……亲王察罕丹津、郡王额尔德尼等不从，罗卜藏丹津兴兵攻之。本日……郡王额尔德尼来，言罗卜藏丹津起兵来侵，交战四次，属下人或阵亡，或逃散，请求救援。[②]

显而易见，早在雍正元年六月的档案中便有了罗卜藏丹津举行反清会盟的记载，且此时额尔德尼已经败退。罗卜藏丹津于察罕托罗海会盟的时间当早于六月。另有《雍正朝满文朱批奏折全译》载：

本年（雍正元年）三月十一日，居于甘丹寺之席勒图达赖诺们罕派其侍卫楚和拉向奴才（常寿）问好……奴才遂嘱令楚和拉转告达赖诺们罕：……亲王罗卜藏丹津自去年（康熙六十一年）从招地返回后，情形非同以往。其四处派人调兵，查看马匹，催办兵器，召集诸台吉会议，议定向准噶尔遣使，引诱准噶尔共同举事。当即舔枪口发誓……兹参加盟誓之台吉寨桑等，深知其事已不可逆转，力表清白……据寨桑卫征楚和拉告［告］称：我等王曰：告［告］诉侍郎：去年十一月十三日，我从京城返抵西宁，面见侍郎后，于十五日起程回家。十九日行抵黄

① 《清世宗实录》卷10，雍正元年八月庚午，中华书局，1985，第191页。

② 中国人民大学清史研究所编，史松编写《清史编年》第4卷（雍正朝），中国人民大学出版社，2000，第25～26页。

河岸边驻扎时，亲王罗卜藏丹津前来见我说：我九月从招地返回，你去了木兰围场未在家，我宣布所有兄弟于十月在巴颜诺尔会盟。此次会盟，有亲自前来者，亦有遣使前来者。我向到会之人说停使用伪号。我与诸兄弟商议……我父扎西巴图尔身故，拉藏汗占招称汗，此间准噶尔肆虐招地，而我等可以号令之长辈皆已谢世，兄弟内各行其事，已成散沙矣。以我之意，我等共推一人作为总领，凡事照其指示而行，同心同德，结为一体，即有利于我等祖父所立之黄教，且于事皆有裨益。尔等之意若何？兄弟齐言：尔乃顾实汗嫡孙，总理青海之亲王扎西巴图尔之子，身份贵重，现又掌有总理青海之印，嗣后我等共遵尔之指示结为一体，同心同德，决不背离。若有背离者，我等共将其人责以治罪等语。议定共同舔枪口为誓。故而今日告诉你，你意如何？我说：既然各兄弟已经议定，于黄教有益，于事有益，我若不同意，又能去何处安身？我随众人之意吧等语，言后发誓讫。亲王罗卜藏丹津又问我，上次我等会盟时曾经议定向准噶尔遣使，你意若何？我说：既然诸兄弟议定遣使准噶尔为是，我无异议。等到家商议后，再派人告［告］诉你。①

这条史料为研究者提供了极为丰富的信息。其一，罗卜藏丹津亲口称自己于康熙六十一年十月于察罕托罗海举行了会盟，且将会盟全部过程进行了表述；其二，罗卜藏丹津胁迫青海诸台吉，遍施淫威亦属事实，其野心展露无遗；其三，罗卜藏丹津企图暗通准噶尔的事实也得到了证明。② 又佐以“蒙文密书，经翻译阅得：青海大小诸颜于本年十月会盟……会盟密谋曰：自我祖父乃至我辈，皆尊奉阿穆呼郎汗③旨意而行，如今看来，于我毫无益处……昔日阿穆呼郎汗曾言，取土伯特国后，自尔等之内授以汗位……今时隔三四年，仍无动静。由此看来，我等亦无指望矣”④。该内容载于雍正元年二月十八日奏折中，系之前所获蒙文密书的译文，其中“时隔三四年”颇值得注意。康熙帝向罗卜藏丹津等承诺的时间是康熙五十七年（1718），时隔三四年，当不晚于康熙六十一年（1722），可以认为，“本年十月”指明的时间即为康熙六十一年十月。又，侍郎常寿在雍正元年五月二十四日所上的奏折中转述罗卜藏丹津原话：“去冬会盟

① 《侍郎常寿奏报王察罕丹津所报罗卜藏丹津之情折》（雍正元年四月十二日），中国第一历史档案馆译编《雍正朝满文朱批奏折全译》上册，黄山书社，1998，第 77 页。

② 《驻柴达木之西安将军宗札布等奏报罗卜藏丹津行将反叛折》（雍正元年三月初一日）载，罗卜藏丹津遣人与准噶尔密约“我青海皆为顾实汗之后裔，何故仍受汉人国管辖，兹要与汉国反目”（见《雍正朝满文朱批奏折全译》第 42 页）。《侍郎常寿奏报防备罗卜藏丹津阴谋叛乱折》（雍正元年三月十八日）亦载，罗卜藏丹津“（康熙六十一年）五月派往准噶尔之使亦将返回，适青草长出，半夜大举出征，出其不意……”见中国第一历史档案馆译编《雍正朝满文朱批奏折全译》上册，第 54 页。

③ 即康熙帝。

④ 《定西将军策旺诺尔布等奏报青海诸台吉会盟密谋反叛折》（雍正元年二月十八日），中国第一历史档案馆译编《雍正朝满文朱批奏折全译》上册，第 35 页。

舔枪口立誓。”[①] 更是直接指明会盟的时间为康熙六十一年冬。

虽然史料有限，亦不能排除当事人的口述有虚妄成分，但综合各种记载来看，罗卜藏丹津于雍正元年夏举行会盟的说法很难立足，而于康熙六十一年十月在察罕托罗海举行会盟的说法则是可信度较高的。

值得注意的是，罗卜藏丹津称自己是在“巴颜诺尔”（即“巴彦诺尔”）会盟，并非史料中所记载的“察罕托罗海”。在谭其骧先生主编的《中国历史地图集》（清时期）青海地图中，“察罕托罗亥”（即“察罕托罗海”）与“巴彦诺尔”皆在青海湖东南，且相距甚近。[②] 笔者认为，罗卜藏丹津所言“巴颜诺尔”有可能正是指“察罕托罗海”。

二　清朝平叛兵力与军费考

在平定叛乱之初，年羹尧未亲率大军进入青海。《读书堂西征随笔》载：“年大将军不及调兵，单骑至西宁。西宁兵止一千五百人，皆老弱不胜兵器，且亦无甲胄。”[③] 虽然年羹尧单骑进入西宁的说法有夸张之嫌，但据《清史稿》中“羹尧初至西宁，师未集，罗卜藏丹津诇知之，乃入寇，悉破傍城诸堡，移兵向城”[④] 的记载，年羹尧为提前了解西宁形势仓促上阵则应是可信的。根据西宁及其周边地区实情，年羹尧对兵力进行了布置：北路军扼守布隆吉尔河，防敌北犯；南路军驻守里塘、巴塘、察木多等地，断敌进藏之路；主力军由岳鍾琪直接指挥，从西宁、松潘、甘州等地分路进取南川、北川、西川、镇海堡、归德等地。[⑤] 另有富宁安屯兵吐鲁番、噶斯泊[⑥]，截断敌军通准噶尔之路。

雍正元年（1723）二月二十五日，年羹尧奏报：提督岳鍾琪率兵2000人出松潘；准备绿旗兵、土司兵、番兵9500人；陕西土司杨汝松准备3000名兵丁。[⑦] 总计1.45万人。

九月十八日，闻知罗卜藏丹津渡过黄河，年羹尧派出陕西省自己标下兵马、火器营鸟枪兵共1300名，固原提督标下马步兵1000名，西宁总兵官标下马步兵2500名，土司杨汝松之兵丁2000名，四川提督标下、松潘总兵官标下兵丁共2000名。为防止罗卜藏丹津躲避逃窜，年羹尧又派出甘州提督标下兵丁800名、永昌营兵丁200名。[⑧] 共

① 《侍郎常寿奏报罗卜藏丹津决意叛乱情形折》（雍正元年五月二十四日），中国第一历史档案馆译编《雍正朝满文朱批奏折全译》上册，第151页。

② 参照谭其骧主编：《中国历史地图集》精装本第8册（清时期），中国地图出版社，1987，第59～60页。

③ 汪景祺：《读书堂西征随笔》，上海书店，1984，第22页。

④ 赵尔巽等撰《清史稿》卷295《年羹尧传》，中华书局，1977，第10359页。

⑤ 班布尔汗：《最后的可汗——蒙古帝国余晖》，第330页。

⑥ 位于罗布泊之东，东至西宁府界两千余里。

⑦ 《奏闻准备官兵折》（雍正元年五月初八日），季永海、李盘胜、谢志宁翻译点校《年羹尧满汉奏折译编》，天津古籍出版社，1995，第4页。

⑧ 《奏报罗卜藏丹津渡黄河折》（雍正元年九月十八日），季永海、李盘胜、谢志宁翻译点校《年羹尧满汉奏折译编》，第12页。

计兵力 9800 人。

十月十六日，年羹尧再调西安满洲兵、察哈尔兵共计 1000 人。①

十月二十二日，年羹尧调兰州巡抚标下兵丁 500 人把守巴暖三川。

十月二十三日，调固原提督标下兵丁 1000 人防守庄浪。

十月二十日、二十四日调宁夏兵丁 1500 人、凉州兵丁 1000 人，连同川陕总督标下军士子弟 200 人，共 2700 人，防守西宁。②

十一月十四日，年羹尧为筹划次年进军事宜，在给雍正帝的奏报中对清军兵力布置如下：西宁总兵官标下兵丁 2000 人，西宁满洲兵 500 人，总督标下兵丁 1300 人，固原兵丁 1000 人，宁夏兵丁 1500 人，四川提督岳鍾琪所率绿旗及土司兵 6000 人，总督标下兵丁之子弟 200 人，宁夏送马匹之兵丁 223 人，年羹尧又增调兵丁 800 人，军力共计 1.35 万余人。③

出于西宁以东各边口的布防需要，年羹尧从中抽调土司兵 2000 人及清军 500 人把守各口，其余兵力 1.1 万余人从西宁、松潘两路进剿，其中从西宁进剿者 5000 人，从松潘进剿者 6000 人。此外，年羹尧集结兰州、大同兵丁各 1000 人，土默特及鄂尔多斯兵丁 1000 人，榆林总兵官李尧所部兵丁 1000 人，共计 4000 兵力从甘州进剿，调山西巡抚标下兵丁 500 人把守永昌，调西安满洲兵 500 人把守甘州。布隆吉尔有兵 1000 人，年羹尧又从巴尔库尔处调兵 2000 人，副将军阿尔纳率吐鲁番兵丁 2000 人，布隆吉尔原有 1000 兵留守地方，其余 4000 兵丁从布隆吉尔进剿。如此，从西宁、松潘、甘州、布隆吉尔四路进剿兵丁共计 1.9 万人，把守、留守兵力 4500 人。此外，年羹尧又预备松潘总兵官张英率兵 1000 人，与副都统黑色所率成都满洲兵 500 人一同于雍正二年二月取黄胜关。为防止罗卜藏丹津入藏，总兵官周瑛又率军 1000 人进藏以备。综上，动用总兵力约 2.6 万人。

雍正二年二月初八日，年羹尧将大将军旗纛并腰刀交付岳鍾琪，且增以西宁兵 1000 人相助。④

关于守边口兵力，西宁以东各口留兵 2500 人，永昌留兵 500 人，甘州留兵 500 人，布隆吉尔留兵 1000 人。年羹尧又于里塘、巴塘各布兵 500 人。考虑到叉木多为进藏要道，且近云南，年羹尧又派云南兵 2000 人驻防叉木多。留守各边口的总兵力约为 7500

① 《奏调西安兵至西宁等地折》（雍正元年十月十六日），季永海、李盘胜、谢志宁翻译点校《年羹尧满汉奏折译编》，第 21 页。

② 上引均见《奏请调派军马筹备粮食折》（雍正元年十一月十一日），季永海、李盘胜、谢志宁翻译点校《年羹尧满汉奏折译编》，第 34 页。

③ 《奏闻剿贼诸事折》（雍正元年十一月十四日），季永海、李盘胜、谢志宁翻译点校《年羹尧满汉奏折译编》，第 35～39 页。

④ 《奏闻岳钟琪率兵往讨折》（雍正二年二月初八日），季永海、李盘胜、谢志宁翻译点校《年羹尧满汉奏折译编》，第 78 页。

人。至于富宁安部守吐鲁番、噶斯泊的兵力，笔者未在史料中发现相关数据。

综上所述，平定罗卜藏丹津叛乱的清军总兵力可统计出概数：作战兵力约 2 万人，防守兵力约 3.95 万人，共计约 5.95 万人。

再看军费。关于平定罗卜藏丹津叛乱的总军费，年羹尧曾有过一份奏报，此折存于清宫内阁户部档案中，全文如下：

> 抚远大将军年羹尧谨题：为钦奉上谕事，该臣看得西海罗卜藏丹尽肆行悖逆，奉旨令臣前赴西宁，调兵剿抚。军需银两不可无大员总理。臣至西宁，自卜隆吉行，调西安按察使王景灏，委署户部噶喇大，办理军需。自雍正元年十月初一日起至二年五月二十日止，共拨银一百五十三万六千三十七两。今除供支各项军需，共用过银一百三十三万六千三十七两，今尚有存剩银二十万两，交西宁道赵世锡供支留守官兵。兹据升任按察使王景灏造册呈赍前来，臣覆核无异。缘该司已经升任，经手钱粮理宜清楚，是以行令先行追册请销。非该司经手者，至年终另报销至。①

年羹尧的奏报提供了两个信息：其一，自雍正元年十月战争正式开始到雍正二年五月战争完全结束，西安按察使王景灏经手的军费共为 1336037 两；其二，这些军费并非出自国库，而是出自地方，这也表明了年羹尧表示尽量不动用国家银库的建议得到了很好的实施②。在笔者目前发现的史料中，雍正年间普遍存在着地方财政亏空现象，这些亏空的原因大都是官侵、吏侵、民欠、赈灾，而这或许又与地方赋税过重相关。笔者目前并未发现雍正初年的战争给地方财政造成明显影响的相关记载。根据史志宏先生研究，雍正元年清朝国家银库收入约 940 万两，支出约 1035 万两，年末结存 2361 万两；雍正二年银库收入达 1801 万两，支出约 999 万两，年末结存约 3163 万两。③ 相比于银库收入及结存，平青海所耗 133 万余两的军费是绝对的小数目。另《清实录》记载，雍正元年征银 30223943 余两，征税 4261932 余两④；雍正二年征银 30446692 余两，征税 4426155 余两⑤。任何一项收入都要远超 133 万余两。叛乱被平息后，周瑛率部从藏北返回昌都驻防。他在给朝廷的奏折中汇报了返程的情形和有关花费："今青海已经荡平，各处番彝俱皆输诚就抚，臣仍令游击高麟端等将所领之兵四百

---

① 《抚远大将军年羹尧题报前赴西宁调兵剿抚西海罗卜藏丹津用过军需银两数目本》（雍正二年八月十六日），中国第一历史档案馆编《雍正朝内阁六科史书·户科》第 14 册，广西师范大学出版社，2007，第 207～208 页。

② 战争期间，年羹尧提出将西安布政司库银五十万两解至兰州库内备用，由西安按察司王景灏、兰州按察司彭正义及西宁道员赵世希总办军用钱粮，所用钱粮统一由王景灏和彭正义奏销。详见《奏闻派专人掌管钱粮折》，《年羹尧满汉奏折译编》第 43 页。

③ 史志宏：《清代户部银库收支和库存研究》，社会科学文献出版社，2014，第 100 页。

④ 《清世宗实录》卷 14，雍正元年癸卯十二月己亥，第 255～256 页。

⑤ 《清世宗实录》卷 27，雍正二年甲辰十二月己亥，第 421 页。

名，于六月十五日自藏起程，领回叉木多驻扎。而达赖喇嘛捐给犒兵银八百两，臣添帮银八百两，共一千六百两，给兵沿途雇请乌拉驮载，达赖喇嘛之父索诺木达尔札亦捐银二百两，贝子康金（济）鼐捐羊二千只，阿尔布巴及公隆布奈捐粮一百六十石。”[①] 周瑛所报花费多属藏地所捐，并非严格意义上的军费，但从捐银及粮食的数目上推测，总军费数额也并不巨大。这些数额相比于乾隆朝驱逐廓尔喀军时七世达赖喇嘛为清军提供的三万两采办马匹的费用[②]，几乎可以忽略不计。笔者目前很难考证除133万余两之外是否还有未被统计的军费，但对比来看，雍正七年（1729）之后，清王朝对西北准噶尔部连年用兵，军费大部出自部库，银库库存大幅减少，可知此时地方已无力承担浩繁的军需开支。特别是雍正九年，银库支出竟达到了空前的2411万两。[③] 可以肯定的是，无论是否有未被统计的军费，雍正元年至雍正二年的青海战事没有对国家银库收支造成多少影响。究其原因，雍正帝继位之后行严苛峻急之政风，整顿吏治，严查贪腐，清理亏空，同时用摊丁入地和耗羡归公等法增加税收，完善财务管理，建立健全钱粮报拨及解款制度，严格度支奏销，清朝财政面貌为之一新。雍正八年（1730）之前，银库收支除元年之外，年年盈余。[④]

三　罗卜藏丹津人生结局考

叛乱被平定后，罗卜藏丹津逃至准噶尔汗国，受到策妄阿拉布坦及噶尔丹策零两代汗王的保护[⑤]。由于准噶尔部众“俗耐劳苦，擅于格斗，天山以南，葱岭以西，阿尔泰山以东各部畏之如虎”[⑥]，清军一时也难以深入准噶尔擒获罗卜藏丹津，故雍正一朝对罗卜藏丹津本人的追击未能继续。雍正十三年（1735）四月，雍正帝谕令噶尔丹策零：

> 尔父策妄阿拉布坦藏匿我朝之逃亡罗卜藏丹津。尔遣使来京曾言将罗卜藏丹津解送俟事定后不难办理。尔既奏解送，即与解送无异。在尔并无难行不便之处，尔其仰体朕加恩之意。[⑦]

此道谕令措辞温和，有恳求之意，甚至对罗卜藏丹津也没有冠以“叛逆”之称。

① 《周瑛奏在藏防范抚绥事折》（雍正二年六月二十九日），清代《宫中朱批奏折》，中国第一历史档案馆藏，转引自陈小强《清代对西藏的军事管理与支出》，《中国藏学》2003年第4期。

② 《周瑛奏在藏防范抚绥事折》（雍正二年六月二十九日），清代《宫中朱批奏折》，中国第一历史档案馆藏，转引自陈小强《清代对西藏的军事管理与支出》，《中国藏学》2003年第4期。

③ 史志宏：《清代户部银库收支和库存研究》，第100页。

④ 史志宏：《清代户部银库收支和库存研究》，第86页。

⑤ 班布尔汗：《最后的可汗——蒙古帝国余晖》，第332页。

⑥ 唐文基、罗庆泗：《乾隆传》，人民出版社，2015，第182页。

⑦ 《罗卜藏丹津叛乱及安置单》（乾隆五十九年），中国第一历史档案馆藏，档案号：03-0195-3482-039。

此时距平定罗卜藏丹津叛乱已过去了 11 年，青海全部已在中央政府的直接治理之下，清政府对罗卜藏丹津的态度也有了很大缓和，已显出宽宥之意。

但是，由于准噶尔部势力强大，横行于厄鲁特各部及回疆等地，俨然成为西域霸主，严重威胁西北安定。康熙、雍正两朝屡次用兵也未能彻底解决问题。乾隆十年(1745)，准噶尔首领噶尔丹策零亡故，引发准部汗位之争，西北边陲大乱。另一方面，由于准部对其他蒙古诸部的侵扰，内附人口日益增多，乾隆帝开始计划彻底平定准部，完成祖上积年未竟之业。乾隆帝降罪于挑起谋位之争的原准部渠帅大策凌敦多布之孙达瓦齐，认定其为夷部乱臣，大失人心，并于乾隆二十年（1755）二月出兵准噶尔，直抵伊犁，六月八日擒获达瓦齐，躲藏于此的罗卜藏丹津也于五月辛卯被定北将军班第擒获。[①]

关于罗卜藏丹津被擒一事，班第在乾隆二十年五月初二日写有一封满文奏报详述其情。然而这则档案长久以来被研究者忽略，现译如下：

> 臣班第谨奏，为奏闻事。
>
> 副将军阿穆尔萨纳等送来的咨文中写到："五月初一，罗卜藏丹津携两子一下属来求告说：'我现在带了二十左右下属住在摩盖图，愿从我的下属中抽派几名士兵，随队效力。'伏查，罗卜藏丹津者，违旨叛逆重罪之人，先奉旨查出后，使军士立即严守，一面奏闻，一面派遣信实良人防守，谨遵'着送京师，不可使其逃跑或自杀'之旨，已记录在案。理应奉旨从臣处办理，但是现在因抓捕达瓦齐，加紧进军，因无暇办理，将罗卜藏丹津，连同他的两子及一名下属抓获，派遣侍卫台布，章吉鲁纳齐，都统摩尼雅卜解赴，除其下属的现住在雨涝了的摩盖图处的二十余家口在我处办理外，罗卜藏丹津等，请于将军处问理。"臣即刻审问罗卜藏丹津，臣问："你先受圣主隆恩，成为青海阿呼尔拉哈亲王，享尽荣华富贵，为何反叛逃往准噶尔？"其答："那时我年轻糊涂，而且因为无受恩的福分，听信恶人挑唆之言，糊涂行事，后悔莫及，现在听闻大军已至，愿携两子及数名下属，先来赎罪，军前效力，是杀是养，皇上裁决。"臣又诘问："你说听信恶人之言，行忤逆之事，是听了谁之言？那时，你也三十左右了，不可说年龄太小，糊涂，你去了准噶尔后，莫非比以前更加荣华富贵？现在生活如何？达瓦齐待你如何？你若诚然想来投诚，为何早没来投，大军至伊犁后，知不能逃，才指望侥幸来了。"其答："我之卑贱的行径，都是绰依拉克诺木齐挑唆的，我真格地不胜受圣主恩泽之福，信此言，胡乱行之，至准噶尔后不久，（他们）把我的下属拆散了，圈禁了我，代替策妄多尔济那木扎勒给了我两百户下属后，使我两子近侍。剌玛

① 《罗卜藏丹津叛乱及安置单》（乾隆五十九年），中国第一历史档案馆藏，档案号：03－0195－3482－039。

达琳又没收我的家产，但给我留了二十家口。达瓦齐对我好坏皆无，现在我非常困苦地生活着，每想起以前的事，真格地愁悔自己。完全没有听闻大军来的消息，刚刚听闻，我就来投了。”臣又问：“现在达瓦齐在何处？怎样行动？众人之心如何等等。”其答：“听闻达瓦齐迁往特科湿之格根地方去了，不知道他怎样打算的，众人之心不和睦。”问其两子，知：一个叫巴郎，三十一岁，一个叫查干额布根，二十八岁，都到了准噶尔生活。伏查，罗卜藏丹津者，悖逆国家隆恩而反叛的重罪之贼，躲避天伐而溃败后，逃往准噶尔躲藏，偷生三十载，如今，闻大军至，才来投诚，是特意指望侥幸的诡计，理当遵旨解送京师，彰显国法，以慰众心。因此，抓获罗卜藏丹津和他的两子，臣看来人信实，可成事，遂派遣他等侍卫台布，都统摩尼雅卜，从驿站解送京师，严厉嘱咐：“沿途好好地谨慎提防，无论如何也不可让他逃了或自杀。”察哈尔章京额穆克，派遣了十名士兵，跟随守护，使官兵与扎拉杭阿、塔勒玛善等队伍更换着护送到卡伦，从卡伦又护送到乌里雅苏台更换后，令那边驿站的章京士兵接递更换，跟随守护。为此，恭敬奏闻。

五月初二

乾隆二十年五月十八，朱批：喜阅，钦此。①

通过以上史料可知，叛逃到准噶尔三十余年的罗卜藏丹津将自己当初发动叛乱的原因归结于听信挑唆，而且他自己在准噶尔的生活几乎处于被软禁的状态。见到平准清军到来，罗卜藏丹津亲自带其子及属下归降，并表示愿随军效力。乾隆帝所言“着送京师，不可使其逃跑或自杀”及班第所说“罗卜藏丹津和他的两子，臣看来人信实，可成事”颇值得寻味。乾隆帝要求将罗卜藏丹津带回北京，必有重要处置；班第又称罗卜藏丹津父子三人诚实可靠，可以成事，则有着更深层次意思。复结合乾隆帝谕令：

罗卜藏丹津背恩叛逃，理应从重治罪。但伊入准噶尔年久，又率伊二子迎接大兵，随同前进，朕特施恩将罗卜藏丹津父子免其死罪。罗卜藏丹津著留京赏给房屋一所居住，不许擅出。伊二子著入正黄旗蒙古旗，分授为蓝翎侍卫，在司辔上行走，并著班第等查明罗卜藏丹津家属并所属二十户，不必迁移，仍令在原处居住。罗卜藏丹津二子于此处另行赏给妻室。②

作为叛首的罗卜藏丹津不但没有被处死，反而被赏给住所，虽是软禁，但得以善终。两个儿子不但封了官，甚至连妻室生活都由朝廷安排。乾隆帝这样令人匪夷所思

① 满文档《奏报罗卜藏丹津带领二十余户归降已派侍卫台布解送至京折》（乾隆二十年五月初二日），中国第一历史档案馆藏，档案号：03－0174－1418－001，王志达、王航译。

② 《罗卜藏丹津叛乱及安置单》（乾隆五十九年），中国第一历史档案馆藏，档案号：03－0195－3482－039。

的决定似是受其父雍正帝影响。但若从大局来看，或许可以有更为准确的解释。自罗卜藏丹津叛乱被平定，青海之事抵定已久，已经过去了31年，罗卜藏丹津也从32岁的年轻人变成了63岁的垂垂老者，处死他已经完全失去了儆戒意义。况且罗卜藏丹津是原蒙古和硕特部辈分最高之人，或许是考虑到其祖父固始汗有大功于西藏的因素，清朝宽宥了已经投降的罗卜藏丹津。更为重要的是，奉行满蒙联姻是清朝统治者的一贯政策，而此时蒙古各部皆已归服，即使是新被擒获的达瓦齐也没有被处死，后来还被封为亲王，可见乾隆帝对待蒙古各首领都秉持一种宽大的态度，唯恐杀之“有损圣德”①，由此足见蒙古各部在清朝统治者心中特殊的地位。班第“可成事”“以慰众心”之言当指清廷以罗卜藏丹津被宽宥为示范，行安远抚外之道，以德化天下。罗卜藏丹津余生住在北京，终年已不可考。

需要说明的是，李延恺先生曾写有《罗卜藏丹津反清原由、时间及被俘年代辨》一文。在讨论罗卜藏丹津被俘年代时，作者默认《清高宗实录》中所载“喇嘛罗卜藏丹怎”就是指罗卜藏丹津②，并认为罗卜藏丹津曾在两次被擒后均得以逃脱。笔者认为此中纰漏有四：其一，罗卜藏丹津之名在《清实录》及各类奏折中多写作“罗卜藏丹津”“罗卜臧丹津”或“罗卜藏丹尽”，“臧”与“藏”、“津”与“尽”发音相似，却与“怎”相去甚远。而且在《清高宗实录》中，几乎只以“罗卜藏丹津”一种写法出现。其二，罗卜藏丹津为固始汗之孙，并非僧侣，若在其名前冠以“喇嘛”二字，殊为难解。其三，倘若“罗卜藏丹怎”就是曾经叛乱的罗卜藏丹津，那么看管如此要犯的清军怎会疏忽大意，致其两次逃脱？其四，在班第审问罗卜藏丹津的对话中，丝毫没有涉及罗卜藏丹津曾逃脱之事。综合来看，所谓罗卜藏丹津被执复逃的说法似乎并不可信。

综合而言，清王朝未劳重兵，未耗巨资，在较短时间内取得了完全胜利，对于首逆罗卜藏丹津的处置也充分体现了清王朝对蒙藏上层宽大处理的民族政策，这是清政府在少数民族地区执行民族政策逐渐趋于成熟的体现。平定青海战事后，以青海为中心，四周除新疆与西藏外，皆在清王朝的直接掌控之中，清王朝的边疆治理大大向前推进。在平定罗卜藏丹津叛乱后，青海成为“内地”的“边疆”，“边疆”的“内地”。

（作者单位：贵州民族大学）

① 班布尔汗：《最后的可汗——蒙古帝国余晖》，第332页。

② 李延恺：《罗卜藏丹津反清原由、时间及被俘年代辨》，《青海民族研究》1986年第3辑。

《古巴杂记》中的领事保护

王士皓

晚清时期，中国和西班牙关系中最为实质的内容就是古巴华工问题。当然，这是指光绪二十四年（1898）美西战争前西班牙为古巴宗主国的情况。同治三年（1864），中西签订《和好贸易条约》正式建交，古巴华工问题逐渐可以通过两国直接的外交途径，得以协商和解决。同治十二年（1873），双方签署《古巴华工条款》，促成了陈兰彬赴古巴调查，并最终形成了重要报告《古巴华工调查录》。清政府以《古巴华工调查录》为证据，与西班牙继续交涉，并于光绪三年（1877）签订了《会订古巴华工条款》，共16款。[①] 相较同治十二年的条款，这一次在保护华工方面的表述，更加具体，也更有针对性。但是，这些条款落实的实际效果怎样？目前这方面可查到的官方档案很少，其他史料也很零散，而《古巴杂记》则对此有十分详细的记载，为探讨这一问题提供了第一手的材料。

《古巴杂记》是第一部由中国人撰写的关于古巴的著作，成书于光绪十三年（1887）。作者谭乾初自光绪五年（1879）以来长期在驻古巴总领事馆任职，并于光绪十五年（1889）十月至光绪十九年（1893）九月出任总领事。该书称为“杂记”，是因为书中记录了古巴的方方面面，从自然地理到人文历史，从生活习俗到政治经济，堪称一部关于19世纪古巴的小型“百科全书”。但是，就某些具体问题而言，《古巴杂记》所记载的内容，又是很专的。正如前文所述，关于古巴华工的生存状况和驻古巴领事机构在保护华工方面所作的努力，《古巴杂记》所记载的具体过程和详细程度，是其他资料无法比拟的。

一　古巴华工的生存窘境及《会订古巴华工条款》对此的解决方案

鸦片战争后，10余万名中国劳工出于生计，被半诱骗半胁迫地以“契约华工”的方式到达古巴，在甘蔗、烟草等种植园从事极为艰苦的劳动。不仅如此，他们还因古巴当局和雇主的各种不合理规定而被限制，甚至完全失去了人身自由。《古巴杂记》对

① 在王铁崖编《中外旧约章汇编》中，后者所使用的条约名称为《会订古巴华工条款》；在海关出版社《中外旧约章大全》中，后者也称为《古巴华工条款》；在第一历史档案馆藏相关档案中，后者也称为《古巴华工条款》。但本文出于行文需要，采用王铁崖编《中外旧约章汇编》中《会订古巴华工条款》的名称。

此有一段非常具体详实的记载：

> 华人之来，始于一千八百四十七年（即道光廿六年。按：应为道光二十七年），合同以八年为期，每月工银四元，期满任由自主。不料抵岸后待之如牛马，卖入糖寮，每月工银给以银纸，期满复勒帮工，日未出而起，夜过半而眠，所食粗粟、大蕉，所穿短褐不完。稍有违命，轻则拳打足踢，重则收禁施刑，或私逃隐匿则致之死地，或交官工所迫作苦工，或由官工所发售。狠毒苛刻，擢发难数。同治十二年陈副宪奉命查办所有该岛虐待华人情状，备述于各华人供词内。固已中外周知，毋容赘述。

自道光二十七年（1847）首批华工来到古巴后，在威逼和诱骗下，古巴华工的境遇十分悲惨。从引文中可以看出，古巴华工所受的虐待是双方面的：一方面来自雇主的“拳打足踢”和“收禁施刑”；另一方面来自官工所的“迫作苦工，或由官工所发售”。所谓“官工所”实际上就是古巴当局管理和囚禁华工的场所。古巴华工受到了雇主和当局的双重虐待，这足以说明他们所处社会环境的恶劣程度。

> 查例凡在本岛居住者，不论何项人等，均须领有行街纸方能出入，华人欲领行街纸，必有工主之满身纸呈递方准发给，然各工主借此权利，故于华人满工后多有不肯发给满身纸，更勒再立合同，名曰帮工，多有帮至数次仍不能满其所欲者，缘工期已满之人，每月可获工金二、三十元至五、六十元不等，工主惟利是视，故诸多留难。岛中沿途皆设有巡差，各埠均设有官工所，如无行街纸者，一经查出，即以逃工论，拘禁官工所，使之修桥整路，当一切苦工，以待原主寻认。日久无人寻认即由官发卖坐，是华人永无自主之日矣。
>
> 盖给发外国人行街纸向由各国领事官代领，从前中国未设领事，华人受制不堪，故凡由香港来者，则冒英国籍，由澳门来者，则冒葡萄牙籍，由美国来者，则冒美国籍，托以自庇，纸费虽值无钱，惟经手之人百般勒索，每领一纸动费数十金或至百余金。因必有行街纸方能自便往来及往别处佣工、贸易，虽有行街纸，仍要拜认一土人或教士以为护符，方合彼例。种种受制，几难缕述。[①]

古巴华工在人身自由上受到的限制，源于古巴的“行街纸”制度。其实，所谓“行街纸”实质就是一种身份证明。既然“不论何项人等”都需要“行街纸”，那么其作为古巴当局的一项社会管理制度，本身也无可厚非，然而，身份是外国人的古巴华

① 以上所引均出自（清）陈兰彬、谭乾初《使美纪略 古巴杂记》，岳麓书社，2016，第88～89页。

工，在领取“行街纸”时却多受掣肘，其原因就是古巴华工领取“行街纸”时，必须要有雇主的“满身纸”，即只有雇主同意，华工才有自由身份，而不是像其他外国人那样，到本国驻古巴领事馆领取，因此在未设领事机构前出现了中国人“凡由香港来者，则冒英国籍，由澳门来者，则冒葡萄牙籍，由美国来者，则冒美国籍”的现象。

针对这些问题，《会订古巴华工条款》做出了相应规定。

首先，第6款明确规定：“大清国即派总领事官前往古巴夏湾拿（今译哈瓦那）地方驻扎，此外所有日国（指西班牙，为当时译名“日斯巴尼亚”的简称）准各国领事官等员驻扎之各处地方，中国亦可一律前往驻扎。”这就为日后的领事保护，提供了必要的人员和机构保障。

其次，第9款规定：“现今在古巴之华民人等以及嗣后再来之华民……每人由领事官发给执照一纸，以为业经报名之据，此等执照应呈各府、城、庄、寮等所查验。”结合《古巴杂记》中的内容可知，此款所述“执照”指的应是“行街纸”，因为在古巴的外国人的“行街纸”是由本国驻古巴领事机构代领后，再发放给本国在古巴人的。

最后，第14款规定：“现今在古巴工期未满之华人，仍应按合同之期将工作满，其余如执照、准单等一切事宜，新到之华人与期满之华人所获利益，亦应一律同沾。”①显然，这是针对古巴华工要先获得雇主“满身纸”后才能领取“行街纸”这一不合理现象而制定的。当然，从条文本身看，对“工期未满之华人”是否立即自动获得“满身纸”，或者是否直接废除“满身纸”，似乎还有一些模糊之处。

二　驻古巴总领事馆设立后领事保护的成效

由于晚清的兼使制度，驻美公使兼任驻西班牙和秘鲁公使，古巴当时仍为西班牙殖民地，因此驻美公使兼管驻古巴总领事馆的事务。时任驻美公使张荫桓，在视察古巴后的一份奏片中，对当地华侨在《会订古巴华工条款》签订后的状况，做了简略的总结性概括：

> 古巴一岛，自蒙恩旨设官后，华人重觏天日，各得自主权力，感沐皇仁，实无既极。②

所谓“各得自主权力”，实质就是获得了人身自由。前文已述，所有在古巴人员，均须持有“行街纸”，外国人向本国领事机构领取，但古巴华工却首先需要雇主的“满

① 以上引用《会订古巴华工条款》内容，均出自王铁崖编《中外旧约章汇编》第1册，三联书店，1957，第354～356页。

② 《使美张荫桓奏视察古巴华侨片》，光绪十五年四月二十七日，王彦威纂辑《清季外交史料》第2册，书目文献出版社，1987，第1450页。

身纸”后才能领取“行街纸”。《会订古巴华工条款》为改变这一不合理规定，已作出了修改，但表述仍有些模糊。对此，驻古巴总领事馆进一步与当局进行交涉，并取得了令人满意的成果。《古巴杂记》在这方面的记载，充分展现了这一点。

（驻古巴总领事官等人）五年九月十二日抵任后，知各华人之受虐全在不能自主。因与日督再四筹商辨明，华人无非自主，不论工期已满未满，均当一律发给行街纸，而不以工主之满身纸为凭，并将各处官工所拘禁之华人尽数释放，嗣后不得复行拘禁。如工主与工人争执，只可向律例衙门呈控，方与条约不背云云。日督通情达理，各事均能妥商办理。①

这段文字说明，针对《会订古巴华工条款》第14条未明确规定的工期未满华工如何获得“行街纸”事宜，驻古巴领事机构在与当局的商谈中，直接提出了“不以工主之满身纸为凭”的方案，从根本上否定了“满身纸”的作用，为古巴华工获得“行街纸”扫清了障碍。

双方为此签订《优待华工章程五款》，以法律形式将这一成果体现出来。《古巴杂记》全文抄录了这一章程，限于篇幅，本文不再赘引。但需要说明的是，这是一份公平合理的章程，首先它确保了古巴华工获得“行街纸”不再以雇主的“满身纸”为先决条件，其次它规定了已获得“行街纸”但又工期未满的华工应尽的义务，最后它明确了华工一旦遇到与“行街纸”相关的问题时各方应遵循的法律原则。

此后，华工的生存条件和社会地位逐渐有了明显的改善，《古巴杂记》写道：

于是总领事乃分饬各员驰往各埠，按官工所内底册所列各华人当堂点名，即日释放，每人给以行街纸一张，统计各埠释放者，共两千余人。官工所既撤，则各工主不能随意施威矣。计光绪六年本署共发行街纸四万三千余张，前未设领事官时，各国代领华人行街纸每年不过万张有奇，现竟发至四万三千余张，可知此数万人中多有早已满工而苦求行街纸不得以致久困牢笼者。今一旦均得自主，以谋生计，情境顿异，从前不准华人住大客寓、穿中国衣服、留辫发、坐大马车赴官会一切苛刻之例概行删除，而且华人嗣后应与优待友睦之各大国人民一体看待。岛中华庶莫不欣欣然也。②

废除“满身纸”制度，是对古巴华工实施领事保护取得的重要成就。在此基础上，

① （清）陈兰彬、谭乾初：《使美纪略 古巴杂记》，第90页。
② （清）陈兰彬、谭乾初：《使美纪略 古巴杂记》，第91～92页。

古巴华工可以和其他在古巴的外国人一样，向本国领事机构领取“行街纸”，这不仅在实际上保障了他们的人身自由，而且增强了他们对祖国的认同感和归属感，再也不用通过冒充他国国籍的办法来避免不公平待遇。仅光绪六年（1880）驻古巴领事机构就“发行街纸四万三千余张”。这一数字也成为日后研究在古巴中国移民的重要参考数据

有了本国的领事保护，古巴华工不仅“均得自主，以谋生计，情境顿异”，“从前不准华人住大客寓、穿中国衣服、留辫发、坐大马车赴官会一切苛刻之例概行删除，而且华人嗣后应与优待友睦之各大国人民一体看待”，因此“岛中华庶莫不欣欣然也”。这正是领事保护所达效果的真实写照。

从上述《古巴杂记》的记载可以看到，驻古巴领事机构对华工的领事保护取得了重要的成果，这主要是围绕《会订古巴华工条款》落实情况展开的。当然，领事保护是一项长期、常态的工作，从总体上说，这方面的成效一直是不错的。前文已述，由于兼使制度，驻美公使负责古巴事务。历任驻美公使都曾视察、访问过古巴。张荫桓在光绪十五年视察古巴时，“与该岛督抚、将军等官往还联络，俾华人得永符优待之约，而各领事与之办事当较融洽”；此外由于“领署交涉之事甚繁”，而是时正遇领事人员人事变动，张荫桓特别要求对“本系专责”的办理华人换照之员做出合理安排，确保“均无贻误”。[①] 崔国因在光绪十八年（1892）访问古巴时，美国排华浪已呈潮愈演愈烈之势，而古巴“既无金山（指美国城市旧金山）自相仇杀之风”，“亦无美国创例驱逐之苦”，呈现“土客相安”的景象。在古巴“察看华人，联络官绅”的过程中，当地华人表示，“自朝廷设领事以后，苛禁全除，已出水火而登衽［衽］席”。崔国因还注意到，领事保护不仅使古巴华工生活改善，还激发了其“水源木本之思”的思乡情感；因此，“华人鼓舞，欢欣盛称衣服饮食仍守中国规模，实未一日或忘中国”。[②]

结　语

晚清时期，华工问题是对拉丁美洲国家和地区的外交重点，特别是秘鲁和古巴。订立相关条约，是保护海外华工的第一步，但更为切实的工作是驻外使领机构的日常努力。《古巴杂记》记载的有关领事保护的内容，主要对应的是《会订古巴华工条款》的落实情况，同时也体现驻古巴领事机构更为积极争取的成效。《古巴杂记》虽然只是针对古巴情况而记载的，但也是清政府在拉丁美洲国家进行领事保护的一个缩影。

这些成效是有目共睹的，但是领事保护并不仅仅具有《古巴杂记》中所记载的那些内容所体现的意义，更为重要的是，而且它还极大地推动了华工以正常身份进入当

---

① 《使美张荫桓奏视察古巴华侨片》，光绪十五年四月二十七日，王彦威纂辑《清季外交史料》第2册，第1450页。

② 《使美崔国因奏驰赴古巴察看情形并回美都日期折》，光绪十八年三月二十二日，王彦威纂辑《清季外交史料》第2册，第1523～1524页。

地社会，从而推动华工变身为华侨（指未入他国国籍）的进程。

当然，我们也应客观认识到，《古巴杂记》是由长期驻古巴并升任总领事的外交官员撰写，其中的某些表述会有一定的主观性。此外，古巴华工命运的改变，除了领事保护，还有多重因素，比如，“苦力贸易”在全球范围内的终结，19 世纪以来工农业生产方式的进步，古巴特有的独立革命进程（相对于绝大多数其他拉丁美洲国家而言），以及中国人勤劳节俭的特性，等等。

（作者单位：中国社会科学院古代史研究所）

史家与史评

现代中国的合法性是个历史问题吗？

——评李怀印《现代中国的形成（1600—1949）》

成一农

“现代中国的形成”，或者与此有关的“现代中国的历史合法性”，是众多清史以及近现代史研究所关注的问题。2022年，由广西师范大学出版社出版的李怀印教授的《现代中国的形成（1600—1949）》[①] 一书，对这一问题给出了自己的回答。在该书第一章“导论”中，李怀印就这本著作的视角和时段进行了概述。大致而言，其解释的视角是基于对现代国家形成有重要意义的地缘政治（包括疆域）、财政军事实力，以及政治认同这三个要素的分析；涉及的时间则为1600年至1949年，且被分为三个时段，并按照在“现代中国形成”中的作用，被赋予了不同的特点，即：清朝前中期属于“早期近代疆域国家的形成”时期；晚清和民国初年则“迈向近代主权国家”时期；而从20世纪20年代直至1949年为“统一集权的现代国家之肇建”时期。李怀印认为“现代中国的形成”路径具有“中国道路的独特性”；并认为“中国迈向现代民族国家的道路，之所以有不同于其他国家的历史经验，可归诸前近代和近代的三项历史遗产”[②]；具体而言“首先是汉族人口的巨大规模和同质性”[③]，“第二项遗产是清代国家的边疆建设”[④]，“第三项遗产是国家财权、军权和行政权的地方化”[⑤]；还认为“其（指的是中国）超大的规模，首先源自华夏民族自身数千年来的开疆拓土和对周边部族的同化，由此得以形成一个原初形态的‘中国’……同时，清朝作为一个外来的王朝所独有的地缘战略格局，也使之有必要整合边陲，以确保它对内地的控制。正是清代以前原初中国的遗产和清朝的疆域整合这两者的结合，解释了现代中国国家为什么得以建立在一个如此辽阔的领土之上”[⑥]；“现代中国国家在结构上如此紧固，首先还是获益于原初中国所馈赠的遗产，即在同质人口的基础上所产生的一个高度集权和统一的

---

① 该书译自 Huaiyin Li, *The Making of the Modern Chinese State*, 1600 - 1950, Routledge, 2020。按照中译文的序言，中译文与原文存在一些差异。

② 李怀印：《现代中国的形成（1600—1949）》，广西师范大学出版社，2022，第37页。

③ 李怀印：《现代中国的形成（1600—1949）》，第37页。

④ 李怀印：《现代中国的形成（1600—1949）》，第38页。

⑤ 李怀印：《现代中国的形成（1600—1949）》，第39页。

⑥ 李怀印：《现代中国的形成（1600—1949）》，第40页。

政府体制，后者对来自国家内部的离心力起到有力的抑制作用，并排除了权力分配上产生多元机制的可能性……现代中国国家形成的另一个重要背景，则是前面一再强调的晚清和民国早期国家权力的非集中化……总之，前近代的族群和政治传统，加上20世纪的再集中化努力，带来现代中国国家结构至异常强固”①。就李怀印的论述来看，这本著作所反驳的是以往“国家形成的经典论述中所流行的‘帝国—民族国家’二分法，及其所隐含的从帝国到民族国家的目的论”②。简言之，其反驳的是以欧美历史和价值观为核心构建的分析近现代国家形成的路径。

这一著作出版之后，在学界引起了一些关注，甚至有学者给予了较高的评价。③ 不过，通读该书之后，笔者对于该书的学术价值有着不同认知，这也是撰写本文的目的；但受制于笔者的知识结构，对于该书的评价主要局限于该书整体的论述逻辑，以及其所使用的“中国”“疆域”等概念和由此而来的他对“清朝”的理解。

一 “回到历史现场”与“后见之明”

李怀印在书中谈到其希望“抛开制约人们认知过程的那套逻辑，回到历史之中，以认识事实的真相；同样重要的是要去了解这套逻辑本身是如何被建构的，而且是如何用来建构历史的。只有回到历史过程之中，掌握真相，我们才能解构被既往的逻辑所建构的历史，并把自己从这套逻辑的束缚中解脱出来”④。这一论述颇有史学理论的意味，简言之，李怀印希望“回到历史现场”，从而摆脱以往基于“后见之明”构建的历史解释。而这样做的目的，李怀印在书中也有表达，即用以反驳以欧美历史和价值观为核心构建的分析近现代国家形成的路径。如果他能实现上述其所论说的论证逻辑的话，那么他的这一研究就将在说服力上确实超越之前的研究，并由此开创一种论证“现代中国的形成”和“现代中国的历史合法性”的新的解释路径。但现在最为核心的问题就是，在该书的论证中他是否做到了“回到历史现象”以及摆脱“后见之明”？

研究者只能通过各种史料“回到历史现场”，“顺时而观”，但史料本身的问题、解读“史料”的问题，以及立场、视角和价值观等问题，都使得研究者不可能真正地“回到历史现场”。在回望历史的时候，研究者都不可避免地带有主观性，且必然受到所处时代的影响，即所有历史研究都不可避免带有“前见”，都是“视域融合”的结果。⑤ 但即使如此，“回到历史现场”与“后见之明”也有着本质的区别。简言之，

① 李怀印：《现代中国的形成（1600—1949）》，第40页。

② 李怀印：《现代中国的形成（1600—1949）》，第41页。

③ https://mp. weixin. qq. com/s? src = 11×tamp = 1675570886&ver = 4331&signature = QobN7Qr9A8n87lfs6xjyqv8FDQHro9vsp84laHm4d8vtFs * 9zbzyDvv955r7DbvMF8hyhPY4jJGDQ5fmwMl0ergjVqDjkyPNOf2h5k4U7VsUiMMMTD4tFVIFvNCqauBe&new = 1，最终访问日期：2023年2月5日。

④ 李怀印：《现代中国的形成（1600—1949）》，第369页。

⑤ 晁天义：《阐释学对历史研究的启示》，《史学理论研究》2020年第3期。

“回到历史现场”，可以让研究者试图去理解当时的历史背景下，历史人物的所思所想及其做出的选择，以及“史料”所反映的“历史的面貌”，等等；进而在这一层面上，去理解历史为什么会成为后来的样貌。这样的研究不仅受到“史料”的极大约束，而且还需要对历史持“同情之理解”的态度。而“后见之明”则是按照今人的方式来描述历史，并基于今人的立场等对其进行分析和判断，其中史料虽然重要，但研究者可以有意无意地根据需要对史料进行选择，甚至对史料进行排列、组合和解释；虽然有些时候“后见之明”在论述时也会“回到历史现场”，甚至对历史持“同情之理解”的态度，但这种“回到历史现场”“同情之理解”，是服务于研究者所要达到的目的及所使用的理论、方法和概念的，即将由此得来的“史实”作为材料佐证基于理论、方法或者概念的历史阐释。

具体到《现代中国的形成（1600—1949)》一书，李怀印在分析清朝“疆域”的时候，使用了“帝国”“边疆”“国家”等术语，但其中“帝国”一词并不存在于王朝时期,[①] 而“边疆”“国家”这些词在王朝时期也有着与今天不同的含义,[②] 更不用说他对作为全书核心概念的直至清末王朝时期的“中国”一词之多元含义的忽视。[③] 这些都使得他根本没有“回到历史现场”，也没有做到在现有史料情况下，尽可能地“回到历史现场”，甚至也许他都没有意识到这些问题，因为他对于这方面的研究，不可避免地受到他所处时代、学术背景以及所习惯的学术范式的影响。

整体而言，李怀印对“现代中国的形成”的解释视角，是基于对现代国家形成有着重要意义的地缘政治、财政军事实力，以及政治认同这三个要素的分析。虽然他对为什么选择这三个要素作为分析的切入点，做了详细的说明，但无论如何，这显然已经远远不是“回到历史过程之中，掌握真相”，而是基于当前的现代国家的视角来对清朝以及“现代中国的形成”进行重构和解释，并以此为基础挑选符合这一视角的材料，以及从符合这一视角的角度对所选材料进行解释，甚至将这一历史过程塑造成完美的、符合这种解释的历史过程。[④] 实际上，李怀印从其自身视角出发，在“制造”一个“现代中国的形成”及其过程。因此，李怀印的研究同样是基于现代研究者的立场、视角和理论来对历史进行分析的，显然已经远远脱离了其所主张的“回到历史之中，以认识事实的真相”这一研究前提。

因此，李怀印的研究，在本质上是用自己的解释逻辑来取代他所反驳的解释逻辑，用自己构建的“历史”来替代之前构建的“历史”，也即同样属于“后见之明”，由此

① 成一农、陈涛：《王朝是“帝国”吗？——以寰宇图和职贡图为中心》，《云南大学学报》（社会科学版）2022 年第 1 期。

② 成一农：《中国古代的“天下观”和“疆域观”及其转型》，成一农著《中国古代舆地图研究》（修订版），中国社会科学出版社，2020，第 640 页。

③ 对此参见本文第二部分的讨论。

④ 对此参见本文第三部分的讨论。

与他所针对的之前的研究相比，两者并无本质区别。

二　清朝、“中国”的性质及其“疆域”

当然，在历史研究中，“后见之明”也有其价值，因为可以让研究者使用各种现代的理论和方法、概念等去理解历史的运行，对历史过程、原因等进行解释，对历史人物、事件等进行评判，还可以归纳出历史运行的一些规律。由此不仅可以服务于基于今人视角、概念、价值观等对历史的理解，而且还可以获得一些今人认为有价值的经验、教训、规律等，从而对今天以及未来产生影响。但“后见之明”的历史解释，要提供有价值的经验教训，以及产生对今天和未来的影响的一个前提就是，作为其重要支撑的“史实”具有说服力，或者说是“史实”能涵盖和解释存世的绝大部分“史料”，即李怀印所说的“认识事实的真相”；但问题是，他在《现代中国的形成(1600—1949)》一书中是否做到了这点？由于笔者的专长并不在于清史和近现代史，无法对全书的“事实的真相”进行评析，因此此处只局限于对书中与“清朝”“天下”“中国”等方面相关的讨论进行评析。

在书中，李怀印将“清朝”甚至历代王朝称为“国家”和“疆域国家”，如“将中国由明朝所代表的以汉人为主体的原初型族群国家，经过清朝至1750年代为止的军事征讨和行政整合，再造为一个多族群的疆域国家”①。

首先要明确的就是，历代王朝所统治的是“天下”，简言之就是一种大家都已经习以为常的说法——“普天之下莫非王土”。关于王朝时期“天下”的范围，虽然以此为主题的研究并不多见，但如“天下观”“华夷观”“天下秩序”等众多相关研究，都涉及对这一问题的讨论。在这些研究中，对于王朝时期“天下”的范围大致有三种观点：第一种观点认为，王朝时期的“天下”相当于（已知）“世界”，这通常被定义为广义的“天下”；第二种观点认为，王朝时期的“天下”相当于“九州”或“中国”，而这往往被认为是狭义的“天下”；第三种观点则认为，王朝时期广义和狭义的“天下”并存。对于前两种观点，日本学者渡边信一郎曾对日本以及海外学者的研究进行过较为系统的归纳，即“关于‘天下’这一词语的内容，在日本的研究者中，大致有两种不同的看法。一种看法认为，天下乃是超越了民族、地域并呈同心圆状扩展的世界，或将其理解为世界秩序、帝国概念之类。另一种看法则认为天下就是中国 = 九州，将其理解为处于强力统治权下的‘国民国家’概念”。② 持后一种观点的代表学者是山田统、安部健夫以及渡边信一郎等；而前者的主要支持者是田琦仁义、平冈武夫、西嶋定生、高明士、金翰奎、崛敏一、石上英一、村井章介等。第三种观点的主要支持

① 李怀印：《现代中国的形成（1600—1949）》，第11页。

② 〔日〕渡边信一郎：《中国古代的王权与天下秩序——从日中比较史的视角出发》，徐冲译，中华书局，2008，第9页。

者是大陆学者，他们大都从文献本身出发，对这一问题进行了简要讨论，由于文献中关于“天下”的范围，确实存在近似于（已知）“世界”和近似于“中国”“九州”这两种记述，因此这些学者大都认为王朝时期广义和狭义的“天下”是并存的，如杨振红[①]、毕奥南[②]和梁治平[③]等。

在现存的文献中确实有对广义和狭义“天下”的描述，但要理解这一词的含义，还必须理解与此有关的王朝时期的另外一个概念，即“华夷秩序”或“天下秩序”。大致而言，王朝时期虽然是“普天之下莫非王土”，但“普天之下”的“王土”并不是均衡的，其核心或者理想中的核心是“九州”，不过在实践中则对应于王朝直接统治的地理范围，而之外的“四夷”，对于王朝而言，只要做到“四夷宾服”即可，并不是那么重要。因此王朝时期的文献中经常被现代研究者定义为“天下”一词的狭义含义的那些语境中的“天下”，并不能单纯地被理解为就是狭义的“天下”，而应当被理解为，王朝所在意的以及认为有价值的虽然是所谓狭义的“天下”，但更为重要的是，与此同时，在他们心目中狭义的“天下”，在很多语境下已经代表了广义的“天下”。或者说，虽然在今人看来，文献中的“天下”含义有广义和狭义两种，但在古人而言，两者是一致的，即使谈及广义的“天下”，大多数场景下，其中有意义和价值的也只是狭义的“天下”[④]；即使谈及的是狭义的“天下”，其本质上暗含的也是广义的“天下”。

如果理解了这一点，那么在清朝人看来，“清朝”显然并不是一个国家，而是一种位于“国家”之上的存在。因此，如果“回到历史现场”的话，显然就不能将“清朝”称为“疆域国家”，且在这种观念之下，“清朝”也不可能存在具有现代意味的“疆域”观念，至少其对“疆域”的认知与我们所熟知的是存在很大差异的。[⑤]

到了这里比较明确的就是，虽然李怀印强调，他的研究是基于“事实的真相”的陈述，但本质上他根本没有理解王朝、王朝时期的“天下”以及“天下秩序”，他实际上还是用西方现代的概念，如“国家”“疆域”等来理解清朝，并加以解析，远远没有做到对“事实的真相”的追求。

问题到了这里并没有结束，就该书最为核心的“中国”而言，他更是忽视了对这一概念的“事实的真相”的追求。“中国”一词在王朝时期的含义非常复杂，至今没有学者对此进行过系统的梳理，就笔者的梳理而言，王朝时期“中国”一词的含义主要分为三个层面，大致如下。

① 杨振红：《“县官”之由来与战国秦汉时期的“天下”观》，《中国史研究》2019 年第 1 期。

② 朱圣明：《有层次的“天下”与有差别的“政区”——兼论秦汉天下格局视域下的人群划分与认同构建》，《中国边疆史地研究》2014 年第 1 期。

③ 梁治平：《“天下”的观念：从古代到现代》，《清华法学》2016 年第 5 期。

④ 除了有表示王朝对“天下”影响力的语境外，或许还有表达“华夷一统”的语境，如“天下万国”。

⑤ 成一农：《中国古代的“天下观”和“疆域观”及其转型》，成一农著《中国古代舆地图研究》（修订版），第 640 页。

其一，“地理中国”，这是“中国”一词各种含义中可能出现最早的，但随着时间的推移而存在变化。大致在先秦时期主要指的是“关东地区”；秦汉直至魏晋南北朝时期，则扩展到了整个北方地区，但最晚到汉代就已经出现了将“中国”的地理范围等同于“九州”的认知，不过使用有限；隋唐时期，“地理中国”的范围具有了一定的灵活性，甚至扩展可以包括之前不属于“中国”的范围，如“江南”“闽越”“百越”，甚至“辽东”；换言之，除了蜀地（南诏）等西南部分地区之外，“中国”的地理范围与“九州”不断接近，但其传统的指代北方的用法并没有消失；北宋时期，“地理中国”的范围基本等同于“九州”；在宋金和宋元的分裂时期，“地理中国”传统的指称“北方地区”的用法再次大量出现；元朝完成统一之后，直至清末，“地理中国”的范围基本指的是“九州”，但与此同时，其传统的指称北方地区的用法，在某些场景中依然被使用，只是这样的现象极少。

其二，“政治中国”，从现有的资料来看，“政治中国”可能最早形成于隋唐时期，但直至北宋才日益变得明确，即指称某一王朝直接控制的地理范围上的名为“中国”的一个“国”。需要说明的就是，“政治中国”也有着空间范围，即某一王朝直接控制的区域，但在清代之前，其并不是可以无限扩张的，基本被限定在“九州”范围之内。清朝中期之后，“政治中国”的范围开始拓展，超出了“九州”，相当于清朝直接控制的“疆域”，由此也为此后作为民族国家的“中国”的领土范围奠定了基础。

其三，“文化中国”，虽然可以认为最早起源于先秦时期，且后世一直存在，只是论证方式在不同时期或者基于不同目的而存在不同，但需要明了的就是，“文化中国”并不是独立存在的，简言之，“文化中国”是为了论证某种“地理中国”和“政治中国”的合法性、合理性和优越性而提出的，或者说“文化中国”是“地理中国”和“政治中国”的核心，也是“中国”优越性的来源。

需要强调的是，上述“中国”一词的多种含义在清朝都在使用，甚至在某些语境中，也难以区分其具体所指。那么李怀印讨论的“现代中国的形成”中的“中国”一词，虽然应当指的是具有政治含义的“政治中国”，且这一词在现代已经不再是多义的，但在回到清朝追求“事实的真相”的时候，研究者就不得不面对这一词在不同语境下的多义以及多种含义的混杂，而如果不理解这一点，那么讨论“现代中国的形成”就显然在起点上存在问题。而且，李怀印在书中认为，清朝的“中国”已经是一个“近代疆域国家”，这样的认知忽略了在王朝之下的“国家”与“近代疆域国家”之间的差异，尤其是在“疆域”观念上的差异。[①] 不仅如此，对“现代中国的形成”的讨论，显然不能忽视“中国”这一词的各种含义在其过程中的作用以及各自的流变。更

① 成一农：《中国古代的“天下观”和“疆域观”及其转型》，成一农著《中国古代舆地图研究》（修订版），第640页。

为重要的是，结合前文对“天下”的简要讨论，就可以看到“清朝”与“中国”并不是同义词，“中国”[①] 是统驭“天下”的“清朝”的一部分以及核心，且历代王朝都是如此。但李怀印一书，从始至终都忽视了这个对其研究至关重要的“历史的事实”，且从其论述来看，其应当默认“中国”在清朝只是“国家”，或者说只具有“政治中国”的含义，“清朝”和“中国”是一致的，如“在其历史的大部分时间里，清朝并不寻求通过战争获得邻国的土地。它将自己定位为一个上承明朝、统治整个中国的正统王朝，并以内地各省为其全部的财源；而对边疆各地区，则以军事加以驻守，以确保其地缘战略上的安全”[②]，“清朝移都北京后，清楚地将自己界定为明朝的继承者，即一个版图扩大之后的‘中国’（不仅包括内地省份，也包含边疆地区）的正统王朝”[③]。

总体而言，李怀印在分析“清朝”时未能做到“回到历史过程”，更谈不上复原“历史的真相”，这使得他对他研究的作为“初始状态”的“清朝”、“疆域”和“中国”的论述不仅缺乏说服力，而且是不成立的。与他所反驳的那些研究相比，李怀印在这方面并没有本质上的差异，因此就作为研究出发点的“历史事实”而言，该书并无突破，也没有什么创见。

三　“以果推因”和“线性史观”

按照前文所引李怀印的论述，他应当是将他所反驳的以往的相关研究视为“后见之明”，且对此持否定态度，而他自己则希望“回到历史之中，以认识事实的真相”，也即他的论证逻辑本身是希望讨论“历史的事实”自身的演变，即大致从清人对“中国”的认知以及当时的“中国”入手，讨论“中国”随着历史的演变而发生的演变。但如前文所述，他远远没有“回到历史现场”，至少在分析清朝历史的时候，使用了大量现代西方的概念，因此其论证逻辑实际上同样属于“后见之明”。

此外，李怀印的研究在逻辑上还属于“以果推因”，即通过已经看到的结果，然后推断之所以如此的原因。如前文所述，在其研究中，李怀印对于那些作为其研究基础的重要史实，没有尽量将其放“回到历史之中，以认识事实的真相”，由此，其对“因”的论述也就缺少了“历史的事实”的限制，因而不仅他对“因”的讨论都属于“后见之明”，而且他这样的“以果推因”，从理论上可以推导出无数在后人看来言之成理的“因”。虽然历史研究不可避免地讨论“因果”问题，但被广泛接受的对于“因果”的讨论，通常是基于对“因”和“果”以及两者之间的联系的“历史事实”之具有说服力的“复原”，即先尽量“回到历史现场”，“顺时而观”，然后再基于“后见之明”的视角进行分析。李怀印对于“因果”的分析显然不是如此，他的论证逻辑

---

① 此处“中国”相当于清朝直接控制的地域空间，即“政治中国”及“地理中国”。

② 李怀印：《现代中国的形成（1600—1949）》，第 21 页。

③ 李怀印：《现代中国的形成（1600—1949）》，第 25 页。

是基于“果”在“历史事实”中根据需要来选择“因”，或者以“后见之明”的视角通过选择史料并解读出所需要的“因”。

更为糟糕的就是，虽然李怀印的著作反对的是当前以西方历史为中心的“线性史”，如他提出：“因此，欧洲中心主义一直在变，如果说它在二战之前是一种赤裸裸的种族决定论，强调不同种族之间的反差，并据此为西方的帝国主义和殖民主义背书的话，冷战时期则体现为一种制度决定论，强调两大阵营之间的不同政治经济和价值观之间的对垒，而在后冷战和全球化时代，种族决定论改头换面，以文明决定论的形式大行其道，只不过现在已经从19世纪西方白种国家对非白种的国家或群落的单向征服，变成了西方主导的‘文明’世界与‘非文明’势力之间的双向对抗。”①。但他自己在书中的分析本质上依然属于“线性史观”，如书中他对“清代在中国历史上的特殊性”进行了简要分析，而之所以分析这一点，是他认为清朝的“特殊性”使得清朝不同于历史上的其他王朝，才有可能使得“中国现代化”。对于“清代在中国历史上的特殊性”，李怀印归结为以下几点：就统治方式而言，清朝是“复合型集权自主”，意思大致就是边疆与内地执行两套不同的治理体系，中央和省级行政体制中具有复合结构；清朝在财政上有着“集权国家的低成本”；清朝的性质处“在帝国与主权国家之间”；“清朝在多大程度上是‘中国’的?”此处对他的这些论述的正确与否进行分析并无意义；有意义的是，在论述中，我们可以看到李怀印几乎没有将清朝与之前的历代王朝，尤其是像汉、唐、元这样的曾经直接统驭过广大地域的王朝进行比较，而是只就清朝本身“自说自话”。从他的论述中根本看不出“清代在中国历史上的特殊性”，因此实际上李怀印并没有对这一问题做有学术意义的讨论。由此来看，李怀印似乎已经默认了“清代在中国历史上的特殊性”，从而只是进行了他认为有道理的叙述。就这样的论证逻辑，我们可以认为李怀印实际上已经默认，正是“清代在中国历史上的特殊性”才为清朝发展为“现代国家”奠定了基础，由此清朝也必然会发展为现代国家。这显然属于认为历史发展是线性的、必然导向某个目标的“线性史观”，从而同时忽略了历史的多样性。② 不仅如此，正如前文所述，李怀印还在书中大量使用了“疆域”“帝国”“边疆”“国家”等现代西方的概念，或者这些词的现代西方的含义，由此其构建的“线性史”实际上同样属于他批评的以西方历史为中心的“线性史”，且他认为清朝必然会发展为“现代国家”，已经明显地展现出了这种以西方历史为中心的“线性史”观，因为他本质上忽略了中国历史的特殊性以及人类历史发展的多样性。

---

① 李怀印：《现代中国的形成（1600—1949）》，第372页。

② 当代学者对“线性史观”提出了众多的批评，如王汎森《近代中国的线性历史观——以社会进化论为中心的讨论》（《新史学》第19卷第2期，2008）、侯旭东《宠：信－任型君臣关系与西汉历史的展开》（北京师范大学出版社，2018）。

四　结论："中国作为一个现代国家的历史正当性"是一个历史问题吗?

总体而言，就论述逻辑而言，李怀印对“现代中国的形成”的论证，明显属于“后见之明”，暗含着“线性史观”，同时带有强烈的“以果推因”的色彩，且对一些作为他研究基础的重要概念和历史史实并没有进行应有的分析，因此与他所反驳的相关研究相比，并没有本质的区别，都属于他反对的西方主导的话语体系。如果李怀印的研究在欧美汉学界具有代表性的话，那么这就似乎说明欧美汉学界的研究在理论和方法上已经平庸化，甚至有些落后。此外，就该书所涉及的问题而言，李怀印对“现代中国的形成”的论述，本身也不是唯一的对这段历史的合理解释，而只是增加了一种历史叙述而已，虽然可能有其价值。

还要说明的就是，如李怀印所述，其之所以要回答“现代中国的形成”，是因为这一问题背后存在更为重要的问题，那就是“中国作为一个现代国家的历史正当性”问题。但在我看来，“中国作为一个现代国家的历史正当性”，这一问题本身就是不成立的，至少不是一个值得讨论的学术问题。由于包括欧美国家在内的世界各“现代国家”形成的路径并不一致，基于“后见之明”及“线性史观”的研究，总能为“一个现代国家的历史正当性”和“一个现代国家的历史不正当性”，提出各种相互批驳的论述，因此这样的研究在学术层面是没有意义的。需要强调的是，这里的“一个现代国家”指的是任何一个现代国家。不仅如此，“一个现代国家的历史正当性”还应当更多地来源于现代国际秩序和国际法，就此而言，“中国”作为“一个现代国家的历史正当性”是毋庸置疑的，除非现有的各种与此有关的现代国际秩序和国际法等，不再被广泛承认。更为严肃的就是，对“历史正当性”的讨论实际上带有一种负面的暗示，是完全不可取的。如果更深入思考的话就会发现，这一问题本身就属于李怀印所反对的西方话语体系，由此也就注定李怀印的研究不可能超越西方话语体系。

最后需要强调的就是，对于我们中国人而言，“现代中国”就在这里，且其正当性是毋庸置疑的!

（作者单位：云南大学历史与档案学院）

清代政治史研究再出发

——评和卫国《道义与政治——乾隆朝常平积贮养民研究》

江晓成　张一弛

传统中国国家治理，往往从民本思想出发，通过“仁政”的实践来解决民生问题。《尚书》“德惟善政，政在养民”[①] 之义，正在于此。对于广土众民的清代，由政府推动的、以常平仓为主的备荒仓储之“积贮养民”举措，不仅是一项社会经济政策，也关乎国家的政治合法性。特别是乾隆年间，由于皇帝的推动，仓储建设更是达到高峰。近 30 年来一大批相关研究著作中，和卫国著《道义与政治——乾隆朝常平积贮养民研究》[②]（以下简称《道义与政治》）以鲜明的政治史取向，在经济史、社会史主导的仓储研究领域另辟蹊径，实为近年来用心实践“重提政治史研究”的难得之作。

一　内容概要：乾隆朝常平积贮的理念、设计与运行

概括而言，《道义与政治》讲述了乾隆朝常平积贮由政治理念、制度设计到制度运行的过程。除绪论与结语外，全书共 8 个章节，兹分述如下。

第一章主要关注乾隆朝大规模推行常平积贮的动力，亦即关注高宗对生民的“教养”之道。作者将其纳入“乾隆初政”的政治文化背景中，认为高宗即位之初寻求“回向三代之治”的善政，崇尚“父母斯民”“寓教于养”的道义政治理念；“养民之政多端，而莫先于储备”的政治宣言，标志着乾隆帝将常平积贮置于“前所未有的突出地位”。[③]“这种意识形态化的政治理念和精神追求，因此成为了乾隆初年诸多大政特别是常平积贮养民走入现实政治的根本动力”[④]。“回向三代”这一儒家传统政治理想，决定了“养民”的道义责任，进而形成以国家为主体、以粮食为“养民”物质基础的储粮备荒措施，亦即常平积贮。

第二章分析了常平积贮的制度设计问题及其现实遭遇。常平积贮虽属善政，但在

---

① 孔安国传，孔颖达疏，廖明春、陈明整理《尚书正义》，李学勤主编《十三经注疏》，北京大学出版社，2000，第 106 页。

② 和卫国：《道义与政治——乾隆朝常平积贮养民研究》，中国社会科学出版社，2021。

③ 和卫国：《道义与政治——乾隆朝常平积贮养民研究》，第 29 页。

④ 和卫国：《道义与政治——乾隆朝常平积贮养民研究》，第 24 页。

日常执行中对基层州县官员而言却有损无益。管理仓储过程中，粮食存贮环节的自然损耗、官员新旧交代环节的折耗、买补环节的价格不敷等，这些制度设计中存在的缺陷，给州县官带来的是“赔累”等政治风险和利益损失。正是因为面临多方风险，州县官的直接反应就是变相怠慢和抵制：或存银而非米谷以避免折耗，或向民间派买、勒买以转嫁买补缺价。换言之，制度设计时未考虑执行者的利益损失，导致了州县官行为的异化，从而造成了乾隆初年常平积贮的困境。

第三章至第六章考察了乾隆初年常平积贮的运行，尤其是考察政府修补制度设计缺陷的努力。其中，重点关注的是买补和平粜两个层面的复杂政策变动。

一方面，在仓谷来源层面，乾隆初期虽然采取了如跨省粮食协调机制等措施，但朝廷赋予各省的灵活调整权力极为有限，“采买不敷”成为州县官经营常平积贮时所面对的最大难题。为了补充粮食储备，在采买之外，清廷还于乾隆三年（1738）推行本色捐监政策。对于这一政策，乾隆帝和地方督抚都抱有乐观的态度，遂在全国积贮原额2800万石的基础上，又新增捐监贮额3200万石。其结果是，本色捐监政策同样因银谷比价失调、与州县官利益冲突而未达预期。至乾隆七年（1742）得谷不过600余万石，远不及所定额。受言官的集中批评，清廷中枢同意各省重新核定指标，但地方督抚于乾隆八年至九年（1743～1744）上报的积贮指标，只是将总额从6000余万石下调到4800余万石，相比原额还是增加了2000余万石。在各地米价上涨的压力下，乾隆九年一度暂停常平积贮的采买和本色捐监，但很快又予以恢复，直到乾隆十三年（1748）常平积贮政策转弯为止。

另一方面，作为积贮的首要目的，平粜的效果直接反映了常平积贮运行的实态。平粜的两个核心问题为仓谷存粜比例和籴粜价格。地方官员拘于定例，如“存七粜三”比例等，往往难收仓政之效；乾隆帝和户部一面制定全国标准，一面又再三训谕不可拘泥成规，意在为仓政松绑。然而，朝廷的这些灵活政策，依然无助于解决地方行政的难题：因平粜造成的仓储空虚、减价过低造成的无法正常题销等，“州县官员并不能很好地按照朝廷本意实施平粜，结果引起政府政策与行政实践之间的错位，甚至有些官员行为已与政策设计初衷背道而驰”①。

第七章论述了在制度设计与运行冲突下乾隆帝的政治理念转变，以及由此而来的对常平积贮政策全面调整。基于数年来修补制度缺陷成效不彰的事实，以及对常平积贮与粮价上涨关系深感困惑，于是乾隆十二年（1747）底乾隆帝降旨地方督抚，垂问“今日政治阙失”。部分地方督抚终于含蓄指出常平积贮制度失误的核心问题：积贮额度过高。积贮政策不切实际，各省但求称旨，纷纷争籴，米价上涨。认识到问题根源后，乾隆帝毅然于乾隆十三年（1748）七月全面调整常平积贮政策，“放弃高额积贮，

① 和卫国：《道义与政治——乾隆朝常平积贮养民研究》，第255页。

将各省定额回复到康熙、雍正年间水平”①。此后，回归积贮旧额的政策逐步被调整到位，“常平仓由此不再是高宗关注的行政重点”②。

此外，作者还强调，由于传统社会缺乏应对饥荒的替代形式，政府掌控的常平仓等仓储纵有流弊，也仍为“皇帝爱养天下子民的不二之选”③，故即使大规模常平积贮不再推行，乾隆帝也依然予以保留。第八章是对积贮数据真实含义的分析，详见下文。

二　创新之处：作为“政治过程”的常平积贮

长期以来，清代仓储问题主要被置于经济史和社会史体系中进行论述。全汉昇、徐建青、刘翠溶等研究者，主要关注清代仓储的经济功能，或强调仓储在社会再生产中的作用，或强调仓储作为价格杠杆的作用；萧公权、星斌夫、陈春声等研究者则强调清代仓储对维护国家统治、控制基层社会的作用。相较而言，将仓储置于政治史视野的考察成果不仅偏少，而且问题意识高度集中于借此评判清代国家行政效率与治理能力：魏丕信（Pierre-Etienne Will）、王国斌对清前期仓储研究的立意在于检讨清代政府的行政效率并予以高度评价，这一论点又为李明珠、李汾阳等所反驳；高王凌认为乾隆朝粮政调整带有“大政府”的特征，体现了政府角色的转变；邓海伦（Helen Dunstan）则以粮政争论视角考察清代统治者的经济意识和社会福利观念。④ 上述研究借由仓储政策评估清代国家治理的效能，可称各有确见，但详考前贤诸说，却有一个明显的失焦之处，即对仓储制度在乾隆初期这一关键时期的实行状况挖掘和阐释不够。

从“政治过程”的角度聚焦常平仓储，正是本书着力点所在。和卫国并未将仓政作为一项清代国家治理的静态成果急于加以评估，而是系统考察乾隆朝常平积贮从政治理念走向制度设计、再从制度设计走向制度运行的“政治过程”，以及这一“政治过程”在权力网络、观念冲突中不断变化的复杂图景。通过这种面向过程的研究，作者成功地展示了常平积贮这一重大政策从理论背景到运行实态的诸多方面，呈现出仓政在静态的制度和仓储数字以外的另一重面相。

具体而言，本书的创新之处主要有四点。

第一，作者回归制度设计及其运行的历史场景，从官僚政治的角度复原了历史数据的产生机制，系统解读了清代不同类型史料中常平积贮数据的真实内涵。清政府自乾隆六年（1741）起确立地方仓谷年度奏报制度，这一制度的成果便是现存题本、奏折档案及《清实录》中记载的、基于年度奏报而形成的历年积贮数据。和卫国认为，在例行以题本上报的制度中，户部的职责是查核前后两年数据在账面上是否一致，“仅

---

① 和卫国：《道义与政治——乾隆朝常平积贮养民研究》，第 272 页。

② 和卫国：《道义与政治——乾隆朝常平积贮养民研究》，第 278 页。

③ 和卫国：《道义与政治——乾隆朝常平积贮养民研究》，第 309 页。

④ 参见吴四伍《清代仓储的制度困境与救灾实践》，社会科学文献出版社，2018，第 11～21 页。

是一种程式化行为，并不触及数字的真实性问题”①。即便是各省以奏折形式提交的年度仓谷数据，也同样有着将额存、应存视为实存的问题。从基层数据的产生来看，各省每年的积贮数据来自逐级上报，“其实是仅据州县官员自行报出，督抚、道府等各级官员均未加以盘验，数据可信性无从核实”②。而从省级汇总、上报的机制来看，各省督抚为求制造仓储运行平稳的假象，在造报年度积贮数据时，往往力图确保该数据在原额框架内合理波动。因此，无论哪种年度积贮数据，均只能视作一种理论储量。倘若研究者忽视其政治语境，简单地将这种账面上的合理存在视同实际的粮食储量，低估官僚政治对具体数据的扭曲，便容易对历史产生误读。

作者对历史数据的反思也得到近期一项相关研究的支持。在积贮汇报制度建立的同时，乾隆朝也建立了民数年度汇报制度。民数的问题，同样并非既有研究者所认为的漏报或浮报数据，而是需从制度运行的理路来考察数据的来源，避免根据官样数据估算真实的人口数字。③ 在历史学日益质疑定性研究、强调定量研究的今天，作者的研究再次提醒我们需要对历史数据的形成过程及其局限性保持警醒。

第二，作者从政治史的视角，对乾隆朝常平积贮运行不理想问题的根源作出新解释。传统研究在解释清代仓政衰败时，往往归咎于吏治败坏和政权衰落的大势。吴四伍从经济史的角度，认为清代仓储“以仓养仓”的经营模式，试图通过粮食交易的利润满足仓储运行的资金需求；这一制度高估了粮食交易的收益，而低估了粮食存储消耗、管理费用和交易成本，导致仓储制度从设计上就带有严重的亏空风险。④

与前人论著相比，本书仍然强调仓储政策弊病在于政治，同时又不落泛泛之见的窠臼，将问题置于“政治过程”之中作细致考察。作者强调仓储在政府主导下政策性事业的一面。“政府经营常平仓并不以追求利润为目的”，而是为了“满足民生所需”；常平仓的主要财政支持，并非来自其本身有限的盈余，而是来自清朝政府以动支正项钱粮、截漕等形式的补贴。相应的，平粜盈余也往往被拨作他用。⑤ 换言之，清代仓储并不是纯粹的经济行为，而是典型的政治行为：仓储能否维持并不取决于自身经营的利润多寡，而是政府（尤其是中央政府）的政策支持力度。和卫国认为：一方面，常平积贮的制度设计，无法与复杂多变的地方行政对接，有时甚至导致地方州县官的行为与制度设计初衷背道而驰。这种矛盾丛生的制度，令仓谷的存储、买补、出粜等管理环节和新旧交代环节，都给基层州县官带来较大“赔累”风险。另一方面，乾隆初期的高额积贮指标，导致地方政府行为混乱，这是政策层面的核心失误。由此一来，

① 和卫国：《道义与政治——乾隆朝常平积贮养民研究》，第 321 页。

② 和卫国：《道义与政治——乾隆朝常平积贮养民研究》，第 332 页。

③ 参见张鑫敏《乾隆朝民数汇报的制度设计及运行》，《中国史研究》2022 年第 1 期。

④ 参见吴四伍《清代仓储的制度困境与救灾实践》，第 33 ~ 109 页。

⑤ 和卫国：《道义与政治——乾隆朝常平积贮养民研究》，第 112 页。

作者辨明了制度运行的障碍所在，并进一步将其根源追溯至统治者的政治理念。

和卫国的观点与吴四伍的互相印证，很可能是清代仓储体系的一体两面，即国家兴举仓储事业，动机源自“养民”的政治理念；而“以仓养仓”这一经济上内部循环机制，则是政府对仓储政策可行性的信心来源。国家因“惠而不费”的美好期望对仓储政策充满信心，而对制度设计中可能存在的缺陷，以及制度运行中各级官僚的种种反应，都缺乏足够估计。最终在制度运行中，即便皇帝一再调整政策，督抚亦为制度落实颇费踌躇，此项道义性质的政策也仍然走向了反面。仓储体系的脆弱性，既有政策层面的问题，也有运行模式的缺陷。

第三，作者通过考察乾隆朝常平积贮的“政治过程”，展示了国家治理的制度设计与制度运行之间的张力，有助于我们反思中国古代皇权与官僚制度、中央与地方的关系。清朝一贯被视为中国古代专制主义中央集权的顶峰，然而，清代皇权虽无宰相、藩镇、外戚等传统政治中常见的制约因素，但在“乾纲独断”之余是否有其他隐形的历史要素制约，仍是一个值得思考的问题。

《道义与政治》通过观察仓政这一在儒家政治文化中根基深厚的政策，将仓政问题纳入中央、各省督抚及州县官关系当中，向读者展示了君主专制制度即便在推行善政时也仍不是“全能”的。乾隆初期，地方督抚领会到皇帝“养民”的政治意图，积极配合皇权的制度设计，在明知不切实际的情况下，还是制定并保持了高额积贮指标。由于州县官是常平积贮制度风险的主要承担者，他们执行中本能地规避风险，甚或从中渔利，导致“道义内涵在地方行政实践中逐步被扭曲”[①]。督抚既是善政的道义敦行员，又与州县官同处地方立场，他们清楚基层的困境，因此往往对州县官予以迁就和纵容，致使积贮盘查流于形式，数据题报化成官样文章。由此，“各地常平积贮就在督抚与州县官的某种‘默契’中被不同程度地搁置下来，常平积贮养民政治正是在这种尴尬境况里艰难地向前推进”[②]。直到米价持续上涨、本色捐监举步维艰之后，各省督抚才于乾隆十三年集体提出反对意见，令“以追求养民道义为目的的乾隆朝大规模常平积贮养民努力最终匆匆收场”[③]。

通过对这三组关系的讨论，我们可以看出清代国家治理的实态。“乾隆朝常平积贮养民政治实质上是高宗君臣关系共生共演的产物，是皇权意志与地方行政实践博弈使得高宗被迫放弃通过大规模常平积贮实现养民道义追求的过程”[④]。在这场具有典型性和代表性的“政治过程”中，面向社会事业的国家不是铁板一块，皇帝在官僚的专制权力上显然说不上是言出法随、令行禁止，中央与地方的关系也不是“身之使臂、臂

① 和卫国：《道义与政治——乾隆朝常平积贮养民研究》，第 343 页。

② 和卫国：《道义与政治——乾隆朝常平积贮养民研究》，第 347 页。

③ 和卫国：《道义与政治——乾隆朝常平积贮养民研究》，第 343 页。

④ 和卫国：《道义与政治——乾隆朝常平积贮养民研究》，第 275 页。

之使指”那般的理想，皇权专制和中央集权受到包括地方行政体系在内的各种因素的制约。

第四，作者对清朝以仓政践行“养民”理念的考察，成功地拓展了“教养”这一清代政治文化概念的边界。杨念群曾指出，“教养”是以“学者型官僚”为主体、以推行“勤察民生”的“实政”为内容的，“贯穿于整个有清一代的核心统治理念”，它“勾勒出了清朝基层治理的基本理念结构和特性”。[①] 但其论述集中在“移风易俗”式的教化百姓上，亦即集中在“以教成养”的方向上，而于“以养为教”方向则未展开论述。《道义与政治》则展现了科举出身的督抚如何站在“养民”的政策高度处理仓储问题。在作者看来，关于清朝政治权威的构建，除了以学界已有较多论述的族群关系、疆域观念、理学价值观等议题进行观照外，通过“养民”理念和政策实践消弭社会冲突、以国家治理的绩效匹配儒家政治传统中民本主义的道义合法性，也是一条重要的考察路径。这为探讨清代政治文化和国家建构提供了新的思路。

三　借景观山：“重提政治史研究”的方法论对话

《道义与政治》的一个特点是，作者在贯彻问题意识的同时，还具有非常鲜明的方法意识。作者引述了杨念群的观点，20 世纪 80 年代末期以来，政治史被边缘化，这并不是说“政治史没人研究”，而是说政治史“作为方法论支配地位”急剧衰落。[②] 作为对这一边缘化危机的回应，本书在绪论中表达了对于清代政治史的方法论期望：打破原有思维定式，“积极探寻政治演生的基本逻辑，探讨政治史研究如何更好地与政治本义相契合”。

作者亦积极践行这一方法论探索。本书将“乾隆朝大规模积贮养民视为一个‘活的’政治过程”，“其产生、发展、演变、结束，无不体现着各种政治关系的作用和影响”。[③] 作者将这种方法论概括为三点：对焦国家治理和政府行政，关注地方政治生态及其相对独立性，强化历史参与感。[④] 总之，作者对乾隆朝常平积贮这一国家治理典型个案“政治过程”的研究，背后关怀的则是多年来在方法论层面上如何“重提政治史研究”的持续思考。

作为对“重提政治史研究”这一治学理念感兴趣的研究者，笔者认为《道义与政治》所体现的方法意识，颇能体现清史研究与其他断代研究的差异。近 20 年来，秦汉史、唐史、宋史等断代史领域，对于政治史的拓展，都给出了各自的创新性回应。例

① 杨念群：《清朝帝王的“教养观”与“学者型官僚”的基层治理模式——从地方官对乾隆帝一份谕旨的执行力说起》，杨念群主编《新史学（第 5 卷）·清史研究的新境》，中华书局，2011，第 105 页。

② 杨念群：《为什么要重提“政治史”研究》，《历史研究》2004 年第 4 期。

③ 和卫国：《道义与政治——乾隆朝常平积贮养民研究》，第 12 ~ 13 页。

④ 和卫国：《道义与政治——乾隆朝常平积贮养民研究》，第 13 ~ 16 页。

如，邓小南在宋代官僚政治制度研究中提出的“‘活’的制度史”这一理念，在多个断代史领域引发了广泛响应。该理念包括两个要点：其一是将“过程”“关系”和“行为”三重视角相结合，其二是选择“文书制度”“信息沟通”等议题。其中对“过程”的关注，不仅延续了制度史关注制度产生、发展、演变和消亡的传统，而且还强调时段的切割与制度演进的阶段性问题。① 与这一理念有着密切联系的是，面向政府如何利用行政文书来沟通信息、划分权限，进而处理事务的研究，即基于古文书学对古代国家“政务运行”的探讨，此种研究方兴未艾。②

重提清代政治史，一方面必然要从中国古代史其他断代对政治史研究的方法论创新中汲取经验，另一方面，研究理路上也势必要基于清史史料学与问题意识，体现出清史的特色。例如，同以“过程”来概括国家政治行为中的某些关注点，但《道义与政治》与其他断代政治史研究在内涵上有着相当明显的区别。和卫国所谓“政治过程”，指国家政策从酝酿、决策、制定到推行的过程，是国家治理与权力明暗交互的时空场所。③ 它面向的是朝廷“大政”或其中的某一类政策，而非制度或文书。一般意义上的制度兴替、文书流转、信息沟通与政令往来，只是“政治过程”中诸多要素中的几种常见要素。这一差异的背后，部分原因是清史和其他断代史领域对古文书研究的方法论存在差异。清代行政文书的实物保存数量，远多于其他断代，不太可能件件详考；清代政治史对行政文书的利用，往往立足于郭成康、庄吉发、白彬菊（Beatrice Bartlett）等人对清宫档案较为成熟的整体研究④之上，文书作为研究对象的意义，便要淡化很多。另外，清代政典类文献，如《大清会典》及则例等，基本完整地流传了下来。这令研究者可以比较直接地接触到清代政治制度的具体规章，像其他断代史那样通过零散的文书对制度细节进行复原的需求度则大大降低。故而清代政治史研究，可以将焦点从具体的制度规定、文书流转等单一或数种历史要素上暂且发散，重新聚焦于由“简并”（degenerate）的复数历史要素组成的更宏观的“过程”。

不过，就政治史与社会科学在方法论方面的对话，笔者仍有一定的保留意见。作者对社会科学概念持谨慎的态度，反复提醒不宜用现代社会科学理论、术语、理念来框定历史。⑤ 诚然，在中国现代社会转型的背景下，对政治议题本土性、内生性的发掘

① 邓小南：《走向“活”的制度史——以宋代官僚政治制度史研究为例的点滴思考》，《浙江学刊》2003 年第 3 期；张祎：《关于“‘活’的制度史”》，邓小南主编《宋史研究诸层面》，北京大学出版社，2020，第 84 ~ 105 页。

② 刘后滨：《汉唐政治制度史中政务运行机制研究述评》，《史学月刊》2012 年第 8 期。

③ 参见刘凤云《序：由“政治过程”解读国家水利工程》，和卫国《治水政治：清代国家与钱塘江海塘工程研究》，中国社会科学出版社，2015，第 2 ~ 3 页。

④ 任青（郭成康）：《清初奏折探析》，《清史研究》1996 年第 3 期；庄吉发：《故宫档案述要》，台北故宫博物院，1983；〔美〕白彬菊：《君主与大臣：清中叶的军机处（1723—1820）》，董建中译，中国人民大学出版社，2017。

⑤ 和卫国：《道义与政治——乾隆朝常平积贮养民研究》，第 14、199、257、261、271 页。

当然重要，但最近数十年来历史学多个领域的研究实践，业已证明社会科学理论在历史研究中具有蓬勃的生命力；清代政治史在追求整体化、系统化的路径上，也肯定要从多个学科的研究方法、研究成果中借力。事实上，作者着力点之一的国家治理，之所以在中国古代史研究中不断凸显其理论价值，便与政治学界自20世纪80年代以来的理论耕耘以及最终形成“国家治理能力现代化”的重要概念，有着密切的联系。①

推而广之，即便同样是在官僚政治的议题之内，作者研究的18世纪中国国家治理的问题，完全可以与当代社会科学领域的相关主题形成直接对话关系。在社会学家周雪光的最新研究中，他将当代中国国家治理的问题，概括为统体制与有效治理的矛盾，并以中央与地方关系、国家与民众关系这两条主要线索来分析解决矛盾的应对机制，这些机制包括允许地方在统一决策之下的某种灵活执行、运动型治理等。② 作者所论常平积贮政策在乾隆朝的推行，恰也是一种典型的运动型治理，而且所论制度运行中的央地关系、地方政策执行的灵活性、地方官僚的合谋现象等问题，与周雪光的研究有颇多共鸣之处。显然，虽然时段不同，但中国国家治理面对的问题和解决机制，在纵向上却高度相似。作者若对相关理论妥为借鉴或予以反思，其结论必将溢出专业领域，这无疑能够增强清代政治史研究的影响力。

综而论之，全书用30余万字的篇幅全面展示了乾隆朝常平积贮政策的“政治过程”，略显繁复。尤其考虑到作者的核心论述集中于乾隆元年至十三年（1736～1748）的这一短时段，过于详细的考证尤其是大段引文的行文方式，似有冲淡主线论述之嫌，与作者对本书的定位形成了冲突。若能将仓储政策讨论纳入更长时段内来分析，进而阐述乾隆初政的整体发展态势，似乎能够展示清代中期政治的更多面相。

四　展望前途：清代政治史未来的生长点何在

清代政治史研究面临着边缘化的危机，是近10来年学人的共识；杨念群将其归结为方法论上的衰落，已见上文。刘凤云的看法则更为具体，她认为清代政治史的危机，在于“放弃对重大理论的研究，忽视了国家和政府，特别是国家权力运作的研究，将政治史隐身于社会史之中，从而导致了政治史显学地位的丧失”，亦即议题的“碎片化”。③《道义与政治》一书，显然是政治史研究者对上述危机的一次回应。限于篇幅，本文对以上论述不再展开讨论，仅对未尽之处略作引申。

一是反思以往政治史的“道德主义”叙事习惯，建立起解释而非评判的政治史研究理路。作为帝制时期的最后一个王朝，清朝长期以来被描述为腐朽、落后的朝代，

① 俞可平等著《中国的治理变迁（1978—2018）》，社会科学文献出版社，2018，第1～25页；周雪光：《寻找中国国家治理的历史线索》，《中国社会科学》2019年第1期。

② 周雪光：《中国国家治理的制度逻辑：一个组织学的研究》，生活·读书·新知三联书店，2017。

③ 刘凤云：《观念与热点的转换：清前期政治史研究的道路与趋势》，《清史研究》2015年第2期。

其政治史研究也较多关注社会制度的黑暗面以及统治集团的残暴性。诚然“道德主义”的评判有其问题意识层面的意义，但在此之外的研究理路层面，以描述、分析、解释而非评判为叙事基元的，以厘清历史情境、探求历史要素为意义追求的解释式理路，对推动政治史研究的前进也十分重要。这一理路要求研究者从反思“应然”转向追求“实然”，考察在理想化的政治模式中较为隐形的种种“非正式”机制，在探究政治运行实态的基础上追寻政治何以如此的问题。笔者在此主张，研究者不必纠结于如何评价政治制度的得失，而应着眼于解释政治运行的逻辑，厘清“过程”中的影响因素，揭示在“典范历史”以外更多的事实。

二是在汲取思想史成果的基础上，结合具体实践过程中的种种为政理念，形成清代政治史方法下的政治文化研究。以往对清代历史上政治观念的研究，主要遵循政治思想史的路径，即延续五四以降的批判“封建专制”的学统，聚焦于清代部分“激进”思想家，如顾炎武、黄宗羲、王夫之、唐甄、吕留良等。然而，如果返回到历史语境中，就会发现实际影响“政治过程”的观念的主要倡导者和表现者，并非上述人物，而是直接参与政治实践的帝王和官僚们。他们与上述“激进”思想家大异其趣，表现出较明显的智识主义倾向，更多关注王朝的治理术。[①] 这一关于治理在观念与知识世界中的观照，便是笔者所强调的政治文化问题。

政治文化是政治制度形成与运行过程中作为社会共识的一种背景文化，是政治史在观念世界的反映。“治理”概念的引入，令清代政治文化议题在“满－汉”文化二元关系之外，出现了第三种观察视角，即政治史的观察视角；也就是清朝如何主动地通过知识与观念的手段追求善治，以树立其统治权威。[②] 这是政治史在观念世界中的生长点，它要求研究者重新审视清代政治文化，找到政治文化、政治制度与实践的匹配方式，强调政治的主体性，在政治思想史与学术文化史以外，走出富有政治史特色的政治文化研究之路。

三是拓展研究视野，回应重大政治议题，提炼研究所关怀的“当代性”。清朝作为中国最后一个传统王朝，是中国走向现代国家的关键时期，其政治遗产以及政治实践的教训，对于中国社会的现代转型有着重要意义。在相当长的时间内，学界倾向于将清代政治的基调归结为“衰落”，革命史观和现代化史观都将清朝视为封建统治或“失败国家”的典范而对其政治做大力抨击。在 20 世纪 70 年代以后，随着清史学科知识积累的增多，以王锺翰、戴逸、王思治为代表的学者主要从疆域统一角度，高度评价了清前期的政治成就，并由此引发了此后近 30 年的“康乾盛世”研究热潮，某种程度

① 高翔：《康雍乾三帝统治思想研究》，中国人民大学出版社，1995；高王凌：《18 世纪经世学派》，《史林》2007 年第 1 期。

② 张一弛、刘凤云：《清代“大一统”政治文化的构建：以〈盛京通志〉的纂修与传播为例》，《中国人民大学学报》2018 年第 6 期。

上扭转了以“衰落”为主线的单一叙事模式。步入21世纪以来，孔飞力、高王凌、李怀印等人则从国家建构的角度，以长时段的视角论述了清朝所奠定的历史遗产，以及其对于中国从传统政权向现代主权国家转型的积极意义。[①] 从学术传统上讲，政治史研究的范式演进，总是伴随着对重大议题的回应和思考。这里的重大议题，或是近代社会转型的“前置问题”，或是中国古代传统国家政治问题在清代的延续，或是带有清史特色的热门议题。在史学研究趋于“碎片化”的当下，清代政治史的研究者不应放弃对宏大议题的关照，一方面要贴近场景，站在对史料充分分析的基础上，另一方面，要瞻望全局，对古代政治的重大问题给出“清史的答复”。唯如此，清代政治史研究才能具有“当代史”意味，才能更好地与其他专题史甚至各门社会科学对话，才有可能成为新的研究范式而回归核心地位。

总之，《道义与政治》为清代政治史的回归做出了一次扎实的努力，期待未来清代政治史的研究者能给出更多新锐的答复。

（作者单位：福建师范大学社会历史学院；中国政法大学马克思主义学院）

① 高王凌：《活着的传统：十八世纪中国的经济发展和政府政策》，北京大学出版社，2005；〔美〕孔飞力：《中国现代国家的起源》，陈兼、陈之宏译，生活·读书·新知三联书店，2013；李怀印：《现代中国的形成（1600—1949）》，广西师范大学出版社，2022。

征稿启事

《清史论丛》创刊于1979年，由中国社会科学院古代史研究所（原历史研究所）清史研究室主办，是国内清史界历史最为悠久的学术刊物。数十年来，虽历经风雨，海内外学术界一直以各种方式对敝刊给予支持，使我们葆有办好《清史论丛》的热情和动力。《清史论丛》长期向海内外同人征集文稿，凡专题研究、文献研究、读史札记、书评综述等体裁的作品，均欢迎稿投。来稿将经过匿名评审，刊出后会致送薄酬。

征稿要求：

1. 稿件请附内容摘要（200字以内）、关键词、英文标题、作者简介、联系方式。
2. 注释格式参照《历史研究》及相关出版规范。
3. 电子文本请发至此邮箱 qshlc@ sina. cn。

《清史论丛》编辑部

图书在版编目(CIP)数据

清史论丛．二〇二三年．第一辑 ：总第四十五辑 ／
中国社会科学院古代史研究所清史研究室编．-- 北京 ：
社会科学文献出版社，2023.7
ISBN 978-7-5228-2156-6

Ⅰ．①清… Ⅱ．①中… Ⅲ．①中国历史－清代－文集
Ⅳ．①K249.07-53

中国国家版本馆 CIP 数据核字（2023）第 129000 号

清史论丛（二〇二三年第一辑　总第四十五辑）

编　　者／中国社会科学院古代史研究所清史研究室

出 版 人／冀祥德
责任编辑／吴　超
责任印制／王京美

出　　版／社会科学文献出版社·人文分社（010）59367215
地址：北京市北三环中路甲 29 号院华龙大厦　邮编：100029
网址：www.ssap.com.cn
发　　行／社会科学文献出版社（010）59367028
印　　装／三河市龙林印务有限公司

规　　格／开 本：787mm × 1092mm　1/16
印 张：19.25　字 数：385 千字
版　　次／2023 年 7 月第 1 版　2023 年 7 月第 1 次印刷
书　　号／ISBN 978-7-5228-2156-6
定　　价／138.00 元

读者服务电话：4008918866